U0906845

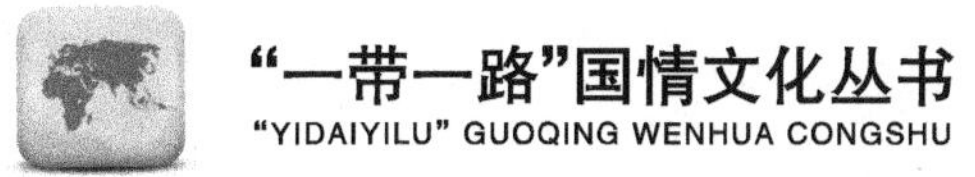

巴基斯坦概论

■ 孔　亮◎编著

中国出版集团
世界图书出版公司

图书在版编目（CIP）数据

巴基斯坦概论 / 孔亮编著. —广州：世界图书出版广东有限公司，2016.7

ISBN 978-7-5192-1584-2

Ⅰ. ①巴… Ⅱ. ①孔… Ⅲ. ①巴基斯坦－概况 Ⅳ. ①K935.3

中国版本图书馆 CIP 数据核字（2016）第 150670 号

巴基斯坦概论

策划编辑：刘正武
责任编辑：张东文
出版发行：世界图书出版广东有限公司
（地址：广州市新港西路大江冲 25 号　邮编：510300
网址：http://www.gdst.com.cn　E-mail：pub@gdst.com.cn）
发行电话：020-84451969　84459539
经　　销：各地新华书店
印　　刷：广东虎彩云印刷有限公司
版　　次：2016 年 7 月第 1 版　2021 年 1 月第 4 次印刷
开　　本：787 mm × 1092 mm　1/32
字　　数：456 千
印　　张：16.5
ISBN 978-7-5192-1584-2 / K · 0310
定　　价：45.00 元

咨询、投稿：020-84460251　gzlzw@126.com

前言

亚洲是世界上面积最大的洲，有48个国家和地区，人口总数超过40亿，约占世界总人口的三分之二。亚洲有大小1000余个民族，占世界民族总数的80%。亚洲东依太平洋，北面靠北冰洋，南临印度洋，西以乌拉尔山、乌拉尔河、里海、高加索山脉、黑海、土耳其海峡及爱琴海为界与欧洲分隔，西南面隔亚丁湾、德曼海峡、红海与非洲相邻，东北隔白令海峡与北美洲相望。由于幅员辽阔、资源丰富、人口众多，亚洲的战略地位十分重要。

亚洲拥有悠久的历史和灿烂的文化。作为世界三大宗教的佛教、基督教和伊斯兰教均源自亚洲。世界四大文明古国中的三个——中国、印度及古巴比伦国都曾在这片土地上创造过辉煌的文化。源自亚洲的发明创造曾为整个世界带来了巨大福祉，闪耀着人类智慧的光芒。历史上，亚洲的政治、经济及文化发展曾在世界上占有举足轻重的地位。作为儒家思想发祥地的中国雄踞东亚，文泽四海；印度文明影响下的南亚次大陆独树一帜，历史悠久；昔日的阿拉伯帝国及奥斯曼帝国横跨三洲，气势磅礴。绵延万余里的丝绸之路不仅是精美商品的“传输带”，更是促进不同文明相互交流的纽带。今天的亚洲拥有全球最为多元的文化。东亚、东南亚、南亚、西亚、中亚及北亚六大地区各具特色，社会文化形态迥然。

自古以来，中国与亚洲其他国家就有着十分密切的联系。新中国成立后，中国政府奉行睦邻友好的和平外交政策，正确处理了与其他亚洲国家的关系。随着冷战的结束，良好的国际大气候为中国稳定周边环境提供了机遇。目前，亚洲国家在中国的对外关系中处于基础性地位。同时，亚洲国家在经济上也是中国对外开放、开展互利合作的重要伙伴。因此，密切与亚洲各国的关系，对于中国构建稳定、和谐的周边环境意义重大。

在资本、信息与技术快速流动的今天，中国正在以一种更为开放的心态融入世界。在此背景下，越来越多的国人希望进一步认识亚洲，了解世界。有鉴于此，解放军外国语学院亚非语系凭借 1952 年立系以来自身亚洲语种专业的优势，积 60 余年的办学经验，组织编写了这套《"一带一路"国情文化丛书》。本丛书包括多册亚洲国家概论和地区概论，分别对亚洲各国和各地区的国情与社会文化进行了阐述，以便能为读者提供一个较为客观的全面了解亚洲国家国情文化的渠道。

参加本丛书编撰工作的人员均为解放军外国语学院亚非语系的专家学者。他们精通英语及亚洲国家语言，曾赴语言对象国学习与工作，熟悉相关国家文化。在编写过程中，他们采用第一手资料，使丛书内容具有较强的可信度与权威性。由于受资料和学术水平等诸多因素的限制，书中所表述的观点难免有疏漏和不当之处，敬请广大读者不吝批评指正。同时，我们也衷心希望今后能有更多更好的亚洲国家国情研究成果问世。

解放军外国语学院亚非语系

《"一带一路"国情文化丛书》编辑委员会

2016 年 5 月于古都洛阳

目　录

引　言

巴基斯坦伊斯兰共和国（Islamic Republic of Pakistan，اسلامی جمہوریہ پاکستان）位于亚洲南部、南亚次大陆西北部，领土面积 796096 平方千米，是南亚第二大国家。巴基斯坦国土略呈矩形，自东北向西南延伸约 1600 千米，东西宽约 885 千米。巴基斯坦河流较多，以印度河及其支流为主，多由北向南或由西向东流淌。巴基斯坦多山，山地和高原占全国总面积的 3/5。

巴基斯坦是一个多民族国家，主要民族有旁遮普族、普什图族、信德族和俾路支族。截至 2013 年年底，巴基斯坦（含巴控克什米尔地区）约有人口 1.97 亿。目前，巴基斯坦是世界人口第六大国，人口增长率达 2%，若以此速度增长，估计到 21 世纪中叶，巴基斯坦将成为世界人口第五大国。巴基斯坦是在伊斯兰教基础上建立起来的国家，该国宪法将伊斯兰教定为国教，国内约 97% 的人口是穆斯林。此外，巴基斯坦还有少量印度教教徒、基督教教徒、锡克教教徒和帕西教教徒等，其人口合占巴基斯坦总人口的 3% 左右。

巴基斯坦历史悠久，在距今约 5 万年前的旧石器时代，巴基斯坦所处地区就有人类居住。今巴基斯坦境内的印度河流域，是人类文明的摇篮之一，由此孕育出的印度河文明代表了青铜时代南亚地区农业文明的最高水平。公元前 2000 年左右，生活在中亚的雅利安人入侵印度河流域，由此揭开了持续近 3000 年的外族入侵南亚次大陆的历史。希腊人、波斯人、塞种人、月氏人、嚈哒人、突厥人等先后入侵南亚，而巴基斯坦所处的次大陆西北部则是外族入侵的首要目标。公元 711 年，来自阿拉伯半岛的穆斯林军队在今卡拉奇附近登陆，标志着穆斯林入侵次大陆的开始，同时，也标志着伊斯兰教在南亚传播的开始。由此直至 1849 年英国殖民者完全占领旁遮普，次大陆西北部一直由穆斯林统治。在此期间，伊斯兰文化在这片土地上生根发芽，并与当地传统文化相结合，孕育出灿烂的印度穆斯林文化。在这种文化凝聚力的作用下，逐渐形成了一个特殊群体，即印度穆斯林。该群体的形成为“两个民族”理论提供了事实依据，为巴基斯坦独立奠定了物质基础。

1947 年 8 月 14 日，巴基斯坦独立，成为英联邦的一个自治领。1956 年 3 月 23 日，巴基斯坦正式建国。巴基斯坦是最早承认新中国的国家之一，也是最早承认新中国的伊斯兰国家。1951 年 5 月 21 日，中巴两国正式建立外交关系，2011 年是中巴两国正式建交六十周年。六十多年来，两国坚持在和平共处五项原则的基础上发展睦邻友好和互利合作关系。21 世纪以来，双方高层接触频繁，政治互信不断增强，经济交往日益密切，中巴战略合作伙伴关系全面发展。

第一章 自然地理

巴基斯坦，全称巴基斯坦伊斯兰共和国，位于北纬 23° 31’至 36° 45’，东经 61° 50’至 75° 31’之间，领土面积[①] 796096 平方千米（不包括巴控克什米尔地区），领水面积 25220 平方千米。巴基斯坦地处南亚次大陆西北部，东连印度，两国边境线长约 1610 千米；西接伊朗，两国边境线长约 909 千米；南临阿拉伯海，海岸线长 1046 千米；北隔阿富汗“瓦罕走廊”，与中亚的塔吉克斯坦相望；西北与阿富汗交界，两国边境线亦称“杜兰线”，长约 2252 千米；东北毗邻中国，两国边境线长约 585 千米。

第一节 地形地貌

巴基斯坦整体地形为西北高、东南低。北部和西部多山，东部是印度河平原，东南部和西南部沙漠绵绵，印度河自北向南纵贯整个国家。巴基斯坦按地形特征可大致分为北部和西部高原与印度河平原两大部分。其中，北部和西部高原形成于第三纪冰川期的造山作用，而印度河平原则由第四纪冰川期印度河及其支流的沉积物缔造。北部和西部高原可细分为北部山区、西部山区、波特瓦尔高原和盐岭以及俾

① 若包括巴控克什米尔地区，巴基斯坦的实际面积为 881888 平方千米。

路支高原；印度河平原则可细分为上印度河平原、下印度河平原和沙漠。

一、北部和西部高原

（一）北部山区

巴基斯坦北部，群山巍然屹立、气势雄伟，雪峰高耸入云、直冲霄汉，峡谷深邃悠长、斗折蛇行。兴都库什山、喀喇昆仑山和喜马拉雅山在这里汇聚，乔戈里峰、南迦帕尔巴特峰、加舒尔布鲁木群峰、蒂里奇米尔峰等海拔超过 7000 米的山峰交相辉映，构成奇特景观。数道山脉如天然屏障，不仅奠定了巴基斯坦与邻国间的边界，而且对巴基斯坦的气候产生了重要影响。从中亚国家来的寒风在此受阻，无法直达上印度河平原，保证那里的气候常年适宜，而寒风所裹挟的水汽凝结成雪花降落在北部和西北部山区，日积月累，形成了巨大的冰川；从阿拉伯海和孟加拉湾吹来的海洋季风在此停滞，变成雨水降落下来，山地迎风坡因降水量大而植被茂盛，形成了巴基斯坦的主要林区。每到夏季，山中的冰川融化，雪水聚集成溪，经众多山谷汇入印度河，同时，海洋季风带来降水，使印度河干、支流水位上涨，巴基斯坦进入丰水期。

1. 兴都库什山脉

兴都库什山位于印度河和喀布尔河之间，地处中国、巴基斯坦和阿富汗交界处，扼守巴基斯坦的西北边界，其向西进入阿富汗，向北融入帕米尔高原，南方的界限比较难界定，一般认为齐泽尔河（the Ghizer River）是其南端。兴都库什山平均海拔约 5000 米，其最高峰蒂里奇米尔峰的海拔为 7690 米，第二高峰诺沙克峰海拔 7484 米，均跻身世界高峰的行列。兴都库什山中冰川众多，其中，以萨奇兹加拉布冰川（长 30.4 千米）和蒂里奇米尔冰川（长 22.4 千米）最为有名。兴都库什山绵延起伏、山口众多，几个世纪以来，这些山口都具有非凡的历史意义，亚历山大大帝、伽色尼王朝和古尔王朝的统治者、帖木儿大帝、莫卧儿王朝的巴布尔等征服者皆由此入侵南亚次大陆。如今，这些山口仍具有重要的战略价值：巴罗奇尔（Baroghil）山口连接巴基斯坦和阿富汗的瓦罕走廊；多拉（Dorah）山口和谢拉辛格（Shera Shing）山口是巴、阿两国间的重要通道；商都关山口是吉尔吉特至奇特拉尔的必经之路；香格拉山口连接斯瓦特山谷和印度河上游流域；拉瓦里山口将奇特拉尔同斯瓦特山谷和白沙瓦河谷连接起来。

2. 喀喇昆仑山脉

喀喇昆仑山（“喀喇昆仑”突厥语意为“黑色磐石”）位于中国、塔吉克斯坦、阿富汗、巴基斯坦和印度等国的边境地区，东起中国西藏，西至兴都库什山。两条山脉间没有明显分界，一般将洪扎河和吉尔吉特河的分水线作为喀喇昆仑山和兴都库什山的分界线。喀喇昆仑山的西部位于巴基斯坦境内，从洪扎起绵延 400 千米至什约克河（Shyok River），山脉宽度约 200 千米，其间高峰峡谷交错，重峦叠嶂绵延。喀喇昆仑山的平均海拔超过 6000 米，海拔超过 7000 米的山峰超过 20 座，超过 8000 米的有 4 座，其最高峰是乔戈里峰[①]，海拔 8611 米，是世界第二高峰。由于海拔极高，故喀喇昆仑山中可供人通行的山口较少，但仅有的几个山口却发挥着重要的勾连作用，如：海拔 4145 米的巴布萨尔山口连通着阿伯塔巴德和吉尔吉特；海拔 5575 米的喀喇昆仑山口连接着中国新疆的叶尔羌和印控克什米尔的列城；海拔超过 5000 米的红其拉甫山口则紧扼中巴公路（又称喀喇昆仑公路）的咽喉。这些山口既是古代丝绸之路的重要关隘，也是

① 巴基斯坦人称乔戈里峰为 K–2。因 1856 年测量该峰时曾以 K–2 作为标号，表明该峰为喀喇昆仑山脉的第二座经过测量的山峰。

当今中巴公路的重要节点。

巴基斯坦境内的喀喇昆仑山的主要山峰终年为积雪覆盖，当地人将这些山峰称为“慕斯塔格”，意为“冰山”。山间的万年积雪汇聚成许多巨大的冰川，据统计，喀喇昆仑山的冰川覆盖率达 37%，仅次于地球的南、北两极。在总共 18 条冰川中，长度最短的为 7 千米，最长的超过 70 千米，有 4 条长度超过 50 千米。其中，位于喀喇昆仑山脉南侧的锡亚琴冰川长 72 千米，面积约 3000 平方千米，是除极地冰川外的最长冰川，该地区的平均气温在 -30—-50℃之间，被誉为世界的第三极。锡亚琴冰川也是世界上海拔最高的对峙阵地，巴印两国均在这里设有重兵，并多次交火。目前，锡亚琴冰川被巴基斯坦和印度分割占据，印度控制了其中的大部分地区，而巴基斯坦则控制了冰川内较低的山峰。

喀喇昆仑山的气候极端恶劣，不宜居住，其绝大部分山口一年中仅有一半时间可以通行，因此，这里的人口很少，且只生活在群山环抱的谷地之中。当地人主要依靠牧业为生，在水源丰富的山谷也进行一些农业种植，大麦、小米和苹果是主要作物。

尽管气候恶劣，但喀喇昆仑山还是以其美丽的景色和极富挑战性的地貌吸引着大批科学家和登山者。

3. 喜马拉雅山脉

喜马拉雅山脉的平均海拔约 4000 米，位于喀喇昆仑山脉的南侧，呈东西走向，在巴基斯坦北部分为大喜马拉雅山脉（the Great Himalayas）、小喜马拉雅山脉（the Lesser Himalayas）和锡瓦利克山脉（the Siwaliks，亦称外喜马拉雅山脉）三道近乎平行的山脉。其中，锡瓦利克山脉海拔最低（600—1200 米），在巴基斯坦境内的部分位于拉瓦尔品第的东南方，靠近阿托克县。小喜马拉雅山脉海拔 1800—4600 米，位于锡瓦利克山的北侧，在进入巴基斯坦时，其走势突然转向西南，穿越巴特格拉姆、曼谢拉和阿伯塔巴德，直至拉瓦尔品第的北部。小喜马拉雅山地区风景秀美，比尔本贾尔岭（Pir Panjal Range）景色宜人、久负盛名，穆里（Murree）、纳提亚格里（Nathia Gali）和阔拉格里尔（Ghora Galil）等风景区每年吸引着成千上万的游客到来。由小喜马拉雅山向北推进，海拔逐渐升高，在喀喇昆仑山和比尔本贾尔岭之间的山脉被称为大喜马拉雅山脉。该山脉高耸险峻、终年积雪，平均海拔达 6000 米，海拔 8126 米的南迦帕尔巴特峰是该山脉的最高峰，也是巴基斯坦的第二高峰和世界第六高峰。因为海拔极高，所以大喜马拉雅山脉的冰川数量相当可观，冰川地形在该地区随处可见，美丽的赛弗穆鲁克湖的湖床便是冰川运动所形成的一个古老冰斗，而该地区最大的湖——萨特帕拉湖在本质上就是一个山谷冰川。

（二）西部山区

巴基斯坦西部山区北起斯瓦特山和奇特拉尔山，南至古马勒河，西与苏莱曼山脉相连，东界印度河。西部山区的山脉又称喜马拉雅山脉的西支脉，包括萨菲德山脉、瓦济里斯坦丘陵、苏莱曼－吉尔特尔山脉三部分，这些山脉、丘陵的海拔相较于北部山区的山脉来说要低得多，各山的平均海拔从 1500 米至 3000 多米不等，很少有冰川和积雪，此外，这些山脉近似平行地由东北向西南方向延伸，其走向与来自阿拉伯海的季风方向基本相同。海拔较低、走向顺风，这两大因素造成西部山区的山脉无法阻挡来自阿拉伯海的季风，故这一地区的降水很少，植被稀疏。西部山区的山脉横亘于阿富汗和巴基斯坦之间，构成两国间的天然边界，其间有很多峡谷和山口，喀布尔河、斯瓦特河、古勒姆河、古马勒河等河流从阿富汗而来，途经这些峡谷和山口，最终汇入印度河。喀布尔河的南面就是著名的开伯尔山口，以其为代表的西部诸山口对巴基斯坦的历史来说意义重大，它们是连接中亚和南亚的重要通道，历史上数次从中亚到南亚的民族迁徙和入侵皆是通过这些山口实现的。

1. 萨菲德山脉

萨菲德山脉[①]，亦称摩伽山脉，东起白沙瓦河谷，向西绵延 160 千米至洛拉山谷（位于阿富汗），构成巴基斯坦和阿富汗间的天然国界。萨菲德山脉的平均海拔约 3600 米，其最高峰的海拔达到 4712 米，在其南侧，自阿富汗而来的古勒姆河经古勒姆山口进入巴基斯坦，最终汇入印度河；在其北侧，喀布尔河依山东流，直抵印度河。喀布尔河及其支流斯瓦特河的水量减少后，在萨菲德山的北侧形成了白沙瓦河谷，当地的冲积平原土壤肥沃，宜于种植，盛产水果。具有战略意义的开伯尔山口位于萨菲德山脉的东段。

2. 瓦济里斯坦丘陵

瓦济里斯坦丘陵位于萨菲德山脉以南，古勒姆河与古马勒河之间，海拔相对较低，平均海拔 1500—3000 米，与萨菲德山脉一样，构成了巴基斯坦和阿富汗间的天然边界。丘陵的东部是本努盆地，位于托奇山口旁的本努县和古马勒山口旁的德拉伊斯梅尔汗县拥有重要的战略地位，是巴基斯坦的军事重镇。本努盆地为丘陵环绕，内部河道纵横交错，河水裹挟的泥土和砾石在这里沉积，使本努盆地的矿产资源十分丰富。古勒姆河、托奇河和古马勒河依丘陵地带的山势向东流淌，它们与喀布尔河一道被称为“山间河流”（Intermontane River），依据其命名的古勒姆山口、托奇山口和古马勒山口是巴阿边境上的重要通道，历史上，南亚与中亚的经济与文化依靠这些通道交流。

① 音译自乌尔都语کوہ سفید（koh safed），意为“白色群山”。

3. 苏莱曼—吉尔特尔山脉

苏莱曼－吉尔特尔山脉位于俾路支高原以东、印度河平原以西的地带。它从古马勒河起绵延 850 千米直至阿拉伯海，平均海拔约 1500 米。整个山脉可分为苏莱曼山脉、奎达－扎尔洪山结和吉尔特尔山脉三个部分。

从南瓦济里斯坦起，苏莱曼山脉向南绵延约 400 千米，宽度 20—25 千米，最高峰达科特苏莱曼峰海拔 3487 米。山脉北部的平均海拔为 3440 米，由北向南海拔逐渐降低，南部的平均海拔降至 1600 米，山脉最终并入马里－布格迪丘陵。

从马里－布格迪丘陵向西，有一片丘陵与山脉混合而成的三角形区域，被称为奎达－扎尔洪山结（Quetta Syntaxis-Zarghun Knot）。俾路支省的最高峰——海拔 3583 米的洛伊萨尔峰就坐落于扎尔洪山结。从该山结起，苏莱曼－吉尔特尔山脉呈东西走向，向西延伸约 190 千米后，山脉急转向南，而这一拐点就是奎达山结。

吉尔特尔山脉位于奎达山结以南，印度河以西，呈南北走势，北部的平均海拔约 2000 米，南部则降至 1200 米左右，山脉的最高海拔为 2174 米。吉尔特尔山脉长约 400 千米，宽约 30 千米，由北向南延伸，在信德省的山区与当地丘陵融合，而后继续向南直抵阿拉伯海。吉尔特尔山脉和奎达山结间有一个缺口，称为波伦山口，此山口连接俾路支高原和信德平原，自古以来就是连接西亚、中亚和南亚的交通要冲。

（三）波特瓦尔高原和盐岭

波特瓦尔高原和盐岭位于伊斯兰堡以南、印度河以东、杰赫勒姆河以西的区域。其北部边界由卡拉奇达山脉（Kala Chitta Ranges）和马尔加拉丘陵（Margalla Hills）构成，南部边界由盐岭构成。

波特瓦尔高原面积约 1.82 万平方千米，整体由东北向西南下倾，海拔在 300－600 米。波特瓦尔高原地势起伏不定，很多裸石构成的小山丘陡然高于地面，十分突兀，高原内有数座大山，其中，凯里穆拉特山最为壮观，它绵延 39 千米，海拔约 1000 米。索安河由北向南贯穿波特瓦尔高原，其干、支流长期冲刷、侵蚀地表，形成众多沟壑，遍布整个高原，使该地区呈现出典型的崎岖地形，当地人将这些沟壑称为“卡德拉斯”。尽管索安河支流的水量不大，有些支流除雨季时水量较大外，平时只是涓涓细流，甚至完全干涸，但索安河干、支流所创造的大片冲积平原还是为高原内的农业种植创造了有利条件。

波特瓦尔高原的南缘是数道平行山脉，被统称为盐岭，其平均海拔为 750－900 米，最高的萨盖瑟尔峰海拔 1527 米。盐岭东起杰赫勒姆河，向西穿越印度河，进入本努部落区，覆盖杰赫勒姆县、恰夸尔县、卡拉巴格县和米扬瓦利县的大部分区域。之所以被称为盐岭，是因为其南坡分布着巴基斯坦最大的盐矿。盐岭南侧陡峭险峻，北侧却舒缓地融入波特瓦尔高原，盐岭间溪流蜿蜒，湖泊点缀，其中乌查理湖[①]（Uchali）、卡贝基湖（Khabeki）和格拉·格哈尔湖（Kallar Kahar）面积较大。

波特瓦尔高原拥有几乎涵盖所有地质时期的岩层，岭南地表的先寒武纪沉积层是著名的含盐岩层，厚度一般超过 500 公尺，其下为泥灰岩、石膏和沥青泥质板岩。人们还在这里发现了腊玛古猿化石和索安河文化时期的石制工具，因此，该地区为地质学界和古人类学界共同关注。

波特瓦尔高原和盐岭蕴藏的非金属矿产种类众多、储量丰富，包括石盐、石膏、石灰石、白云石、皂石等等，盐岭西部还发现了富含

① 此处与后文的卡贝基湖和格拉·格哈尔湖皆为乌尔都语音译。

石油的灰岩和砂岩沉积层。近年来，巴基斯坦在这一区域开发出众多油田和天然气田，并建立了阿托克石油精炼厂，负责提炼该地区出产的原油。矿产资源开发成为推动地区经济发展的重要力量，带动形成了杰赫勒姆县这一生活中心和其他为矿山经济服务的小城镇。

（四）俾路支高原

俾路支高原是伊朗高原的一部分，东起苏莱曼－吉尔特尔山脉，西抵伊朗，北界古马勒河，南达阿拉伯海，面积 347190 平方千米，约占巴基斯坦总面积的 40%。俾路支高原由海拔 3000 米以上的南北向平行山脉及海拔 500－2000 米的宽阔高原面组成，其内散布着一些河流与盆地，整个高原被查曼和奥纳奇－纳尔断层带分割为地貌特征完全不同的东、西两部分。

1. 东部

查曼和奥纳奇－纳尔断层带北起巴阿边境的查曼市，南至阿拉伯海，纵贯俾路支高原。断层带以东的部分可被分为多巴卡卡尔山脉及其附属盆地、卡拉特高原、胡兹达尔山结和拉斯贝拉平原。

（1）多巴卡卡尔山脉及其附属盆地

多巴卡卡尔山脉位于俾路支省北部，由查曼断层起一直向北延伸，最终汇入瓦济里斯坦丘陵。该山脉由一道道近似平行的弯曲山岭组成，长度在 240 千米到 280 千米之间，平均海拔超过 3000 米。位于查曼附近的霍贾克山口是连接阿富汗南部重镇坎大哈和巴基斯坦俾路支省首府奎达的重要通道。多巴卡卡尔山脉的东部和南部星星点点地散布着数个盆地，是该地区的人口聚居区。这里的居民主要从事农业生产，佐布县和洛拉莱县是该区域的生活中心。

（2）卡拉特高原

奎达南出，有一片南北相距约 250 千米，东西相距约 110 千米，海拔为 1600－2000 米的广阔地区，名为卡拉特高原。马兰山、哈尔伯伊山、布拉灰山和中布拉灰山等山脉由北向南贯穿卡拉特高原，连接奎达市和贝拉市的主干公路从高原中央经过，直通巴基斯坦的最大港市卡拉奇，这条公路因而成为俾路支省和信德省之间的交通要道。

（3）胡兹达尔山结

胡兹达尔山结位于卡拉特高原的南缘，是一片面积约 2250 平方千米的三角形区域。这里山峦起伏，形似波涛，地震频发，人烟稀少。

（4）拉斯贝拉平原

胡兹达尔山结向南，海拔渐渐降低，地势趋于平缓，最终出现一片平原，即拉斯贝拉平原。该平原主要由波拉里河（Porali River）冲积而成，整体略呈三角形，其顶点位于北部，底边沿南部海岸线延伸约 80 千米，顶点距底边约 120 千米。平原大部分地区为冲积层覆盖，但东部靠山地区碎石密布，平原南部有一片潟湖，著名的松密亚尼滩就位于潟湖以南。

2. 西部

查曼断层以西的俾路支高原主要由一系列东西走向的山脉、丘陵组成，如查盖山脉、拉斯山脉、锡亚汗山脉、莫克兰海岸山脉等等，这些山脉近似平行，其间夹杂着数个宽阔盆地。

查盖山脉在这一系列山脉中最靠北，位于巴阿边境，长约 130 千米，海拔超过 2000 米。山脉东部有数条内陆河流，但水量很少，著名的沙漠湖——洛拉湖（Hamum-i-Lora）便位于这一区域；山脉西翼存在着大量白垩纪火山活动留下的火山岩山峰，如海拔 2332 米的苏尔丹峰（Koh-i-Sultan）、海拔 1890 米的多摩丁峰（Domo Din）和海拔 1484 米的达利尔峰（Koh-i-Dalil）等，山达克铜矿和银矿坐落在这些山峰以西。

查盖山脉以南是一块构造盆地，连接奎达市和伊朗扎黑丹市的铁路和公路横穿于此。盆地以南坐落着长约 230 千米，海拔超过 2000 米的拉斯山脉，其最高峰——拉斯峰的海拔达 3003 米。拉斯峰以南呈现出一块含有内陆水系的构造盆地。盆地内，以马什克尔湖（Hamun–i–Mashkel）和穆尔阔湖（Hamun–i–Murgho）为代表的沙漠湖星罗棋布。

由这些咸水湖群南下便是东起查曼和奥纳奇－纳尔断层，西至伊朗境内，平均海拔超过 2000 米的锡亚汗山脉（Siahan Range）。山脉以南，有序地排列着一系列近似平行的山脉，被统称为中莫克兰山脉（Cental Makran Range）。这些山脉的海拔从 1000 米至 1200 米不等，拉克珊河（Rakhshan River）和科奇－尼兴河（Kech–Nihing River）流淌在这些山脉之间。

莫克兰海岸山脉是西俾路支高原上最靠南的山脉，长约 500 千米，海拔 200－600 米。山脉以南就是莫克兰海岸，海岸东起卡拉奇，西至吉沃尼，海岸线几乎没有明显的曲折。狭窄的海滩背靠 15－65 米高的悬崖，崖上便是 16－32 千米宽的海岸平原。莫克兰海岸以海岸阶地众多而著称，较为著名的阶地有克利夫顿、马努拉、蒙泽岬、马伦岬、奥尔马拉、瓜达尔和吉沃尼等，其中，奥尔马拉被建成了巴基斯坦的海军基地，瓜达尔则在中国的援建下成为巴基斯坦的重要港口。

二、印度河平原

印度河平原占据了西部山区以东和以南的大片区域，因印度河及其支流的沉积作用而形成。印度河平原北部的海拔约 300 米，由北向南逐渐下倾，至潘季纳德河（Panjnad）流域，海拔降至 75 米，自此向南延伸 560 千米，直至阿拉伯海。印度河平原并非完全平坦，一些低矮丘陵散布其间。位于旁遮普省的奇拉纳丘陵（Kirana Hills）、位于信德省的凯尔布尔丘陵（Khairpur Hills）和甘焦达喀尔丘陵（Ganjo Takar Hills），给这片平坦的冲积平原增添了几分波澜。平原上的山川与河流将平原分成 5 个部分：山麓平原、洪泛平原、冲积阶地、印度河三角洲以及卡奇沼泽和沙漠。

（一）山麓平原

山麓平原又称“皮德蒙特平原”（The Piedmont Plains），其实质是西部山区向平原地区的过渡地带，由苏莱曼－吉尔特尔山脉的山麓起向东延伸，地势缓慢降低，直至印度河流域。每到雨季，山区降水激增，大量雨水汇成湍急河流，裹挟碎石和泥沙顺势而下，至山麓地区，坡度变缓，河水流速减慢，大量砾石、泥沙沉淀下来形成半径 1.6－7.5 千米的冲积扇。雨季过后，河水断流，冲积扇相互叠加，又与河床相互融合，日积月累，构成了山麓平原的主体。冲积扇以外，地势更为平缓，非雨季时，溪流在这里干涸，沙砾、淤泥沉积于此，增加了土壤的肥沃程度，然而，由于该地区降水少且不固定，水利设施较为稀缺，故种植业并不发达。

除了从苏莱曼－吉尔特尔山脉延伸出的山麓平原外，在旁遮普省的北部地区还有 5 块面积较小的山麓平原，其中，两块延伸至锡瓦利克山南部，一块占据了拉维河和奇纳布河之间的地带，一块位于奇纳布河和杰赫勒姆河之间，一块处于盐岭南侧。这些山麓平原的地形、地貌与从苏莱曼－吉尔特尔山脉延伸出的山麓平原相似。

（二）洪泛平原（河漫滩）

印度河流域的洪泛平原分为活跃洪泛平原（Active Flood Plains）和旧洪泛平原（Old Flood Plains）。活跃洪泛平原是指印度河及其主要支流（拉维河、奇纳布河、杰赫勒姆河、萨特莱杰河）两侧的狭长土地。印度河旁的活跃洪泛平原宽度最大，一般在 24－40 千米间；

拉维河旁的活跃洪泛平原宽度最短，一般在 3－5 千米间，其南岸甚至没有洪泛平原。活跃洪泛平原几乎每年都有一段时期被河水淹没。雨季来临时，河流的水位上涨，水漫上河滩，自由流淌，形成众多辫状水系。这些辫状水系给活跃洪泛平原带来了富含养分的泥沙，待河水退去，便形成了肥沃的冲积层。印度河流域的活跃洪泛平原对巴基斯坦农业至关重要。

旧洪泛平原覆盖了印度河上游流域冲积阶地与条状高地之间（位于旁遮普省）以及印度河下游流域冲积阶地和沙漠之间（位于信德省）的大片区域。在信德省，旧洪泛平原被两道丘陵阻断，即位于苏库尔的凯尔布尔丘陵和位于海德拉巴的甘焦达喀尔丘陵。旧洪泛平原的海拔比活跃洪泛平原高出数米，除非发生严重洪灾，否则基本不会被河水淹没，因而这里成为巴基斯坦主要的农业种植区。

（三）冲积阶地

冲积阶地由印度河上游流域的一些河间岭发展而来，与毗邻的河漫滩之间有 5－15 米高的断崖阻隔。比较有名的冲积阶地包括位于杰赫勒姆河与奇纳布河间的奇拉那阶地、奇纳布河与拉维河间的桑达勒阶地、拉维河与萨特莱杰河间的甘吉阶地和尼里阶地等，此外，萨特莱杰河以南也有大块冲积阶地。这些阶地的冲积层基本形成于更新世时期，因而被称为旧冲积层，以区别于洪泛平原的新冲积层。旧冲积层富含高钙黏土，肥力深厚，加之冲积阶地总体地势平坦，其内有多条河流穿行，故这些阶地成为理想的种植区。尽管位于信德省萨加尔汇流点的阶地受塔尔沙漠的影响而被波浪状的沙丘覆盖，但随着农业灌溉区的不断扩大和沙漠治理的不断深化，该地区正逐步转化为农垦区。

（四）印度河三角洲及库奇兰恩

印度河在其入海口处塑造了一大块三角洲平原，面积约 8000 平方千米，是世界第七大河口三角洲。贾勒利河（Kalri）、比恩亚利河（Pinyari）与海岸线一起构成三角洲的边界，历史上，三角洲的顶点数次易位，曾一度接近海德拉巴，如今位于特达县南部。印度河及其支流曾经每年能向阿拉伯海注入约 3 亿吨沉淀物，致使河口三角洲以每年 34.4 米的速度扩大，1896－1954 年，该三角洲的边缘向海洋方向推进了近 8 千米。后来，巴基斯坦政府兴修水利，在印度河干、支流上建设数座堰坝，并开凿多条灌溉水渠从印度河引流，致使印度河的搬运能力有所下降，即便如此，印度河河口三角洲仍在向西南扩展。三角洲平原的海滨泥滩遍布潮汐道，内陆部分则被印度河及其支流切割，整个平原水系庞大，土地肥沃，十分有利于发展农业。

库奇兰恩，又称卡奇沼泽，位于三角洲平原的东侧，是一片滨海湿地，面积达 21672 平方千米。根据国际法庭于 1968 年做出的判决，其西部约 780 平方千米的区域归属巴基斯坦，其主体部分则属于印度。

库奇兰恩与河口三角洲一起构成了巴基斯坦长约 200 千米的东部海岸。与西部笔直的莫克兰海岸不同，无论是三角洲海岸还是库奇兰恩海岸，都被潮汐道切割成了锯齿状，极不规则。

（五）沙漠

巴基斯坦的沙漠约 11.4 万平方千米，约占国土面积的 14.7%，主要分布在印度河平原。印度河与杰赫勒姆河之间的沙漠被称为特尔巴尔格尔沙漠，简称特尔沙漠（Thal）；北起巴哈瓦尔布尔，沿印巴边境，南至信德省南部的大片沙漠被称为塔尔－乔里斯坦沙漠；在俾路支省中西部还存在一片沙漠，即卡兰沙漠。巴基斯坦沙漠地区的风暴极多，它是改变沙漠地形、地貌的主要动力，流动沙丘在大风作用下移动，岩石则受风力侵蚀，逐步沙化。

塔尔－乔里斯坦沙漠是巴基斯坦最大的沙漠，面积约 7.5 万平方千米。该沙漠可分为三部分：位于旁遮普省巴哈瓦尔布尔县的乔里斯坦沙漠、位于信德省北部的巴特沙漠和位于信德省南部的塔尔巴尔格尔沙漠，简称塔尔沙漠。塔尔－乔里斯坦沙漠由沙原、沙脊和沙丘构成，其南部被一道道 6－8 千米长的南北向固定沙脊覆盖，位于信德省北部、巴哈瓦尔布尔以西的一小片区域覆有一块块新月形的流动沙丘，沙漠的东部被大量东西向的沙丘和沙脊覆盖，其余部分则是茫茫沙原。

巴基斯坦沙漠地区的气候炎热干燥，塔尔－乔里斯坦沙漠的最高气温达 51℃，年降水量仅为 150 毫米，5－6 月常有强烈风暴，风速可达每小时 140－150 千米，然而，这里却生活着多种带刺耐旱植物，只要有雨水，沙漠中便会生机盎然。沙漠中的少数小块绿洲是牧民赖以生存之地，畜牧业是当地的主要产业。随着灌溉设施不断向沙漠扩展，部分沙漠已可以进行农耕，特别是在巴哈瓦尔布尔专区，一些受季风雨滋润的地方可种植鹰嘴豆。

第二节　气候

一、概况

巴基斯坦地处亚热带，大部分地区属亚热带气候区，南部沿海地区属热带气候区，日照强，气温高，此外，北部的群山形成天然屏障，阻挡了北方冷空气的南下，因此巴基斯坦的气温一般高于同纬度的其他国家和地区。在巴基斯坦，印度河平原是最热的地区，其最高气温可达 40－45℃，5 月和 6 月的平均气温达 43℃[①]。位于下印

① Huma Naz Sethi. The Environment of Pakistan［M］. London：Peak Publishing London，2007：25.

度河平原的贾科巴巴德（Jacobabad）号称“次大陆热极”，1919 年 6 月，其气温达到过 53℃，这是巴基斯坦官方公布的有记录以来其境内的最高气温。巴基斯坦尽管位于西南季风区，但降水较少，且集中于雨季，另外，受地形条件影响，巴基斯坦的降水分布并不均衡，总体而言，由北向南降水逐步减少。喜马拉雅山南麓及其支脉地区的年均降水量为 760－1270 毫米，是全国降水最多的地区，其中，穆里山区 1914 年全年的降水量达到 2560.8 毫米，是巴基斯坦境内年降水量的最高纪录；在喜马拉雅山北麓的背风坡，年均降水量仅 160 毫米；俾路支省的年均降水量为 210 毫米；西部山区（开伯尔－普什图省的大部分地区）和上印度河平原（旁遮普省北部）的年均降水量为 250－750 毫米；下印度河平原（旁遮普省南部和信德省）的年均降水量则介于 125 毫米到 250 毫米之间。①

总的来说，巴基斯坦的气候特点是炎热、干旱，受季风影响，降水集中于雨季。这些特点对巴基斯坦人的生产和生活方式具有决定性的影响。

表 1-1　巴基斯坦气温和降水纪录

名目	纪录
最高气温	53℃：1919 年 6 月 12 日，贾科巴巴德
最低气温	−16℃：1965 年 12 月 27 日，奇特拉尔
最多年降水量	2560.8 毫米：1914 年，穆里
最少年降水量	全年无降水：1971 年，拉斯贝拉；1973 年，锡比；1981 年，卡拉特；1987 年，卡拉奇、纳瓦布沙阿、巴丁 连续数年无降水：苏库尔和吉沃尼

数据来源：Fazle Karim Khan. Pakistan Geography Economy & People: New Edition［M］. Oxford: Oxford University Press，2006：41.

① Fazle Karim Khan. Pakistan Geography Economy & People: New Edition［M］. Oxford: Oxford University Press，2006：38.

二、季节

就巴基斯坦大部分地区而言，一个季节周期可被分为四部分，对应四个季节。一般来说，从 4 月到 6 月是夏季，从 7 月到 9 月是雨季，从 10 月到 12 月中旬是季风退缩季，从 12 月中旬到翌年 3 月是冬季。巴基斯坦当地人则倾向将 3 月至 6 月定为夏季，将 7 月至 10 月称为雨季，将 11 月至翌年 2 月划为冬季。

在巴基斯坦，冬季最为舒适，大部分时间阳光和煦、干燥凉爽，昼夜温差较大，内陆地区的平均最高气温为 18℃，最低气温为 4℃，沿海地区则更加温暖，气温一般在 20—25℃。冬季的降水较少，但西北季风[①]，又称西部低压（Western Depressions）或亚热带西风急流，却能在 12 月至翌年 3 月给西部山区、波特瓦尔高原和俾路支高原的北部带来降水，为这些地区的越冬作物和春播工作提供重要的水源。在此季节中，中亚地区会出现一个高压带，寒冷的空气流向四面八方，所幸的是北部山区的高山阻挡了寒流的南下，仅有部分寒流顺巴阿边境的山口进入俾路支省，降低了当地的温度，这股寒流也被称为“坎大哈寒流”。随后，这股寒流的势头会减弱，进入信德省时已不十分强烈，当地人称其为“奎达气浪”。

巴基斯坦的夏季炎热、干旱。从 4 月起，全国气温骤升，5、6 月份尤为酷热，各地最高气温从 32℃到 53℃不等[②]，从印度拉贾斯坦沙漠刮来的热风曾让卡拉奇的温度高达 42℃，各地的降水量从 25 毫米至 130 毫米不等。连续高温天气严重影响了人们的正常生活，甚至威胁到了人身安全。2007 年 6 月中旬，巴基斯坦各主要城市的

① 西北季风实质上是形成于地中海的低压气旋，经阿富汗和伊朗进入巴基斯坦。

② Huma Naz Sethi. The Environment of Pakistan［M］. London：Peak Publishing London，2007：24.

气温均超过 40℃。首都伊斯兰堡的气温超过 45℃，地表温度高达 53℃，白沙瓦、拉合尔、卡拉奇、木尔坦等拥有一百万以上人口的大城市，其地表气温都在 45－48℃之间，部分地区的最高气温甚至超过 50℃，全国超过 100 人死于中暑，一些城市的停车场还出现了汽车自燃现象。酷暑期间，巴基斯坦人对水和电的需求陡然上升，而长期的干热增大了每天的蒸发量，部分水库几近干涸，水源严重匮乏；另一方面，人们对空调和冷风机的大量使用，使得电力负荷过大，加之许多电力设施老化，年久失修，造成部分地区频频出现拉闸限电或跳闸停电的现象。相对于内陆地区，沿海地区的温度稍低，月平均气温在 32℃左右，但相对湿度超过 50%，十分闷热。夏末，在木尔坦会形成一个低气压系统，该系统吸引海洋季风的到来，使巴基斯坦进入雨季。

7 月，西南季风进入巴基斯坦。该季风形成于印度洋，裹挟大量水分，从阿拉伯海和孟加拉湾吹向陆地。来自孟加拉湾的季风登陆后受阻于喜马拉雅山而改变方向，顺山脉南麓向西北而行，穿越印度后进入巴基斯坦。由于这股季风在到达巴基斯坦时，所携的大部分水分已经失去，故对巴基斯坦的降水影响不大。与之相反，来自阿拉伯海的季风进入巴基斯坦后，一路畅通无阻，直至北部山区，此时，季风为高山所阻，加之气温降低，故空气中的水分凝聚、降落，形成季风雨，雨季随即到来。巴基斯坦的雨季兴盛于 7 月中旬，往往每隔几天便风雨交加，这样的情况一直持续到 8 月底。旁遮普省北部的山区受季风雨影响较大，7－9 月间的降水量超过 500 毫米，穆里在雨季的降水量曾达到过 813 毫米，是雨季中降水最多的地区，伊斯兰堡常常也电闪雷鸣、大雨倾盆。旁遮普省南部和信德省受季风影响较小，雨季中的降水量较少，萨戈达以南的降水量不足 250 毫米，萨希瓦尔以南的降水量则不足 125 毫米。俾路支省和开伯尔－普什图省基本不受西南季风的影响，诺贡迪的降水量仅为 2.5 毫米，是雨季中降水最少的地区。[①] 受季风和降水的影响，巴基斯坦内陆地区的气温有所下降，7—9 月，大部分地区的平均气温在 35℃左右。

从 9 月中旬起，来自印度洋的西南季风开始退缩，至 10 月基本绝迹，巴基斯坦就此进入短暂的、过渡性的季风退缩季。在这一时期，全国降水极少，10 月和 11 月是巴基斯坦最干燥的月份，除北部山区部分地区的降水量超过 50 毫米外，其余地区的降水量皆不足 25 毫米。[②] 与此同时，气温有所下降，10 月份的最高气温一般在 34－37℃，最低气温约 16℃；到了 11 月，最高气温和最低气温均下降约 6℃。[③]

三、气候区

巴基斯坦地形多样，从北部的巍峨山峰到南部的绵长海岸，从东部的平原、沙漠到西部的高原、丘陵，多样的地形决定了多样的气候。按气候特征，巴基斯坦可大致分成四个区域：高山气候区、半干旱气候区、沿海气候区和干旱气候区。

高山气候区包括整个北部山区和西部山区；半干旱气候区涵盖了整个印度河平原；沿海气候盛行于莫克兰海岸、卡拉奇海岸、印度河三角洲和库奇兰恩地区；干旱气候则主要存在于横跨信德省和旁遮普省的塔尔－乔里斯坦沙漠以及位于俾路支省的卡兰沙漠。

（一）高山气候区

高山气候区主要包括巴基斯坦北部山区和西部山区。该气候区

① Fazle Karim Khan. Pakistan Geography Economy & People: New Edition [M]. Oxford: Oxford University Press, 2006: 39.

② Fazle Karim Khan. Pakistan Geography Economy & People: New Edition [M]. Oxford: Oxford University Press, 2006: 39.

③ 陆水林. 世界列国国情习俗丛书：巴基斯坦 [M]. 重庆：重庆出版社，2004：13.

的冬季漫长而寒冷，气温在 0℃以下，常常风雪交加；夏季凉爽但短暂，气温在 20℃左右，适合避暑。

表 1-2 高山气候区代表性地区气候数据

地名	最热月份	最低温度	最高温度	最冷月份	最低温度	最高温度
穆里	7 月	16℃	23.5℃	1 月	−0.5℃	6.3℃
巴拉杰纳尔	7 月	19.3℃	30.5℃	1 月	−1.8℃	10.1℃

数据来源：穆罕默德·恩瓦尔. 巴基斯坦地理［M］. 拉合尔：白玫瑰出版社，2009：32.

在山区，气温和降水与海拔有密切关系。北部山区的海拔一般在 4500－6000 米，山脉间分布着海拔超过 2000 米的河谷，而西部山区的海拔一般在 4000 米以下。由于巴基斯坦的降水主要来源于夏季西南季风所裹挟的水分，而北部山区的高山能有效阻止季风通过并冷凝水汽，故成为高山气候区中降水最多的地域，山区南麓迎风坡的年平均降水量为 760－1270 毫米[①]，而山区北麓背风坡的降水量则很少，如吉尔吉特的年均降水量仅 129 毫米，古比斯的年均降水量仅为 119 毫米[②]。西部山区由于山脉海拔较低，不能对季风形成有效的阻隔，故相对于北部山区的迎风坡而言降水较少，年降水量在 250－500 毫米[③]之间，降水量低于潜在蒸散量，且主要以降雪形式出现在冬季。

受海拔影响，北部山区的年均气温低。河谷冬季凉爽，1 月，从海拔 2000 米的河谷至海拔 4500 米的雪线，其间的平均气温在 0－5℃；夏季温和，即便是最热的 6 月，平均气温也在 10－32℃。雪线

① 薛克翘，赵长庆. 简明南亚中亚百科全书［M］. 北京：中国社会科学出版社，2004：324.

② Fazle Karim Khan. Pakistan Geography Economy & People：New Edition［M］. Oxford：Oxford University Press，2006：48.

③ Fazle Karim Khan. Pakistan Geography Economy & People：New Edition［M］. Oxford：Oxford University Press，2006：45.

以上的山区常年为冰雪覆盖，气温在 0℃以下。西部山区冬季的气温相对较高，1 月的平均气温在 0－10℃；夏季炎热干燥，平均气温在 21－32℃，7 月最热，最高气温介于 32－38℃。[①]

（二）半干旱气候区

巴基斯坦的半干旱气候区以旁遮普省为核心，向北延伸至开伯尔－普什图省的东南部，向西拓展至俾路支省西部，向南辐射至信德省大部。该地区海拔较低，远离海岸，大陆性气候特征十分明显。夏季极度炎热，6 月为最热的月份，很多地方的当月平均气温都高于 30℃，锡比的当月平均气温高达 38℃，贾科巴巴德和锡比的气温在 6 月份都出现过高于 50℃的情况[②]。以锡比至贾科巴巴德一线为界，无论向南还是向北，气温都有所下降。这一时期，旁遮普省和信德省常刮起一种被当地人称为“卢”[③]的热风，风过之处，灰尘四起，处于其间，如遭鞭笞。此外，长时间的酷热令不少树木的叶子因蒸腾作用过强而枯萎、掉落，呈现出盛夏落叶的奇怪景象。长期高温后，局部地区会因为冷、热空气对流而出现雷雨天气，这种现象多发生在 4－6 月，且毫无征兆，往往在日挂中天之时，突然黑云密布，随后电闪雷鸣、暴雨倾盆，短暂降雨之后，又恢复万里晴空。暴雨过后，气温有所下降，酷暑得以暂时缓解。

半干旱气候区的冬季凉爽宜人。冬季的气温徘徊于 10－21℃，1 月最冷，木尔坦和诺贡迪的当月平均气温分别为 12.7℃和 11.3℃[④]。

---

① Fazle Karim Khan. Pakistan Geography Economy & People：New Edition［M］. Oxford：Oxford University Press，2006：42，46.

② 穆罕默德·恩瓦尔. 巴基斯坦地理［M］. 拉合尔：白玫瑰出版社，2009：32－33.

③ “卢”为乌尔都语词“لو”的音译，意思是热风。

④ Fazle Karim Khan. Pakistan Geography Economy & People：New Edition［M］. Oxford：Oxford University Press，2006：42.

信德省大部和旁遮普省南部的冬季从 12 月持续到翌年 2 月，其间几乎不降水；旁遮普省中部和俾路支省西部的冬季较长，从 11 月持续到翌年 3 月，受西北季风（Western Disturbance，又称“副热带西风急流”）的影响，这一时期集中了当地一年中的大部分降水。

在半干旱气候区中，印度河平原受夏季西南季风的影响较大，会经历雨季。每当雨季来临，降水量陡然增加，伊斯兰堡常出现狂风暴雨、电闪雷鸣这样的极端天气。沿印度河向南，降水量呈递减趋势，印度河平原与北部山区衔接地带和波特瓦尔高原的降水量明显多于印度河平原，上印度河平原的北部和西北部经常经历暴风雨天气，而这种天气在上印度河平原的南部以及下印度河平原几乎绝迹，导致这些地区即使在雨季也酷热难耐。

表 1–3 半干旱气候区代表性地区气候数据

地名	最冷月份	最低温度	最高温度	最热月份	最低温度	最高温度
贾科巴巴德	1 月	7.1℃	22.4℃	6 月	29.3℃	44.3℃
木尔坦	1 月	4.7℃	20℃	6 月	29℃	43.1℃
拉合尔	1 月	5.1℃	19.6℃	6 月	26.8℃	41.1℃
费萨拉巴德	1 月	4.8℃	19.4℃	6 月	27.6℃	41.0℃

数据来源：穆罕默德·恩瓦尔. 巴基斯坦地理［M］. 拉合尔：白玫瑰出版社，2009：34.

（三）沿海气候区

沿海气候区主要指南部狭长的海岸地带，包括印度河三角洲、卡拉奇海岸、库奇兰恩和莫克兰海岸。水与土壤的比热不同，在夏季，海洋上气温升高的速度低于内陆，盛行风将清凉的空气由海洋吹向陆地，使得沿海地区在夏季的气温低于内陆，故沿海地区的夏季并不十分炎热，且昼夜温差较小，6 月是最热的月份，气温稳定在 31—

32℃；到了冬季，陆地气温下降速度快，海洋上较为温暖的空气又使得沿海地区在很长一段时间内保持温暖，仅有从俾路支高原南下的寒风会使当地人偶感寒冷，1 月是最冷的月份，气温维持在 18—19℃。[①] 总的来说，沿海地区气候较为温和，气温稳定。夏季漫长，一般天朗气清、惠风和畅；冬季短暂，常常阳光和煦、温暖舒适。

沿海气候区空气湿度大，4—9 月，空气湿度超过 50%，到了 10 月份，从东南部沙漠吹来的干燥热风逐渐占据主导，空气湿度有所下降。沿海气候区降水较少，年降水量不足 250 毫米，东部卡拉奇至库奇兰恩一带的降水量多于西部的莫克兰海岸。卡拉奇的年降水量约为 217 毫米，在西海岸，吉瓦尼的年降水量约为 114 毫米，帕斯尼的年降水量更少，仅有 100 毫米。[②] 东海岸的降水多发生在雨季，而西海岸的降水则集中于冬季。

表 1-4　沿海气候区代表性地区气候数据

月份	卡拉奇（东海岸）		吉瓦尼（西海岸）	
	气温（℃）	降水（毫米）	气温（℃）	降水（毫米）
1 月	18.1	6.0	19.0	27.3
2 月	20.2	9.8	20.0	33.4
3 月	24.5	11.7	23.6	9.9
4 月	28.3	4.4	26.8	6.0
5 月	30.5	0	29.5	0.2
6 月	31.4	5.5	30.7	0.6
7 月	30.3	85.5	30.0	7.7
8 月	28.9	67.4	28.6	3.6

① Fazle Karim Khan. Pakistan Geography Economy & People: New Edition [M]. Oxford: Oxford University Press, 2006: 41.

② Huma Naz Sethi. The Environment of Pakistan [M]. London: Peak Publishing London, 2007: 24.

（续表）

月份	卡拉奇（东海岸）		吉瓦尼（西海岸）	
	气温（℃）	降水（毫米）	气温（℃）	降水（毫米）
9 月	28.9	19.9	27.9	0.2
10 月	27.9	1.0	27.2	0.2
11 月	23.9	1.8	23.9	4.5
12 月	19.5	4.4	20.4	20.3
年均	26.0	217.3	25.6	113.9

数据来源：Fazle Karim Khan．Pakistan Geography Economy & People：New Edition［M］．Oxford：Oxford University Press，2006：41．

（四）干旱气候区

干旱气候区包括了俾路支省的西南部和巴基斯坦东南部的沙漠地区。这些地区全年炎热、干旱，早晚温差较大，气温最高达 51℃，年降水量仅 150 毫米。[①] 此外，这些地区风沙很大，从 5 月中旬到 9 月中旬，沙漠中会连续不断地刮起强烈的沙尘暴，遮天蔽日。到了冬季，俾路支省西南部会迎来一年里的集中性降水，降水量虽不多，但能很大程度上缓解当地的旱情；而位于旁遮普省和信德省东南部的沙漠则只能在雨季受到少量雨水的滋润。

表 1–5　干旱气候区代表性地区气候数据

地名	最热月份	最低温度	最高温度	最冷月份	最低温度	最高温度
苏库尔	6 月	28.5℃	42.6℃	1 月	7.8℃	22.4℃
海德拉巴	6 月	27.9℃	40.5℃	1 月	10.1℃	42.2℃

数据来源：穆罕默德·恩瓦尔．巴基斯坦地理［M］．拉合尔：白玫瑰出版社，2009：34．

---

① 陆水林．世界列国国情习俗丛书：巴基斯坦［M］．重庆：重庆出版社，2004：10．

第三节　自然资源

一、河流

（一）印度河

印度河的名称出自梵文Sindhu的拉丁语形式——Indus，意思为“河流”。印度河是巴基斯坦最大的河流，由北向南纵贯巴基斯坦，全长约2897千米[①]，流域面积1165500平方千米，其中453250平方千米位于喜马拉雅山脉，其余在巴基斯坦平原地区。印度河的年均流量为2070亿立方米，是尼罗河的2倍。印度河发源于我国青藏高原喜马拉雅山脉中的冈底斯山[②]，发源处被当地人称为“狮门”（乌尔都语名سنگھ کا باب），故印度河的上游也被称为“狮泉河”。印度河从西藏流出后转向西北，由南向北贯穿克什米尔，其间，不断有河流汇入印度河，如希约克河（شائی اوک）、吉尔吉特河（گلگت）、札斯格尔河（زاسکر）等。之后，印度河绕过南迦帕尔巴特峰，改道西南，流入开伯尔—普什图省（简称“开普省”），在这里，印度河被称为“阿德格河”（اٹک）。在流经开普省的过程中，斯瓦特河、喀布尔河、古勒姆河、多奇河以及古马勒河等河流汇入印度河。在卡拉巴格至维霍瓦一线，印度河沿开普省和旁遮普省的分界线流淌，在阿托克，印度河结束了在山区的旅程，正式进入旁遮普平原。在旁遮普平原，印度河迎来了四条著名支流，即杰赫勒姆河、奇纳布河、拉维河和萨特莱杰河。穿过旁遮普省后，印度河进入信德省，流经信德省期间，再无大的河流汇入印度河。印度河在特达附近分流，覆盖面积约 324 平方

---

① 穆罕默德·恩瓦尔. 巴基斯坦地理［M］. 拉合尔：白玫瑰出版社，2009：41.

② 乌尔都语名为كيلاش（kilaash），音译为基拉什山，文中参考习惯译法。

千米的三角洲，最后成 13 支水流注入阿拉伯海。印度河水系每年的总流量约为 2070 亿立方米，其中印度河的流量占 53%，杰赫勒姆河、奇纳布河、拉维河和萨特莱杰河（连同比亚斯河）各占 13%、14%、4%和 16%，不过，印度河水系的流量在各季节里的分布并不均匀，雨季各河流的流量比冬季多 10—15 倍。①

由于地势原因，印度河在喜马拉雅山脉及克什米尔地区的流速极快，沿岸大量沙石、泥土顺水而下，故印度河的含沙量极大。进入平原地区后，由于地势变得平缓，印度河所裹挟的泥沙和石块便沉积下来，日积月累形成了肥沃的印度河冲积平原，为巴基斯坦种植业的发展提供了理想的土壤。然而，沉积作用也造成印度河经常改道，水灾频发。

（二）印度河东岸支流

印度河东岸支流共 8 条，分布在波特瓦尔高原上的有 3 条，即索安河、哈罗河和锡兰河，流量都比较小。分布在旁遮普平原上的有 5 条，即杰赫勒姆河、奇纳布河、拉维河、萨特莱杰河和比亚斯河，流量比较大。这 5 条河流均发源于喜马拉雅山脉，流经克什米尔，其中，比亚斯河在印度旁遮普邦的赫里盖汇入萨特莱杰河，因而流进巴基斯坦的只有剩下的 4 条河流。其中，杰赫勒姆河和拉维河是奇纳布河的支流，奇纳布河在吸收二者之后与萨特莱杰河在潘季纳德（پنجند）汇合，形成潘季纳德河，最终在马特恩古德（مٹھن کوٹ）汇入印度河。

流经旁遮普省的四条印度河支流对巴基斯坦而言意义重大。印度河平原是巴基斯坦主要的粮食生产区，上述四河汇入印度河后，提升了印度河的水量，使其顺利贯穿旁遮普省和信德省，滋养了当地的动

① 薛克翘，赵常庆．简明南亚中亚百科全书［M］．北京：中国社会科学出版社，2004：323．

植物，促进了农业生产，保证了居民的生活用水。

根据印巴两国签订的《印度河分水协议》，拉维河、萨特莱杰河和比亚斯河的河水使用权归印度所有，巴基斯坦则拥有对奇纳布河、杰赫勒姆河和印度河的使用权。近年来，印度在拉维河及萨特莱杰河等支流上游建设拦水坝，减少了由这些支流进入印度河的水量，巴基斯坦对此十分不满，双方在水资源分配及使用问题上产生了分歧，互不相让。

（三）印度河西岸支流

印度河西岸支流共有 8 条，由北向南依次是斯瓦特河、潘季古拉河、古纳尔河、喀布尔河、多奇河、古勒姆河、古马勒河和伯劳河。其中，斯瓦特河、潘季古拉河和古纳尔河发源于喜马拉雅山脉东北部，经喀喇昆仑山进入巴基斯坦，在开普省的阿托克附近汇入印度河。喀布尔河发源于阿富汗山区，经开伯尔山口进入巴基斯坦，沿白沙瓦河谷向东南方向前行，在古拉赫托克（کوڑہ خٹک）附近汇入印度河。此外，多奇河、古勒姆河、古马勒河以及伯劳河等河流分别发源于萨菲德山脉、兴都库什山脉和苏莱曼山脉，流经阿富汗，从巴阿边境上的多奇山口、古勒姆山口和伯劳山口等地进入巴基斯坦，最终汇入印度河①。

印度河西岸支流无论从长度、宽度上还是从水量上来说，都无法同东岸的支流相媲美。斯瓦特河和喀布尔河的水量较大，多奇河、古勒姆河和古马勒河的水量很小，然而，这些河流却流经开普省和俾路支省最肥沃的地区，为当地农业灌溉和居民用水提供了宝贵的来源。此外，巴基斯坦政府还在斯瓦特河上修建了马拉坎德水电站，在喀布尔河上修建了瓦尔沙克水电站，为当地居民的正常用电提供保障。

① 古马勒河和伯劳河均发源于苏莱曼山脉，从伯劳山口进入巴基斯坦。

（四）俾路支省的河流

俾路支省内的河流流量很小，除伯劳河及其支流（佐布河、罗拉拉伊河、毛拉河等）向东汇入印度河外，其余河流，如赫布河、布拉里河、恒古尔河等均向南流淌，在卡拉奇附近注入阿拉伯海。此外，俾路支省还有很多季节性内陆河，如布辛河、罗拉河、拉赫沙恩河、哈姆恩河等。这些河流一般只在雨季出现，且有头无尾，在非雨季时基本处于干涸断流状态。

二、森林

巴基斯坦气候干旱，植被稀少，受地形和气候条件影响，不同地区的植被各具特点。平原地区植被多为坚硬耐旱的禾本科植物和低矮的灌木；在俾路支高原，主要生长带刺灌木一类的山地或半沙漠旱生植物；在西部山区，生长着各种抗寒能力极强的开花植物；高大乔木则主要分布在北部山区。

巴基斯坦的植被资源可大致分为三类：森林、草原和荒漠植被。其中，最具价值的是森林资源。

地区	吉尔吉特—巴尔蒂斯坦	开普省	信德省	旁遮普省	俾路支省
森林面积（万公顷）	66	121.4	92.3	68.7	33.3
占全国森林比例（%）	17.3	31.8	24.4	17.8	8.7

数据来源：Huma Naz Sethi. The Environment of Pakistan［M］. London：Peak Publishing London，2007：55.

1947 年巴基斯坦独立时，其森林覆盖率高达 28%，然而，经过多年毫无节制的乱砍滥伐，其森林面积严重萎缩。森林资源对巴基斯坦而言至关重要，除了提供木材和薪炭材之外，还在流域保护方面发挥着重要作用。因此，巴基斯坦政府从 20 世纪 70 年代后期开始，采取多种措施推进植树造林与森林再生计划，如：于 1995 年启动了雷齐纳河间冲积地造林计划（the Rechna Doab Afforestation），目前业已完成，共植树造林约 1790 公顷；开展了对塔尔沙漠、盐渍区等地区的治理，在荒漠地区和盐渍地种植抗旱、耐盐的树种，采取集水造林技术，在干旱区种植多用途树种；在初夏和雨季，组织开展两次“植树周”活动，号召全民参与，同时，加大宣传力度，普及林业知识；启动社会林业项目，采取提供苗木、补贴种植费、公平收益等一系列措施，鼓励农民在农田上植树，并将林业与种植业、畜牧业等结合起来进行综合经营，增加农民种树的收益，扩大农田林面积。经过 30 多年的努力，2010 年，巴基斯坦的森林面积达 422.4 万公顷，森林覆盖率为 4.8%[①]，另外，巴基斯坦环境部承诺，到 2015 年，该国的森林覆盖率将提高到 6%[②]。

气候和土壤的差异使巴基斯坦森林类型多样。在干旱和半干旱地区，植被稀少，乔木林更是难觅踪影，只有星星点点的灌木林点缀其间。在水力资源丰富的地区，如印度河河岸和三角洲地带，主要生长着河岸红树林。在多雨山区，森林的种类随海拔的变化而变化：在海拔 1000 米以下，以亚热带干燥林为主；在海拔 1000 米至 4000 米之间，主要生长针叶林；在海拔 4000 米至雪线之间，只有少量低矮的高山林可以生存。巴基斯坦森林类型的详细情况如下：

（1）高山灌丛（海拔 4000 米至雪线间）

高山灌丛分布于高山林以上 150 米或更高的区域，多为柳属、忍冬属、小檗属和子属的灌木。

---

① 巴基斯坦林业概况［EB/OL］.［2014-05-12］. http://www.forestry.gov.cn/portal/main/map/sjly/sjly62.html.

② 孟永庆. 巴基斯坦 2015 年森林覆盖率期望达到 6%［J］. 国际木业，2010（2）：34.

（2）高山林（海拔 4000 米左右）

高山林生长在奇特拉尔、迪尔、斯瓦特、香格拉、科伊斯坦等地山地林木线[①]以上的山区。北部山区长期的严寒和频繁的冰雪天气很大程度上限制了树木的生长，因此，高山林木基本呈匍匐状，在少数免遭冰雪覆盖的地区会生长一些低矮的、发育不良的银杉、杜松和桦树。随着海拔升高，山势愈发崎岖陡峭，可供树木生长的区域进一步缩小，故高山林的数量并不多，且大部分树木都被用作燃料，其经济价值不大。

（3）针叶林和落叶阔叶林（海拔 1000 米至 4000 米之间）

针叶林主要生长在吉尔吉特和巴尔蒂斯坦、开普省的曼塞赫拉、马拉坎德、斯瓦特、迪尔、阿伯塔巴德、科伊斯坦和香格拉以及旁遮普省的拉瓦尔品第等地，包括云杉、冷杉、雪杉和杜松等树种。云杉和冷杉所处的海拔最高，喜马拉雅雪杉次之，杜松则生长在海拔较低的山区。这些树木的树叶皆呈针状、常年绿，树干粗壮，树皮粗糙，木质良好，可作为建筑和家具用材，经济价值较高，且能起到保持水土、涵养水分、为鸟类提供栖息地等作用，具有很高的环境价值。在低海拔山区，还生长着大量落叶阔叶林，如橡树、枫树、柳树、桦树、白杨树等，它们是木材的主要来源，具有很高的经济价值。此外，针叶林区和落叶阔叶林区多是巴基斯坦的旅游胜地，每年能吸引成千上万的游客，促进了当地旅游业的发展。

在俾路支省的山区，也生长着一些针叶林。奎达和卡拉特专区内，有约 1160 平方千米的针叶林区，刺柏是林区内最常见的树种，但其经济价值有限。

---

① 指山地林木生长的海拔上限，超过这一上限，大部分林木都无法生存，取而代之的是低矮的灌木、药草和牧草。

（4）亚热带干旱林（海拔 1000 米以下）

亚热带干旱林可分为干旱常绿阔叶林和干旱灌木林。干旱常绿阔叶林主要生长在旁遮普省的古吉拉特、杰赫勒姆、拉瓦尔品第和阿托克，以及开普省的曼塞赫拉、阿伯塔巴德、马尔旦、白沙瓦和科哈特。这些地区的树木喜干，树叶宽大而有光泽，终年常绿。干旱灌木林主要生长在俾路支省的苏莱曼山区及一些丘陵地区。干旱灌木林结构简单，基本由多刺灌木密集成丛，丛间生长着少量草本植物。灌木丛零星分布于较开阔区域，丛与丛间隔较大，其间或出现刺柏、栗树、胡桃和橡树等落叶乔木，但总体数量较少。亚热带干旱林中的树木要么枝干较细、木质不佳，要么是多刺灌木，经济价值不大，多用作取暖燃料和牧草，但这些树木在保持水土和保护生态方面发挥着至关重要的作用。

（5）热带旱生林（多刺丛林）

热带旱生林主要生长在旁遮普省和信德省，在俾路支高原的西部和南部也少量存在。旱生林的树木皆低矮，高度在 6—10 米，在当地被称为“勒克”（رک），其树冠宽大，根系发达，枝叶稀疏。常见树种为刺槐、撑柳和山柑藤，常用作燃料。

（6）河岸林

在印度河干流及其主要支流的狭长河岸地带，生长着巴布尔橡胶树（Babul）和茶檀等树种，当地人将其统称为河岸林或“贝拉”（Bela，意为河中沙洲或小岛），上述树种多见于信德省的活跃洪泛平原。此外，在一些涝区，还生长有胡杨、紫柳、柽柳和多种穗状牧豆树（Prosipis spicigera）。巴布尔橡胶树木质优良，适于制作家具，茶檀用途广泛，可用于制作农具和建造房屋，至于其他树种，由于木质一般，故多被当作燃料。

（7）红树林

红树林主要生长在印度河三角洲及其毗邻的信德省海岸。由于缺乏淡水，红树林中的树木基本上比较低矮，平均高度仅 3 米，少数能长到 6－8 米。红树林中的树种较少，海榄雌属树木最常见，其次为角果木属和红树属树木。红树林的经济价值虽然不高，但生态价值却不容忽视。红树林是鱼类天然的庇护所，为鱼苗提供了良好的生长发育环境；同时，红树林区还是候鸟的越冬场和迁徙中转站，为各种海鸟觅食、栖息、繁殖和生长提供了理想场所；此外红树林还具有防风消浪、促淤保滩、固岸护堤、净化海水和空气等功能。红树林树木盘根错节的发达根系能有效地滞留由陆地而来的沙土，减少近岸海域的含沙量；其茂密的枝体相互勾连，结成一道道绿色屏障，能有效抵御风浪袭击。然而，由于缺乏有效保护，当地居民乱砍滥伐红树林的现象十分严重，目前红树林受损严重，已危及当地渔业，并导致三角洲地带大量土壤流失。巴基斯坦政府意识到了情况的严重性，已开始着手红树林区的保护和修复工作。信德省海岸部林务局计划在印度河三角洲 1000 多公顷的沼泽地带种植 12 万棵红树苗，以恢复红树林的昔日光彩。

（8）人工林

巴基斯坦最早的人工林出现在英国殖民统治时期。1866 年，英印政府为了给运行在次大陆西北部的蒸汽机车提供燃料，在拉合尔西南约 90 千米的昌格曼加（Chang Manga）植树造林。1888 年，随着丹多特（Dandot）煤矿的发现，蒸汽机车对木材的需求急剧下降，然而，由于拉合尔、阿姆利泽、古吉兰瓦拉和古吉拉特等地对木材燃料仍有大量需求，且卡拉奇、奎达等大城市急需建筑木材，故巴基斯坦境内的人工林非但没有减少，反而在原规模上继续扩大。至 1947 年巴基斯坦独立时，其境内有 10 块人工林地，面积达 769 平方千米[①]，除了在苏库尔堰坝周边的人造林外，其余人工林均在旁遮普省。建国后，巴基斯坦政府开始在塔尔沙漠的瓦恩沙丘、萨希瓦尔县、古勒姆部落区、莫赫曼德部落区、当萨堰坝和古杜堰坝等地植树造林。此外，政府还组织力量在河流、运河沿岸，公路、铁路沿线和田间植树造林。

巴基斯坦政府在植树造林时注重经济价值和环境效益的结合，对树种的选择十分讲究。人工林中，茶檀（印度黄檀树）、巴布尔橡胶树和桉树最为常见。在干旱区，当地人种植了大量多用途树种，如多种金合欢、牧豆树、无叶柽柳和滇刺枣等；在盐渍地，人们主要种植桉树、木麻黄和阔荚合欢等树种。目前，巴基斯坦的灌溉人工林颇具规模，在保持水土、改善土质、防风固沙、治理荒漠等方面发挥了重要作用；另外，人工林还可代替天然林为人们提供木材和燃料，从而减少人民对山区天然林的依赖，有利于保护天然森林。

表 1–6　巴基斯坦森林类型及数据

种类	针叶林	灌木林	河岸林	红树林	灌溉人工林	农田林	沿线人工林	其他人工林
面积（万公顷）	191.3	119.1	17.3	20.7	10.3	46.6	1.6	15.5
比例（%）	45.3	28.2	4.1	4.9	2.4	11.0	0.4	3.7

注：沿线人工林是指公路、铁路、运河和沟渠沿线的人工林。

数据来源：巴基斯坦林业概况［EB/OL］.（2009–05–12）［2014–05–13］. http://www.forestry.gov.cn/portal/main/map /sjly/sjly62.html.

尽管巴基斯坦政府重视对森林资源的保护，但自然条件的限制和前期粗放式的砍伐还是造成了森林资源匮乏的局面。林业对巴基斯坦

① Fazle Karim Khan. Pakistan Geography Economy & People：New Edition［M］. Oxford：Oxford University Press，2006：64.

国民生产总值的贡献率不足 1%[①]，但人民生活却十分依赖森林资源。据联合国粮农组织 2005 年对世界森林资源的评价，巴基斯坦的森林蓄积量为 1.85 亿立方米，一年的木材生产额为 15.279 亿美元，其中建筑或工艺用材 1.1312 亿美元，多取自针叶林、人工林和河岸林；燃料材 13.8097 亿美元，不分林木类型，总体取材；林副产品如树脂、麻黄、藤条等 3281 万美元，多取材于俾路支省和开普省的各类树林。在巴基斯坦，约 72% 的木材用作燃料，近 80% 的家庭使用木质燃料，砖窑、炭窑等也广泛使用木材做燃料。[②]

三、矿产资源

20 世纪 80 年代以前，巴基斯坦被认为是一个矿产资源比较贫乏的国家，后来，随着矿产普查和勘探工作的深入，这种传统观点逐渐得到了修正。事实上，巴基斯坦地处特提斯成矿域东段，成矿地质条件优越，目前，已在近 200 个矿产地找到 55 种矿产，主要矿产包括：石油、天然气、煤、铬铁矿、铜、铁矿石、金、铅、锌、铝土矿、宝石、石膏、磷矿石、重晶石、高岭土和盐等。巴基斯坦的矿产资源分布呈一定规律：金属矿产主要蕴藏在西部的俾路支省和开普省；能源主要分布在中部的印度河流域；非金属矿产大多蕴藏于二者之间。总体而言，非金属矿产储量大，能源和金属矿产相对贫乏。然而，由于地质研究和勘探工作程度尚浅，故巴基斯坦境内已发现的重大矿床并不多，加之很多矿床位于开采设备难以运抵且生活基础设施尚未建设的无人区，故很多矿产尚未得到开发，采矿业对巴基斯坦国内生产总值的贡献率依然较低。不过从成矿地质环境来看，巴基斯坦

① Fazle Karim Khan. Pakistan Geography Economy & People: New Edition [M]. Oxford: Oxford University Press, 2006: 64.

② 巴基斯坦林业概况 [EB/OL].（2009-05-12）[2014-05-13]. http://www.forestry.gov.cn/portal/main/s/234/content-19128.html.

矿产资源的开采潜力巨大，发展前景光明。

（一）石油和天然气

巴基斯坦的油气资源相对不足，且呈现油少气多的基本态势。政府公布的《巴基斯坦 2013－2014 财年经济调查》显示，巴基斯坦石油的原始可采储量约 11.026 亿桶，累计开采量约 7.315 亿桶（68%），剩余可采储量约 3.711 亿桶（32%）。2013－2014 财年（7 月－翌年 3 月）[①]，巴基斯坦的原油开采量约为 2300 万桶，同比增长 12%，进口原油 4490 万桶，同比增长 11%，可见巴基斯坦严重依赖石油进口。巴基斯坦境内的石油主要蕴藏于南部的信德平原和北部的波特瓦尔高原，其品质一般，且开采难度较大，不过，其领海和专属经济区的石油开采前景被广泛看好。巴基斯坦全国共有油田 92 个，最大的油田是图尔纳尔油田（Dhurnal），原始可采储量约 5568 万桶。[②]

表 1-7　巴基斯坦油田概况

	油田名	所在地	日产量（桶）
北部主要油田	图尔纳尔	贾古瓦勒县	2838
	斯德格勒	阿托克县	2239
	米亚勒	阿托克县	1372
南部主要油田	米扎里	巴丁县	5880
	巴萨奇	巴丁县	3422
	图拉	巴丁县	2260

① 财年即财政年度，常用于经济统计，巴基斯坦以每年 7 月至翌年 6 月为一个财年，而政府的调查统计报告发布于 4 月，故文中数据其实是 2013 年 7 月至 2014 年 3 月间巴基斯坦的原油开采量。

② 巴基斯坦矿产资源情况［EB/OL］.（2008-04-15）［2014-05-15］. http://www.ky114.cn/show.asp?id=211.

数据来源：穆罕默德·恩瓦尔．巴基斯坦地理［M］．拉合尔：白玫瑰出版社，2009：73－74．

与石油相比，巴基斯坦的天然气储量较为丰富，在能源消耗量中所占比重较大，是巴基斯坦最主要的矿物能源。根据《巴基斯坦2013－2014财年经济调查》，全国天然气原始可采储量约55.6万亿立方英尺，累计开采量约30.9万亿立方英尺（56%），剩余可采储量约24.7万亿立方英尺（44%）。巴基斯坦全国共有气田86个，集中分布在3个区域，即俾路支省中东部与信德省北部、信德省南部及旁遮普省西北部与开普省东南部，其中，最大的气田是苏伊气田（Sui），储量为10.78万亿立方英尺[①]。

表 1–8　巴基斯坦主要气田概况

气田名	所在地区	日产量（亿立方英尺）
苏伊	锡比县	7.26
马里	格特基县	3.79
拜尔古赫	德拉布格迪县	1.93
古尔瓦	巴丁县	0.51

数据来源：穆罕默德·恩瓦尔．巴基斯坦地理［M］．拉合尔：白玫瑰出版社，2009：73－74．

苏伊气田是巴基斯坦最大的天然气田，位于俾路支省东北部马里－布格迪山（Marri–Bugti）的山麓，锡比以南，贾科巴巴德之东北，其天然气储量占全国总储量的50%，是世界十大气田之一。该气田于1955年投产，出产的天然气品质极好，单位体积气体的甲烷含量高达90%。目前，有两条输气管道输送苏伊气田的天然气：其一，经苏库尔、海德拉巴至卡拉奇；其二，经拉希姆亚尔汗、木尔

① 巴基斯坦矿产资源情况［EB/OL］．（2008–04–15）［2014–05–15］．http://www.ky114.cn/show.asp?id=211.

坦、费萨拉巴德至拉瓦尔品第、拉合尔和伊斯兰堡。此外，巴基斯坦政府还通过其他手段从苏伊气田向奎达和白沙瓦输气。

马里气田是巴基斯坦的第二大气田，发现于 1957 年，位于信德省北部的格特基县。与苏伊气田相比，马里气田的天然气品质稍低，单位体积气体的甲烷含量为 73%，因而主要用于化肥的生产。

拜尔古赫气田位于俾路支省锡比专区的德拉布格迪县，发现于 1977 年，于 1983 年开始正式产气，从产量上来说，是巴基斯坦的第三大气田。拜尔古赫气田在苏伊气田以北 100 千米处，其出产的天然气通过输气管道输送至苏伊气田，然后再运往其他地区，因此，拜尔古赫气田在某种程度上可算作苏伊气田的子气田。

石油和天然气是巴基斯坦最重要的能源，在 2013 年巴基斯坦全国约 6400 万吨石油当量的能源供给中，石油占 32.5%，天然气占 48.2%[①]。然而，巴基斯坦国内出产的石油和天然气远远不能满足市场需求，供求关系的严重失衡令巴基斯坦不得不大量进口石油和天然气，每年进口的石油量约为国内开采量的两倍，进口石油及相关产品的费用占国家进口开支的近 25%[②]，天然气的情况相对较好，但仍无法做到自给自足。为了解决供求关系矛盾，降低对进口油、气的依赖，巴基斯坦政府制定优惠政策，鼓励私人对油气资源进行勘探和开采，并努力吸引外资，引进技术，以提高石油和天然气的开采量。

（二）煤

巴基斯坦的煤炭主要分布在信德省西南部、俾路支省东北部和旁遮普省的盐岭地区，以褐煤和次烟煤等非炼焦煤为主，炼焦煤极少，

① 巴基斯坦经济调查 2013—2014 [R]. 伊斯兰堡：巴基斯坦财政部，2014：219.

② 穆罕默德·恩瓦尔. 巴基斯坦地理 [M]. 拉合尔：白玫瑰出版社，2009：68.

不同地区煤的物理特性和成分含量差别较大。煤层通常为 2—3 层，但受构造运动影响，煤系地层中断层和褶皱较发育，厚度变化大，煤质受此影响，硫和灰的含量较高，较难适应工业用户对品质的要求，不过，煤的储量极大。根据巴基斯坦地质勘探局的估算，巴基斯坦的煤储量在 1850 亿吨左右，其中信德省的储量约为 1840 亿吨，约占全国总储量的 99.46%，另外，旁遮普省的煤储量为 2.35 亿吨，俾路支省 2.17 亿吨，开普省 0.9 亿吨。[①] 巴基斯坦主要煤田的简况如下：

1. 塔尔煤田

塔尔煤田是巴基斯坦最大的煤田，发现于 1992 年，位于距卡拉奇市约 380 千米的塔尔沙漠边缘，面积约 9000 平方千米，煤炭储量估计为 1755 亿吨[②]。该煤田的煤埋藏极深，且多为优质褐煤，固定碳含量约 58.91%，硫含量 1.16%，灰分 6.24%，热值 5774—10898 英热 / 磅。该煤田聚煤时，其地理状况为近海冲积平原，气候为热带雨林型气候，植物茂盛。随着稳定的地质运动，冲积平原上广泛地发育出泥炭沼泽，沉积了厚层泥炭，因此，塔尔煤田的煤层十分厚，单层最大厚度达 28 米。

2. 拉克拉—桑达煤田

拉克拉－桑达煤田位于信德省达杜专区的拉克拉县，向东距达杜至格德里铁路线上的哈努特站约 16.1 千米。该煤田的面积约 207.2 平方千米，储量约 47.8 亿吨，共有 3 个煤层，主煤层厚度为 0.76—3.7 米，其他两层厚度为 0.6—2.7 米，出产的煤均为褐煤，煤质一般，固态碳含量 26.8%—30.0%，灰分 7.4%—10.5%，硫含量 3.3%—

---

① 巴基斯坦煤炭资源总体概况［EB/OL］.（2006-09-13）［2014-05-17］. http://job.coal.com.cn/news/hangye/124828-news.html.

② 李宝华，裴炳浩. 巴基斯坦塔尔煤田的古河流冲刷煤层的测井曲线分析［J］. 煤炭技术，2009，28（4）：150.

6.0%，热值 7010—7660 英热 / 磅。[①] 另外，该煤田的煤比较干燥，湿度为 28.9，远低于塔尔煤矿的 46.77。[②]

3. 科伊斯坦盐矿带煤田

科伊斯坦盐矿带煤田位于胡沙布县以北约32.2千米处。矿区面积较大，矿井分布较为分散，其中，邓杜德（ڈنڈوٹ）和波特（پڈھ）矿井产量较高。该煤田的煤层厚度薄，埋藏浅，距地表约 1.5 米，出产的煤质量较差，硫和灰的含量相当高，其中灰分 12.3% — 37.7%，硫含量 3.5% — 10.7%，固态碳含量 29.8% — 44.8%，热值 7100 — 11100 英热/磅[③]。

4. 马克瓦煤田

马克瓦煤田位于米扬瓦利县卡拉巴格镇以西约 12.9 千米处。该煤矿规模较大，煤层厚度基本在 0.6 米至 3 米之间，煤质较好，固态碳含量 36%—47%，灰分 7%—21%，硫含量 4%—5.6%，热值 9500—11850 英热 / 磅[④]。马克瓦矿井是该煤田的最主要矿井，也是巴基斯坦最大的矿井之一，由巴基斯坦矿产开发公司直接运营，开采设备先进。

5. 霍斯特—沙里格—哈乃伊煤田

该煤田是俾路支省最大的煤田，面积约 207.2 平方千米，向西

---

① 吴良士. 巴基斯坦伊斯兰共和国矿产资源及其地质特征［J］. 矿床地质，2009，29（2）：381.

② 巴基斯坦主要矿产资源情况［EB/OL］.（2004-11-19）［2014-05-18］. http://pk.mofcom.gov.cn/aarticle/jmxw/200411/20041100307637.html.

③ 巴基斯坦主要矿产资源情况［EB/OL］.（2004-11-19）［2014-05-18］. http://pk.mofcom.gov.cn/aarticle/jmxw/200411/20041100307637.html.

④ 巴基斯坦煤炭资源总体概况［EB/OL］.（2006-09-13）［2014-05-18］. http://job.coal.com.cn/news/hangye/124828-news.html.

约 32.2 千米便是俾路支省首府奎达。该煤田产量较大，且临近铁路线，开采出的煤炭可以方便地外运。该煤矿所产煤的品质较高，固态碳含量 25.5%－43.8%，灰分 9.3%－34.8%，硫含量 4%－7.1%，热值 8500－12400 英热 / 磅[①]。另外，该煤田的煤多是炼焦煤，结焦性极佳，一般被制成焦炭，用于炼钢。

6. 马奇煤田

马奇煤田是俾路支省的第二大煤田，位于奎达以北 55 千米，锡比－奎达铁路线的两侧，面积约 41.4 平方千米。该煤田共有 3 个可采煤层，总厚度为 1.2 米，但所处区域褶皱强烈，断层发育，可采范围比较有限，且煤质较差，固态碳含量 32.4%－41.5%，灰分 9.6%－20.3%，硫含量 3.2%－7.4%，热值 9200－10300 英热 / 磅[②]。

巴基斯坦的煤矿开采起步于英国殖民统治时期，早在 1887 年，英印政府就开始在今巴基斯坦境内开矿采煤。巴基斯坦独立后，政府加强了勘测力度，发现多处煤田，煤炭产量有所提升。建国初期，煤炭业对国家工业发展和国民经济增长的贡献十分突出。1948 年，煤炭在全国能源供给中所占比例高达 68%，但随着其他能源的发现和应用，这一比例逐步下降，自 1995 年起便一直保持在 6% 左右，且煤炭多用于生产水泥和制砖[③]。巴基斯坦油气开发院（Hydrocarbon Development Institute of Pakistan）于 2012 年发布的报告显示，巴基斯坦当年出产的煤炭中，58% 用于生产水泥，41% 用于制砖，剩下的部分主要被液化后用于发电。过去 10 年间，耗煤最多的产业是水

① 巴基斯坦主要矿产资源情况［EB/OL］.（2004-11-19）［2014-05-18］. http://pk.mofcom.gov.cn/aarticle/jmxw/200411/20041100307637.html.

② 巴基斯坦主要矿产资源情况［EB/OL］.（2004-11-19）［2014-05-20］. http://pk.mofcom.gov.cn/aarticle/jmxw/200411/20041100307637.html.

③ 巴基斯坦经济调查 2013－2014［R］. 伊斯兰堡：巴基斯坦财政部，2014：221.

泥业。究其原因，主要在于巴基斯坦境内蕴藏的煤多为褐煤和烟煤，灰分和硫含量较高而热值较低，不适合冶炼钢铁，应用于水泥生产和砖块烧制能最大限度地提高煤的利用率。巴基斯坦的大部分煤形成于距今约 5000 万－6000 万年前的古新世时期，煤质不佳，其热值在 5000－13000 英热 / 磅之间，固态碳含量 16%－17%，硫含量 1%－2%，灰分 6%－7%，[①] 若按含硫量分级，应属第三或第四级煤，即低中硫煤或中硫煤；按灰度分级，应属次级或第三级，即低灰煤或低中灰煤。

（三）非金属矿产

巴基斯坦的非金属矿产种类多，储量大，能充分满足国内需求。常见的非金属矿产有岩盐、石灰石、石膏、硅铝砂、菱镁矿、滑石、萤石、瓷土、耐火土等，其中，岩盐和石灰石的储量极大。

1. 岩盐

巴基斯坦是世界上岩盐储量最多的国家之一，储量估计超过 1 亿吨。盐矿分布广泛，从杰赫勒姆河右岸起向西至苏莱曼山脉的广大区域内都蕴藏着大量岩盐。巴基斯坦岩盐的开采历史久远，早在莫卧儿王朝之前，在科伊斯坦就发现了盐矿，近代成规模的开采则始于 1872 年。目前，岩盐主要产自盐岭的南坡。该地区较大的盐矿有 3 个，分别是杰赫勒姆县的凯乌拉盐矿（Khewra，世界第二大盐矿，也是巴基斯坦历史最悠久的盐矿），年产量约 40 万吨；胡沙布县的沃尔查盐矿（Warcha），年产量约 5 万吨以及米扬瓦利县的卡拉巴格盐矿（Kalabagh，意为“黑色花园”）。这三大盐矿盐层的平均厚度为 20－25 米，最厚处可达 90 米。另外，开普省科哈特县的巴哈杜尔海

① 巴基斯坦主要矿产资源情况［EB/OL］.（2004-11-19）［2014-05-20］. http://pk.mofcom.gov.cn/aarticle/jmxw/200411/20041100307637.html.

尔盐矿的规模也比较大，其盐层厚度约 106 米，盐储量丰富。巴基斯坦的岩盐品质优良，除了被加工成食盐外，还可应用于化工业，作为生产氯、盐酸和烧碱等物质的原料。2012－2013 财年，巴基斯坦的岩盐产量为 158.7 万吨。

2. *石灰石*

巴基斯坦石灰石储量丰富，各省级行政区都蕴藏有大量高品质石灰石，其中以波特瓦尔高原和盐岭以及马尔加拉山区的储量为最。比较著名的石灰石矿有米扬瓦利县的达乌德·凯勒矿、德拉伊斯梅尔汗县的佩阻矿、科哈特县的默克勒格特矿，以及德拉加齐汗县的瑙谢拉矿和金达皮尔矿等。巴基斯坦出产的石灰石主要用于水泥业、建筑业和化工业，2012－2013 财年，巴基斯坦石灰石的开采量约为 2864.1 万吨。

3. *石膏*

石膏是重要的矿产资源，除了作为水泥缓凝剂的原料外，还被大量应用在化肥生产、造纸、纺织等行业中，在巴基斯坦，还较多地被用于改良土壤和制作陶瓷。巴基斯坦石膏储量较大，总量估计为 50 亿－60 亿吨[①]，主要分布在旁遮普省的米扬瓦利、杰赫勒姆、德拉加齐汗，俾路支省的奎达、锡比以及开普省的科哈特等地区，此外，在巴哈瓦尔布尔、达杜、桑科勒、德拉伊斯梅尔汗等地区也有一定量的分布。巴基斯坦的石膏埋藏浅，临近基础设施，开采方便，2012－2013 财年，该国的石膏开采量约为 92.8 万吨。

4. *硅铝砂*

硅铝砂一般用于生产玻璃。据估计，巴基斯坦硅铝砂的储量大约

① 巴基斯坦矿产资源情况［EB/OL］.（2008-04-15）［2014-05-21］. http://www.ky114.cn/show.asp?id=211.

为 3.15 亿吨，相应矿藏主要分布在旁遮普省的米扬瓦利、杰赫勒姆、木尔坦以及开普省的哈扎拉等地。此外，在信德省达杜县的塔纳普拉汉地区还新发现了一处储量极大的硅铝砂矿。

5. 菱镁矿

巴基斯坦的菱镁矿资源主要分布在俾路支省佐布县的纳萨伊和开普省阿伯塔巴德县的舍尔旺。目前，只有佐布县的菱镁矿得到了开采，其储量估计为 168.8 亿吨[①]。菱镁矿主要用于生产耐火砖，进而应用在水泥、钢铁、玻璃等建材的生产制造上。

6. 陶土

巴基斯坦陶瓷业相当发达，但是作为制陶原料的陶土储量却相对不足。巴基斯坦陶土的主要生产地是位于开普省斯瓦特县的沙赫提里和迪尔，为了节约运输成本，斯瓦特县内建有大型陶瓷厂。此外，在信德省的塔尔巴尔格尔也蕴藏有陶土。巴基斯坦陶瓷业每年消耗陶土 480 万吨[②]，但其陶土产量却远远不能满足国内需要，故必须从国外大量进口。

（四）金属矿产

与非金属矿物相比，巴基斯坦的金属矿物在种类和储量上都逊色不少，常见的金属矿物有铁、铜、铬铁矿、铅锌矿、金以及各类宝石。

1. 铁

巴基斯坦铁矿石的储量丰富，估计在 6 亿吨以上，矿床从旁遮普省米扬瓦利县的卡拉巴格起延伸至开普省科伊斯坦盐岭的斯盖瑟

---

① 穆罕默德·恩瓦尔. 巴基斯坦地理［M］. 拉合尔：白玫瑰出版社，2009：61.

② 穆罕默德·恩瓦尔. 巴基斯坦地理［M］. 拉合尔：白玫瑰出版社，2009：62.

尔。其中，位于卡拉巴格的赤查里（Chichali）铁矿是巴基斯坦最大的铁矿，储量约 3.5 亿吨，矿石的铁含量为 30%—35%[①]；第二大铁矿是位于俾路支省的迪尔邦德（Dilband）铁矿，储量约 2 亿吨，矿石的铁含量为 35%—45%；第三大铁矿是位于俾路支省的诺贡迪（Nokkundi）铁矿，储量约 5000 万吨，矿石的铁含量为 45%—49%[②]。除上述铁矿外，位于开普省奇特拉尔县的杜米尔·尼萨尔铁矿和哈利普尔县的隆戈利亚尔铁矿也是巴基斯坦的重要铁矿，值得一提的是这两处铁矿出产的矿石品位较高，铁含量在 55%—65%[③] 之间。此外，巴基斯坦还有许多小型铁矿，如位于开普省德拉伊斯梅尔汗县以北的佩祖（Pezu）铁矿，位于俾路支省查盖县的齐尔加奇（Chilghazi）铁矿和位于旁遮普省德拉加齐汗县以北的勒克尼·穆恩（Rakni Munn）铁矿等。

2. 铜和含铜的金银

巴基斯坦铜矿石的储量大、种类多、分布范围广，目前已知铜矿石储量约 5 亿吨。俾路支省和开普省的很多地区都蕴藏有铜矿，其中，以俾路支省查盖县（Chagai）的山达克铜矿、雷克迪克铜矿和西部斑岩复合型铜矿为最。山达克铜矿的矿石储量约 4.13 亿吨，铜的平均品位为 0.45%[④]，矿石中还含有一些金、银；雷克迪克矿区蕴含有丰富的斑岩铜和铜金矿资源，已探明的矿藏集结区块至少有 20

---

① 穆罕默德·恩瓦尔. 巴基斯坦地理［M］. 拉合尔：白玫瑰出版社，2009：58.

② 巴基斯坦钢铁产业发展现状及投资合作机会［EB/OL］.（2009-07-24）［2014-05-23］. http://www.mtw001.com/channels/663-114/114772.html.

③ 穆罕默德·恩瓦尔. 巴基斯坦地理［M］. 拉合尔：白玫瑰出版社，2009：59.

④ 宋国明. 巴基斯坦金属矿产资源及开发现状［J］. 中国金属通报，2009（19）：34.

个，铜矿石储量超过 1000 万吨，品位在 0.3%－0.7%。西部斑岩复合型铜矿区有一个 5000 米长的矿脉，储有约 4666 吨的铜矿石。除了上述三个铜矿外，在北瓦济里斯坦部落区的博亚和兴盖还发现有黄铜矿，储量分别为 800 万吨和 3500 万吨，铜品位在 0.8%－1.0%。[①]

巴基斯坦国内市场对铜的需求量很大，电缆生产和器皿制作都离不开铜。受制于资金短缺和技术落后，巴基斯坦铜矿的产量无法满足内需，故每年不得不从国外大量进口铜矿石。

3. 铬铁矿

铬铁矿是巴基斯坦的重要金属矿产之一，目前是该国唯一出口创汇的金属矿产，主要分布在俾路支省和开普省。俾路支省佐布县的穆斯林巴赫是巴基斯坦最大的铬铁矿区，矿石储量估计为 400 万吨。该省西部的拉斯山脉和南部胡兹达尔县的瓦德地区也是重要的铬铁矿区，此外，该省的查盖县也蕴藏有少量铬铁矿。在开普省，铬铁矿主要分布在马拉坎德保护区和科伊斯坦县。其中，马拉坎德是巴基斯坦第二大铬铁矿区，矿石储量约 67.7 万吨；科伊斯坦县的铬铁矿储量约 37.2 万吨[②]。尽管巴基斯坦的铬铁矿储量丰富，但该国地质勘探局并未对其进行充分勘探，且从事开采的企业规模较小，这些因素限制了巴基斯坦铬铁矿的出口创汇。

4. 铅锌矿

巴基斯坦铅锌矿的储量在 5000 万吨以上，主要分布在杜达（Duddar）、苏迈（Surmai）、贡嘎（Gunga）、顿盖伊（Dhungei）等四地，其中，俾路支省南部的杜达铅锌矿最具开采价值。该矿发现于

① Investment Opportunities in Mineral Sector [EB/OL]. [2014-10-17]. http://www.mpnr.gov.pk/gop/index.php?q=aHR0cDovLz E5Mi4xNjguNzAuMTM2L21wbnIvZnJtRGV0YWlscy5hc3B4P29wdD1taXNjJmlkPTY%3D.

② 佚名. 巴基斯坦矿产资源开发与投资环境 [J]. 现代矿业，2009 (7)：144.

1988年，矿脉长1100米，矿层厚度在6.5米以上，资源量约5000万吨。在经过详细勘探的地段，矿石储量约1431万吨，平均品位为：锌8.6%，铅3.2%。[①]

5. 金和宝石

除了以上金属矿产外，巴基斯坦境内黄金和各类宝石的储量也相当可观，具有较大开发潜力。北部山区和俾路支省西部的查盖县是重要的黄金产地。在北部山区，沿喀喇昆仑山脉延伸带分布着一些金矿；在开普省的奇特拉尔县，已确定的不规则含金带就有13处，另外，在该省的迪尔县、斯瓦特县和马拉坎德保护区，还合计有9处含金地段；在俾路支省，大量金矿与铜矿共生，如山达克铜矿和雷克迪克铜矿，其中，后者的金储量估计在600吨以上[②]。此外，在印度河流域的冲积沙里还存在砂金矿，旁遮普省科哈特县附近的砂金矿较多，有一定的开发潜力，北部奇特拉尔河流域也发现有砂金矿。

巴基斯坦宝石资源丰富，其北部有“宝石王国”之称。开普省和巴控克什米尔地区由于得天独厚的地理条件，成为宝石的主要产地，所蕴藏的宝石主要包括：绿宝石、红宝石、碧玺、黄玉、绿电石、绿玉、青晶石和石榴石。

建国以来，巴基斯坦政府一直重视对矿产资源的开采、加工和利用。目前，负责矿产开采的全国性部门主要有三个，分别是：巴基斯坦地质勘探局（成立于1947年，负责勘探和定位矿床）、巴基斯坦石油和天然气开发公司（成立于1961年，负责开采、提炼石油，开发、提纯天然气以及生产相关油气产品）和巴基斯坦矿产开发公司（成立于1974年，专门负责开采、销售各类矿石），此外，还有像塞恩达格金属矿产有限公司（Saindak Mentals Ltd，负责开采俾路

① 巴基斯坦矿产资源开发与投资环境［J］. 现代矿业，2009（7）：143.

② 巴基斯坦矿产资源开发与投资环境［J］. 现代矿业，2009（7）：143.

支省塞恩达格地区的铜矿和其他金属矿产）和拉克尔煤炭开发公司（Lakhra Coal Development Company，负责开采信德省拉克尔地区的煤矿资源）等地方性矿产开采公司。然而，由于机构过多，各部门的权责重叠，巴基斯坦矿产勘探和开采的效率并不高，一定程度上限制了其采矿业的发展。近年来，政府为改变矿业的落后局面采取了一些措施，如发展私营地质勘查公司或私营矿业公司，与外国企业合作勘探等。

第四节　行政区划和人口

一、巴基斯坦行政区划

巴基斯坦宪法第十八修正案规定，巴基斯坦设旁遮普省、开伯尔－普什图省[①]（原名西北边境省，简称开普省）、俾路支省、信德省、伊斯兰堡首都特区和联邦直辖部落区（Federally Administered Tribal）等6个省级行政区，各省依次设专区（Division）、县（District）、乡（Tehsil，意为“税区”）和村联会。其中联邦直辖部落区包括7个部落代理区（Agency）和6个边境区。7个代理区分别为奥拉克扎伊（Orakzai）、巴焦尔（Bajaur）、古勒姆（Kurram）、开伯尔（Khybar）、莫赫曼德（Mohamand）、北瓦济里斯坦（North Waziristan）和南瓦济里斯坦（South Waziristan）；6个边境区分别为本努（Bannu）、德拉伊斯梅尔汗（Dera Ismail Khan）、科哈特（Kohat）、拉基马尔瓦特（Lakki Marwat）、白沙瓦（Peshawar）和坦克（Tank）。

查谟－克什米尔是巴基斯坦和印度两国间的争议地区。巴基斯

① 又译为开伯尔普赫图赫瓦省，普什图语和乌尔都语均为خیبر پختونخوا，其中پختونخوا音译为普赫图赫瓦，习惯译为普什图赫瓦，意为普什图之地。开伯尔则代表着位于该省的著名的开伯尔山。

坦实际控制的地区分为自由查谟－克什米尔（简称自由克什米尔）和吉尔吉特－巴尔蒂斯坦[①]（原名北部地区）两部分。其中，吉尔吉特－巴尔蒂斯坦被列入巴基斯坦的行政区划内，相当于省级行政区；自由克什米尔有自己的议会和政府，当地居民拥有巴基斯坦国籍，但不享有对中央政府的选举权。

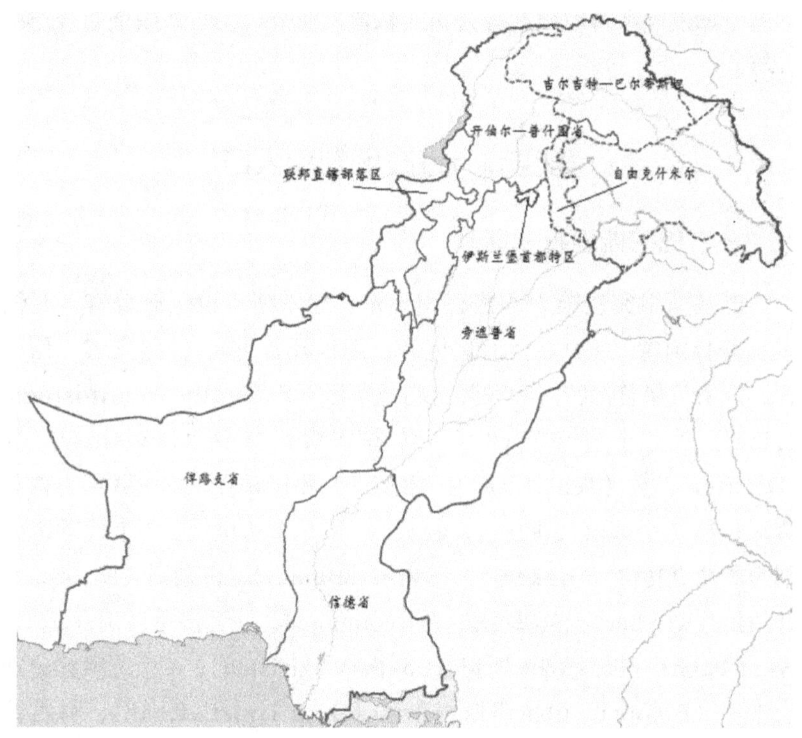

巴基斯坦行政区划简图

① 吉尔吉特—巴尔蒂斯坦于1970年成为一个名为“北部地区”的行政区域，由吉尔吉特、巴尔蒂斯坦和坎巨堤邦（洪扎）组成。2009年8月29日，巴基斯坦政府通过自治法令，设立吉尔吉特—巴尔蒂斯坦。该法令允许当地人民自主设立立法机构和行政管理机构，这样吉尔吉特—巴尔蒂斯坦从事实上获得了省的地位，但没有被正式设立为巴基斯坦的省。

（一）旁遮普省

旁遮普省面积205344平方千米，是巴基斯坦第二大省级行政区。根据巴基斯坦2011年人口普查，旁遮普省的人口为9138万，人口密度445人/平方千米，是巴基斯坦人口最稠密的省。参与统计的人口中，99%是穆斯林，主要为逊尼派，此外还有少数人信奉基督教、印度教或锡克教；主要民族是旁遮普人，此外还有萨莱基人、穆哈吉尔人（印巴分治后，从印度迁来的穆斯林）、俾路支人、普什图人和克什米尔人。旁遮普省设8个专区、36个县[①]、127个乡，首府拉合尔是该省最大的城市，其他大城市[②]还有木尔坦、锡亚尔科特、拉瓦尔品第、费萨拉巴德和巴哈瓦尔布尔等。

表1–9 旁遮普省行政区划

专区	所辖县
巴哈瓦尔布尔专区	巴哈瓦尔布尔县、巴哈瓦尔那加县、拉希姆亚尔汗县
德拉加齐汗专区	德拉加齐汗县、莱亚县、穆扎法尔格尔县、拉詹普尔县
费萨拉巴德专区	费萨拉巴德县、章县、托巴特辛县、吉尼奥德县
古吉兰瓦拉专区	古吉兰瓦拉县、古吉拉特县、锡亚尔科特县、哈费扎巴德县、曼迪巴哈乌丁县、诺罗瓦尔县
拉合尔专区	拉合尔县、卡苏尔县、谢库布拉县、嫩加纳萨西布县
木尔坦专区	卡内瓦尔县、罗特兰县、木尔坦县、维哈里县
拉瓦尔品第专区	阿托克县、恰夸尔县、杰赫勒姆县、拉瓦尔品第县
萨戈达专区	巴卡尔县、胡沙布县、米扬瓦利县、萨戈达县
萨希瓦尔专区	萨希瓦尔县、奥卡拉县、帕克帕坦县

“旁遮普”一名源自波斯语پنج（Panj，代表“五”）和

① 费罗兹普尔县和帕坦科特乡是印巴间的争议地区，现归属印度旁遮普邦，巴基斯坦对其有主权要求，因而未归在旁遮普省的行政区划中。

② 此处的“城市”实质上是巴基斯坦行政区划中的乡，巴基斯坦政府规定，人口超过14.5万的乡就可以称为市。

آب（Āb，意为“水”）这两个单词的结合，其意为“五河之地”[1]，故历史上也称旁遮普[2]为“五河流域”。印度河及其支流拉维河、萨特莱杰河、杰赫勒姆河和奇纳布河贯穿旁遮普省，为其提供了丰富的水资源，使该省在农业上具备得天独厚的优势，旁遮普省因而被誉为“东方粮仓”和“巴基斯坦生命线”。旁遮普省大部分地区为肥沃的冲积平原，覆盖了拉合尔、木尔坦、古吉兰瓦拉和费萨拉巴德 4 个专区，以及德拉加齐汗、萨戈达和巴哈瓦尔布尔 3 个专区的大部分，面积达 14.2 万平方千米。这片平原也被称为上印度河平原或旁遮普平原。

除了平原，旁遮普省的北部、东北部、西北部、南部和西南边缘还存在一些山地。该省北部坐落着东西走向的盐岭，面积约 1.2944 万平方千米；东北部是喜马拉雅山的支脉——锡瓦利克山的一部分，即穆里山，其海拔为 2000—2500 米；西北部是由北部山区延生出的波特瓦尔高原，海拔 500—1000 米；西南缘是苏莱曼山脉的余脉，海拔在 1200 米以下，土地贫瘠；东南部是乔里斯坦沙漠，面积达 2.592 万平方千米。[3] 依据上述地形，旁遮普省可划分为 5 部分，分别是山地区、波特瓦尔高原区、盐岭带、平原区和沙漠区。

旁遮普自古以来便是兵家必争之地，历史上曾被多个帝国或民族入侵、统治。雅利安人、波斯人、希腊人、阿富汗人、突厥人、蒙古人、锡克人等先后占领过旁遮普。1849 年，已在印度建立殖民统治的英国人通过两次对锡克人的战争将旁遮普纳入了英属印度的版图。

① “五河”指印度河的五条支流，即亚斯河、拉维河、萨特莱杰河、杰赫勒姆河和奇纳布河。

② 此处的“旁遮普”指整个旁遮普地区，1947 年印巴分治后，旁遮普一分为二，在巴基斯坦境内的部分称为旁遮普省，在印度境内的被分成旁遮普邦、哈里纳亚尔邦和喜马偕尔邦。

③ 杨翠柏，刘成琼．列国志：巴基斯坦［M］．北京：社会科学文献出版社，2004：12．

出于地缘政治的考虑，英国人将旁遮普视为印度殖民地的重要门户，对其极为重视，不仅将很多土邦置于旁遮普邦的治下，而且采取了包括引入西方教育、建立西式税收制度、建立英国式行政管理体系等一系列措施，以加强对旁遮普的控制。然而，英国人的殖民统治激起了旁遮普人民的强烈不满，反英活动接连不断，1919 年发生的“阿姆利泽惨案”和 1940 年通过的《巴基斯坦决议》都标志着旁遮普成为巴基斯坦独立运动的中心。1947 年印巴分治后，穆斯林占多数的西旁遮普并入巴基斯坦，成为今天的旁遮普省；印度教教徒和锡克教教徒占多数的东旁遮普并入印度，之后被分成旁遮普、哈里亚纳和喜马偕尔三个邦。

1955 年，由于东、西巴之间关系紧张，旁遮普省与信德省、俾路支省和西北边境省一道组成了西巴基斯坦省；1972 年，随着东巴独立，旁遮普恢复了省的地位。如今，旁遮普省是巴基斯坦的政治、经济中心，在国家发展中起中流砥柱的作用。

旁遮普省的农业发达，是该省的支柱产业。全省耕地面积约 1661 万公顷，种植面积约 1251 万公顷，分别占全国的 69% 和 57%，另有约 160 万公顷的可耕地尚未被开发，全省不可耕地的面积仅有 49 万公顷。水稻是主要的粮食作物，旁遮普省的大米产量占全国大米产量的 97%，小麦产量占 80%。棉花是主要的经济作物，旁遮普省的棉花产量占全国的 83%，而棉纺织品出口所带来的收益是巴基斯坦重要的外汇来源。除此之外，旁遮普省的甘蔗产量和玉米产量分别占全国的 63% 和 51%。[①]

旁遮普省的农业承担着保护粮食安全和促进国家经济发展的重任，建设有成本效益的、基于科技知识的农业，保证农民福利及维持生产潜力是当前旁遮普省政府的主要任务。如今，该省政府正着手将

① 旁遮普农业综述［EB/OL］.［2014-10-18］. http://www.agripunjab.gov.pk/overview%20new.

传统的以家庭为主要单位的生产方式转变为中、小型农场集中生产的方式，并特别注重利用机电管井提高取水效率，采用滴灌、喷灌等技术扩大非漫灌田的面积，以遏制由传统漫灌方式所产生的土地盐碱化趋势。另外，省政府还大力修筑直接连通农场和市场的道路，以此提高农产品进入市场的速率，增加农民收入。

除了农业，旁遮普省的工业也为国家经济发展做出了重要贡献，其年产值占全国工业年产值的 50% 以上。旁遮普省内有 27 个工业区，超过 5000 家成规模的工业企业落户其中，其业务主要集中于纺织、轧棉、食品、电器、机械制造、金属加工和农业原料加工等门类。拉合尔和古吉兰瓦拉专区聚集了旁遮普省的大部分轻工业企业，其中，古吉兰瓦拉专区的锡亚尔科特县是巴基斯坦体育用品、医疗器械和餐具的生产中心。另外，旁遮普省的手工业历史悠久，产品繁多，包括手工棉制品、手工印染品、刺绣、陶器、地毯、木雕、铜器、搪瓷器皿、金银首饰、柳藤制品、草席等。

旁遮普省还是矿产资源大省，盐、铁、石膏、硅土、白云石等资源的储量尤其丰富，石油产量在全国占很大比例，德拉加齐汗县的北部还有铀矿。旁遮普矿产开发公司负责开采全省的矿产资源。

（二）信德省

信德省（Sindh）位于印度河下游，面积 140914 平方千米，是巴基斯坦的第三大省级行政区域，下辖 7 个专区、29 个县、137 个乡。

表 1-10　信德省行政区划

专区	所辖县
海德拉巴专区	海德拉巴县、达杜县、坦杜·穆罕默德汗县、坦杜·阿拉亚县、马蒂亚里县、贾姆肖罗县
卡拉奇专区	卡拉奇县中、卡拉奇县东、卡拉奇县西、卡拉奇县南、马里尔县、戈伦吉县

（续表）

专区	所辖县
拉尔卡纳专区	拉尔卡纳县、希卡布尔县、康巴尔县、贾科巴巴德县、格什莫尔县
米尔布尔哈斯专区	米尔布尔哈斯县、桑加尔县、塔尔巴尔格尔县、乌默科特县
苏库尔专区	格特基县、凯尔布尔县、苏库尔县、瑙沙罗费洛兹县
沙希德·贝娜齐尔阿巴德专区	沙希德·贝娜齐尔阿巴德县
特达专区	特达县、苏佳瓦县、巴丁县

信德省历史悠久，其名称起源于梵语中“印度河”（Sindhu）的称谓。后来，由于在翻译过程中出现了语音变化，“印度河”的译名出现了不同版本，如在巴拉维语（古波斯语）中被译成“辛度”（Hindu），在希伯来语中被译为“霍度”（Hoddu），亚历山大大帝入侵次大陆后，“印度河”在翻译成希腊语时被译作“印多丝”（Indos）。受希腊语的影响，印度河在现代英语中的名称“Indus”得以确立，并获得了世界公认。然而，在梵语的影响下，印度河在乌尔都语中被称为“دریائے سندھ”（Dariyaa-e-Sindh），从而形成了用“信德”（Sindh）来表示“印度河流域”这一概念的共识。同时，由于印度河下游基本再无大的支流汇入，印度河的水量与河道基本固定，故“信德”所表示的“印度河流域”逐渐缩小为“印度河下游流域”，即今信德省所在的地域，“信德”之名的内涵便固定下来，并一直延续至今。另外，信德省气候炎热，降雨稀少，如果没有印度河，或许就是一块不毛之地，所幸的是，印度河贯穿其中，给这片土地带来了勃勃生机，因此，受印度河滋养的这片土地便被称为“信德”。

卡拉奇是信德省首府，亦是巴基斯坦的旧都。1936 年，卡拉奇成为当时英属印度信德省的首府，直至巴基斯坦独立。如今，卡拉奇是巴基斯坦第一大城市，人口约 1300 万－1500 万，此外，它还是巴基斯坦的工商业中心和交通枢纽，也是该国最大的港口，可停泊万吨级以上的船只。卡拉奇机场是巴基斯坦重要的国际机场，是跨大洲航班的重要中转站。除卡拉奇外，信德省的大城市还有海德拉巴、纳瓦布沙阿和苏库尔等。信德省的铁路以卡拉奇为起点，在科特里分为两条支线，东北至拉合尔，西北到奎达。信德省的公路网覆盖全省，是省内交通的主要依靠，但不少公路年久失修，路面条件较差，且缺少辅道。

信德省被誉为“离太阳最近的地方”，夏季极度炎热，冬季相对温和。在信德省北部，夏季（5—8 月）的最高气温一般在 40—45℃，冬季（11 月—翌年 1 月）的最低气温一般在 7—13℃。北部苏库尔专区的贾科巴巴德县号称“巴基斯坦热极”，该国境内有记录以来的最高气温便出现在此地。沿印度河向南，气候逐渐缓和，南部夏季的最高气温一般为 40℃，冬季最低气温一般在 18—20℃。西南季风主要在 5—9 月影响信德省，在其作用下，雨季于 6 月来临，于 9 月终结，降水集中在 7—9 月。就总体而言，信德省降水较少，年均降水量约 177.8 毫米。

信德省按地文特征可分为四部分，即中部下印度河平原、东部塔尔巴尔格尔沙漠、西部岩山和东南部印度河三角洲。下印度河平原又称信德平原，它以印度河下游为核心，由北向南贯穿全省，土地肥沃，水资源充足，适合发展农、林业；东部塔尔巴尔格尔沙漠的面积约为 4.5 万平方千米，是印度塔尔大沙漠的延伸，降水极少，当地居民主要以放牧为生，在少数有地下水的地区也进行农耕；西部岩山是吉尔特尔山脉的组成部分，占地面积约 4.3 万平方千米，由于得不到印度河河水的灌溉，故该地区的自然条件比较恶劣。

信德省的冲积平原受印度河水滋润，是巴基斯坦最好的耕种区。凡是引水渠可达之地，就能种植小麦、水稻、粟米、豆类、油料作物、棉花、甘蔗和各类蔬菜、水果。信德省的农业比较发达，大部分农产品产量仅次于旁遮普省，居全国第二，部分农产品的产量甚至超过了旁遮普省。小麦和水稻是信德省主要的粮食作物，棉花和甘蔗是主要的经济作物，其中，小麦产量占全国的15%，水稻占36%，棉花占34%，甘蔗占29%。[①]

表1-11　信德省2005—2010年水稻产量

年份	耕地面积（公顷）	产量（吨）
2008—2009	733463	2537056
2009—2010	707748	2422347
2010—2011	361189	1230304
2011—2012	635819	2260088
2012—2013	511091	1843881
5年平均值	589862	2058735

资料来源：2009—2013年信德省水稻产量结算报告。

信德省农业面临的主要困难是土地资源有限，全省近一半的土地不可种植农作物。目前，信德省内的耕地面积为487万公顷，占全省面积的35%，尚未开发的可耕地142万公顷，占10%，林地103万公顷，占7%，包括塔尔沙漠在内的不可耕地面积为67.7万公顷，占全省面积的48%。[②] 另一方面，从事农业生产的高素质人才不足、水源单一、流域面积小等问题也限制了信德省农业的进一步发展。

除农业外，信德省的纺织、水泥、机械制造、造船、钢铁等工业也比较发达，其中，水泥产量占全国60%。另外，信德省的煤炭资源储量惊人，仅塔尔煤田的储量便达1750亿吨。塔尔煤田位于信德省东南部塔尔沙漠地区，总面积约9100平方千米，现分为6个矿

① 信德省农业概要［EB/OL］.［2014-10-19］. http://sindhagri.gov.pk/summary.html.

② 信德省农业概要［EB/OL］.［2014-10-19］. http://sindhagri.gov.pk/summary.html.

区，共有煤井 237 口。除塔尔煤田外，信德省还有巴丁、萨贡达和拉克拉等大煤田。

（三）俾路支省

俾路支省（Balochistan）面积 347190 平方千米，占国土总面积的 43.6%，是巴基斯坦面积最大的省，但其人口只有 971.7 万（2014年），占全国总人口的 5.17%，是该国人口最少的省。

俾路支省位于俾路支高原的东缘，西邻伊朗锡斯坦－俾路支斯坦省，北接阿富汗，南濒阿拉伯海，处在中亚、西亚和南亚的交会点，是南亚通往西亚的必经之路，也是中亚各国和阿富汗进行转口贸易的潜在物流通道，同时还是中东、中亚通往远东的潜在能源通道，地理位置相当重要。然而，由于地处山区，水源匮乏，且南部是漫漫沙漠，自然条件恶劣，故俾路支省的人口密度极低，每平方千米不足 23 人，经济也欠发达，其经济总量只占巴基斯坦经济总量的 3.5%。俾路支省设 6 个专区、32 个县、130 个乡，首府是奎达，重要城市还有瓜达尔、胡兹达尔、查曼、锡比和喀拉特等。

表 1–12　俾路支省行政区划

专区	所辖县
喀拉特专区	阿瓦兰县、喀拉特县、卡兰县、胡兹达尔县、拉斯贝拉县、马斯吞县、瓦舒克县
莫克兰专区	瓜达尔县、科奇县、旁吉古尔县
纳希拉巴德专区	卡其县、贾法拉巴德县、贾尔马格希县、纳西拉巴德县、索赫巴特普尔县、莱赫里县
奎达专区	查盖县、奎达县、基拉阿布杜拉县、皮辛县、努沙其县、哈尔纳伊县
锡比专区	德拉布格迪县、寇卢县、锡比县、加拉特县
佐布专区	佐布县、新月县（巴尔汗县）、基拉赛弗拉县、洛拉莱县、穆萨克尔县、谢拉尼县

从地理上看，俾路支省可分为四个区域，分别是上俾路支高原、下俾路支高原、平原和沙漠。

上俾路支高原又称呼罗珊高原，最高海拔达 3700 米，即使是山谷，海拔也有约 1500 米。上俾路支高原西起莫克兰海岸，东抵苏莱曼－吉尔特尔山脉，其间跨越了佐布县、基拉赛弗拉县、皮辛县、奎达县、加拉特县和喀拉特县。高原内崇山峻岭交织，比较著名的有苏莱曼山、多巴卡卡里山、穆尔达尔山、扎尔洪山、塔卡图山和齐勒坦山等。

下俾路支高原的海拔介于 600－1200 米之间，包括除卡其县东部以外的俾路支省东南部诸县以及德拉布格迪和纳西拉巴德两县的南缘，此外，还延伸至瓜达尔、旁吉古尔、卡兰和查盖县的边界地区。

俾路支省平原面积较小，主要包括由锡比县南部延伸至纳西拉巴德县境内的卡其平原、拉斯贝拉平原、德拉布格迪县南部平原和从科奇县起沿莫克兰海岸延伸至巴伊边境的狭长的沿海平原。其中，卡其平原和拉斯贝拉平原面积较大，但由于被群山包围，故地势并不十分平坦，区域内真正适于耕种的河谷和山麓平原仅占其总面积的 15%。

俾路支省西部，主要在卡兰县和查盖县境内有一片沙漠，即卡兰沙漠。该沙漠除了有范围广大的沙丘外，还有被黑色砾石覆盖的茫茫沙原，特点十分鲜明。

俾路支省拥有长约 760 千米的海岸线。该海岸线蜿蜒曲折，勾勒出众多半岛与海岬，一道海岸峭壁横亘在狭窄的海岸平原与内陆之间，阻断了海岸地区与内陆的联系。沿海岸线分布着若干港口，其中比较重要的有索米亚尼港、波斯尼港和瓜达尔港。瓜达尔港是天然的深水良港，靠近霍尔木兹海峡，扼守波斯湾的出口，战略地位十分重要。巴基斯坦联邦政府和俾路支省政府已经制订了综合发展计划，准备在进一步建设瓜达尔港的同时，修建一条海岸公路，以提高物流速度，促进港口贸易，提升瓜达尔港的战略价值和经济价值。

俾路支省的气候随地形变化呈现出不同特点。上俾路支高原的冬季极度寒冷，夏季比较温暖。下俾路支高原的夏季比较炎热，冬季时，其北部较寒冷，越向南气候越温和，靠近莫克兰海岸的地区的气温一般保持在0℃以上。卡兰沙漠的夏季尤其炎热，而平原地区也不遑多让，夏季最高气温达到过50℃。俾路支省的年均降水量为50－500毫米。东北部降水较多，年均降水量为200－500毫米；东部和南部的降水量很少，卡兰沙漠和达尔本丁地区的年均降水量仅为25－50毫米，诺贡迪是全国降水最少的地方。与降水量形成鲜明对比的是蒸发量，俾路支省一年的蒸发量为1830－1930毫米，[①] 强蒸发加剧了俾路支省的干旱。

俾路支省缺水，省内大多数河流水量不足，且很多为季节性河流，比较重要的河流有佐布河、纳里河、皮辛河、洛拉河、穆拉河、胡布河、波拉里河、拉克珊河和达什特河等。按照地域，省内河流可分为三大水系，即海岸水系、内陆水系和中西部水系。海岸水系以短暂的季节性河流和山间急流为主，河流的规模很小，除雨季水量较多外，其他季节水量很少，甚至经常断流。内陆水系没有常年性河流，所有河的流量都很小，且均有断流情况，只有春季径流和偶发性山洪来临时，流量才有所增加。这些河流的河道比降很高，水流速度较快，对农业灌溉没太大裨益，纳里河、卡哈河、伽季河和佐布河是内陆水系的主要河流，且均为印度河的支流。中西部水系的河流水量稍大，大多数河流最终汇入阿拉伯海，部分位于查盖、卡兰和庞吉古尔等地区的河流最终汇入当地的干盐湖，如洛拉湖（Lora）和马什克尔湖等。

俾路支省缺水的现实很大程度上限制了该省农业的发展，然而，

① 俾路支省概况［EB/OL］.［2014-10-20］. http://www.balochistan.gov.pk/index.php?option=com_content&view=article&id= 37& Itemid=783.

农业却在当地经济中拥有举足轻重的地位。俾路支省约 30% 的生产总值来自农业，约 75% 的人口直接或间接地依靠农业为生。

俾路支省共有 656 万公顷可耕地，但种植面积只有 263 万公顷，耕地使用率不足 41%。该省的主要粮食作物有小麦、水稻、玉米、高粱、大麦等，年均粮食产量约 121.67 万吨；经济作物有棉花和各种热带水果，其中，水果的产量较大，年均产量约 102.63 万吨，仅次于旁遮普省。此外，俾路支省的蔬菜品种齐全，大宗蔬菜包括番茄、黄瓜、洋葱、茄子、辣椒等，年均产量约 47.1 万吨[①]。

表 1–13　2005—2010 年俾路支省部分水果平均产量（单位：万吨）

品名	产量	品名	产量
苹果	26.23	桃子	2.16
枣	22.65	李子	3.08
杏	19.09	石榴	3.59
葡萄	6.1	香蕉	0.43
芒果	0.72	梨	0.06

数据来源：Pakistan Bureau of Statistics. Agriculture Statistics of Pakistan 2010–2011［EB/OL］.（2012–02）［2014–06–01］. http://www.pbs.gov.pk/content/agriculture–statistics–pakistan–2010–11.

与种植业相比，俾路支省的畜牧业较为发达。根据 2006 年巴基斯坦牲畜普查报告，俾路支省农、牧民豢养黄牛 2254 头、水牛 320 头、绵羊 12804 只、山羊 11785 只、骆驼 380 匹、马 60 匹、驴 472 头、禽类 5911 只。[②] 俾路支省年产牛、羊肉 21 万吨，约占全国总产

① Pakistan Bureau of Statistics. Agriculture Statistics of Pakistan 2010–2011［EB/OL］.（2012–02）［2014–06–01］. http://www.pbs.gov.pk/content/agriculture–statistics–pakistan–2010–11.

② Pakistan Bureau of Statistics. Pakistan Livestock Census 2006［EB/OL］.（2006–12）［2014–06–01］. http://www.pbs.gov.pk/content/pakistan–livestock–census–2006.

量的 8%；年产牛奶 100 万吨，约占全国的 13%，从产值上看，畜牧业在该省农业中的比重为 36%。① 然而，与种植业一样，畜牧业也受困于水资源短缺的现状，其中，干旱造成的饲料匮乏是影响该省畜牧业发展的主要因素。

得益于地理优势，俾路支省的渔业发展顺利。该省有 1100 千米海岸线，渔业资源非常丰富，有 70 多种鱼类、30 多种虾类和 10 余种蟹类。沿海大多数居民以渔业为生，渔业直接或间接吸收了 100 万人就业。瓜达尔县是主要的捕鱼区，占俾路支省捕鱼量的 37% 和全国捕鱼总量的 23%。②

俾路支省的工业基础薄弱，几乎没什么大型制造业，除工艺品生产颇具规模外，其他制造业在全国所占比重很小。不过，俾路支省矿产资源丰富，储量约占全国的 50%，其中，铜金矿、铁矿石、大理石、重晶石、铬铁矿等储量较大，铜矿资源更是占全国总储量的 80% 以上。煤在全国总储量中所占比例虽然不高，但品质较好，被广泛用于水泥、制糖、化肥、制砖等行业，对俾路支省经济发展有很大贡献。

表 1–14　2010—2011 财年俾路支省部分矿产产量（单位：吨）

品名	产量	品名	产量
大理石	458273	石灰石	1216133
重晶石	31259	菱镁矿	580
铬铁矿	89247	锰	472
煤	1239522	石油（桶）	22000
萤石	99	天然气（亿立方英尺）	2800.72

① 巴基斯坦俾路支省经济状况调查报告［EB/OL］.（2007-10-15）［2014-06-01］. http://karachi.mofcom.gov.cn/aarticle/ztdy/200710/2007 1005160574.html.

② 巴基斯坦俾路支省经济状况调查报告［EB/OL］.（2007-10-15）［2014-06-01］. http://karachi.mofcom.gov.cn /aarticle/ztdy /200710/20071005160574.html.

数据来源：巴基斯坦及各省矿物生产情况［EB/OL］.（2013-09-25）［2014-06-01］. http://www.pbs.gov.pk/sites/default/files/other/yearbook2012/Energy%20and%20Mining/7-3.pdf.

（四）开伯尔－普什图省

开伯尔－普什图省（以下简称开普省）是巴基斯坦面积最小的省，只有 74521 平方千米，其原名为西北边境省，2010 年更为此名。巴基斯坦联邦统计局于 2014 年公布的数据显示，开普省的人口约为 2530.8 万，占全国总人口的 13.46%，人口密度约 340 人 / 平方千米。

开普省地处伊朗高原和南亚次大陆交界处，西接阿富汗，北连吉尔吉特和巴尔蒂斯坦，东邻自由克什米尔，南通旁遮普省和伊斯兰堡首都区，西南毗邻联邦直辖部落地区。开普省可分为南、北两部分，南部从德拉加德河谷（Derajat Basin）至白沙瓦盆地，北部从白沙瓦盆地至兴都库什山。北部冬季寒冷，雨雪交加，夏季除白沙瓦河谷较炎热外，其余地区气候宜人；南部冬季气温较低，降水很少，夏季炎热干燥。总体而言，开普省气候多样，当北部的奇特拉尔仍天寒地冻时，南部的德拉伊斯梅尔汗已骄阳似火。

开普省设 7 个专区，分别是德拉伊斯梅尔汗、科哈特、本努、白沙瓦、哈扎拉、马尔丹和马拉坎德，专区下设县和保护区，县下设乡。目前，该省共有 7 个专区、25 个县和 1 个保护区以及 66 个乡。白沙瓦是开普省的省会和最大城市，其他大城市还有瑙谢拉、马尔丹、曼塞赫拉、查萨达、阿约比亚、那提亚加利和阿伯塔巴德。

表 1-15　开普省行政区划

专区	所辖县
德拉伊斯梅尔汗专区	德拉伊斯梅尔汗县、坦克县

（续表）

专区	所辖县
科哈特专区	亨古县、喀拉克县、科哈特县
白沙瓦专区	瑙谢拉县、白沙瓦县、查萨达县
本努专区	本努县、拉基玛瓦县
哈扎拉专区	阿伯塔巴德县、巴塔格兰县、哈利普尔县、上科伊斯坦县、下科伊斯坦县、曼塞赫拉县、托尔克尔县
马尔丹专区	马尔丹县、斯瓦比县
马拉坎德专区	布纳尔县、奇特拉尔县、上迪尔县、下迪尔县、香戈拉县、斯瓦特县、马拉坎德保护区

开普省自然风光秀丽，皑皑雪山与葱郁谷地相得益彰，令人神往。其北部有大致平行的 5 条山谷，分别是奇特拉尔山谷、迪尔山谷、斯瓦特河谷、印度河谷和加甘谷。这些谷地都处在季风雨带的边缘，雨水较丰足，其南段部分地区为森林覆盖。开普省内河流众多，主要河流有喀布尔河、斯瓦特河、奇特拉尔河、潘季古拉河、巴拉河、卡拉姆河、古马勒河等。喀布尔河和斯瓦特河流经白沙瓦盆地，在二者的滋润下，白沙瓦盆地土壤肥沃、草木丰茂。

与自然风光并驾齐驱的是开普省的厚重历史与独特人文。富于浓郁民族气息的民间艺术品和建筑，与具有重大历史意义的开伯尔山口一样为人们津津乐道。作为犍陀罗文明的摇篮，开普省久负盛名，而如今，众多守护着延续数个世纪的宗教、文化和生活方式的虔诚穆斯林则成了该省的标签。

开普省多山，平均海拔高，地势落差大，从西南向东北地势渐渐升高，最西南端的德拉伊斯梅尔汗海拔 125 米，而东北部的蒂里奇米尔峰海拔 7690 米。兴都库什山横亘在该省的北部和西北部，喀喇昆仑山占据东北部，而喜马拉雅山则在该省东部筑起了一道天然屏障。兴都库什山为犬牙交错的山谷割裂，众多的山口则成为连通中亚与南亚的重要通道，其中，以开伯尔山口最为有名。在开普省北部印度河流经的区域，有数条富饶的狭长地带，植被丰富；该省西南部的瓦济里斯坦丘陵，土地贫瘠，除了像沙瓦尔山和皮尔卡尔山这样的高山长满树木外，其余的都是寸草不生的低矮土石山。不过，丘陵地区的山谷比较开阔，且一路向南最终融入印度河平原，而在向南延伸的途中，山谷的土地渐渐富饶，适于农业种植。瓦济里斯坦丘陵向西延伸，地势会突然升高，这便是位于开普省和俾路支省间的苏莱曼山脉，其最高峰塔赫特·苏莱曼峰海拔 3347 米，是一个宗教圣地，被誉为“所罗门王座”，据说与所罗门王访问印度的传说有关。

多山地貌使开普省耕地面积不足，而干旱缺水和土地贫瘠的现实更是降低了耕地的利用率。开普省农业局公布的数据显示，2012—2013 财年，全省耕地面积为 3933873 公顷，种植面积为 1643793 公顷，耕地利用率不足 41.8%。上述因素限制了开普省农业的发展，但农业仍是其经济支柱。开普省的种植业集中于北部印度河流经区域和中部开阔的河谷平原，主要农作物包括小麦、玉米、水稻、甘蔗和各类水果，山区有少量居民以放牧为生。

表 1-16　2012—2013 财年开普省部分农作物产量（单位：吨）

品名	产量	品名	产量
小麦	1149870	花生	8060
高粱	3620	甘蔗	4741290
大麦	13510	鹰嘴豆	19360
玉米	833560	水果	335300
水稻	78270	蔬菜	324680

数据来源：开普省农作物数据 2014［EB/OL］.（2014-05-06）［2014-06-07］. http://kpbos.gov.pk/prd_images/1399370453.pdf.

开普省的工业基础薄弱，且受阿富汗连年战乱及省内安全形势恶化的影响，工业发展十分缓慢。2013 年，开普省共有工业企业 1889

家，其中武器制造和加工类企业32家、面粉厂178家、水泥厂及相关企业145家、化工企业40家、采石及石料加工企业475家、橡胶塑料制造厂117家、木材厂25家、皮革厂22家。武器制造和加工业是开普省的一大特色行业，无论在城市还是乡村，都有大大小小的武器加工作坊，尤其在部落地区，武器加工与买卖更是常见。

武器的泛滥加剧了地区安全形势的恶化，大量难民的涌入则给开普省带来了沉重的经济负担。苏联入侵阿富汗期间，约有500万阿富汗普什图人逃往巴基斯坦，其中的大部分进入了开普省，“9·11”事件后，又有大批阿富汗难民逃往开普省并滞留至今。在这种情况下，为了维护开普省政治和社会秩序的稳定、促进经济发展，巴基斯坦政府出资在白沙瓦建立了一些制造业企业和高科技工业企业，开普省政府也在不同城市建立起工业区，以提供更多就业机会，降低失业率。

（五）自由克什米尔

自由克什米尔（آزاد کشمیر），全称自由查谟－克什米尔，是巴控克什米尔的一部分，其音译为“阿扎德克什米尔”，“阿扎德”在乌尔都语中的意思是“自由的”，故又称自由克什米尔。自由克什米尔的面积约13297平方千米，人口约363.1万，人口密度273人/平方千米，农村人口居多，城乡人口比约为3∶22，农村人口基本以林业、畜牧业和种植业为生。全区人均年收入从600美元至5000美元不等，失业率35%–50%，文盲率约40%，教育和社会福利滞后。近年来，当地政府已经出台相关政策，努力弥补这些短板。

自由克什米尔的地形以丘陵和山地为主，地势由南向北逐渐增高，南部最低海拔为360米，北部最高海拔为6325米，河谷及印度河平原的延伸部分穿插分布在山区中。自由克什米尔自然风光秀丽，茂密的森林、湍急的河流、潺潺的小溪、麦香四溢的河谷交织在一起，共同构成了一幅美丽的自然画卷，引得无数游客心驰神往。流经该地区的主要河流有杰赫勒姆河、尼勒姆河（Neelum）、拉沃拉克特河（Rawalakot）、莱巴河（Leepa）和彭奇河（Poonch）等。自由克什米尔的气候属亚热带高原型气候，年均降水量约 1300 毫米。

自由克什米尔林地面积约 60 万公顷，森林覆盖率高达 42%，人均林地面积约 0.6 公顷；耕地面积 166432 公顷，约占整个地区面积的 13%，其中仅 8% 的耕地依靠水利设施灌溉，其余皆为雨养耕地。自由克什米尔的主要粮食作物是玉米、小麦和水稻，主要经济作物包括鹰嘴豆、红炖眉豆、油籽、各类蔬菜和水果。

自由克什米尔设 3 个专区、10 个县、32 个乡。3 个专区分别是穆扎法拉巴德、彭奇和米尔普尔。其中，穆扎法拉巴德专区下辖穆扎法拉巴德、哈提拉贝拉和尼勒姆 3 县；彭奇专区包括巴格、哈维里、彭奇和苏特努蒂 4 县；米尔普尔专区下设米尔普尔、科特里和宾贝尔 3 县。

穆扎法拉巴德县是自由克什米尔的首府，也是该地区的政治和文化中心，位于杰赫勒姆河和尼勒姆河的交汇处，被群山环抱，风景秀美。“穆扎法拉巴德”之名源于柏木巴王朝的苏丹穆扎法尔·汗。该县历史悠久、文化灿烂，县内的两座古堡颇具盛名，一座名为红堡（Red Fort），一座名为黑堡（Black Fort），分立于尼勒姆河两岸，遥遥相对。此外，该县饮食文化享誉全国，“克什米尔烹饪法”便起源于该县。

尼勒姆县位于穆扎法拉巴德县以北，沿加甘河谷伸展开来，海拔较高，部分地区海拔超过 4000 米，高山湖泊是该县的独特风景。加甘河谷是尼勒姆县的著名景区，谷内鱼类资源丰富，尤以鲑鱼为甚，捕鱼是沿岸居民的重要谋生手段，每年也有很多垂钓爱好者慕名而来。

从 17 世纪末起，彭奇就被洛兰王国的穆斯林国王统治。1837

年，该地区由洛拉里王国的法勒兹·塔拉布·汗掌控。1846 年，依据《阿姆利泽条约》，彭奇被划归给了克什米尔土邦的印度教王公古拉卜·辛格，在此之前，彭奇一直在拉合尔的行政区划内。1936 年，克什米尔土邦的印度教王公废黜了彭奇的穆斯林统治者，并将彭奇交给了多格拉人，但多格拉人一直未能在此建立起稳固的统治。1947 年，巴基斯坦成立，彭奇的穆斯林奋起反抗多格拉人和印度军队，最终使彭奇并入巴基斯坦。如今，彭奇一分为三，分别是今天自由克什米尔的彭奇县、苏特努蒂县和巴格县。

米尔普尔县位于自由克什米尔的最南端，与印度的古吉拉特邦相邻，地形以平原和丘陵为主，气候炎热干燥。该县的大部分居民世代务农，但在过去四十年间，大批居民迁居海外（主要是英国），因此，该县成为巴基斯坦外币兑换的一大中心。另外值得一提的是，巴基斯坦重要的水利工程——曼格拉大坝就坐落在米尔普尔县。这座大坝的建立使得原先的米尔普尔县城变成了一片人工湖，约 5 万人迁居新县城。如今，米尔普尔县城已经成为一座现代化气息浓郁的城市，基础设施完善，交通通信方便。由于毗邻巴基斯坦的工业区，所以米尔普尔县的工业比较发达，在自由克什米尔政府的扶持下，该县的纺织业、服装业、化妆品业和摩托车业等行业蓬勃发展。

宾贝尔县于 1996 年从米尔普尔县独立出来。该县因大量文物古迹和丰富的野生动植物而享誉全国，此外，河谷美景也是该县的名片。宾贝尔县与米尔普尔县和印度的古吉拉特邦相邻，县城距米尔普尔县城约 50 千米，两者之间有全天候公路相连。宾贝尔县城是一座历史文化名城，文物众多，底蕴深厚。莫卧儿王朝第四任皇帝贾汉吉尔在其所著的《贾汉吉尔盛世》中对该城进行了详述。根据该书所述，宾贝尔城位于连通克什米尔河谷和莫卧儿王朝统治中心的必经之路上，莫卧儿王朝的历任国王在前往克什米尔河谷避暑休闲的途中，均要在宾贝尔城逗留数日。风景区距离县城仅 17 千米，景区里的巴巴·沙迪·沙希德神殿闻名全国，建于高山之上的巴克萨尔古堡也是游客的必去景点。

科特里县位于米尔普尔县以北，曾是米尔普尔县的附属地区，1975 年独立成县。该县以丘陵为主，海拔介于以山地为主的彭奇县和平原较多的米尔普尔县之间，气候温和宜人。

（六）吉尔吉特－巴尔蒂斯坦

吉尔吉特－巴尔蒂斯坦（گلگت بلتستان），曾被称为北部地区，位于巴控克什米尔的北部，是巴基斯坦最靠北的省级行政区，面积 72496 平方千米，首府吉尔吉特。它西接开普省，北连阿富汗的瓦罕走廊，东北接中国新疆，西南邻自由克什米尔，东南与印控克什米尔相连。吉尔吉特－巴尔蒂斯坦的地形以山地为主，喀喇昆仑山和喜马拉雅山交会于此，兴都库什山和帕米尔高原分立于其西面和北面，壁立千仞的冰峰雪岭在该地区随处可见，海拔超过 8000 米的山峰有 5 座，7000 米以上的超过 50 座，其中，最著名的当属世界第二高峰——乔戈里峰和世界最险峻山峰之一——南迦帕尔巴特峰，该地区内的吉尔吉特县和斯卡杜县均是著名的登山基地。吉尔吉特－巴尔蒂斯坦冰川众多，达 5100 条，3 条极地以外的最长冰川均发育与此，分别是比亚佛冰川、巴尔托洛冰川和巴图拉冰川。冰川融水顺山间峡谷流淌，在低凹处汇聚成一个个高山湖泊。吉尔吉特－巴尔蒂斯坦的气候受周边山脉影响较大，其东部是喜马拉雅山的湿润区，降水较多，而北部靠近喀喇昆仑山及西部临近兴都库什山的区域则十分干燥。

1970 年，该地区成为一个名为“北部地区”的行政区域，由吉尔吉特、巴尔蒂斯坦和坎巨提（又称洪扎）组成。2009 年 8 月 29 日，巴基斯坦内阁通过了《吉尔吉特－巴尔蒂斯坦赋权和自治法令

2009》，经总统签署，法令正式生效。该法令赋予当地人民自治权，规定其可以选举出吉尔吉特－巴尔蒂斯坦立法议会和委员会，这使得吉尔吉特－巴尔蒂斯坦在实质上获得了省的地位，尽管它还没有被正式确立为巴基斯坦的省。吉尔吉特－巴尔蒂斯坦下设 2 个专区，9 个县，其具体行政区划如下：

表 1–17 吉尔吉特－巴尔蒂斯坦行政区划

专区	所辖县
吉尔吉特专区	吉尔吉特县、迪亚米尔县、吉泽尔县、阿斯托尔县、洪扎－纳加尔县
巴尔蒂斯坦专区	冈切县、斯卡杜县、西格尔县、卡尔曼格县

吉尔吉特－巴尔蒂斯坦经济的两大支柱是农业和旅游业。农业以种植业为主，全区可分为三大种植区域：双季种植区、准双季种植区和单季种植区。双季种植区的海拔一般低于 1900 米，冬季种植小麦，夏季种植玉米；准双季种植区的海拔在 1900－2300 米，通过种植短季作物和早熟品种实现农作物在一年内两次成熟，区内种植的主要作物有小麦、大麦、荞麦及各种蔬菜；单季种植区的海拔在 2300－3000 米，域内只能在夏季种植土豆、小麦、大麦、豌豆、蚕豆等。吉尔吉特－巴尔蒂斯坦的水果产量相当可观，杏、苹果、梨、桃是主要水果，此外，当地还大面积种植有石榴、胡桃、樱桃等在巴基斯坦其他区域鲜见的水果。

旅游业是吉尔吉特－巴尔蒂斯坦的另一支柱产业。该地区的山地自然景观独树一帜，共有 5698 平方千米的地区被冰雪覆盖，南迦帕尔巴特山区是徒步旅行和登山的理想去处。全区森林面积达 6592 平方千米，占区域总面积的 9.1%；域内野生动物种类繁多，其中鸟类 230 种，哺乳类动物 54 种，鱼类 20 种，爬行类动物 23 种，两栖类动物 6 种。此外，该地区有 119 个湖泊、4 个国家公园、9 个狩猎保护区、3 个野生动物保护区。[①] 与自然风光相比，域内的人文景观也不遑多让，全区共有 23 座古堡、65 处考古发掘点、7 个亚太地区文化遗产保护区和超过 39000 件岩石雕刻品。

然而，每年来吉尔吉特－巴尔蒂斯坦旅游的游客并不多，根据当地统计部门公布的数据，2009－2011 年，该地区年均接纳国内游客 54040 人，国外游客 8504 人。究其原因，主要在于交通不便。1978 年以前，由于当地多山，缺乏可行道路，吉尔吉特－巴尔蒂斯坦几乎与世隔绝。尽管在中巴两国的共同努力下，中巴公路于 1978 年全线贯通，一定程度上改善了这一状况，但公路所经地区地质情况极为复杂，雪崩、山体滑坡、落石、塌方、积雪、积冰等灾害经常发生，沿途路面和桥梁受损严重，许多路段难以通行。为此，中巴两国决定全面改、扩建中巴公路从红其拉甫至莱科特大桥间的路段。该路段全长 335 千米，工程于 2008 年开始，2012 年完工，耗资 4.9 亿美元。经过改、扩建，中巴公路该路段的路面宽由 7.5 米增加至 8.5 米，27 座桥梁得到修缮，另外，新增桥梁 32 座。该工程的竣工促进了吉尔吉特－巴尔蒂斯坦与外界的交流，为该地区的旅游业带来了福音。

（七）联邦直辖部落区

联邦直辖部落区（قبائلی علاقہ جات），位于巴基斯坦西北部，与阿富汗接壤，从地理上来说，属于巴基斯坦开普省，但从行政角度讲，它由中央政府直接管理。该地区面积约 27220 平方千米，下设 7 个部落代理区（Tribal Agency）和 6 个边境区（Frontier Region，FR）。部落代理区分别为奥拉克扎伊（Orakzai）、巴焦尔（Bajaur）、古勒姆（Kurram）、开伯尔（Khybar）、莫赫曼德（Mohamand）、北瓦济

① 吉尔吉特－巴尔蒂斯坦旅游业发展［EB/OL］.［2014-06-24］. http://www.gilgitbaltistan.gov.pk/images/stories/bus-pot_pdf/Tourism.pdf.

里斯坦（North Waziristan）和南瓦济里斯坦（South Waziristan）；边境区包括白沙瓦（FR Peshawar）、科哈特（FR Kohat）、坦克（FR Tank）、班努（FR Bannu）、拉基（FR Lakki）和德拉伊斯梅尔汗（FR DI Khan）。除奥拉克扎伊外，其余 6 个部落代理区均与阿富汗接壤，形成约 600 千米长的边境线，占据整个巴阿边境线的中段，战略位置极为重要。

联邦直辖部落区内，崇山峻岭纵横交错，盆地、山谷点缀其间。整个区域可划分为三部分，即北部、中部和南部。

北部包括巴焦尔和莫赫曼德 2 个代理区。该地区的群山构成了兴都库什山与山麓平原和盆地间的过渡地带，潘季古拉河和喀布尔河流经此处。

中部包括白沙瓦、古勒姆和奥拉克扎伊 3 个代理区以及科哈特和白沙瓦 2 个边境区。萨菲德山脉由该地区的泰利曼格勒山口起向东延伸，古勒姆河则由西北向东南流淌，进入北瓦济里斯坦。奥拉克扎伊代理区内的巴拉和卡巨里两镇地处平原，巴拉河及其支流在此汇入喀布尔河，使这一平原成为联邦直辖部落区内为数不多的适合耕种的地区。此外，在古勒姆山谷和马斯图拉山谷也分布有大片耕地。

南部包括南、北瓦济里斯坦代理区及班努、德拉伊斯梅尔汗、拉基和坦克等 4 个边境区。该地区海拔在 1500－3000 米，苏莱曼山脉和瓦济里斯坦群山统摄该地区，位于德拉伊斯梅尔汗边境区的达科特－苏莱曼峰是苏莱曼山脉的主峰，海拔 3487 米。古马勒河与古勒姆河一南一北，由西向东横穿该地区，此外，还有詹多拉河、凯杜河和托奇河等较小的河流流经此地。

联邦直辖部落区位于两大气候带的交界处，其东部属亚热带季风型气候，西部则属地中海式气候。该区域内的大部分地区属干旱或半干旱区，夏季温暖，冬季凉爽，古勒姆和奥拉克扎伊代理区属湿润区，雨水较多。根据气候数据，受西风急流的影响，部落区在冬季降水较多，部分区域在夏季季风的作用下有少量降水。不同地区的年降水量差别很大。2001－2002 财年，古勒姆代理区的降水量达 630 毫米，而相邻的开伯尔代理区却只有 88 毫米。

部落代理区的自治化程度很高，名义上由联邦直辖，实质上由部落自治，另外，各部落代理区都有一定的独立倾向，曾联合主张成立独立的普什图尼斯坦，2004 年以前，巴基斯坦军队从未进驻该区域。

这一现象背后有其历史原因。1893 年 9 月，在英国的压力下，阿富汗接待了以英属印度外务秘书杜兰为首的代表团。11 月 12 日，阿富汗被迫接受《杜兰协定》，同意了英国划定的英属印度与阿富汗的边界线，即“杜兰线”，普什图人跨界而居的局面由此形成。自杜兰线划定之日起，英属印度西北边境地区的普什图人便开始了前仆后继的反英斗争。随着民族意识的觉醒，武装暴动逐步发展为提出民族民主要求。1947 年春，阿卜杜尔·加法尔·汗兄弟提出了“普什图尼斯坦”这个政治地理概念，要求建立一个独立的由普什图人组成的国家。阿富汗则在英国退出南亚后单方面宣布杜兰线无效，并支持巴基斯坦境内普什图人的独立运动。困扰巴基斯坦数十年的“普什图尼斯坦问题”就此形成。

英国殖民时期，英印政府没有直接插手部落事务，而是通过代理人和部落长老控制印度西北部的普什图部落。部落长老依据部落传统与不成文的法规管理部落的内部事务，部落的外部安全事务则由英印政府负责。

巴基斯坦建国后，中央政府继承了英印政府对部落地区的管理体系。在上述部落区，政府实施治理的主要形式有三种：一是使部分部落栖息地成为巴基斯坦联邦直辖部落区，名义上由总统亲自管理；二是使部分部落栖息地成为省属部落地区；三是直接将一些部落栖息地划入俾路支省或旁遮普省的行政管理体系。1970 年 7 月 1 日，西北边境省（今开普省）省属部落区中的迪尔、斯瓦特、奇特拉尔、哈扎拉和马拉坎德被划入西北边境省；俾路支省省属部落区，即兹霍布、锡比、洛拉莱和查盖成为俾路支省的一部分；剩下的部落区，即 7 个部落代理区和 6 个边境区共同组成了巴基斯坦联邦直辖部落区。①

根据巴基斯坦宪法，联邦直辖部落区在巴基斯坦国民议会和参议院均有席位，但受总统直接管辖，除非总统颁布法令，否则，国民议会通过的法律不适用于联邦直辖部落区。开普省政府为联邦直辖部落区提供医疗和教育服务，支持部落区的农业和通信发展，开普省省长代表总统行使管理权，不过联邦直辖部落区在开普省议会没有议席，这表示两者之间没有任何政治上的隶属关系。2011 年前，联邦直辖部落区一直适用《边境犯罪条例 1901》。2011 年，巴基斯坦议会对条例进行了修改，进而颁布了《边境犯罪条例 2011》，并宣布新条例代替原有条例在部落区施行。

在部落代理区，政治代理人在若干助理、区长、副区长、警察和安全部队的协助下代表总统管理整个区域。他集立法、执法和经济管理等功能于一身，既监督区内管理部门和服务部门的工作，又负责处理部落间的纠纷和域内自然资源的开发与利用，理论上权力很大，但在管理各部落内部事务方面，还需要仰仗部落长老的支持和配合。部落长老统称为“马利克”，过去采取世袭制，现在则需要获得政府的正式任命。

联邦直辖部落区的经济支柱是畜牧业，种植业只开展于少数土地较肥沃的河谷地区。大多数家庭以从事自给性农业或经营本地性家庭作坊为生，少部分居民从事跨地区商贸活动。部落地区的工业企业很少，且多为组织松散的采矿企业，一些部落男子在矿区打短工以补贴家用，此外，应征入伍，加入当地安全部队或准军事部队也是部落男

① 王联．论巴基斯坦部落地区的塔利班化［J］．国际政治研究，2009（2）：118.

子的谋生手段之一。与男子相比，部落中的女性成员也并不轻松，她们除了收拾家务外还要干农活。部落对教育并不重视，民众中的文盲很多，女性受教育率尤其低，仅为 7.5%。一些条件较好的家庭纷纷迁往城市，导致部落区急缺医生、教师和各类技术工人。总之，联邦直辖部落区经济发展缓慢，前景不容乐观。

表 1–18　联邦直辖部落区社会经济指标

项目	数据
人口密度	157 人 / 平方千米
识字率	21.4%
适龄人口入学率	32%
医患比例	1∶6728
耕地在总区域中的比例	8.3%
可灌溉耕地在耕地中的比例	38.2%

数据来源：联邦直辖部落区社会经济指标［EB/OL］.［2014–06–26］. http://www.fata.gov.pk/Global.php?iId=34&fId=2&pId=31&mId=13.

（八）伊斯兰堡首都特区

巴基斯坦首都伊斯兰堡（اسلام آباد）位于该国东北部波特瓦尔高原的河谷地段，海拔 600 多米，紧挨军事重镇拉瓦尔品第，北依高耸的马格拉山，东邻清澈的拉瓦尔湖，南面是一片葱绿的山丘，气候宜人，景色秀丽。城市内有大片原始森林，翠荫掩映，鸟语花香，使整个城市如静谧安逸的度假村，因此，伊斯兰堡也被称为“花园城市”。

伊斯兰堡市区面积约 65 平方千米，人口约 140.1 万（2013 年），其气候属亚热带季风型气候，旱季和雨季界限分明，年均降水量约 1143 毫米，最高气温 47℃，最低气温 0℃。1992 年 10 月，伊斯兰堡与北京结为友好城市。

伊斯兰堡是世界上最年轻的城市之一，始建于 1961 年。1965 年，巴基斯坦首都从拉瓦尔品第迁至伊斯兰堡。伊斯兰堡始建前，希腊建筑规划专家道格拉西厄迪斯对其进行了总体规划设计。依据规划，交通干线相互垂直，把整个市区整齐地划成 25 个街区，各区以英文字母与数字组合的方式命名，按由北向南，由东向西的顺序，依次是 E7 至 E9 区、F6 至 F11 区、G4 至 G11 区、H8 至 H11 区、I8 至 I11 区，除此之外，还有行政区[①]。总长 25 千米的苏拉瓦底大道和克什米尔大道由东向西横贯伊斯兰堡，将城市分为南、北两部分。按功能，全市可分为行政区、使馆区、公共事业区、住宅区和商业区。行政区位于城市东侧，区内建有总统府、议会大厦和政府各部的办公大楼，总统府坐东朝西，雄伟壮观。行政区南侧是使馆区，即 G4 和 G5 区[②]；西侧是一条宽阔的宪法大街，隔街相对的是公共事业区，即 G6 区，内有国家银行、电信电报局、广播公司、电视台等单位。F6、F7 和 F8 区是富人住宅区，区内建有各色别墅，形成一大片别墅群，公园、绿地、花圃等错落有致地分布其间，使整个区域一年四季繁花似锦、绿树成荫。G7 区是伊斯兰堡的商业中心，其东北部有大型的市场，又称蓝区市场。法蒂玛・真纳公园占据了整个 F9 区，与之遥遥相对的是位于 G6 和 G7 区以南的夏克巴里安山，该山顶部建有公园，被称为“小山公园”。外国元首和政府首脑访问巴基斯坦时一般都会在小山公园栽种“友谊树”。1964 年 2 月，周恩来总理来访时栽种了象征中巴友谊的乌桕树，此后，刘少奇、李先念、杨尚昆、江泽民、李鹏、万里、朱镕基等中国领导人也先后到此栽种了“友谊树”。夏克巴里安山以南是玫瑰和茉莉公园（茉莉是巴基斯坦的

① 行政区为总统府、议会大厦等行政机构所在地，没有以字母和数字组合的方式命名。

② 部分国家使馆位于 F6 区。

国花），每年春暖花开的时候，上百种玫瑰和茉莉争奇斗艳，一年一度的巴基斯坦玫瑰花展就在此地举行。F8 区以西、G8 区以南为平民住宅区，该区的建筑符合当地人的生活习惯，高层楼房十分罕见。平民住宅区中的每个街区都有小学、中学、户外活动场地和一座清真寺，另外，商店、餐厅等生活设施相当齐全。

伊斯兰堡是巴基斯坦著名的旅游城市，市内和市郊的景点众多，如费萨尔清真寺、拉瓦尔湖、马格拉山等。

马格拉山位于伊斯兰堡西北面，是喀喇昆仑山的余脉。该山山脚下有伊斯兰堡野生动物园，马格拉山国家公园修建于半山腰，故又称"半山公园"，山顶有著名的莫纳尔（Monal）露天餐厅。从半山公园西望，有一座宏伟的白色清真寺，其四座宣礼塔笔直高耸，这就是著名的费萨尔清真寺。费萨尔清真寺由已故的沙特国王费萨尔捐建，寺高 80 米，可容纳万人同时做礼拜。在伊斯兰堡南部，绿色的拉瓦尔湖点缀在青山和建筑群之间，被一片森林环抱，周边环境优美，是休闲的好去处。

二、巴基斯坦人口

（一）人口概况

根据巴基斯坦计划委员会国家人口研究所公布的数据，至 2013 年，巴基斯坦人口约为 1.84 亿，若加上巴控克什米尔，总人口超过 1.89 亿，较 1998 年的 1.32 亿增长了 43.2%。巴基斯坦的人口数目前位居世界第六位，且增速明显，人口增长率达 2%，若以此速度增长，估计到 21 世纪中叶，巴基斯坦将成为人口第五大国。

与 1998 年相比，人口增长最快的省级行政区是伊斯兰堡首都特区，其后依次是俾路支省、联邦直辖部落区、信德省和开普省，旁遮普省虽然人口规模最大但增长速度最慢。详细数据显示，1998－

2013 年间，伊斯兰堡首都特区人口由 80.5 万人增长至 140.1 万人，增幅 74%；俾路支省人口由 550.1 万增长至 949.5 万，增幅 72.6%；联邦直辖部落区人口由 274.6 万增长至 441 万，增幅 60.6%；信德省人口由 3044 万增长至 4408 万，增幅 44.8%；开普省人口由 1774.3 万增长至 2478.8 万，增幅 39.7%；旁遮普人口由 7362.1 万增长至 10017.4 万，增幅 36.1%。数据还显示，自由克什米尔的人口由 297.3 万增长至 363.1 万，增幅 22.1%；吉尔吉特－巴尔蒂斯坦的人口由 88.4 万增长至 144.2 万，增幅 63.1%。

根据 2013 年人口统计，巴基斯坦各省级行政区人口占全国人口的比例依次为：旁遮普省 54.34%，信德省 23.91%，开普省 13.45%，俾路支省 5.15%，联邦直辖部落区 2.39%，伊斯兰堡首都区 0.76%。

自 20 世纪 50 年代以来，巴基斯坦的人口死亡率急剧下降，而政府并没有实施人口控制措施，故人口增长率由 50 年代的 2% 左右攀升至 80 年代的 3% 以上。随着巴基斯坦人口计划的出台，从 20 世纪 90 年代开始，该国人口增长的速度出现下降。1998 年，巴基斯坦人口增长率下降为 2.6%，到 2005 年进一步下降为 1.87%，之后一直保持在 2% 左右，然而，即便如此，该增长率在南亚地区仍处于较高水平。此外，巴基斯坦的生育率很高，儿童和低龄成年人的比重过大，这极大地增加了就业和社会服务的压力。

（二）人口分布

由于自然条件的限制和经济发展程度的差异，巴基斯坦的人口分布很不平衡，各省人口密度相差悬殊。在水利设施完善、灌溉条件优越的平原地区，人口集中；在干旱缺水的山区和高原，人口稀少。根据 2013 年的统计结果，巴基斯坦的人口密度为 231 人 / 平方千米，人口最稠密的省[1]是旁遮普省，每平方千米约 488 人；紧随其后的是信德省，每平方千米约 313 人；人口密度最小的省是俾路支省，每平方千米不足 28 人[2]。

表 1–19　巴基斯坦省级行政区人口密度

省 / 省级行政区	面积（平方千米）	人口（万人）	人口密度（人 / 平方千米）
旁遮普省	205345	10017.4	487.8
信德省	140914	4408	312.8
俾路支省	347190	949.5	27.3
开伯尔—普什图省	74521	2478.8	332.6
联邦直辖部落区	27220	441	162.0
伊斯兰堡联邦首都特区	906	140.1	1546.3

注：自由克什米尔和吉尔吉特—巴尔蒂斯坦地区未进行统计。

另外，巴基斯坦的城市人口少于农村人口，但城市人口增长很快。2008 年，巴城市人口约 5874 万，但这一数字到 2013 年便增长至 6987 万。

表 1–20　巴基斯坦城市和农村人口统计

年份	城市人口（万人）	农村人口（万人）
2008	5874	10767
2009	6087	10907
2010	6305	11046
2011	6528	11182
2012	6755	11316
2013	6987	11448

① 此处的省专指巴基斯坦的 4 个省，不包括其他省级行政区。

② 本段及段后表格中的数据均源于巴基斯坦计划委员会国家人口研究所于 2013 年发布的报告。

数据来源：Nargis Mazhar. Pakistan Economic Survey 2012–2013：Population，Labor Force and Employment［EB/OL］.［2014–07–16］. http://finance.gov.pk/survey/chapters_13/12–Population.pdf.

由上表可知，在过去 6 年间，巴基斯坦城市人口增加了 1113 万，增长率为 18.9%，而同期，农村人口增加了 681 万，增长率仅是城市人口增长率的 1/3，为 6.3%。从更长的时间跨度来看，巴基斯坦城市人口的增加趋势更加明显。1972 年，巴城市人口约 1600 万，占全国人口的 1/4 左右，而目前，巴城市人口约占全国人口的 2/5。按目前的增长速度，到 2030 年，巴城市人口将达到 1.22 亿，占全国人口的 50%。

城市人口增加的最主要原因是人口由农村向城市迁移，这是一个国家和民族走向现代化的必然过程，而且有助于保护自然栖息地和生物多样性。然而，城市人口过快增长也引发了不少问题，其中最主要的就是城市贫困人口的激增。据统计，在巴基斯坦的一些城市里，30%－60% 的人口生活在贫民区内，25% 的人口居住在非法搭建的棚户区内。卡拉奇市近一半人口居住在贫民区或棚户区中。① 城市贫困人口的激增不仅严重影响到城市的公共秩序，也影响到了巴基斯坦的社会安全。

巴基斯坦城市人口激增的另一个原因是境外移民过多。建国之初，巴基斯坦收留了许多从印度迁徙来的穆斯林（统称为“穆哈吉尔”），并将其主要安置在大中城市。1979 年以后的 20 多年间，由于苏联入侵阿富汗、阿富汗内战和美国打击阿富汗塔利班等原因，大批阿富汗难民涌入巴基斯坦各大城市。此外，还有很多来自孟加拉、伊朗、印度和缅甸的非法移民经各种渠道进入巴基斯坦，而这些人大都倾向于在城市谋生。众多的海外移民为有组织犯罪、教派和民族冲

① 谢琼. 巴基斯坦人口状况的特点［J］. 南亚研究季刊，2004（1）：109.

突提供了大量人力资源，令巴基斯坦政府颇为忧虑。

（三）人口指标

粗略出生率（Crude birth rate，CBR）和粗略死亡率（Crude death rate，CDR）是衡量人口结构、预测人口趋势的主要指标，二者都以标准化的方式表明每 1000 人中增长或减少的人数，所谓“粗略”，是指年龄和性别的差异未予考虑。根据国际标准，如果 CBR 超过 30 就表明出生率过高，如果低于 18 就被认为过低；如果 CDR 低于 10 就说明死亡率过低，高于 20 就被认为过高。巴基斯坦 2013 年的 CBR 为 26.8，而 2008 年的该项数据为 25，这表明其人口的增长趋势加剧。相似的是，巴基斯坦 2013 年的 CDR 为 7，而 2008 年时，该数据为 7.7，这表示巴基斯坦的人口减少趋势变缓。由这两组数字可见，近年来，巴基斯坦人口呈加速增加态势。同时，由于医疗条件的改善和免疫计划的实施，巴基斯坦人的人均寿命延长。另外，巴基斯坦官方于 2011 年公布的数据显示，该国的男女比例为 104 : 100，仍在正常范围之内，并未出现比例失调的现象。

人口增长率是预测人口的又一项重要指标，它是指一定时间内（通常为一年）人口增加量（增加人口与减少人口的差）与总人口之比。巴基斯坦 2010－2011 财年的人口增长率为 2.05%，2011－2012 财年为 2.03%，2012－2013 财年为 2%。

表 1-21 巴基斯坦人口指标

	2010－2011	2011－2012	2012－2013
总人口（亿）	1.771	1.8071	1.8435
城市人口（亿）	65.3	67.55	69.87
农村人口（亿）	111.8	113.16	114.48
总生育率	3.5	3.4	3.3

（续表）

	2010—2011	2011—2012	2012—2013
粗略出生率（每一千人）	27.50	27.20	26.80
粗略死亡率（每一千人）	7.30	7.20	7.0
人口增长率	2.05%	2.03%	2.00%
女性平均寿命（岁）	65.8	66.1	66.5
男性平均寿命（岁）	63.9	64.3	64.6

数据来源：Nargis Mazhar. Pakistan Economic Survey 2012-2013: Population, Labor Force and Employment [EB/OL]. [2014-07-16]. http://finance.gov.pk/survey/chapters_13/12-Population.pdf.

此外，年龄结构也是考量一国人口的基本指标。一个人的年龄影响其需求、行为和思想，因此，对人口年龄结构的研究有助于确定劳动力的比例，预测平均寿命。

表 1-22 巴基斯坦年龄结构情况（单位：万人）

年龄阶段	1998 年	2011 年	2013 年	预计 2020 年
0—4 岁	1959	2202	2240	2328
5—9 岁	2072	2040	2087	2235
10—14 岁	1714	1994	1956	2124
15—19 岁	1373	2027	2078	2001
20—24 岁	1188	1772	1872	2005
25—29 岁	976	1525	1616	1971
30—34 岁	824	1295	1385	1704
35—39 岁	632	1083	1157	1462
40—44 岁	589	890	969	1227
45—49 岁	468	732	785	1020
50—54 岁	426	601	644	826
55—59 岁	286	483	516	657
60—64 岁	272	378	403	513

（续表）

年龄阶段	1998 年	2011 年	2013 年	预计 2020 年
65 岁以上	464	681	728	939

数据来源：Nargis Mazhar. Pakistan Economic Survey 2012-2013: Population, Labor Force and Employment [EB/OL]. [2014-07-16]. http://finance.gov.pk/survey/chapters_13/12-Population.pdf.

从上表可知，近年来，巴基斯坦的儿童（0—14 岁）增量较小。2011 年儿童总量为 6236 万人，2013 年为 6283 万人，这说明政府实施的劝导和鼓励计划生育的措施取得了一定效果，国家的总生育率和人口增长率出现了下降。然而，之前的生育高峰导致儿童的总体数量依然很大，这个阶段的人不具备生产能力，反而需要社会提供衣食、教育和医疗。成年人（15—59 岁）的数量从 2011 年的 1.04 亿增长至 2013 年的 1.1 亿，增速较快。成年人具备生产能力，是国家劳动力的主体，然而，由于成年人基数大、增速快，导致国家富余劳动力过多，容易引发就业问题。目前，巴基斯坦尚不存在人口老龄化的问题，老年人（60 岁以上）的基数较小，仅一千余万，且增长较缓慢，2011—2013 年的增幅不到一百万。

（四）人口问题

过大的人口基数、较高的人口增长率和过于集中的人口分布，导致巴基斯坦承受着巨大的人口压力。卡拉奇、拉合尔等大城市已达人口饱和状态，而城市基础设施的发展跟不上人口增长的步伐，很难满足社会需要。

人口过多带来的首要问题就是就业机会的相对不足。巴基斯坦的劳动力数量庞大，根据 2012—2013 财年的劳动力调查，巴基斯坦的劳动力人口约为 5974 万，居世界第九。劳动力供过于求、劳动者受教育程度低以及职业技能不突出等因素导致巴基斯坦的失业率居高不下，特别是 2008 年经济危机以来，失业率不断上升。2012—2013 财年，巴基斯坦的失业人口达 373 万，失业率达 6.2%，相比于 2008—2009 财年，失业人口增加了 61 万，失业率上升了 0.8%。

表 1-23　巴基斯坦劳动力情况

	2008—2009	2009—2010	2010—2011	2012—2013
劳动力（万）	5372	5633	5724	5974
就业人口（万）	5079	5321	5384	5601
失业人口（万）	293	312	340	373
失业率（%）	5.4	5.5	5.9	6.2

数据来源：Pakistan Bureau of Statistics. Labour Force Survey 2012-2013 [EB/OL].（2013-11）[2014-07-08]. http://www.pbs.gov.pk/content/labour-force-survey-2012-13-annual-report.

就业率与贫困问题、收入分配和经济发展有密切关系，特别是对贫困问题有直接影响。在巴基斯坦，大量人口失业剥夺了很多家庭的收入来源，社会救济和宗教救济对失去收入来源的家庭而言无异于杯水车薪。近年来，巴基斯坦政府制定政策，争取为每名失业者都提供一个就业机会，然而，社会普遍认为，仅仅为数量庞大的失业者提供工作机会并不足以解决失业所带来的问题。良好的工作环境、劳动者职业技能的不断提高以及工资水平的持续提升都是政府需要重视的方面。

与人口压力相伴而生的还有人口素质问题。巴基斯坦公民的文化水平普遍较低，职业技能不高。劳动力人口中，受教育时间在一年以下的占 46%，而近年来经济增速的提高、工作流程的变化和技术工艺的升级都对工人的技能水平提出了越来越高的要求，这便造成了一对矛盾，即很多企业因缺乏人才而发展受限，同时，大量具有较高产能的年轻劳动力却因缺乏知识和技能而被排除在岗位之外。由此可见，人口素质问题，特别是劳动力人口素质问题，已经成为巴基斯坦经济发展和社会进步的一大障碍。因此，提高劳动者的受教育水平，加强职业技术培训，为劳动者提供合适的就业岗位，便成为政府下一步努力的方向。

为了缓解人口压力，解决就业问题，巴基斯坦政府出台了一系列政策措施：首先，加大对计划生育的宣传力度，提高补助金额，扩大避孕、节育的普及面，加强基础教育；其次，大力发展农业，兴修水利，加强农村基础设施建设，吸引城市冗余劳动力回归农村，缓解第二和第三产业的就业压力；再次，通过中小企业发展银行给中小企业及个体业主提供信贷服务，降低贷款门槛，鼓励自主创业；最后，通过实施技能培训计划和就业计划，提高劳动者的知识层次和技术水平。巴基斯坦政府专门成立了国家职业和技术培训委员会，负责向素质较低的劳动者提供职业教育和技术培训，并颁发相应证书，同时，政府各部还专门设立了毕业大学生实习岗位，以提高其工作能力。

总之，巴基斯坦人口基数大，增长速度快，人口分布不均，劳动力过剩且劳动者能力素质一般。为改变这一局面，巴基斯坦政府积极制订计划，主动采取措施，然而，计划所需的大量经费和部分穆斯林对计划生育所持的消极态度都影响着相关计划和政策的实施。巴基斯坦恐仍将长期面临人口问题的困扰。

第二章　历史简况

巴基斯坦于 1947 年独立，于 1956 年正式建国，虽然建国时间较短，但其所处的南亚次大陆却是人类文明的摇篮之一。因此，巴基斯坦与其邻国印度一样，有着绵远悠长的历史，南亚次大陆的许多历史文化遗址都在巴基斯坦境内。

南亚次大陆地形特殊，东南和西南临海，东北部有高山阻隔，这使巴基斯坦所处的次大陆西北部成为从陆上出入南亚次大陆的主要通道，同时，发达的印度河水系令这一地区土壤肥沃、水丰草茂，是农耕民族理想的定居之所和游牧民族的必争之地。因此，该地区各种民族交融，多样文化交织，创造了灿烂的文明。

第一节　古代简史

一、石器时代

巴基斯坦石器时代的遗址主要集中在今旁遮普省的波特瓦尔高原和俾路支省。考古学家在波特瓦尔高原的索安河谷发现了约 5 万年前的旧石器时代人类活动的遗迹，并将其命名为索安河文化。考古学家在索安河遗址还发现了大量石制工具，甚至有被打磨得光滑、锋利的石斧。考古学家据此推测，索安河人以群居方式在山洞里生活，主要从事狩猎活动。

大约在 9000 年前，生活在今巴基斯坦境内的古人便学会了驯养动物和种植谷物，这里的新石器时代就此开始。考古发掘显示，公元前 6000 年左右，在俾路支高原的峡谷和山麓地带以及旁遮普平原出现了小型村落。村民使用石制的农具耕地，种植大麦、小麦和豆子，从发现的动物化石来看，他们还饲养牲畜。此外，考古学家还在村落遗址中发现了彩陶器皿，按照其种类和分布，考古学家将俾路支村落文化分为北俾路支的“红色彩陶文化”和南俾路支的“淡黄色彩陶文化”。

二、印度河文明时期（哈拉巴文化时期）

信德省拉尔卡纳市以南 24 千米的印度河右岸上，有一座半圆形的佛塔废墟，被当地人称为“死者之丘”。1922 年，几名勘探队员偶然来到这里，在佛塔的废墟下发掘出几块刻着动物图形和复杂文字的石制印章，从而开启了一段伟大的发掘工程。此后的 60 年间，几支考古队来到这里进行发掘和整理，终于发现所谓的“死者之丘”其实是一座古城的遗址。[①] 这座古城便是举世闻名的摩亨焦达罗，它与旁遮普省的哈拉巴古城一起代表着在历史上兴盛一时的印度河文明。相较于史前文明，印度河文明兴盛时的社会生产力有了明显的提高：青铜器得到了广泛应用；种植业蓬勃发展，大麦、小麦、椰枣、胡麻和棉花等农作物被大量种植；手工业也颇具规模，金属加工、制陶和纺织工艺在当时处于世界领先水平。

印度河文明大约形成于公元前 2600 年，据信是在位于印度河平原的村庄的基础上发展起来的，代表了青铜时代印度河流域农业文明的最高水平。一些学者对此持不同意见，认为在公元前 3000 年左

① 杨士龙，赵青. 叩开巴基斯坦神秘之门［M］. 北京：世界知识出版社，2003：142.

右，一些原始部落从现在的俾路支东迁，来到了印度河西岸定居，并创造出了印度河文明。不管怎么说，印度河文明都是一个尚未被完全认识的人类文明。发掘表明，鼎盛时期的印度河文明，其规模是埃及文明的两倍，比美索不达米亚的苏美尔文明的四倍还大。多座规模宏大、规划合理的城市是印度河文明的标签，摩亨焦达罗和哈拉巴便是其中的佼佼者，此外，比较著名的城市还有科特·迪吉（Kot Diji）和梅尔伽赫（Mehrgrah）。

摩亨焦达罗古城由达罗毗荼人建造，分上城和下城两个部分，上城是城市的行政中心和防御据点，下城则是居民区。达罗毗荼人是世界上最早种植棉花并编织棉布的民族之一，他们不仅创造了独特的文字，还发明了精密的度量衡方法；不仅建立了发达的城市经济，还广泛地同其他民族进行贸易往来。在达罗毗荼人的建设和治理下，摩亨焦达罗一时间风光无限，如今，从其遗址可以窥测出该城市在数千年前的繁荣与辉煌：城市布局严整，主街道成南北和东西十字交叉，小巷穿插其间，多而不杂；民居高低错落，庭院方正规整，房屋墙壁均由烧砖所砌，以灰泥缝合，坚固通风，不少房屋设有浴室和水井；城市拥有发达的排水系统，砖砌的下水道穿街入巷、四通八达；市中心的会议厅规模宏大，体现出居民对集会的热衷。

摩亨焦达罗的上城是一座建在 9.15 米高的人造平台上的卫城。卫城中心建有一个著名的大浴池，浴池长 12 米，宽 7 米，深 2.5 米，以烧砖砌成，密不透水，浴池周围有排水渠、水井等配套设施。关于浴池的用途，说法不一，或云为沐浴而建，或云为履行某种宗教仪式而建。浴池西面建有一座大谷仓，谷仓长 45.72 米，宽 22.86 米，带有整齐的排气室。浴池的东北部有一片建筑群，其中的一座大厅，长 70 米，宽 23.8 米，可能是最高统治者的居所。

与摩亨焦达罗古城齐名的哈拉巴古城位于印度河上游旁遮普省的萨希瓦尔专区。两座古城大小相近，构造相仿，但相距较远，达 644

千米，故考古专家认为，这两座古城应分属由达罗毗荼人建立的两个不同的国家。

从摩亨焦达罗和哈拉巴遗址中出土的文物丰富多彩，既有刻着文字、图画的精美印章，也有计量重量的石制砝码、计量长度的介壳尺和青铜杆尺，还有金银珠宝、象牙装饰以及各种青铜工具、武器等。大量石制印章充分体现出当时雕刻技艺的精湛，也为考古工作者探索印度河文明提供了珍贵的文献资料。印章上的古文字，有的像古埃及的象形文字，有的像苏美尔人的楔形文字，如果这些文字能被完全解读出来，相信有助于人们了解当时的阶级制度、法制状况、语言、宗教以及印度河文明的兴起与发展。

光辉灿烂的印度河文明举世罕见，然而，即便如此，该文明还是湮没于历史尘埃之中。在印度河文明缘何衰落、消失的问题上，学界至今仍未有定论，总体而言，存在“自然灾害说”和“人为破坏说”两种意见。前者将哈拉巴、摩亨焦达罗等古城的衰落归结于公元前 1750 年前后的流行病、地震或洪水，认为是地震或洪水毁坏了古城的大部分，而震后的瘟疫则迫使人们背井离乡；后者则将城市的毁灭归结于外敌的入侵，认为入侵者不断入侵，迫使当地人离开了家园。后一种观点可以从印度的《梨俱吠陀》中找到佐证。《梨俱吠陀》提到了雅利安人和达罗毗荼人之间的战争，以及一段时间后达罗毗荼人的衰落。

公元前 2000 年至公元前 1700 年，属于游牧民族的雅利安人开始从中亚向南亚迁徙，在此过程中，组织更加严密、训练更为有素的雅利安人逐步征服了印度河流域的原住民——达罗毗荼人，并对其进行了屠杀与奴役。部分幸存的达罗毗荼人南逃至恒河流域，并在那里新建城市，而雅利安人却并没有接手达罗毗荼人留下的城市，致使像哈拉巴、摩亨焦达罗这样盛极一时的城市被废弃，而后逐渐消亡。

三、吠陀时代

雅利安人最早居住在中亚和高加索一带。公元前 2000 年左右，生活在中亚的部分雅利安人南下进入次大陆，在之后的 500 多年中不断侵略印度河流域，并逐步征服了当地的达罗毗荼人。大约在公元前 13 世纪，雅利安人在次大陆西北部建立起统治，次大陆的历史由此进入了“吠陀时代”。

雅利安人到达次大陆后，留下了关于自身活动的文字记录，次大陆从此有了文字记载的历史，而最早的文字记录便是《吠陀》。《吠陀》是雅利安人祭祀神明时所用的诗文、颂歌、经文和咒语的汇编，也是雅利安人最古老的文学作品。《吠陀》有四部“本集”，分别是《梨俱吠陀》、《娑摩吠陀》、《夜柔吠陀》和《阿达婆吠陀》。四本集之后还有《梵书》、《森林书》、《奥义书》以及一些“经书”，它们是四本集的续编，是由传授“吠陀本集”的各个派别编订的，都与“吠陀本集”有关。

《吠陀》不仅是婆罗门教的圣书，同样也是历史学家了解次大陆历史的“圣典”。四本集中成书最早的《梨俱吠陀》又名《赞颂明论本集》，是一部赞颂神明的诗歌集，其最主要内容是歌颂神明。不过，该书也记录了雅利安人同达萨人（达罗毗荼人）之间的战争，同时，还反映了公元前 15 世纪至公元前 10 世纪印度河上游流域的社会生活情况，是供当代历史学家了解雅利安人在印度河流域早期生活情况的重要文献，具有重要的历史意义。《梨俱吠陀》所反映的时代被称为“早期吠陀时代”或“梨俱吠陀时代”。[1]

早期吠陀时代，雅利安人的生活开始从游牧生活向农耕生活转

---

① 杨翠柏，刘成琼. 列国志：巴基斯坦［M］. 北京：社会科学文献出版社，2003：56.

变。他们向原住居民学习农耕技术，在放牧的同时尝试进行农业种植。此外，雅利安人的手工业也有了一定发展，其在金属器皿制作、木材加工、皮革制造和制陶等方面的工艺达到了较高水平。

与此同时，雅利安人的氏族部落体制开始崩溃，氏族所拥有的土地被分配给了各父系大家族耕种，牲畜也归各大家族所有，大家族成为社会中的基本经济单位。随着农业生产的继续发展，阶级出现了。氏族部落内出现了祭司和武士两大集团，他们的地位高于普通氏族成员，成为贵族。随着生产发展，阶级加速分化，同时，战争频发，越来越多的土著居民沦为奴隶，在阶级分化和奴隶制形成的过程中，原始的社会分工被等级化和固定化，逐渐形成了森严的等级制度，即种姓制度。《梨俱吠陀》的最末部分记叙道，原始巨人普鲁沙死后，梵天用他的口创造了婆罗门（僧侣），用其双臂创造了刹帝利（武士），用其双腿创造了吠舍（平民），用其双脚创造了首陀罗（奴隶）。史诗《摩诃婆罗多》中最重要的部分——《薄伽梵歌》强调“种姓的和谐”，主张 4 个种姓的人将各自的责任当作对梵天应尽的义务，以便来世提高自己的种姓地位。

公元前 1000 年左右，雅利安人开始向恒河和朱木拿河流域扩张，并在印度河和恒河流域建立起国家。之后，《娑摩吠陀》、《夜柔吠陀》和《阿达婆吠陀》也相继成书，这三部“本集”反映了公元前 900 年至公元前 700 年这些国家的社会情况。① 后人则将公元前 800 年至公元前 500 年的这段时间称为“后期吠陀时代”。

“后期吠陀时代”，印度河流域的生产力水平进一步提高，铁器被广泛用于农业生产，手工业和商业也愈发繁荣。阶级分化随之加剧，僧侣和贵族成为统治阶级，部落首领成为国王。这一时期的国家是一些规模不大的城邦国家，犍陀罗、开卡亚和摩德罗是其中较为著名的

① 杨翠柏，刘成琼．列国志：巴基斯坦［M］．北京：社会科学文献出版社，2003：57.

三个城邦。

四、外族入侵时期

公元前 1000 年到公元前 500 年，印度河流域和恒河流域出现了许多小的奴隶制国家，这些小国，特别是西北部诸国，互相征伐，政治上分崩离析，给了觊觎印度河流域富饶土地的波斯帝国可乘之机。公元前 516 年，波斯阿契美尼德王朝的国王大流士一世征服了犍陀罗国（今喀布尔河流域和白沙瓦地区）、旁遮普和信德。犍陀罗国成为波斯帝国的第七个州，而旁遮普和信德则成为波斯帝国的第二十个管辖区。

公元前 327 年，马其顿国王亚历山大率军打败了波斯国王大流士三世。次年，亚历山大的军队入侵旁遮普，占领塔克西拉，进而攻占了整个印度河流域，不过，在向恒河流域挺进时，马其顿军队遭到了顽强抵抗，伤亡惨重，士兵们的厌战情绪高涨，亚历山大被迫放弃了征伐计划。公元前 325 年，亚历山大将次大陆西北部划分为六个省，其中，印度河以西的三个省由其任命的总督管辖，而印度河以东的三个省则由归顺的当地王公治理。安排妥当后，亚历山大率军返回波斯，不久后，他在巴比伦去世。

亚历山大去世后，他所建立的帝国便分崩离析，其部将塞琉古自立为王，通过继承亚历山大帝国的亚洲部分，建立了塞琉古王国。然而，该王国横跨小亚细亚、西亚、中亚和南亚次大陆的西北部，其统治中心又在美索不达米亚平原，广阔的疆域和相对较弱的统治力令塞琉古无力顾及南亚次大陆，进而导致次大陆西北部出现权力真空，印度河流域的诸行省朝着自治的方向发展。此时，恒河中游地区受难陀王朝统治的摩揭陀国出现了一位勇敢的王公——旃陀罗·笈多（意为“月护”）。旃陀罗·笈多志向远大、才能出众，他凭借自己的能力建立起一支强大的军队。公元前 323 年，旃陀罗·笈多推翻了难陀王朝，自立为王，史称“月护王”，随后，他开始了统一北印度的征程。公元前 320 年，他建立起北印度第一个统一的帝国，史称“孔雀王朝”。公元前 297 年，旃陀罗·笈多退位，其子宾头沙罗（Bindusara，意译为“适世王”）继位。公元前 269 年，旃陀罗·笈多的孙子阿育王继承王位。阿育王与其祖父一样是一位伟大君主，他在位期间南征北伐，开疆拓土，几乎将整个次大陆都纳入了孔雀帝国的版图。公元前 232 年，阿育王病逝，孔雀王朝随即衰落。衰弱的中央政权无力维持国家统一，帝国开始分裂，旁遮普、克什米尔、德干等边远省份都变成了自治区。

公元前 187 年，从中亚塞琉古王国独立出来的巴克特里亚国（大夏国）国王德米特里厄斯（Demetrius）率军占领了旁遮普和信德，并先后定都塔克西拉和锡亚尔科特。德米特里厄斯及其继任者在统治印度河流域期间，受当地流行的佛教文化影响，渐渐远离了波斯－希腊传统，同时，他们自身所带有的希腊和波斯文化也对佛教产生了影响，最终形成一种独特文化，即犍陀罗文化。白沙瓦、旁遮普和克什米尔成为犍陀罗文化的摇篮，大量佛教艺术品诞生于此。国王米南德（Menander）统治时期（公元前 155 年至公元前 130 年），佛教成为大夏国的国教，一时间，佛像、铭文、窣堵波和庙宇遍及印度河流域。

犍陀罗文化虽然给次大陆西北部带来了经济和文化的繁荣，但也引起了中亚游牧民族对这片沃土的垂涎。公元前 1 世纪左右，中亚的塞种人受月氏人的驱赶而南迁。途中，他们先征服了巴克特里亚和帕提亚，而后占领了犍陀罗和印度河上游，公元前 88 年，他们又吞并了印度河下游。塞种人在印度河流域的统治持续了 4 个世纪，直至被新兴的笈多王朝取代。①

① 伊夫提哈尔·H. 马里克．巴基斯坦史［M］．张文涛，译．北京：中国大百科全书出版社，2010：46.

公元 1 世纪，月氏人中的贵霜部落在征服其他几个部落后，建立起统一的贵霜国。公元 50 年，贵霜国首领丘就却率军越过兴都库什山，打败了塞种人，攻占了犍陀罗，建立起横跨中亚与次大陆西北部的“贵霜帝国”。贵霜帝国的统治维持了约 200 年，其间，第三代国王迦腻色伽将帝国的疆域拓展至克什米尔、信德、阿格拉以及今中国境内的莎车和和田，贵霜帝国进入了强盛期，经济达到顶峰。此外，迦腻色伽尊崇佛教，鼓励学术和艺术交流，他在位期间，佛教传入了中亚和中国，犍陀罗文化也更加蓬勃。

迦腻色伽死后，贵霜帝国开始衰落。公元 3 世纪中叶，波斯萨珊帝国入侵次大陆西北部，占领犍陀罗、旁遮普等地，定都塔克西拉。贵霜帝国沦为了萨珊帝国的附属国，之后，随笈多王朝的兴起而土崩瓦解，于公元 4 世纪前半叶退出历史舞台。

取代贵霜王朝的笈多王朝兴起于 4 世纪初。公元 318 年，旃陀罗・笈多一世（并非孔雀王朝的创建者旃陀罗・笈多）在北印度建立起笈多王朝，这也是次大陆历史上的第一个封建王朝。他死后，笈多王朝的第二代君王娑莫陀罗・笈多于 4 世纪中叶吞并了贵霜国，之后又从萨珊帝国手中夺取了旁遮普，使笈多王朝的疆域扩展至今巴基斯坦东部地区。娑莫陀罗・笈多励精图治，笈多王朝在他的治下国祚昌隆，在文学、艺术、宗教和科学等方面均取得了辉煌成就。娑莫陀罗・笈多的儿子旃陀罗・笈多二世继承了其父的宏图伟业，进一步开疆拓土，向南征服了德干和斯里兰卡，向北攻占了犍陀罗和克什米尔。在旃陀罗・笈多二世统治期间（380－415 年），中国东晋高僧法显来到次大陆，游历了今巴基斯坦和印度境内的多个地区并留下了大量笔记，这些笔记成为后人研究笈多王朝的珍贵史料。

笈多王朝在鸠摩罗・笈多一世（425－455 年）和塞犍陀・笈多（455－476 年）统治期间达到鼎盛，之后，便和先前的诸王朝一样，逐渐失去了对地方的掌控，各地势力割据一方，笈多王朝随之走向衰落。

与笈多王朝衰落相伴的是新一轮中亚游牧民族的入侵。公元 485 年，来自中亚的白匈奴人（嚈哒人）在击败萨珊王朝后，开始攻打犍陀罗。至公元 500 年时，白匈奴人已完全控制了印度河流域和拉贾斯坦，建立起覆盖阿富汗和次大陆西北部的嚈哒帝国，定都萨卡尔（Sakal，今巴基斯坦的锡亚尔科特）。嚈哒帝国以犍陀罗为基地，不断向南扩张，侵占了大片笈多王朝残余势力的土地，其领土向南拓展至恒河流域。嚈哒帝国存在了约 100 年，最终在突厥和波斯的联合打击下，于 6 世纪中叶走向灭亡。后来，留在次大陆西北部的白匈奴人逐渐被信奉印度教的当地人同化，成为今拉其普特人的一支。

笈多王朝在白匈奴人的打击下加速衰落，至 6 世纪中叶，彻底退出历史舞台，次大陆随之陷入分裂。7 世纪初，著名的戒日王在乱局中展现出过人才华，一举统一了北印度的大部分地区，建立起强大的戒日王帝国，其疆域包括印度河流域和克什米尔。戒日王虽是印度教教徒，但他大力推崇佛教，给予佛教学者很高的地位，促进了中印佛教文化的进一步交流。公元 629 年，中国唐朝高僧玄奘赴印度取经，630 年，他游历到了今巴基斯坦境内并在当地讲经，塔克西拉的佛教遗址中就有当年玄奘讲经的场所。此外，雄才大略的戒日王广施仁政，励精图治，开创了一代盛世。然而，戒日王朝的兴盛仅是昙花一现，随着戒日王于公元 647 年去世，北印度再次陷入群雄割据的混乱局面。

五、穆斯林入侵和统治时期

戒日王朝崩溃后，包括今巴基斯坦在内的北印度基本处于群雄割据状态，多个地区性王国并存，如克什米尔、卡瑙季、帕拉、拉施特拉库特、瞿折罗等。[①] 这些王国多年来互相征伐，耗尽了财力，使人民陷入水深火热之中。战争频发、社会动荡的同时，北印度还存在广泛的宗教压迫。早在嚈哒帝国时期，次大陆西北部的佛教便开始衰落，尽管在戒日王的推崇下出现过短暂的复兴，但随着戒日王的去世，佛教便一蹶不振，取而代之的是渐渐复兴的印度教。当时，佛教徒的数量依然庞大，多数王国的统治者为了树立印度教权威，采取了偏狭的宗教政策。在种姓制度和宗教歧视政策的双重压榨下，北印度的社会矛盾逐渐尖锐，广大下层民众对印度教的统治极为不满。就这样，封建割据和宗教矛盾严重地削弱了北印度诸国的国力，为阿拉伯人入侵次大陆提供了契机。

早在 7 世纪，阿拉伯人便多次试图向印度扩张，但未能成功。8 世纪初，倭马亚王朝东方省省督哈加吉·伊本·尤素福（Hajjaj Ibn Yusuf），以穆斯林朝圣者船只被效忠于信德统治者达赫的海盗所抢为由，命其侄子兼女婿穆罕默德·伊本·卡西姆（Muhammad Ibn Qasim）率军征讨信德。公元 711 年，穆斯林军队在靠近今卡拉奇的第布尔登陆。公元 712 年，卡西姆率军攻陷德巴尔和阿洛尔，征服了信德，不过，卡西姆并没有选择得胜还朝，而是继续向北征伐。公元 713 年，卡西姆的军队渡过印度河，在几乎未遇到任何抵抗的情况下占领了木尔坦。自此，信德和下旁遮普并入了倭马亚王朝。阿拉伯人的入侵为伊斯兰教在南亚次大陆的传播奠定了基础，许多伊斯兰传教士和苏非学者来到木尔坦，并以此为基地逐步深入到俾路支斯坦、上旁遮普和西北部山区。伊斯兰教强调简洁和平等，这对印度教教徒中的贫困者和低种姓者产生了巨大的吸引力，传教士和苏非们的活动则使伊斯兰教教义更加深入人心，从而引发了印度河流域的大规模改宗活动。

① 邓兵. 南亚国家历史与政治制度［M］. 北京：军事谊文出版社，2011：168.

公元 750 年，倭马亚王朝被阿巴斯王朝取代。次大陆的阿拉伯穆斯林统治者名义上接受阿巴斯王朝哈里发[①]的领导，但实质上自主制定并施行政策，俨然是独立国家的国王。这种状态一直持续到 10 世纪中亚突厥穆斯林的入侵。

公元 962 年，中亚萨曼王朝信仰伊斯兰教的突厥总督阿勒布的斤（Alaptigin）脱离萨曼王朝自立为王，在今阿富汗境内建立起伽色尼王朝。阿勒布的斤没有子嗣，于是，他在临终前将王位传给了自己的奴隶萨布格的斤（Sabuktigin）。萨布格的斤虽出生卑微，但很有领导才能，在他统治的 20 年间（977－997 年），伽色尼王朝愈发强大。公元 991 年，伽色尼王朝击败了印度教王公统治的沙希王国，占领了白沙瓦。公元 998 年，萨布格的斤的儿子马赫穆德（Mahmud）继位，成为伽色尼王朝的第三任国王。马赫穆德没有称自己为埃米尔，而是选择了波斯称谓“苏丹”，以“伽色尼苏丹”闻名于世[②]，他继位后，继续向东扩张。1000－1126 年，马赫穆德一共 17 次（一说 12 次）率军入侵印度河流域，在征服信德和旁遮普后，还吞并了恒河流域和次大陆西部的沿海地区。伽色尼王朝对次大陆西北部的统治持续了约 200 年。其间，伊斯兰教在次大陆西北部得到了进一步传播，并逐步取代印度教，成为当地民众普遍信仰的宗教，拉合尔和木尔坦则发展成了次大陆的穆斯林文化中心，之后，拉合尔又成为伽色尼王朝的首都。这一切都为后来德里苏丹国的建立打下了坚实的宗教基础。

1030 年，马赫穆德去世，伽色尼王朝由此走向衰落。此时，由突厥人建立的伽色尼王朝的藩属国古尔王国逐渐兴盛起来。1151 年，古尔军队攻占了伽色尼；1175 年，开始入侵印度次大陆；1182 年，

---

① 哈里发，伊斯兰政治、宗教领袖的称谓。

② 伊夫提哈尔·H. 马里克. 巴基斯坦史［M］. 张文涛，译. 北京：中国大百科全书出版社，2010：56.

攻占信德；1185 年，攻克拉合尔，占领旁遮普，最终消灭了伽色尼王朝。在夺取伽色尼王朝的属地后，古尔王国进一步扩张，经过多次征伐，其疆土几乎覆盖了整个北印度。一个疆域辽阔、国力强盛的古尔帝国就此诞生。

公元 1206 年，古尔帝国国王穆罕默德·古尔被刺身亡，由于他没有子嗣，故古尔帝国陷入了分裂。在印度领地，原古尔帝国的将军——突厥人库特卜·乌德·丁·艾伯克（Qub-ud-din Aibak）被推选为苏丹。之后，他向东挺进，定都德里，建立起马木路克王朝（1206－1290 年），由于他出身奴隶，故马木路克王朝亦被称为“奴隶王朝”。奴隶王朝的建立标志着德里苏丹王权的正式形成。1211 年，艾伯克的女婿伊杜米斯登上王位，他在位期间东征西讨，极大地扩展了奴隶王朝的版图，被普遍认为是德里苏丹王朝的真正奠基者和奴隶王朝最伟大的君王。奴隶王朝被推翻后，又先后有 4 个穆斯林封建王朝在德里定都，分别是卡尔吉王朝（1290－1320 年）、图格鲁克王朝（1320－1414 年）、赛义德王朝（1414－1451 年）和洛提王朝（1451－1526 年）。这 5 个由突厥人建立的、前后相继的穆斯林封建王朝被统称为“德里苏丹国”。

当“奴隶王朝”向南扩张时，成吉思汗率领的蒙古大军已逼近南亚次大陆。1221 年，蒙古大军占领旁遮普，随后跨过印度河直逼德里。其他突厥部落纷纷被征服，只有伊杜米斯率军抵抗，并成功地阻挡了蒙古人的南下。

13 世纪末至 14 世纪初，蒙古人又多次入侵次大陆，但均为卡尔吉王朝阻挡。1398 年，出身于西察合台汗国一个突厥化蒙古贵族家庭的帖木儿率领 12 万大军入侵印度次大陆。帖木儿大军席卷旁遮普后，攻下德里，给图格鲁克王朝造成了致命打击。1405 年，帖木儿病逝于远征明朝的途中，其子嗣为了王位展开争夺，帖木儿帝国遂四分五裂。1414 年，帖木儿帝国的旁遮普总督赫兹尔汗自立为王，建立起赛义德王朝。37 年后，赛义德王朝被其旁遮普总督——阿富汗人洛提推翻，洛提王朝就此建立。1526 年，帖木儿的五世孙巴布尔率军推翻洛提王朝，建立起莫卧儿王朝。至此，持续 300 多年的德里苏丹国宣告灭亡。

德里苏丹国时期，北印度的封建制度进一步发展，文化艺术蓬勃向上，科技水平大幅提高，农业和手工业发展迅猛，以德里、木尔坦、拉合尔为代表的城市繁荣发达，对外贸易十分频繁。

六、莫卧儿王朝时期

莫卧儿王朝的建立者巴布尔与帖木儿大帝有血缘关系，其父是帖木儿的第四代子孙，也是帖木儿帝国分崩离析后费尔干纳国的国王，其母则是成吉思汗的第十三代后人。1494 年，年仅 11 岁的巴布尔继承王位，他雄心万丈，力图恢复帖木儿帝国的荣光，于是用兵中亚，两度占领原帖木儿帝国的都城——撒马尔罕，后被乌兹别克人击败，不得不率部南下。1504 年，他乘阿富汗内乱，攻占喀布尔，之后又占领伽色尼。1519 年，他第一次挥军入侵印度，但无功而返。1525 年，他率大军占领旁遮普，随后进逼德里，当年 4 月，占领德里和阿格拉，随即在印度建立王朝，史称“莫卧儿王朝”[①]。

莫卧儿王朝建立后，巴布尔先后于 1527 年和 1529 年分别击败了以美华尔为首的拉其普特国家联盟和盘踞在印度东部的阿富汗人残部，很快便把势力扩展到了比哈尔和木尔坦。之后他继续向南进军，占领了卡尔皮和瓜里奥尔，此时，帝国的疆域已经覆盖了次大陆北部的大部分地区和阿富汗。而次大陆西北部则成为国家的战略要地，其原因在于莫卧儿帝国与波斯有着密切的联系，次大陆西北部正是双方往来的必经之路。莫卧儿王朝第二代国王胡马雍于 1540 年被南比哈

① “莫卧儿”意为“蒙古”，由于帖木儿出身西察合台汗国的蒙古贵族家庭，所以作为其后代的巴布尔也宣称自己是蒙古人。

尔的阿富汗人首领谢尔·汗率军赶出德里后，借助波斯的力量盘踞在次大陆西北部，并伺机反击，最终，在波斯国王太美斯普一世的支持下于1555年夺回德里，恢复了莫卧儿王朝的统治。同年，胡马雍不慎坠楼而亡，其子阿克巴继承王位。

阿巴克在位期间（1556—1605年）实行了一系列改革：建立起半世俗政体，弱化了宗教在国家管理中的作用；加强中央集权，突出王权，将行政、军事和司法权收归自己手中，设首相、财政、军事和司法等4位大臣辅佐；把全国分为15个省，各省设省督，负责行政管理，同时设财政长官，直辖于中央政府，负责牵制和监督省督。通过建立一系列制度，莫卧儿王朝实现了政治的高度统一，其社会经济也随之快速发展，与此同时，阿克巴大帝还试图实现文化融合。为了在印度教教徒占多数的国家里巩固穆斯林的统治，他采取了宽容的宗教政策：任用印度教王公担任政府要职，缓和宗教矛盾；重视吸收印度教文化，鼓励文化交流，这一时期的建筑、绘画和音乐等都明显带有融合两大宗教风格的痕迹。此外，阿克巴大帝还在总结各宗教共同法则的基础上创立了一个新的宗教——“神圣信仰”。在推行政治、文化改革的同时，阿克巴大帝没有放松军事上的扩张，在执政的50年间，他发动了数次战争，使莫卧儿帝国成为东起阿萨姆，西至阿富汗东部的庞大帝国。

阿克巴大帝之后，莫卧儿王朝在其儿子贾汉吉尔和孙子沙·贾汗的治理下进入全盛时期。帝国规模空前，经济繁荣，文化强盛，绘画和建筑处于世界领先水平。沙·贾汗为其爱妻穆姆塔兹·马哈尔（Mumtaz Mahal）修建的陵墓——泰姬陵堪称伊斯兰建筑的代表作。泰姬陵由殿堂、钟楼、尖塔和水池等部分构成，各部分均用纯白色大理石修筑并镶嵌有玻璃、玛瑙，具有极高的艺术价值，更体现出了莫卧儿王朝全盛时期社会财富的丰厚与建筑水平的高超。

沙·贾汗之子奥朗则布登基后，兼并了德干高原的戈尔孔达和比贾普尔，使莫卧儿帝国的版图几乎覆盖了整个次大陆。然而，他摒弃了阿克巴大帝的宗教宽容政策，开始重用穆斯林，歧视异教徒。之后，又因与印度教封建领主之间存在尖锐矛盾而采取了迫害印度教教徒的政策，导致穆斯林与印度教教徒间的矛盾被激化。奥朗则布的宗教政策引发国内动荡，拉其普特人、马拉塔人和锡克教教徒接连起义，激烈对抗宗教不平等政策。此时恰逢英国殖民者入侵印度次大陆，莫卧儿帝国陷入内忧外患，逐渐衰落。1707 年，奥朗则布去世，莫卧儿帝国由此走向解体。帝国最后的统治者巴哈杜尔·沙二世，在 1857 年印度民族大起义后，被英国殖民者放逐，存在了 3 个多世纪的莫卧儿王朝宣告灭亡。

第二节 近代简史

一、英国殖民统治和穆斯林的反抗

莫卧儿帝国的衰落为西方殖民者提供了可乘之机。早在 16 世纪初，葡萄牙殖民者便在印度西海岸的果阿、达曼等地设立了殖民据点。随后，荷兰、法国、英国相继入侵次大陆并展开竞争。17 世纪初，英国利用东印度公司实施侵略。东印度公司的雇佣军在英国殖民印度的过程中发挥了重要作用。英国凭借这支训练有素、经验丰富的军队镇压各地反抗力量，并在与法国的竞争中取得了优势，最终独霸印度。不过，英国殖民者对印度西北部的占领较晚。1843 年，英国军队占领信德，之后，便向旁遮普的锡克王国发动侵略战争，并于 1846 年 2 月 20 日攻占拉合尔；1847 年，俾路支斯坦成为效忠英国东印度公司的部落区；1848 年，木尔坦和哈扎特的锡克教军队发动抗英起义，但被英军击败；1849 年 3 月 29 日，英国殖民政府宣布，把旁遮普并入英属印度，由印度总督直接管辖。吞并旁遮普标志着英国完成了对印度的征服。

1784 年，英国国会通过《改善东印度公司和不列颠印度领地行政法》，将印度彻底变成了英国的殖民地。为了进一步控制印度，掠夺更多财富，英国殖民政府不断强化其统治。在政治上，直接派遣英国人担任殖民政府和军队的要职，建立英式政治制度，同时，不断制造、扩大印度本土不同民族、部落、种姓和宗教间的矛盾，以达到分而治之的目的；在经济上实行田赋制，迫使印度沦为英国的原材料产地和产品销售市场；在思想文化领域，引进西方思想意识形态和价值观念。1837 年，英国殖民当局宣布取消伊斯兰法律、法院，取消波斯语的官方语言地位；1861 年，以英国法律为基础的新刑法典生效。[①] 英国殖民政府的压迫性统治激起了印度人民特别是广大印度穆斯林的强烈反抗。1757－1857 年这 100 年间，印度各地的抗英起义和暴动此起彼伏，其中，对殖民者构成最严重挑战的，是瓦哈比派穆斯林的武装反抗。

莫卧儿王朝末期，国家已经解体，伊斯兰教也面临严重问题，如教派冲突、信徒道德滑坡、误解《古兰经》、漠视伊斯兰教教义等等。传统宗教学者担心政治瓦解会引发宗教崩溃，故主张通过恢复伊斯兰教原旨教义和各项制度来复兴伊斯兰教，进而挽救莫卧儿王朝。这些宗教学者的代表人物是沙・瓦利・乌拉（1703－1762 年），他创造了当时在次大陆穆斯林中最有影响力的学派——瓦利・乌拉学派。沙・瓦利・乌拉去世后，其后代和追随者坚持并发展了他的思想，于 19 世纪初，在北印度发起了“圣战者运动”，旨在通过发动对异教徒的圣战，推翻殖民统治，建立伊斯兰理想社会。[②] 从 1820 年起至 19 世纪末，“圣战者运动”遍及整个次大陆，给英国殖民统治造成了极

① 杨翠柏，李德昌．当代巴基斯坦［M］．成都：四川人民出版社，1999：44.

② 薛克翘，赵长庆．简明南亚中亚百科全书［M］．北京：中国社会科学出版社，2004：333.

大威胁。

二、穆斯林的改革与复兴

由于在建立殖民统治的过程中，英国人遇到了来自穆斯林的顽强抵抗，所以他们将穆斯林视为“天生的敌人”，极力排挤、打击。英国殖民政府拉拢印度教王公，扶植印度教商人，以削弱穆斯林贵族和封建领主的政治和经济实力，同时，建立西方教育制度，削弱伊斯兰文化的影响。1837 年，殖民政府终止了伊斯兰法，取缔了伊斯兰宗教法院，剥夺了波斯语官方语言的地位，试图从精神文化层面将穆斯林边缘化。大部分穆斯林视这些举动为“基督教文化入侵”，因而拒绝学习英语和科学知识，而印度教教徒却普遍接受西式教育，得到了英国殖民者的认可，所以在政府机构中，印度教教徒的数量均远远多于穆斯林，这也从一个侧面反映出当时印度穆斯林的艰难处境和边缘地位。

1857 年印度民族大起义的失败对印度穆斯林来说无异于一场灾难：首先，莫卧儿王朝彻底崩溃，印度穆斯林失去了政治上最后的庇护；其次，英印政府认为穆斯林是起义的“罪魁祸首”，对其从政治、经济、文化和法律上进行全面打击报复，这令印度穆斯林社会几乎陷入绝境。然而，印度穆斯林并未就此沉沦，他们坚持反殖斗争并不断寻求自强。在这一过程中，穆斯林组织和广大穆斯林群众得到了多方面的锻炼，有远见卓识的穆斯林领导人和骨干分子不断涌现，穆斯林群众的社会平等意识不断加强，独立精神进一步弘扬，为孕育新理论、滋养新组织提供了土壤。

19 世纪中叶，在印度穆斯林社会中掀起了一场旨在唤醒穆斯林，使其摆脱贫困与落后局面的伊斯兰复兴运动，其中，以赛义德·艾哈迈德·汗领导的阿利加尔运动和卡西姆·纳努塔维领导的德欧班德运动最具代表性。

赛义德·艾哈迈德·汗于 1817 年 10 月 17 日出生在莫卧儿王朝的一个穆斯林贵族家庭，幼年时在家庭中接受了传统的伊斯兰教育。艾哈迈德·汗青年时在东印度公司任职，在 1857 年印度民族大起义中，他坚定地站在了英国人的一边，不仅保护当地英国官员及其家属的安全，而且参与了营救英国人的行动。1857 年的大起义是南亚伊斯兰现代化的开端，也是艾哈迈德·汗人生的分水岭，大起义后，他将自己视为印度穆斯林的代言人。

1858 年，为了扫除印度穆斯林社会中的失望和沮丧情绪，艾哈迈德·汗发起了旨在恢复穆斯林进步精神的社会和宗教改革运动。政治上，他主张同英国殖民者建立融洽关系，希望使英国人了解印度穆斯林的思想，从而保障穆斯林的利益，但他强调与印度教教徒的竞争，反对代议制政府，认为在代议制民主下，人数占劣势的穆斯林会被印度教教徒控制。教育上，他主张穆斯林接受现代教育，学习西方文学、科学和技术，以摆脱贫穷落后的局面。为此，他于 1864 年在阿利加尔创建科学学会，翻译、介绍西方社会、历史和科学方面的著作，之后，又于 1877 年在阿利加尔创建伊斯兰盎格鲁－东方学院（Muhammadan Anglo-Oriental College），1920 年，该学院升格为阿利加尔大学。阿利加尔大学培养了一大批具有现代科学文化知识的穆斯林精英，是 20 世纪印度穆斯林政治家的摇篮。1886 年，艾哈迈德·汗创立伊斯兰教育会议，该会议后来成为印度穆斯林社会的政治喉舌和全印穆斯林联盟的前身。在宗教思想方面，艾哈迈德·汗奉行理性主义，主张用自然主义观点重新解释《古兰经》和伊斯兰教教义，努力调和宗教与科学的关系。[①]

艾哈迈德·汗的亲英态度虽不被广大穆斯林接受，但是却为英国殖民者欢迎，他所著的《印度叛乱的原因》一书受到了英印当局的高

① 薛克翘，赵长庆．简明南亚中亚百科全书［M］．北京：中国社会科学出版社，2004：334.

度重视。在艾哈迈德·汗的努力下，英国人逐步改变了对穆斯林的看法，感到不应该在政治上对穆斯林采取压制态度，因此，可以说艾哈迈德·汗的亲英态度及活动一定程度上保护了印度穆斯林。另外，艾哈迈德·汗将西方现代思想和科学技术引入了印度穆斯林社会，在启发民智、促进穆斯林发展上起到了重要作用，而其分离主义政治立场也对印度穆斯林的前途命运产生了深远影响。

与阿利加尔运动几乎同时发起的，是由穆罕默德·卡西姆·纳努塔维领导的德欧班德运动。卡西姆·纳努塔维参加了 1857 年民族大起义并担任军事统帅。起义失败后，他被英国殖民政府通缉，被迫逃亡麦加，之后又回到印度。他于 1876 年在北方邦的德欧班德创建了德欧班德伊斯兰学院，并以该学院为中心，宣传瓦哈比派思想。他信奉伊斯兰原教旨主义，认为只有坚持伊斯兰原教信仰才能复兴穆斯林社会。他还主张逊尼派和什叶派消除分歧，团结起来，共同对抗英国人的殖民统治，抵制基督教的传播。德欧班德学院作为纳努塔维从事伊斯兰复兴运动的依托，自然成为印度次大陆伊斯兰原教旨主义最大的教育和学术中心。该学院培养了一大批正统宗教学者和领导人，他们在印度穆斯林独立运动中发挥了重要作用。

三、“两个民族”理论的诞生和穆斯林独立运动的兴起

至 19 世纪末，伊斯兰教传入次大陆已有千年的历史。千年来，伊斯兰教不断发展，穆斯林人数不断增加。生活在同一地区的印度教教徒和穆斯林因宗教习惯和习俗不同，经常发生冲突，但在两大宗教信徒相处的一千多年里，从未出现根据宗教区分民族的理论。然而，英国殖民者在次大陆的统治对印度人民的思想文化产生了重要影响。一部分觉悟较早的资产阶级知识分子为建立民族国家而斗争，而一些

思想敏锐的穆斯林知识分子则提出了“两个民族”理论。[①] 1883 年，艾哈迈德·汗在一次演讲中第一次提出了“两个民族”的思想。“两个民族”思想为全印穆斯林联盟的成立做了舆论宣传和理论准备。

1906 年 12 月 30 日，全印穆斯林联盟（简称“全印穆盟”）正式成立，印度穆斯林从此有了自己的政治组织。在 1907 年的卡拉奇年会和 1908 年的勒克瑙年会上，全印穆盟制定了章程，任命了常任主席。在随后的几年里，全印穆盟的力量日益壮大，在各地建立起支部，成员数量迅速增加。成立之初，全印穆盟与国大党合作，共同促进印度民族运动。

面对次大陆汹涌的民族运动，英印政府为巩固统治，加强了“分而治之”政策的执行力度。1909 年，英印当局颁布了《1909 年印度政府组织法》，确立了“分别选举”的原则，其核心是教派单独选举。教派单独选举制的实施起到了挑拨教派矛盾、破坏民族运动的作用，此后，教派政治成为制度，印度民族运动发生分裂。1919 年，英印当局颁布《1919 年印度政府组织法》，正式承认教派选举制，使印度社会的教派势力合法化，进一步刺激了各种教派势力间的斗争，教派矛盾扩展到了政治领域。

教派矛盾在扩展到政治领域后愈发尖锐，印度教教徒和穆斯林间的流血冲突频繁发生。1925－1927 年间，在德里、加尔各答和拉合尔等地先后发生了大规模流血冲突，英国殖民者所采取的“拉印压穆”和挑拨离间的策略加剧了宗教对立。为了避免冲突进一步扩大，全印穆盟于 1927 年 3 月 20 日在德里召开会议，主动提出向印度教教徒和国大党做出一定让步，国大党亦做出响应。经过 1928 年 2－3 月和 1929 年 3－5 月的两次会议，全印穆盟、锡克联盟、国大党和印度教大斋会等政党和组织的代表达成协议，选举组成了以尼赫鲁为

① 杨翠柏，刘成琼. 列国志：巴基斯坦 [M]. 北京：社会科学文献出版社，2003：68－69.

首的委员会，起草了关于印度政府体制的文件，又称《尼赫鲁报告》。然而，由于穆斯林的大部分要求没有体现在报告中，故穆斯林代表对该报告反应不一。真纳对尼赫鲁报告表示了不满，并提出了 14 条修改原则，即《真纳 14 条》。由于各方未能达成一致，《尼赫鲁报告》宣告流产，这促使当时仍处于分裂状态的穆斯林走上团结道路。

进入 20 世纪 30 年代，穆斯林民族思想发展成熟，这为巴基斯坦的诞生奠定了基础。1930 年 12 月，在阿拉哈巴德召开的全印穆盟的年会上，伊克巴尔被推选为主席。他在这次会议上明确提出，要在印度建立一个“统一的伊斯兰国家”。1933 年，乔杜里·拉赫马特·阿里等人在其所撰写的《机不可失》一书中，将未来的伊斯兰国家命名为巴基斯坦，并提出巴基斯坦要有单独的联邦宪法，从而使印度穆斯林获得民族地位。

1935 年 8 月 4 日，英国国会批准了新的印度政府法案，确定成立全印联邦，该联邦由英属印度各省和各土邦组成。国大党和全印穆盟等民族主义政党参加了 1936 年到 1937 年年初的省议会选举，结果，国大党获得完胜，在 11 个省中的 7 个省获得独立组阁权，进而建立起自治政府。在组建政府的过程中，全印穆盟与国大党间的矛盾逐渐显现。全印穆盟要求省政府吸收部分全印穆盟成员，但遭到了国大党的拒绝。全印穆盟对此十分不满，认为国大党如果在全国执政必将损害穆斯林的利益。与此同时，印度教教派主义迅速发展，而国大党在执政期间利用权力推行印度教，这更增加了穆斯林的担忧和分离倾向。严峻的形势迫使穆斯林领导人开始认真考虑伊克巴尔在 20 世纪 30 年代初提出的建立伊斯兰国家的设想。1940 年，真纳明确提出了两个民族分治的思想。

1940 年 3 月，全印穆盟在拉合尔召开第 27 届年会，会上通过了《拉合尔决议》(巴基斯坦决议)，正式决定建立独立的伊斯兰国家。《拉合尔决议》的通过使印度穆斯林在建国的道路上前进了一大步。

第二次世界大战爆发后，英国政府为了获得印度次大陆各个民族的支持，做出了一定让步。1940 年 8 月，印度总督发表重要宣言，通称《8 月建议》。在宣言中，他承认了印度人民草拟宪法的权利。全印穆盟接受了这一建议，并明确表示：印度的分治是解决未来印度宪法最大难题的唯一途径。国大党则拒绝了这一建议，并发起了反战的文明不服从运动。

1945 年第二次世界大战结束，印度人民深受鼓舞，反英斗争又一次出现高潮，尤其是印度海军起义，产生了轰动效应，动摇了英国殖民统治的根本。1946 年，英国政府决定接受印度独立的要求。然而，全印穆盟与国大党间的原则性矛盾令两大组织几乎在所有问题上都针锋相对，同时，政治矛盾又助长了教派矛盾，印、穆间的流血冲突不断发生，英印政府难以维护法律和秩序，整个印度处在内战的边缘。深感危险的英印政府急于从印度脱身，因此，英国首相艾德礼于 1947 年 2 月 20 日宣布，英国将在 1948 年 6 月撤出印度次大陆，为了进行权力移交，蒙巴顿勋爵出任印度总督。

1947 年 3 月，蒙巴顿到达印度。此时的局势已十分严峻，两大教派间的战争迫在眉睫。蒙巴顿发现，全印穆盟不可能接受一个统一的印度的安排，国大党领导人也意识到，要早日独立并避免更大的流血冲突，唯有接受分治。于是，蒙巴顿在与各个政党领导人以及英国政府磋商后，于 1947 年 6 月 3 日公布《蒙巴顿方案》。该方案规定：英国将印度的政权移交给即将成立的自治领；穆斯林人口占多数的地区可以建立单独的自治领；有关各省需就归属问题进行表决；孟加拉和旁遮普两省的立法议会的代表分成两部分，即穆斯林人口占多数地区的代表和非穆斯林人口占多数地区的代表，分别投票，决定本省是否分为两部分，各自加入印度自治领和穆斯林自治领，只要一方赞成，即实行分治；信德省加入哪一个自治领由省立法会议召开专门会议决定；西北边境省和阿萨姆省的锡尔赫特县进行全民投票以决定加入哪一个自治领；俾路支斯坦也要就加入哪一个自治领做出决定；各土邦可自行决定加入任一自治领，如皆不加入，可保持同英国的原有关系，但无自治领地位。

国大党和穆斯林联盟都接受了《蒙巴顿方案》。西北边境省、锡尔赫特县、信德以及穆斯林占多数的西旁遮普和东孟加拉加入了穆斯林自治领，即巴基斯坦自治领。1947 年 7 月 18 日，英国国会通过《印度独立法案》。该法案规定，从 1947 年 8 月 15 日起，巴基斯坦和印度两个自治领成立。该法案宣告了英国在次大陆 200 多年殖民统治的终结。1947 年 8 月 14 日，巴基斯坦自治领成立，穆罕默德·阿里·真纳成为巴基斯坦首任总督。1956 年 3 月 23 日，巴基斯坦自治领宣布成为独立的共和国，全称为巴基斯坦伊斯兰共和国。

第三节 现代简史

一、独立初期

1947 年 8 月 14 日，巴基斯坦自治领成立。独立后的巴基斯坦困难重重，经济基础薄弱、民族凝聚力不强，东、西巴之间存在隔阂，各种政治力量难以达成一致……1948 年 9 月 11 日，被称为巴基斯坦国父的真纳因病逝世，之后，威信和影响力仅次于真纳的总理利亚格特·阿里·汗于 1951 年 10 月 16 日遇刺身亡。两位伟人的相继离世令巴基斯坦失去了政治上的中流砥柱，巴基斯坦遂进入了政局不稳、政府更迭频繁的时期。从 1947 年 8 月到 1958 年 10 月的 11 年间，巴基斯坦五易总督，七易总理，省政府频繁更迭，其间，由反阿赫默迪亚运动引起的总督与总理间的分歧，标志着巴基斯坦代议制政府的衰落，也为之后数十年里总统与总理间的权力斗争埋下了伏笔。在这一时期，巴基斯坦还存在东、西巴语言之争，导致东巴爆发了反对将乌尔都语作为国语的大规模示威游行和流血冲突。尽管中央政府于 1955 年将孟加拉语也定为国语，使冲突暂告一段落，但语言之争却加深了东、西巴之间的隔阂，加剧了 20 世纪 50 年代巴基斯坦政局的不稳定。

在政治陷入动荡的同时，巴基斯坦的经济也面临着严峻考验。巴基斯坦在独立前属于英属印度的边远地区，经济落后、工业基础薄弱，农业除旁遮普省和信德省相对较好外，其他地区均十分落后。另外，在分治前后，印度和巴基斯坦都爆发了大规模的教派仇杀，导致 1000 多万人背井离乡，其中 800 多万难民从印度逃往巴基斯坦，大量人口的涌入使原本就困难的国民经济雪上加霜。

与此同时，查谟－克什米尔土邦（简称克什米尔）的归属问题还引发了第一次印巴战争。克什米尔是英国殖民时期印度最大的土邦之一，其 70% 以上的居民是穆斯林，印度教教徒约占 20%，但统治者（土邦王）却是印度教王公。按照《蒙巴顿方案》，各土邦可自由选择加入巴基斯坦或印度，或保持原有地位。克什米尔的穆斯林要求该土邦加入巴基斯坦，但印度教王公不想加入任何一方。由此产生的矛盾和一直以来土邦政府的残酷统治导致克什米尔的穆斯林发动了暴动，结果遭到土邦政府的镇压。此时，巴基斯坦境内的穆斯林部落武装为了帮助克什米尔的穆斯林，宣布发动针对印度教王公的圣战，并于 10 月 22 日占领穆扎法拉巴德和乌里，逼近克什米尔首府斯利那加。印度教王公哈里·辛格逃往印度，并呼吁印度干预，结果，印度以克什米尔加入印度为条件同意出兵。10 月 27 日，印军进入克什米尔，将部落武装赶出，巴基斯坦见此形势，也派军队进入克什米尔作战。两军交火持续了一年多，后在联合国的干预下于 1949 年 1 月停火，同年 7 月，两国划定停火线。根据停火线，印度控制了克什米尔五分之三的土地，巴基斯坦控制了克什米尔五分之二的土地。战争给新生的巴基斯坦带来了巨大的经济、军事和政治负担，而且使印巴关系蒙上了一层阴影。

1958 年，东、西巴之间的矛盾激化，东巴人民联盟成员拒绝出任内阁官员，中央政府面临解散的危险。伊斯坎德尔·米尔扎总统无法控制局势，不得不在陆军总司令阿尤布·汗的压力下，于 1958 年 10 月 7 日宣布实行军事管制，任命阿尤布·汗为军法管制首席执行官，废除宪法，解散中央和省立法机构，解散中央政府和各省政府，禁止政党活动。同年 10 月 27 日，阿尤布·汗迫使伊斯坎德尔·米尔扎辞去总统职务，自己出任总统，并以此为起点开始了为期 10 年的独裁统治，在开创军人执政先河的同时也宣告了巴基斯坦代议制政府的失败。

二、阿尤布·汗执政时期

阿尤布·汗掌权之后采取了一系列有力措施，如加强中央集权、禁止政党活动、平抑物价、严厉惩治违法犯罪活动和渎职行为等，很快便稳定了局势，从而赢得了广大群众的支持，提高了个人在国内外的声誉。1960 年 2 月，全国 8 万多名“有限民主制”执行者组成选举团，选举阿尤布·汗为总统。1962 年，阿尤布·汗颁布新宪法，改议会制为总统制，将国家权力集于一身，同年，宣布恢复政党活动。在 1965 年的总统选举中，阿尤布·汗顺利连任。

在政局稳定的情况下，阿尤布·汗着力发展经济，采取了一系列有效措施：在农村实施土地改革，推行绿色革命；在城市鼓励私营企业，优先发展轻工业；减免赋税，支持私人资本发展，促进出口贸易。在这些措施的刺激下，巴基斯坦的经济状况有了明显好转。1961－1970 年间实施的两个五年计划均达到了预期目标，国民生产总值年均增长率达 5.4%。因此，这段时期被称为巴基斯坦的“黄金时代”或“发展的十年”。

就在这一时期，第二次印巴战争爆发。1965 年 9 月 6 日，印军在东西两线发动进攻，巴军奋起反击，双方呈胶着状态。鏖战数日后，双方在联合国的干预下于 9 月 23 日宣布停火。随后，在苏联的斡旋下，两国首脑在塔什干举行会谈，达成《塔什干协定》，结束交战状态，并将克什米尔停火线确定为两国间的实际控制线。

阿尤布・汗在掌权期间，虽然通过伊斯兰化和迅速发展经济巩固了国家的团结和统一，但是由于他个人集权严重，加之东、西巴矛盾激化，社会两极分化，所以在 20 世纪 60 年代末，巴基斯坦国内反对阿尤布・汗的呼声逐渐高涨。1968 年 10 月，巴基斯坦爆发了要求教育改革的学生运动，并导致了全国性政治危机。政府镇压了要求教育改革的学生，引发全国性罢工和骚乱，局面失去控制。1969 年 3 月 25 日，阿尤布・汗被迫辞去总统职务，将权力移交给陆军总司令叶海亚・汗，结束了他对巴基斯坦长达 10 年的统治。

三、叶海亚・汗执政时期

叶海亚・汗接管权力后，立即宣布实施军法管制，自认首席执行官，并于 1969 年 3 月 31 日就任总统。叶海亚・汗上台后，采取一系列措施，使全国政治和经济生活恢复正常，而后于 1969 年 8 月 1 日宣布，将在未来 18 个月内举行大选。为了使大选顺利进行，叶海亚・汗放松了军法管制，宣布恢复政党活动并努力调和各派政治主张。由于东巴遭遇洪灾，原定于 1970 年 10 月 5 日举行的大选推迟到了 12 月 7 日。经过激烈角逐，以穆吉布・拉赫曼为首的东巴人民联盟获得了国民议会 300 个席位中的 160 个，成为国民议会第一大党，但却未能在西巴获得议席。佐勒菲卡尔・阿里・布托领导的巴基斯坦人民党成为最大的反对党，但却没能在东巴获得任何一个议席。1970 年的巴基斯坦大选是巴基斯坦政治发展史上的里程碑，同时也是东、西巴分裂的导火线。巴基斯坦人民党和人民联盟在召开国民议会、制定新宪法等问题上分歧严重，两党各执己见，互不相让，使原本关系就比较紧张的东、西巴再次针锋相对。东巴的人民联盟在大选中获胜后，西巴的人民党担心其可能利用席位数量优势强迫国民议会通过不利于西巴的决议，因此人民党党魁阿里·布托迫使叶海亚·汗推迟召开国民议会。由于先前在很多问题上，东巴受到了西巴的歧视和排斥，东巴人民本就心怀不满，要求东巴自治的呼声很高，所以，推迟召开国民议会的举动令东巴方面反应激烈，数以万计的工人、学生、商人和政府职员走上街头，举行示威游行。1971 年 3 月 3 日，东巴实行总罢工，机关、学校、商店纷纷关门，整个东巴陷于瘫痪。叶海亚·汗为避免国家分裂，在两党间斡旋，3 月下旬，叶海亚·汗与拉赫曼举行了秘密会谈，但以失败告终，于是，叶海亚·汗宣布无限期推迟召开国民议会。在人民党和军方的要求下，叶海亚·汗于 1971 年 3 月 26 日派军队进入东巴镇压分裂活动。与此同时，人民联盟被宣布为非法，拉赫曼因被指控为“叛徒”而遭监禁。

叶海亚·汗政府认为，强硬手段能有效遏制东巴的分离主义倾向，但其低估了镇压对东巴人民的影响，也没有预料到印度对东巴事务的直接干涉。在英迪拉·甘地的授意下，印度接纳了从东巴出逃的难民，允许他们在加尔各答成立“孟加拉国临时政府”，同时，向印度与东巴的边界增兵，并给东巴武装分子提供经济和技术支持。在人民联盟和巴基斯坦军队间的对抗演变成内战的情况下，东巴武装分子组织起了“解放军”（Mukti Bahini）这一军事组织，并接受印军的训练和装备。[①]

1971 年 11 月上旬，东巴局势开始好转，巴基斯坦军队控制了东巴的主要城镇和大部分乡村。然而，印度军队却以东巴局势动荡和大量难民涌入印度威胁其国家安全为借口，于 11 月 22 日入侵东巴，

① 伊夫提哈尔·H. 马里克. 巴基斯坦史［M］. 张文涛，译. 北京：中国大百科全书出版社，2010：162.

公开以武力支持东巴分离主义者，第三次印巴战争由此爆发。12月16日，印度军队攻占达卡，东巴守军宣布投降。1972年1月10日，获释后的穆吉布·拉赫曼来到达卡，东巴正式宣布独立，成为孟加拉国，并立即得到了印度的承认。

巴基斯坦在第三次印巴战争中的失败激起了国内各阶层民众的不满，反对叶海亚·汗的示威游行此起彼伏。1971年12月29日，叶海亚·汗被迫辞去总统职务，将权力交给人民党主席阿里·布托。

四、阿里·布托执政时期

布托执政之初致力于宪政改革，在他的推动下，巴基斯坦的第三部宪法于1973年颁布。该宪法确定了总理领导下的议会制政府形式，规定总统是国家元首，但只有形式上的权力。

在宪政改革的同时，布托还在政治、军事和经济领域推行了一系列改革：取消文官特权，限制和削弱法院权力；改组军队，取消三军总司令职位，组建独立于军队的治安部队，削弱军队影响力；实行工业和金融业的国有化，在农村推行土地改革。通过上述措施，布托将权力更多地集中在自己手里。不过，过度集权导致独断专行，布托在社会、经济改革方面违反客观规律，一意孤行，致使巴基斯坦经济和社会陷入困境。1971－1977年，巴基斯坦工业生产的年增长率仅为2%。1974年后，布托又在大地主、大资产阶级的压力下改变政策，在农村改革中伤害了广大中产阶级的利益，很大程度上失去了该阶级的支持。

经济政策的失误引发群众的不满，为了提高支持率，布托决定举行大选。大选于1977年3月举行，结果人民党获胜。反对派认为选举有舞弊现象，对选举结果不予承认。1977年3月12日，巴基斯坦全国联盟举行示威游行，要求重选，而布托只同意纠正选举中出现的个别舞弊现象，双方僵持不下。4月9日，治安防卫部队与游行民众发生冲突，随后，冲突演变成了人民党支持者和反对者之间的激战。为了控制局势，布托动用军队对反对派进行镇压，导致 350 人死亡，局势更加恶化。1977 年 7 月 5 日，对布托不满的陆军参谋长齐亚·哈克发动军事政变，拘捕了布托。

五、齐亚·哈克执政时期

齐亚·哈克接管权力后，加强军法管制，拒绝民主要求，取缔了所有政党，禁止工厂关门、工人罢工，接管或查封了所有反对军管法令的报社和杂志社，加强了对新闻广播的监督检查，禁止任何法院和法庭重议军事法庭做出的裁决。在一系列强硬措施下，巴基斯坦的政局逐步稳定下来。1979 年 4 月 4 日，齐亚·哈克不顾国际压力，以谋杀罪对阿里·布托处以绞刑。1979 年 12 月，苏联入侵阿富汗，大批阿富汗难民涌入巴基斯坦，齐亚·哈克趁机加强了军事管制。他先于 1980 年 5 月 23 日修改 1973 年宪法，再次加强了军事法庭的权力，随后又于 1981 年 3 月 24 日颁布临时宪法，以国家大法的形式确认了军事管制的合法性。

为巩固政权，齐亚·哈克在全国发起了伊斯兰化运动：通过简化司法体系，使法律与伊斯兰教教义保持一致等措施实现法律的伊斯兰化；通过扩大伊斯兰意识形态委员会权力，强化宗教事务部和其他机构的宗教职能等措施实现政治的伊斯兰化。此外，哈克总统还利用伊斯兰教为选举服务，实行非政党选举，组建文官政府。1985 年 2 月 25 日，巴基斯坦举行国民议会选举，选举按伊斯兰教方式进行，即禁止一切政党参加，实行非政党选举，各党派成员以个人身份参加竞选。1985 年 3 月 23 日，齐亚·哈克宣誓就任总统，并提名居内久任总理。1985 年 12 月，齐亚·哈克取消了军事管制。

居内久出任总理后，致力于发展伊斯兰民主；建立保证人民富裕的平等的经济秩序；消除文盲，提高国民教育水平；整肃行贿受贿、非法活动和其他社会弊病。在对外关系上，他奉行不结盟的和平外交政策，努力维护巴基斯坦的领土完整，积极提高国家声望。然而，居内久希望与苏联达成妥协，以便巴基斯坦从阿富汗抽身，因而与齐亚·哈克之间产生矛盾。1988 年 5 月 29 日，齐亚·哈克宣布解散居内久政府，成立以他自己为首的看守政府，同时还宣布，于当年 11 月 16 日举行非政党基础上的大选。1988 年 8 月 17 日，齐亚·哈克不幸遭遇空难，总统职务由参议院议长古拉姆·伊沙克·汗继任。随后，巴基斯坦最高法院宣布取消政党活动禁令，伊沙克·汗总统随即宣布大选将在政党基础上进行。

齐亚·哈克在掌权期间，采取切实措施，挽救了濒临崩溃的国民经济。哈克政府积极推行私有化，大力鼓励私人投资，提高农产品价格，加强对外贸易，促进劳务和商品输出，恢复实施中、长期发展计划。1977—1988 年，巴基斯坦经济获得了较快发展，国民生产总值增长率达到 6.55%，人均年收入达到 390 美元，在南亚国家中处于领先地位。

六、政党轮流执政时期

1988 年 11 月，巴基斯坦举行国民议会选举，以贝·布托为首的巴基斯坦人民党获得胜利。1988 年 12 月 1 日，伊沙克·汗总统任命贝·布托为巴基斯坦总理，贝·布托就此成为巴基斯坦和伊斯兰世界的第一位女总理。巴基斯坦暂时告别军人执政，进入政党执政时期，但这一时期也是政坛极不稳定的时期。从 1988 年至 1997 年，巴基斯坦换过 9 任总理，其中，人民党领袖贝·布托和穆斯林联盟领导人纳瓦兹·谢里夫交替上台执政。

贝·布托于 1990 年 8 月被总统解职，但仅三年后，即 1990 年 10 月，她便再次当选总理。在贝·布托两次执政期间，巴基斯坦的经济有了较大发展，然而，在 1996 年 11 月 5 日，总统法鲁克·莱加里以社会治安恶化为由解散了国民议会，并解除了贝·布托的总理职务。

纳瓦兹·谢里夫在齐亚·哈克掌权时期开始了政治生涯。1988年8月，他在信德省组织起了由10个政党参加的穆斯林联盟。1990年，穆斯林联盟在大选中获胜，谢里夫组阁，出任总理。1993年，由于所实施的经济计划受到贝·布托领导的反对党的指责，谢里夫被迫辞职。1997年2月4日，谢里夫在大选中再次获胜，第二次成为巴基斯坦总理。谢里夫第二次上台后，着手利用议会剥夺总统解散经选举产生的政府的权力。1997年4月1日，巴基斯坦国民议会通过了宪法修正案，剥夺了总统解散政府、任命武装部队首脑和省长的权力。①

1998年5月11日，印度悍然进行核试验。为了对抗印度的核威胁，巴基斯坦遂于5月28日和30日进行了两轮六组核试验。南亚地区核军备竞赛的序幕由此揭开，地区形势骤然紧张。

1999年5—7月，印巴间在克什米尔实际控制线附近的卡尔吉尔地区爆发了一场激烈的武装冲突，几乎导致第四次印巴战争。之后，在美国和其他西方国家的压力下，谢里夫同意采取措施，恢复实际控制线，撤回越过实际控制线的巴基斯坦圣战者。在卡尔吉尔问题上，谢里夫与巴基斯坦军方之间产生了严重分歧，加之谢里夫对军队人事安排进行了干预，导致双方的关系日益恶化。

谢里夫执政期间，巴基斯坦经济状况有所好转，但没能彻底摆脱低迷，而核试验引发的国际制裁却使巴基斯坦经济陷入困境。经济困境和其他一系列问题引起了民众的强烈不满，反对派抓住机会发起全国性抗议活动。谢里夫担心局势发展下去会愈发对自己不利，于是，在1999年10月12日，利用反对自己的参谋长联席会议主席兼陆军

① 杨翠柏，刘成琼. 列国志：巴基斯坦［M］. 北京：社会科学文献出版社，2003：90.

参谋长穆沙拉夫参加斯里兰卡建军节庆祝活动之机，解除了他的职务，并禁止其飞机在巴基斯坦降落，要求其飞往阿联酋。不料，早有准备的穆沙拉夫随即发动政变。10 月 13 日凌晨，穆沙拉夫宣布解散谢里夫政府，在全国实施军管，成立国家安全委员会，自任军管首席执行官。

1999 年 11 月 10 日，谢里夫因企图谋杀、劫机等罪名被逮捕入狱，并遭起诉。2000 年 5 月，卡拉奇反恐怖法庭判处谢里夫终身监禁，并没收其全部财产。在沙特的斡旋下，谢里夫于 2000 年 12 月 10 日获得特赦，流亡沙特。

七、穆沙拉夫执政时期

2000 年 5 月，巴基斯坦最高法院裁定，“军事接管”是“必要行动”，承认了穆沙拉夫政府的合法性，但要求其必须在三年内完成经济和政治改革。国内反对党反对军人执政，国际上也纷纷谴责军队干政，美国更是对巴基斯坦进行了经济和军事制裁。面对国内外压力，穆沙拉夫进行了一系列政策调整。2001 年 6 月，穆沙拉夫解除了塔拉尔的总统职务，自己出任总统，并承诺在 2002 年年底前举行全国公民投票，恢复民主。在 2002 年 4 月 30 日举行的全民投票中，穆沙拉夫以 98% 的支持率获得了合法的总统地位，同时，他兼任陆军参谋长。此外，穆沙拉夫还获得了新组建的巴基斯坦穆斯林联盟（领袖派）的支持，在 2002 年 10 月举行的大选中，穆盟（领袖派）获得了议会的多数席位，这使得穆沙拉夫顺利当选总统。2002 年 11 月 16 日，穆沙拉夫再度就任巴基斯坦总统，任期为 5 年。

穆沙拉夫在执政期间，积极推动各领域的改革：通过加强联邦制和消除各省之间的不和，恢复民族凝聚力；复苏经济，吸引投资；确保法律和法规的顺利实施；推进国家机构非政治化；下放权力，消除腐败。

在推行民主政治、改善经济的同时，穆沙拉夫政府致力于打击极端势力，维护国家的稳定。2001 年 10 月 22 日，巴基斯坦颁布《反恐法》，2002 年初，全国 2000 多名极端分子被逮捕，600 多个极端组织办事处遭到查封。

“9・11”事件给穆沙拉夫带来了获取国际支持的契机。在权衡利弊后，穆沙拉夫明确表达了支持反恐的立场，并同意在巴基斯坦境内开展反恐行动。2004 年，美国将巴基斯坦定位为非北约成员的主要盟国，撤销了对巴基斯坦的经济和军事制裁，同时给予其大量援助。穆沙拉夫坚定的反恐表态虽然赢得了美国的支持，但也引发了国内宗教极端势力和原教旨主义者的不满，国内反政府游行此起彼伏。

穆沙拉夫当政期间，着力于改善印巴关系。2001 年 12 月 13 日，印度议会大厦遭到恐怖分子袭击，巴基斯坦政府强烈谴责了恐怖分子的行径，并表示愿意与印度一同展开调查。2004 年，印巴两国就克什米尔问题举行谈判，并且在核试验、打击恐怖主义等问题上进行了一些交流、合作。随后，穆沙拉夫总统出访印度，开展了举世瞩目的“板球外交”。2005 年 10 月，双方提前告知对方本国弹道导弹的试射计划。随后，印度重开了驻卡拉奇领事馆，巴基斯坦也重开了驻孟买领事馆。尽管在此期间，两国关系上也出现了一些不和谐的音符，但随着穆沙拉夫总统与辛格总理在哈瓦那举行会晤，印巴关系再次缓和，两国重启和平进程。

在缓和印巴关系，争取美国支持方面，穆沙拉夫政府取得了一定成绩，但是由于美国经常在反恐行动中误炸巴基斯坦平民，巴基斯坦国内的反美声浪随之而起，穆沙拉夫政府陷入困境。一方面，反对派常常举行大规模的示威游行活动，并不断质疑穆沙拉夫作为总统的合法性；另一方面，极端分子经常利用游行示威的机会进行暴力恐怖袭击，导致大规模流血事件，对社会安全和国家稳定造成了极大危害。

2007 年发生的“红色清真寺”事件进一步强化了穆沙拉夫的亲美形象，使其成为宗教极端势力的眼中钉，这一事件还被反对党利用，成为导致穆沙拉夫下台的一大因素。

在国内外反对声浪中，穆沙拉夫于 2007 年卸下军职，并以平民身份竞选总统。此时的穆沙拉夫已陷入内外交困的境地，就连美国也对其表示不满，认为他有意放任恐怖分子以获得美国的长期援助。得到特赦的前总理贝·布托以其多年受西方教育的背景获得了西方国家的支持，成为穆沙拉夫的政治劲敌。然而，贝·布托于 2007 年 12 月 27 日在竞选中不幸遇刺身亡，其子比拉瓦尔接任人民党主席，其夫扎尔达里出任人民党联合主席。2008 年 2 月，人民党和穆斯林联盟（谢里夫派）组成的竞选联盟在议会选举中获胜，组建起联合政府。8 月 7 日，扎尔达理和谢里夫举行联合新闻发布会，宣布执政联盟将启动对穆沙拉夫的弹劾程序。2008 年 8 月 18 日，穆沙拉夫辞去总统职务。

八、人民党执政时期

2008 年 9 月 6 日，巴基斯坦举行总统选举。人民党联合主席扎尔达里赢得了绝大部分选票，成为新一任总统，但随即便陷入了与穆斯林联盟（谢里夫派）主席谢里夫的权力斗争中。2009 年 3 月，在总理吉拉尼的调解下，扎尔达里总统与谢里夫举行会谈，两党在原则上达成和解。

国内局势暂时平息后，扎尔达里政府着手进行对塔利班的清剿。2009 年，巴基斯坦军队对盘踞在斯瓦特山谷的塔利班势力发动全面进攻，但行动并不顺利，反而招致了巴基斯坦塔利班的疯狂报复。巴基斯坦陆军总部于 2009 年 10 月 10 日遭受恐怖袭击，巴基斯坦塔利班宣称对此次袭击负责。2009 年年底，巴基斯坦塔利班进行了新一轮反扑，伊斯兰堡海军总部和白沙瓦法院先后遭受恐怖袭击。频繁的恐怖袭击使扎尔达里政府的控制能力饱受诟病，而最高法院做出的重新调查扎尔达里洗钱案的决定则将其置于了风口浪尖。为缓解执政压力，扎尔达里被迫对议会提交的旨在限制总统权力的宪法第十八修正案表示支持。2010 年 4 月，巴基斯坦国民议会和参议院先后通过宪法第十八修正案，取消了总统解散议会的特权，并将总统的多项权力移交给了总理和议会。

2010 年夏天，巴基斯坦遭遇百年不遇的洪涝灾害。洪灾不仅造成了巨大的经济损失，而且阻碍了政府对巴基斯坦塔利班的清剿。巴基斯坦塔利班组织利用这一机会，重新聚合力量，继续发动针对政府组织的恐怖袭击。

2013 年 5 月，巴基斯坦举行大选，穆盟（谢里夫派）获胜，谢里夫第三次当选巴基斯坦总理。上台后，谢里夫把恢复经济列为优先考虑事项，为了集中精力发展经济，谢里夫表示愿意与巴基斯坦塔利班进行和谈。2014 年 2 月，政府代表与塔利班谈判委员会成员举行了 7 年来的首次和平会谈。然而，和谈没有取得任何效果，巴基斯坦塔利班只是借此争取时间，不仅提出了诸如释放囚犯这样的过分要求，而且还在和谈期间袭击了卡拉奇国际机场。因此，为了彻底解决困扰巴基斯坦多年的安全问题，巴基斯坦当局发起了“利剑行动”，分阶段对非法武装活跃地区进行清剿。

“利剑行动”于 2014 年 6 月 15 日正式发起，至 10 月底，已至少有 1200 名恐怖分子被击毙。巴基斯坦当局表示，“利剑行动”将持续下去，直至完全肃清非法武装分子。巴基斯坦政府和军方用实际行动表明了巴基斯坦根除国内恐怖势力的决心。

第三章　民族与习俗

第一节　民族

巴基斯坦是一个多民族国家，各民族的社会形态、文化和风俗习惯各具特色，经济发展水平差距明显。

追溯历史，早期居住在南亚次大陆西北部的是达罗毗荼人，他们身材矮小，皮肤黝黑，头发卷曲，鼻子扁平，嘴唇厚实。达罗毗荼人聪明、勤劳，他们创造了灿烂辉煌的印度河文明。大约在公元前 2500 年，雅利安人从今天巴阿边境上的各山口进入次大陆。雅利安人属地中海人种，身材高大，皮肤白皙，鼻子高挺，头发和眼睛呈黑色。雅利安人进入次大陆后，将大部分达罗毗荼人驱赶到次大陆南部，奴役或屠杀剩余部分，至公元前 1500 年左右，次大陆北部已基本雅利安化了。公元前 6 世纪起，希腊人、波斯人、阿拉伯人、突厥人和蒙古人等相继进入南亚，对次大陆西北部民族的形成产生了重要影响，近代欧洲殖民者的到来使次大陆的民族成分更加复杂[①]。

一、民族

当代巴基斯坦的民族分为印度雅利安族系和伊朗雅利安族系两

① 陆水林. 世界列国国情习俗丛书：巴基斯坦［M］. 重庆：重庆出版社，2004：102.

支，二者均属印度－欧罗巴人种，也可称为印度－地中海人种。两大族系均由原居住在里海以东的中亚地区的雅利安人衍化而来。从中亚直接迁移至印度的雅利安人被称为印度雅利安人，而从迁移到伊朗的雅利安人中分化出来后又迁入印度的雅利安人被称为伊朗雅利安人。这两支雅利安人迁入次大陆后，与当地的土著居民和后来的外来入侵民族杂居通婚，经过长期的融合繁衍，形成了今天巴基斯坦境内按地域概念划分的四个主要民族，即旁遮普人、普什图人（帕坦人）、信德人和俾路支人。

（一）旁遮普人

旁遮普人属于雅利安人种，混有蒙古人血统，身材高大健壮，肤色多为浅棕色，部分人具有典型的雅利安人的特征：白皮肤，鼻梁高，头发和眼睛呈黑色。印巴分治后，原英属印度的旁遮普省被一分为二，加入巴基斯坦的部分如今被称为旁遮普省，留在印度的部分则被分成旁遮普邦、喜马偕尔邦和哈里亚纳邦。在巴基斯坦，旁遮普人是主体民族，人口约 7600 万，占全国总人口的 44.68%[①]，主要居住在旁遮普省，另有少量散居在开普省的白沙瓦、哈扎拉、马尔丹、德拉伊斯梅尔汗，俾路支省的奎达、洛拉莱，信德省北部和南部的卡拉奇。

旁遮普人聚居的旁遮普平原土地肥沃，水源充足，农业发达，旁遮普省因而成为巴基斯坦最富庶的省份，素有“巴基斯坦粮仓”的美誉。在英国殖民统治时期，绝大多数旁遮普人以务农为生，殖民者则大力扶持旁遮普的封建地主，使他们在经济和政治上处于统治地位。巴基斯坦独立后，旁遮普人的纺织业、地毯编织业发展很快，新兴的机械制造业、电器业也获得了一定发展，不少旁遮普人进入工厂，改

① 2014 年巴基斯坦人口情况［EB/OL］.（2014-06-20）［2014-08-28］. http://www.theodora.com/wfbcurrent/pakistan/pakistan _people.html.

变了传统的谋生方式，少数居住在山区和丘陵地带的旁遮普人兼务农牧。旁遮普人拥有良好的教育资源，知识文化水平普遍较高，在国家的政治、经济和文化生活中居主导地位，在各级军政官员和文职人员中所占比例很高。据统计，旁遮普人在高级文官中约占 80%，在军官中约占 70%，所掌握的工商业资产约占全国工商业资产的 75%。①

从历史传统来看，旁遮普人可以分为拉其普特人、贾特人和古吉尔人三大支系。“拉其普特”意为“王之子”，是外族统治者与印度土著居民融合而成的封建王族。公元前 6 世纪到前 2 世纪，来到印度西北部的希腊人、塞种人、安息人、贵霜人等诸多民族，其贵族和军事首领与当地人杂居通婚，逐步被印度社会同化。他们拉拢婆罗门僧侣，成功跻身刹帝利种姓，因而在历史上，拉其普特人多是统治者、武士、地主或自耕农，社会地位较高。10－16 世纪，在突厥人占领和统治时期，旁遮普的许多拉其普特家族改信伊斯兰教，成为印度穆斯林的主体，再次跻身上流社会。这样的社会地位沿袭到了今天，巴军队中的绝大多数官兵都是拉其普特人。贾特人也是旁遮普人的重要支系，他们的起源尚无定论，一般认为他们是塞种人的后裔。贾特人人口较多，分布广泛，擅长农业种植，多是小农业主，生活比较富裕，社会地位仅低于拉吉普特人。古吉尔人有着悠久的历史，一般认为他们是公元 5 世纪跟随嚈哒人（白匈奴人）一同入侵印度的瞿折罗人的后裔。古吉尔人早先主要从事畜牧业，社会地位相对较低，至今仍有不少巴基斯坦人将以饲养奶牛、出售牛奶为生的人统称为古吉尔人。然而，作为旁遮普人的一支，古吉尔人在次大陆的社会地位还是比较高的，许多地名都与古吉尔人有关，如古吉兰瓦拉、古吉拉特、古吉尔汗等。另外一种意见认为古吉尔人从克什米尔迁入旁遮普，其上层多属刹帝利种姓，社会地位一直较高。

① 傅小强．巴基斯坦民族宗教概况［J］．国际资料信息，2003（2）：26.

宗教活动在旁遮普人的日常生活中占有重要地位，约 97% 的旁遮普人信仰伊斯兰教，2% 的旁遮普人信仰基督教，大多数旁遮普人都会不折不扣地完成伊斯兰教规定的每天 5 次的礼拜。一般情况下，旁遮普人在自己家中做礼拜，但正午时分的“晡礼”却需要在工作场地或学校完成。为此，旁遮普省的政府机关和学校都设有礼拜室，供职员和在校学生做礼拜。如果工作场所没有专门的礼拜室，如商店、工厂等，旁遮普人也会就近找一处固定场所，相对集中地做礼拜。每周五的“聚礼”一般在清真寺进行。清真寺遍布旁遮普全省，位于拉合尔的皇家清真寺可同时容纳 10 万人做礼拜。

（二）普什图人

普什图人又称帕坦人（Pathan）或普赫图人（Pukhtun），“帕坦人”是普什图人的印度化称呼，西方人用其指称殖民时期由英国人统治的普什图部落民。目前，生活在巴基斯坦的普什图人约有 2600 万，占全国人口的 15.42%，聚居于开普省、俾路支省和联邦直辖部落区，少数散居于旁遮普省和信德省的卡拉奇。普什图人是由波斯人和突厥人融合形成的，属欧罗巴人种印度帕米尔型，与阿富汗境内的普什图人同属一个民族。

普什图人以部落的形式过有组织的生活，每个部落以首个迁居到该部落栖息地的人的名字命名。巴基斯坦境内较大的普什图部落有 12 个，分别是尤素福扎伊、卡卡尔、阿夫利迪、谢拉尼、哈塔克、乌什塔拉尼、班加什、巴努奇、哈利尔、达维什赫尔、比坦尼和曼丹[①]，每一个部落之下又分成多个小部落。普什图部落内部实行“支尔格”制度。“支尔格”是普什图部落为解决宗教事务和其他重要问题而设立的法庭或议事机构，由部落头领和经过选举产生的长者组

① 傅小强. 巴基斯坦民族宗教概况［J］. 国际资料信息，2003（2）：27.

成。“支尔格”具有绝对权威，其做出的决定和判决不容任何人质疑，拒绝接受者会受到惩罚。“支尔格”也是普什图部落与政府间的纽带，它的存在保证了部落与政府间的联系，某种程度上降低了政府管理部落民的难度。

普什图部落的公共活动场所叫“胡杰拉”，是“支尔格”成员议事、审判，部落民众举行婚礼及其他宗教仪式的地方。此外，男子在成年后至结婚前的这段时间，一般不住在家里，而是和别的未婚男青年一起居于此处，外乡人途经部落领地，也在此地过夜。

普什图人以黄金、土地和女人为衡量财富的标准。三者中，土地最为重要，每名部落成员的身份与其拥有的土地息息相关。如果某人失去了自己的土地，那么他要么被剔除出所属部落，成为游民，要么留在所属部落，但无权在“支尔格”大会中发言，更没有资格成为“支尔格”委员会的一员。除了土地，血统也是部落民在部落中身份的重要参考。部落成员依据血统自然形成了多个氏族，氏族与氏族间存在着复杂多变的联盟或敌对关系。普什图人有很强的平等观念，除了部落首领备受尊敬外，其他成员间几乎不存在尊卑之分，每名成员都是平等的。

普什图人是跨境民族，对生活在巴阿边境附近的普什图人来说，国境线没有太大意义，可以随意穿越，同样，他们也不认为生活在边境线对面的本族同胞是另一个国家的公民，其民族认同感强于国家认同感。另外，由于普什图人的聚居地多在山区，气候恶劣，故他们通常在阿富汗避暑，而后返回巴基斯坦过冬。巴基斯坦的大部分普什图人务农或兼务农牧，一部分以放牧为生，还有一部分从事与牧业相关的手工业。

普什图人坚持以男性为中心的行为准则，即“普什图瓦里”（普什图语为 Pukhtunwali，意为“普什图人的方式”），其根源可追溯到前伊斯兰时代。“普什图瓦里”的核心是男性的荣誉，为了荣誉，普什图男性可以牺牲包括生命在内的一切，要维护荣誉，男子就要做到好客、提供庇护以及有仇必报。

好客是普什图人的一大标签。在他们的理念中，互利共生是一种可贵品质，是关系到个人荣誉的大事，而待客周到正是体现这种品质，表达尊重、友好和亲密无间的最佳方式。因此，当朋友甚至陌生人来家中做客时，主人会盛情款待。待客礼仪复杂而讲究，比如在招待时，主人或主人的儿子必须立于客人身旁服侍而不能与客人同坐，以显示殷勤好客。

与好客有密切关系的是庇护。普什图人会庇护所有人，哪怕是仇人，只要他请求到普什图人的家中避难，普什图人就会毫不犹豫地提供庇护，即便牺牲生命也在所不惜。接受庇护的人不需要夸大困难或过分贬低自己以获得主人怜悯，因为在主人看来，给有需要者提供庇护是关乎荣誉的原则性问题，因为前来寻求庇护的必定是弱者，保护弱者可以给自己带来好的声誉。

另一项与荣誉密切相关的原则是有仇必报。在普什图人看来，如果一个人的荣誉被侵犯就一定要报复，否则荣誉便无从谈起，小问题或许可以通过协商解决，但血债必须血偿。尽管部落法庭在处理此类案件时常采取宽大政策以求息事宁人，但往往事与愿违，家族性仇杀和群体性争斗已经成为普什图部落社会关系的一大特征。

此外，对普什图男性而言，遵守两性礼节，维护女性纯洁也是荣誉的要求。只有自己的女性亲属，如母亲、姐妹、女儿和妻子（们）等保持纯洁且声誉良好，自己的名誉才能得以确保。如果男女间发生不正当性关系，则二者均要被处死，而施行者无一例外都是该女子的男性近亲，牵涉其中的男性有时会潜逃，但往往会被女性亲友追回。如果女性做出一些下流的举动令自己的男性亲友受辱，那么她们同样难逃一死。需要强调的是，因不法性关系而产生的杀戮是唯一不需要报复的家族仇恨。

普什图人的另一大特点是尚武好战。普什图男子外出时常佩带枪支，一些普什图人甚至世代以袭击、抢劫和绑架为生，即便到了今天，少数普什图人仍无法抵御依靠这种方式获取财富的诱惑。某些普什图部落甚至不认为袭击他人是犯罪，反而将其视为男人勇武的体现。

（三）信德人

信德人是巴基斯坦的第三大民族，人口约占国家总人口的14.1%，属雅利安人种的伊朗族系，兼具希腊人、阿拉伯人和突厥人的血统，其身材高大，皮肤黝黑。信德人主要从事农业，大部分信德人祖祖辈辈种田放牧，不过，随着近年来信德省经济的持续发展，特别是卡拉奇等大城市的城市化水平不断提高，部分信德人开始务工经商，创办实业。

信德人主要分布在信德省，印度河下游的海德拉巴、拉斯贝拉和卡拉奇是信德人的主要聚居区，聚集了巴基斯坦境内约 97% 的信德人。信德人之名“Sindhi”源于梵语词“Sindhu”，“Sindhu”意为河流，专指印度河，“信德”即指印度河流经的地方。古代的信德地域广阔，西起莫克兰，东至今印度的马克瓦高原中部，南濒阿拉伯海，北临旁遮普，这里孕育了灿烂的印度河文明，也为信德人的繁衍生息提供了广袤的土地和丰富的资源。

信德省是次大陆最早接触伊斯兰文明的地区，被誉为“巴基斯坦伊斯兰教的门户”。8 世纪初，在阿拉伯军队占领信德前，信德由印度教王公统治，土著的信德人分为若干部族，其中，人数最多的是苏姆拉人和萨姆玛人，他们均为低种姓的印度教教徒，饱受歧视、欺凌，所以，当阿拉伯军队到来时，苏姆拉人便加入了阿拉伯军队。9 世纪末，在伊斯玛仪派传教士的影响下，苏姆拉人和萨姆玛人均改信伊斯兰教，成为穆斯林。阿拉伯人在信德的统治持续了 300 多年。

在此期间，大量阿拉伯人与土著信德人通婚，产生了数量可观的混血后裔，他们向往阿拉伯文化，次大陆第一本《古兰经》译本就是用信德语写成的。阿拉伯人对信德的统治于 1175 年被古尔人终结；1592 年，信德被莫卧儿帝国的军队征服；1843 年，信德并入英属印度，成为孟买管区的一部分；1936 年，信德成为英属印度的一个省。

1947 年巴基斯坦独立时，信德省的卡拉奇被定为首都。如今的信德省是巴基斯坦农业最发达的省份之一，同时，其工业发展迅速，工业资产占全国的 43%，省会卡拉奇是巴基斯坦最大的城市和港口。独特的地理位置、在国家经济中所起的显著作用和悠久的历史文化背景，确立了信德省在巴基斯坦政治、经济和文化上的重要地位。

信德省还是一个多民族杂居的省份，除信德人外，还有穆哈吉尔（印巴分治时来自印度的穆斯林移民）、旁遮普人、普什图人和俾路支人。目前，居住在信德省的非信德移民占全省人口的 49%，在卡拉奇，讲信德语的人只占 9%。信德人担心自身成为本省的少数民族，忧虑其文化被边缘化，于是强烈要求捍卫本民族实体。信德人的担心不无道理，早在巴基斯坦独立之初，信德人便在政治上受到打压，经济上遭受排挤。当时，信德人在高级文官和军官中的比例仅为 3%；信德省土地肥沃，但优质土地均被旁遮普族官员占据；卡拉奇工商业发达，但多数为旁遮普和穆哈吉尔商人所掌控。信德人认为，长期以来外族人的大量涌入剥夺了他们的权利，信德民族主义因而兴起。20 世纪 50 年代，信德民族主义组织提出“建立独立的信德国”；在阿里 · 布托执政时期，信德民族主义组织有所收敛，但随着布托被齐亚 · 哈克绞死，人民党被军政府镇压，信德人的不满情绪再度被点燃；80 年代，信德人借“恢复民主运动”之机，发动了规模空前的反政府暴乱，喊出“信德独立”的口号，人民党领导人塔蒙兹 · 布托提出“信德自治”；90 年代，人民党再次上台，巴基斯坦政府开始注重保护信德人的权益，信德民族主义情绪有所回落。

作为次大陆最早接触伊斯兰教的民族，信德人受伊斯兰教影响很深，目前，约 91% 的信德人信奉伊斯兰教，且多为逊尼派穆斯林。信德人对伊斯兰教十分虔敬，在其居住的庭院外和大路边，往往可见用石头圈出的两米见方的一块空地，那是信德人特地为礼拜划出的空间。[①] 信德人崇拜苏非派神秘主义，喜欢苏非圣人创作的诗歌，经常在一些传统聚会或宗教仪式上诵唱这些诗歌。

（四）俾路支人

俾路支人与普什图人一样，也是一个跨境民族，约 70% 的俾路支人生活在巴基斯坦，其余的分布于伊朗、阿富汗和土库曼斯坦等国。巴基斯坦的俾路支人主要生活在俾路支省，部分居住在信德省、开普省南部和旁遮普省西南部。俾路支人属欧罗巴人种印度帕米尔型，与普什图人有着密切的血缘关系，其外表特征是：体形匀称，体格健壮，头颅短，眼睛圆鼓、乌黑，肤色偏暗。多数学者认为，俾路支人的祖先可追溯到曾聚居在今叙利亚阿勒波附近的几个部落。后来，这些部落向东迁移，其迁移过程从 6 世纪持续到 14 世纪，其间，俾路支部落联盟形成了。随着阿拉伯人征服伊朗，其血统和伊斯兰教一同融入俾路支人的民族形成过程中，而后又经过数个世纪的迁徙和民族融合，在 13－15 世纪，俾路支民族最终形成。[②] 在这之后，俾路支人以俾路支斯坦的卡拉特高原为核心，逐步向外扩张，占据了包括今旁遮普省西南部和信德省在内的很大一片区域。1783 年，俾路支人征服信德人，大量俾路支人迁往信德，至今仍在信德拥有一定势力。

---

① 杨士龙，赵青．叩开巴基斯坦神秘之门［M］．北京：世界知识出版社，2003：128.

② 陆水林．世界列国国情习俗丛书：巴基斯坦［M］．重庆：重庆出版社，2004：138.

在漫长的迁徙和征战过程中，俾路支人吸收了阿拉伯人、塔吉克人、布拉灰人、奥姆里人和普什图人等民族的血统成分，形成了一个以部落联盟为核心的游牧民族。其主要部落有 15 个，分别是布格迪、布列迪、博达尔、多姆基、德里哈克、吉尔查尼、科沙、采加里、伦德、马里、马扎里、马加希、乌姆拉尼、门加尔和比曾乔，其中，以马里和布格迪最为有名。各部落又分成多个小部落，部落内部实行“议会制”。在民族形成的过程中，伊斯兰教对俾路支人产生了深远影响，如今，约 95% 的俾路支人信奉伊斯兰教，其中大部分属逊尼派的哈乃斐学派，但有约 50 万－70 万居住在莫克兰海岸和卡拉奇的吉格里部落民尊奉弥赛亚（救世主）——努尔·巴克（Nur Pak），这部分俾路支人被视为异端，自 15 世纪起便屡屡遭受逊尼派俾路支人的压迫。此外，少部分俾路支人还保留了一些传统文化和前伊斯兰信仰，时至今日，仍有一些俾路支人信奉琐罗亚斯德教，少数人则怀有鬼神观念。

俾路支人聚居的俾路支省位于俾路支高原。该地区以山地为主，干旱少雨，不宜种植粮食，故多数俾路支人靠放牧为生，间或从事种植业和渔业。相当一部分俾路支人至今仍过着逐水草而居的生活，经济文化落后，而居住在俾路支省东部和信德省的俾路支人则多从事种植业，生活条件稍好。俾路支牧民一般住帐篷。帐篷里陈设简单，只有铺盖、盛水的羊皮口袋和盛黄油、盐、糖以及茶叶的器皿；帐篷外架着炊具，牲畜就养在帐篷旁边，而帐篷附近的水井则被牧民们视为特殊财产。

俾路支人主要饲养绵羊和山羊，牧民一般将牲畜的肉和皮毛卖掉赚钱，而将奶制品留下自用，此外，俾路支人还养骆驼。每到秋天，在高寒山区放牧的俾路支人会利用骆驼转移财产，去平原地区过冬，此外，还有部分在牧区经商的俾路支人靠骆驼运送货物。

恶劣的自然条件和粗放的生活方式塑造了俾路支人坚强不屈的民

族性格和团结合作的精神。古代的俾路支人民风彪悍，男子善骑射，常随身携带短剑或长刀。尽管俾路支人曾先后从属于波斯帝国、莫卧儿王朝、阿富汗杜兰尼王朝和英印殖民政府，但该民族也曾多次英勇地发动过反抗外国统治者的起义，迫使统治者允许其保持较高的独立性。与普什图人相似，俾路支人也有着强烈的荣誉感，且热情好客，乐于给有需要的人提供庇护。不过，俾路支人并不会因屈从于他人而丧失社会地位，这点与普什图人不同。尽管对水源和土地的争夺主导着社会关系，但合作、分享的精神与竞争、共存的理念同样深深扎根于俾路支人的内心。

另外值得一提的是俾路支人的婚姻。俾路支人的婚姻常出于实用主义考虑，严酷的生活环境令俾路支人不得不将住所、可耕地、水源、牲畜等作为选择结婚对象的参考。然而，生活在海岸的吉格里部落却与众不同，近 2/3 人的婚姻属近亲婚姻。究其原因，在于海岸俾路支人与其他民族接触机会更多，团结意识更强，对他们而言，“部落统一”是一种强有力的文化信念，也是保证财产不外流的有效手段。因此，他们只与本部落成员结婚，且倾向与本家族成员结婚，以加强亲密关系，保护财富。

（五）布拉灰人

巴基斯坦的布拉灰人主要分布在俾路支省中部的卡拉特一带，少量居于奎达和信德省北部。布拉灰人属达罗毗荼人种，起源于部分未南迁的古达罗毗荼人。由于长期同周边民族杂居，布拉灰人的血统中加入了俾路支人、贾特人和库尔德人等民族的成分，特别是俾路支人，其生活方式深深影响了布拉灰人，以至于部分布拉灰人被俾路支人同化。长期的民族融合模糊了布拉灰人的外表特征，一般认为，布拉灰人身材矮小而健壮，面圆发卷，肤黑眼褐。受俾路支人的影响，布拉灰人也以氏族部落为单位生活，巴基斯坦境内的布拉灰部落一共有 30 个，其中较大的是胡西和杰德拉勒。30 个布拉灰部落分属本地布拉灰人、沙拉万布拉灰人、扎万布拉灰人和混合布拉灰人等 4 个部落联盟。布拉灰部落保留了一些氏族制度的残余，氏族头人和部落首领的权力很大，但部落内的重大事务还得依靠“吉佳尔”（议事会）决定。布拉灰人信仰伊斯兰教，但仍保留着部分古老信仰。

布拉灰人聚居区的自然条件十分恶劣，因而多数布拉灰人过着半农半牧的生活：在冬季来临前播种，然后赶着牲畜到卡奇平原过冬，寒冬过后再返回收割农作物。布拉灰人一般住在帐篷里，其财产很少，只有一些席子、毛毡、毛毯、少量衣物和必需器皿。

除了上述 5 个民族，巴基斯坦境内还有一些少数民族，如克什米尔人、奇特拉尔人、卡拉什人、科希斯坦人和帕西人等。这些民族人数不多，散布全国各地，但主要分布在巴基斯坦北部和西部的山区。

巴基斯坦境内的克什米尔人约 70 万，居住在巴控克什米尔地区，即自由克什米尔和吉尔吉特－巴尔蒂斯坦，主要从事农业和牧业，操克什米尔语。奇特拉尔人约有 1 万，聚居于开普省的奇特拉尔县，大部分信仰伊斯兰教，属什叶派的伊斯玛仪派。奇特拉尔人皮肤较白，发色较浅，有欧洲人的外貌特征。巴基斯坦的卡拉什人很少，人口不足 1 万，主要居住在奇特拉尔县。卡拉什人据称是希腊人的后裔，他们皮肤略红，头发偏黄，眼睛呈黄色或绿色，具有欧洲人的外貌特征，另外，卡拉什人不信伊斯兰教，因而常被称作“卡菲尔”（Kafir），意为异教徒。科希斯坦人主要集中在斯瓦特县，人口约 6 万，属逊尼派。巴基斯坦的帕西人约有 1 万，聚居于卡拉奇等大城市内，操古吉拉特语，他们是波斯人的后裔，皮肤白皙，信仰琐罗亚斯德教，受教育程度较高，擅长经商。此外，信德省的特哈巴儿卡卡、纳瓦布沙阿和海德拉巴等地还分布有少量古吉拉特人。

巴基斯坦政府还按宗教信仰情况划分民族，将穆斯林称为“多数民族”，将其他宗教的信徒统称为“少数民族”。这些“少数民族”占巴基斯坦全国总人口的3.32%，其中，人口最多的是基督教教徒，占1.55%，其次是印度教教徒，占1.31%。

巴基斯坦政府注重改善“少数民族”的福利事业，保护其宗教和文化，每年拨出45万卢比奖励杰出的“少数民族”文艺工作者。另外，政府也十分重视“少数民族”经济和教育的发展，不断加大对“少数民族”聚居区的经济扶持力度并设立有专门的教育基金。此外，政府还专门成立了少数民族事务部和边境部落部。少数民族事务部负责处理不信仰伊斯兰教的各“少数民族”的问题。该部下辖少数民族事务顾问委员会，由6名官员和65名非官方成员组成，负责保护“少数民族”的权利，促进其经济、社会和文化的发展。边境部落部则专门负责处理居住在巴阿边境的普什图人、俾路支人、布拉灰人和克什米尔人的事务，包括安置阿富汗难民并助其返回家园，处理法律事务，解决前土邦遗留问题以及协调地方武装等。

二、语言

语言是民族认同的重要标志。在巴基斯坦，被使用的语言超过20种，绝大多数属印欧语系印度－伊朗语族，少数属印欧语系达尔德语族，如希纳语和吉尔吉特－巴尔蒂斯坦的一些少数民族语言，此外，还有属达罗毗荼语系的语言，如布拉灰语。按使用人数排列，最常用的语言是旁遮普语，约有48%的巴基斯坦人将其作为母语，其后，依次是信德语（12%）、旁遮普语的变体——西莱基语（10%）、普什图语（8%）、乌尔都语（8%）、俾路支语（3%）、帕哈里语（Pahari，2%）和布拉灰语（1%）。以英语、布鲁沙斯基语和其他一些语言为母语的人合占8%。尽管以乌尔都语为母语的人并不多，但它却是巴基斯坦的国语，而英语则被广泛运用于高等教育、科技、商业、司法和外交等领域，拥有实际上的国语地位。巴基斯坦宪法规定：乌尔都语为巴基斯坦的国语和官方语言，英语在未被乌尔都语取代之前仍作为官方语言使用，各省可以有自己的语言，同国语一起使用和发展。

（一）乌尔都语

乌尔都语属印欧语系印度－伊朗语族印度语支，其语音系统复杂，共有 54 个音素，其中，元音 12 个（5 个长元音，5 个短元音，2 个双元音），辅音 42 个（16 个轻辅音，26 个浊辅音）。乌尔都语采用波斯化的阿拉伯语字母书写文字，这些字母包括基本字母、变音字母和标音符号，其中，基本字母和变音字母合计 41 个，标音符号 6 个。乌尔都语具有印欧语系语言的基本特征，如通过词的屈折变化来表示不同意义，动词具有性、数、时、体、态的变化，名词和一部分形容词有性和数的变化等。

乌尔都语起源于公元 12 世纪左右在北印度被广泛使用的克里方言。“乌尔都”的字面意思是“军营”，因为最早使用该语言的是来自中亚的莫卧儿军队。乌尔都语首先通行于各大城市，后逐渐在全国通行。乌尔都语以古印地语为基础，在穆斯林统治次大陆的 600 年间，大量吸收了当时的宫廷语言——波斯语的词汇和构词方法，同时，也吸收了很多阿拉伯语词汇，经过数个世纪的发展，最终形成了自己的词汇系统。如今，乌尔都语词汇系统中，约 40% 来自波斯语，约 20% 来自阿拉伯语，约 15% 来自英语，此外，还有为数不多的土耳其语、葡萄牙语和法语的词汇。

印巴分治之前，印度穆斯林认为乌尔都语能代表他们的共同身份，因而将其作为信仰伊斯兰教的各民族间的纽带加以强调。巴基斯坦独立后，穆斯林联盟将乌尔都语提升到了国语的地位，力图以此促进国民对国家的认同。目前，巴基斯坦主要的出版物、广播和电影都使用乌尔都语，但巴基斯坦国内以乌尔都语为母语的人不多，仅占总人口的 8%，其中的绝大部分是穆哈吉尔。另外，巴基斯坦国内存在一批受过良好教育，在政界、学界有所建树的人，相较于民族语言，他们更喜欢说乌尔都语。

（二）旁遮普语

旁遮普语是旁遮普人的母语，通行于巴基斯坦旁遮普省和印度西北部的旁遮普邦，属印欧语系印度－伊朗语族印度语支，与乌尔都语相似。旁遮普语起源于公元前 1000 年左右在旁遮普生活的雅利安人所讲的方言，后来受达尔德语族诸语言以及信德语、俾路支语和普什图语的影响，逐步发展而来。随着公元 8 世纪后，西亚和中亚的穆斯林陆续入侵旁遮普，旁遮普语开始大量吸收外来词汇，如阿拉伯语词汇、波斯语词汇和突厥语词汇等。据统计，外来词汇占旁遮普语词汇的 40%[①]。另一种意见认为，旁遮普语起源于古达罗毗荼语的一个分支——古旁遮普语。

旁遮普语有 35 个字母，有天城体、师城体和波斯体 3 种书写体。旁遮普语之所以没有发展出统一的文字，原因在于旁遮普人的宗教信仰不一，不同宗教的信徒采取相应文字创作文学作品，传播宗教教义。锡克教教徒采用古尔穆勒基字母（Gurmulki），即师城体字母；穆斯林使用波斯字母；印度教教徒则使用拉亨达字母，即天城体字母[②]。旁遮普语的分布地域广大，地区间的语言差异较大，有多个方言群，其中，以木尔坦方言为标准语。

巴基斯坦建国后，政府为提升民族和国家的凝聚力，推行“乌尔都语计划”，旁遮普省政府积极响应该计划，将乌尔都语定为本省的

① 陆水林. 世界列国国情习俗丛书：巴基斯坦［M］. 重庆：重庆出版社，2004：106.

② 陆水林. 世界列国国情习俗丛书：巴基斯坦［M］. 重庆：重庆出版社，2004：102.

官方语言，规定学校只教授乌尔都语。不过，旁遮普语的地位并未受太大影响，这得益于旁遮普人对本民族语言的保护。在旁遮普省，广播、电视均设有旁遮普语节目，旁遮普语电影数量颇大，报社专门发行旁遮普语报刊，一些乌尔都语报刊内也设有旁遮普语文学专栏。此外，旁遮普省省会拉合尔还设有旁遮普语学会，致力于出版旁遮普语语言、文学方面的研究成果。旁遮普人在日常生活中基本使用旁遮普语交际，为本民族语言的生存提供了基本土壤。

（三）信德语

信德语是信德人的母语，主要通行于信德省、俾路支省东部地区和印度古吉拉特邦的卡奇地区，属于印欧语系印度－伊朗语族印度语支，其词汇大多源于梵文俗语，其余的则来自阿拉伯语和波斯语。信德语起源于下信德地区印度雅利安人所使用语言的南部方言，也有学者认为它是在巴利语基础上形成的。8 世纪，阿拉伯人来到信德后，信德语吸收了大量阿拉伯语词汇；10 世纪，中亚的穆斯林来到信德后，信德语中波斯语词汇也渐渐多了起来。

信德语有 54 个字母，其语音系统比较复杂，有 10 个元音和 46 个辅音，词汇分阴、阳性，有单、复数和主、斜格的变化。信德语是印度次大陆第一个受阿拉伯语强烈影响的古老语言，曾使用古阿拉伯纳斯克体书写文字，如今则使用阿拉伯语字母的波斯变体，其中，还加入了许多新符号。在印度的学校里，师生们使用天城体字母书写信德语。

信德语在信德省的地位很高，被该省政府定为官方语言之一。此外，信德语还是印度的法定语言之一，在印度境内，大约有 280 万人能说信德语。

（四）普什图语

普什图语是普什图人的母语，在巴基斯坦主要流行于开普省、俾路支省和联邦直辖部落区。普什图语属印欧语系印度－伊朗语族伊朗语支，总体上分为东部方言和西部方言两支，在巴基斯坦境内，两支方言均被使用，但以西部方言为主。普什图语的语法同梵语相似，两种语言的共同词和同根词很多，同时，普什图语还吸收了大量波斯语、阿拉伯语、土耳其语和印地语的词汇，其中，波斯语词汇最多，古波斯语——阿维斯陀语与普什图语十分相似。普什图语有配对的长元音和短元音各 3 个，名词与形容词有性、数、格的变化，动词有人称、时、体、性和数的变化。普什图语有 40 个字母，其中，8 个是纯普什图语字母，其余的是阿拉伯语字母或波斯语字母。

在开普省，普什图语与乌尔都语并用，中、小学一般使用普什图语授课，省内出版、发行了大量普什图文书籍、报纸和杂志。

（五）俾路支语

俾路支语是大部分俾路支人使用的语言，属印欧语系印度－伊朗语族伊朗语支，是波斯语的一种方言，采用波斯语字母书写文字，从语音角度而言，更接近现代波斯语。俾路支语有多种方言，从地域角度来讲，可分为苏莱曼方言（东部方言）和莫克兰方言（西部方言）两支，前者通行于俾路支省东北部，后者则通行于西南部。苏莱曼方言受信德语、旁遮普语和普什图语的影响较大，有送气音，摩擦音类型丰富、数量可观；莫克兰方言受波斯语影响更大，交际中波斯语词和波斯语表达方式使用频繁。

俾路支语口头文学古老而丰富，尽管许多作品因连年战争和迁徙而失传，但保留下来的史诗和民歌的数量依然可观，且题材广泛，体裁不拘一格，反映了俾路支人的历史和部落生活。近年来，出于保护民族语言的目的，在俾路支省政府的支持下，俾路支语开始作为该省中、小学的教学语言使用。

（六）布拉灰语

布拉灰语属于达罗毗荼语系西北语族，是布拉灰人的母语，有独特的语法体系。不过，由于布拉灰人远离其他使用达罗毗荼语系语言的族群而接近俾路支人，故布拉灰语受俾路支语的影响较大，语言中有相当数量的俾路支语词汇，且使用俾路支语的数字，此外，还吸收了部分信德语和波斯语词汇。尽管早期的布拉灰语没有文字[①]，但这并不妨碍丰富的布拉灰语口头文学代代相传至今。

第二节 习俗

由于巴基斯坦的大多数民族都信仰伊斯兰教，且生活区域接近，民族间往来频繁，相互影响较大，故各民族的文化风俗十分相近。

一、宗教功课、礼仪与禁忌

巴基斯坦是伊斯兰教最盛行的国家之一，其绝大部分公民是穆斯林，他们的生活习俗和饮食起居深受伊斯兰教的影响。

巴基斯坦各民族中的穆斯林均恪守伊斯兰教教规，严格执行“念”（颂念）、“礼”（礼拜）、“斋”（斋戒）、“课”（缴纳天课）、“朝”（朝圣）等五功，即经常颂念“万物非主，唯有安拉，穆罕默德是安拉的使者”；坚持每日做 5 次礼拜（نماز，Namaz），按时间顺序依次是晨礼、晌礼、晡礼、昏礼和宵礼；在伊历 9 月，即斋月（又称“拉麦丹”月）期间封斋，在日出后至日落前的这段时间里

① 与俾路支语一样，布拉灰语采用波斯语字母书写文字。

不进食水；定期缴纳天课税；一生中至少去一次麦加朝圣。

巴基斯坦人注重礼节，见面时先彼此问候，说“阿萨拉姆阿莱古姆”（اسلام علیکم），意为“真主赐你平安”，关系亲密者可将其简化为“萨拉姆”（سلام）。互相问候时，问候者要郑重其事，回答者要认真恭谨，一般要求年少者先问候年长者，站立者先问候坐立者，男子先问候女子。此问候不能在沐浴时和厕所里使用，也不能在诵经时和礼拜时使用。道别时，双方一般互道“胡达哈菲兹”（خدا حافظ），意为“真主保佑”。若久别重逢，人们还会行拥抱礼。巴基斯坦人的拥抱礼很独特，双方通常要头靠左边拥抱一次，再靠右边拥抱一次，再靠左边一次，毫不马虎；女性间的拥抱礼是先拥抱，稍停后吻客人的两颊和额头，然后再拥抱，再亲吻，如此做三遍。巴基斯坦人的拿手礼也很特别，这是男性穆斯林间施行的礼仪，其方法是：双方单腿成弓形状，双手相握，右手的拇指插在里面，左手辅握在外面，两人右肩紧靠在一起，同时诵念经文或相互祝福。

有客人来访时，献茶是常见的待客之道，有时还献上水果及其他具有民族风味的食品。普什图人待客尤为热情。见到客人后，他们会用一只手与客人握手，而另一只手则抚摩一会儿客人的胸部，表示友好，当然，女性是不会出面待客的，一般也不会去别人家做客。如果要在普什图人家中借宿，他们会热情接待，三天内不会询问客人的身份与来意。此外，巴基斯坦人还有给客人送花环、往客人来的路上撒花瓣的风俗习惯。

在巴基斯坦，鲜艳的色彩受人青睐，其中以绿色为最。巴基斯坦的国旗、国徽仅含的两种颜色就是绿色和白色，在巴基斯坦人看来，白色象征和平，绿色象征繁荣。此外，银色、金色及其他鲜艳颜色也比较受当地人的欢迎。与之形成鲜明对比的是不受待见的黄色和黑色。在巴基斯坦，黄色会引起宗教界及部分政治人物的厌恶，因为婆罗门教僧侣们所穿的长袍就是黄色的，而黑色则被视为消极色。

穆斯林在饮食方面有诸多禁忌，如不吃肉食性和杂食性动物的肉，不吃驴、马、骡等动物的肉，不吃已死动物的肉，不吃外形丑陋之物和不洁之物，不喝任何动物的血等等。肉的主要来源是牛、羊和鸡。穆斯林在宰杀这类动物时，必须按伊斯兰教规定反复诵念“真主至大”，然后割破待宰动物的喉咙，放干其血液。另外，巴基斯坦禁止本国公民饮酒，私自酿酒者会受到极严厉的惩罚，任何饭店和商店禁止出售酒和酒类饮品。在外交场合，巴基斯坦外交人员不反对他国外交人员喝酒，但他们自己只喝果汁、汽水或清水。

在伊斯兰世界，当众接吻被视为一种罪恶，故在巴基斯坦，严禁男女当众拥抱或接吻，违反者须缴纳大额罚款并坐牢一周。另外，女子在街上时，严禁眼珠乱转，不得眉目传情，且十分忌讳他人给自己拍照，否则，将被视为犯有淫荡罪。在巴基斯坦，一般的穆斯林家庭不让女性见客人，宴请时只邀请男宾而不邀请其妻子，如果不了解情况的外国人邀请男宾偕妻子一同赴宴，那么被邀请者的妻子也往往不会参加。此外，大部分巴基斯坦已婚男子不愿让妻子工作，有的甚至会限制妻子外出上街，因此，给家庭添置物品的责任往往由男人承担。

受伊斯兰教的影响，绝大部分巴基斯坦人对洁净有着极高的要求。其仪容仪表要求干净、整洁、干练、洒脱；穆斯林洗澡时一般用壶冲洗或进行淋浴，不洗盆池澡，因为他们认为盆池是不干净的；穆斯林吃饭时，不使用刀、叉、筷子等餐具，而是用手抓，且只用右手，因为左手被认为是不洁的，是专门用来处理污秽之物的，是如厕后清理排泄器官的。受西方影响，如今，城市里的巴基斯坦人也使用刀、叉、勺等餐具进餐。

二、饮食习惯

巴基斯坦人喜欢吃的主食是一种由未经发酵的粗面粉做成的薄

饼，名为“扎巴迪”，或是用大米和牛、羊肉做成的抓饭。受殖民时期的影响，人们也普遍食用西式点心和面包。巴基斯坦人喜食香辣食物，所做的咖喱食品闻名世界。他们没有炒菜的习惯，无论是牛、羊肉还是各种蔬菜，均炖得烂熟。常见菜肴有西红柿土豆沙拉，咖喱鸡，西红柿辣椒汁炖鸡，炖牛、羊肉，青菜泥，豌豆泥肉末，生菜等；常用的调料有桂皮、胡椒、茴香、姜黄、咖喱和辣椒粉等。奶茶是日常生活中必不可少的饮品，通常由红茶和牛奶煮成，克什米尔人的奶茶则是由牛奶、茶、小豆蔻和盐煮成。在巴基斯坦，有专门的喝茶时间，一般在上午十点左右，喝茶时，部分人会食用名为“色茂萨”的油炸三角形面点。另外，人们还很喜欢吃奶酪。

由于自然条件限制，俾路支人的饮食与其他民族相比略有不同，其常见食物是粗面饼、黄油、羊肉和羊奶。俾路支省的大多数地区高寒少雨，植被稀少，因此俾路支人的食谱上鲜见蔬菜，一种名为“贝希”的野菜可算常见蔬菜。另外，俾路支人喜食一种名为“萨其”的烤肉，即用木棍将羊肉穿起来，放在火坑上烧烤，同时，将表面光滑的圆石放入火坑，待石头烧热后，在上面涂上面糊，待面糊烤熟后与烤肉同食。

三、民族服饰

在巴基斯坦，“舍勒瓦尔”（shalwaar，一种宽松肥大的裤子）和“格米兹”（qamiiz，一种长及膝盖的衬衣）的搭配被视为全体国民的传统服饰。妇女在穿着这种服饰时常搭配一条彩色纱巾。在戴纱巾这一点上，巴基斯坦妇女与阿拉伯妇女有所不同，她们并非用纱巾把耳朵和头发包裹严实，而是将其松松地搭在头上，将垂下来的部分搭在肩上或置于胸前。冬季来临时，很多巴基斯坦男性喜欢戴一种名为“真纳帽”的皮帽。此外，各民族还有自己的特色服饰。

旁遮普人的民族服饰比较传统，男性上身常穿无领、长袖、颜色素雅的布衬衫，此种布衬衫长及膝盖，宽松肥大，质地柔软，透气性很好；下身穿宽松的围裤，质地、颜色和造型皆与上身的布衬衫相配，旁遮普省的农民还常围一块腰布。旁遮普女性的穿着与男性相似，但颜色较艳丽。此外，妇女常在头上或胸前围一条绣有精美花纹的纱巾，而部分观念较传统的妇女在出门时会穿名为“布加尔”的黑色罩袍。

普什图人的传统服饰与旁遮普人的相似。男子穿素雅长衫和宽松围裤，由于所居地区多是山区，天气寒冷，因此常在长衫外穿一件坎肩，寒冬时节会在身上裹一条毛毯，此外，还在头上缠头巾。男子的头巾被视为勇敢、荣誉和尊严的象征，而女性的头巾则象征着尊严和地位。普什图女性常穿一种粗布做的长袖、长摆、高腰连衣裙，胸前或镶嵌数个小镜片，或缀满彩色珠子，古朴而有特色，也有的部落妇女终年穿黑色长袍。冬天时，妇女会裹上厚厚的披肩。

信德人的民族服饰五彩缤纷、绚丽华美。男子上身着各色长衫，下身着名为“陀地”的宽松筒裙，脚穿传统的刺绣拖鞋，鞋身狭长，鞋头尖而上翘。由于气候终年炎热，故信德人只穿单衣。信德省中部的男子喜欢戴粉色头巾，其他地区的信德男子则喜欢戴镶有众多小镜片的刺绣圆帽；信德妇女喜欢戴色泽艳丽的头巾，着飘逸的红色长裙，穿各色刺绣拖鞋。[①]

俾路支人的民族服饰与众不同。男子一般穿宽大的裤子和几乎拖到脚跟的长袍，肩裹长围布，头缠棉布头巾；女子穿着与男子相似，但脖子上不裹围布，头缠白色头巾，长袍的前襟、下摆和袖口都绣着补花，有的妇女还在衣服上缀以小镜片、贝壳、铁片和小铃铛。各部落的服饰各有特色，尤其是长袍上的花饰和头巾的缠法各不相同，以区别于其他部落。

---

① 杨士龙，赵青．叩开巴基斯坦神秘之门［M］．北京：世界知识出版社，2003：32.

布拉灰人的传统服饰特点鲜明。男子一般穿右肩系扣、长及膝盖的带褶长衫和黑色或深褐色的宽大裤子，长衫外套以坎肩或斗篷，头戴毛质帽子或布质头巾；女子身着绣花长衫和宽松裤子，已婚妇女还要罩上一件独特的紧身衣。夏季，布拉灰人一般穿皮质或棕榈叶编织成的凉鞋，冬季则穿厚重的高筒靴子。

对巴基斯坦各民族的妇女而言，首饰是必不可少的。她们戴的首饰种类很多，常见的有戒指、耳环、项链、手镯、脚镯等。这些首饰一般由金、银制成，也有由铁、铜、铝等金属制成的，有的镶嵌以红、蓝宝石，碧玺，石榴石，祖母绿等珍贵宝石，其做工精美，镂空錾刻、掐丝焊缀等工艺十分精细，样式各异，色彩斑斓。

此外，巴基斯坦还流行几种特殊的首饰，如鼻饰、头饰和嫁妆首饰等。巴基斯坦各族妇女都喜欢戴鼻饰。她们通常在一侧鼻翼上打一个小孔，戴上一个小鼻钉，婚礼时，新娘要戴较大的金鼻饰。头饰也是新娘必戴的首饰。它一般挂在发髻上，垂于前额。嫁妆首饰以戒指、手镯、头饰、项链、鼻饰、脚镯为一套，由金、银制成。富有人家送给女儿金、银首饰各一套，穷人家只能买几种金饰，其余的以银饰代替。

四、婚丧习俗

巴基斯坦各民族一般实行一夫一妻制，男性穆斯林可以娶犹太教、基督教的女子为妻，而女性穆斯林则严禁嫁给其他宗教的信徒。有些穆斯林男子按伊斯兰教教规，娶多名女子为妻，但最多不超过 4 名。这种现象一般只发生在农村，如今已十分罕见。一些部落地区流行族内和近亲婚姻，普什图女子只能嫁给本族人，生活在海岸地区的俾路支吉格里部落崇尚近亲结婚，其 2/3 的婚姻属于堂表兄妹、姐弟间的联姻。城市男子的结婚年龄一般在 25—30 岁，女子在 20 岁左右。

巴基斯坦人的婚姻一般服从父母之命，结婚前，男女双方不得相见，在公共场所鲜见男女出双入对，校园里男女也是分开的。巴基斯坦人的主要结婚仪式有芒恰、迈哈迪、尼卡罕等。其中，芒恰为涂抹香膏仪式；迈哈迪在迎亲前两天，在男、女双方家举行，为期两天，其间，两家都要大摆宴席，进行歌舞表演，是婚礼中最重要的仪式；尼卡罕为签订婚约的仪式，男女双方、主婚人和证婚人都要签字，大摆宴席之后，新娘被新郎用彩车接回家。婚礼时，新郎家会准备好两个大厅或房子，一个是给女宾客的，一个是给男宾客的，新郎在男宾客厅里招待男客人，新娘在女宾客厅里招待女客人。男人娶妻时必须给女方很多礼品，这些礼品要在婚礼上逐一展示。另外，女子出嫁后的 3－5 天内，女方家人要摆下喜宴，邀请乡亲好友。

在农村和部落地区还流行“买肚子”、“童婚”和“同《古兰经》结婚”等异俗。“买肚子”流行于信德省，是指穷人家的妇女怀了孕，富人便付给穷人一定的生活费，双方立下字据，如果生下女儿，就嫁给这个富人或者他的儿子为妻。“童婚”在旁遮普省和信德省较为流行，是指孩子在刚出生或者很小的时候，双方父母便为他们订婚结亲，这种婚姻不受年龄限制，有的男女双方年龄相差很大。“同《古兰经》结婚”一般发生在女子在本族内找不到结婚对象，而家长又十分忌讳女儿同外族结婚的情况下，此时，该女子只得嫁给《古兰经》，终身与《古兰经》做伴，不能再嫁。

巴基斯坦各族穆斯林的丧葬仪式都要按照伊斯兰教教规，在教长的主持下进行。人在弥留之际，教长会在其耳边诵念《古兰经》，再往其嘴里滴几滴水。待其咽气后，相关人员将尸体按头朝圣城麦加的方向摆放好，然后用枣叶清洗尸体，并在死者的额头、两手、两膝及双脚上涂撒香料，裹上白布。裹好后，人们将尸体置于停尸床上，再在尸体上盖一块大布单，女尸的面部还要覆上一块头巾。送葬的亲友向遗体告别后，众男子在教长的带领下将遗体抬往墓地，按照伊斯兰教的规定，妇女不能参加送葬。抵达墓地后，送葬亲友将裹着白布的尸体按头向北、脚向南、面向麦加的方式放入墓穴。此外，还要在掩埋后的第 3 天、第 40 天、半年和一周年时举行悼念活动。

五、重要节会

巴基斯坦的节日大致可以分为两类：一类是非宗教性的全国性纪念日，如巴基斯坦独立日、国庆日、真纳和伊克巴尔的诞辰纪念日等等；另一类是宗教节日，如开斋节、宰牲节、先知诞辰日等等。

（1）巴基斯坦国庆日（3 月 23 日）

1956 年 3 月 23 日，巴基斯坦第一部宪法正式颁布，巴基斯坦改自治领为共和国，定国名为巴基斯坦伊斯兰共和国。在这一天，巴基斯坦全国放假，各地举行隆重的庆祝活动。在首都伊斯兰堡会举行阅兵式，其余地方则举行大型集会。

（2）巴基斯坦独立日（8 月 14 日）

1947 年 6 月 4 日，印巴分治方案正式公布。根据方案，英属印度分为印度和巴基斯坦两个自治领。同年 8 月 14 日，巴基斯坦自治领成立，宣告巴基斯坦作为国际法意义上的一个独立国家正式诞生，因此，8 月 14 日被定为巴基斯坦独立日。在这一天，全国放假，各地举行升旗仪式和庆祝活动，在国父穆罕默德·真纳的墓前会举行阅兵仪式，人们还会自发地向真纳墓敬献花圈。

（3）真纳诞辰纪念日（12 月 25 日）

穆罕默德·阿里·真纳于 1876 年 12 月 25 日出生于卡拉奇。他是“两个民族”理论的奠基人之一，也是巴基斯坦独立运动的领袖，为印度穆斯林摆脱英国殖民者统治并独立建国做出了突出贡献，被巴基斯坦人民尊为“国父”和“伟大领袖”。巴基斯坦独立后，12 月 25 日被定为真纳诞辰纪念日。在每年的这一天，巴基斯坦全国放假，各地举行纪念活动，人们自发地向位于卡拉奇的真纳墓敬献花圈。

（4）开斋节（伊历 10 月 1 日）

开斋节（عيد الفطر），也叫“小尔德节”，在中国被称为“肉孜节”，是全球穆斯林庆祝斋月结束的节日，在伊斯兰教历（简称“伊历”）闪瓦鲁月的第一天。按照伊斯兰教历，月亮圆缺一次为一个月，大月 30 天，小月 29 天。伊历 9 月，即拉麦丹月，是斋月。据传，伊斯兰教创始人穆罕默德在该月夜间传授《古兰经》，其间很少进食，后来，这个月便演变成了斋月。斋月里，穆斯林在日出至日落的这段时间内不进食水，并克制一切私欲邪念，以表示对真主的虔敬。伊历 9 月 29 日日落后，如见到新月，9 月便是小月，斋月宣告结束，否则，9 月就是大月，待次日日落后，斋月自然结束，开斋节来临。[①]在巴基斯坦，每年都由知名伊斯兰学者组成的“中央新月观察委员会”负责观察新月，并通过广播、电视等媒介向全国宣告斋月的起止。

开斋节是穆斯林最隆重的节日之一，它不仅代表斋月的结束，而且表达了穆斯林对真主的感激。这一天，穆斯林一般很早起床，沐浴之后换上节日盛装，妇女戴上各种首饰，手上和脚上都画上被称为“米蒂”的棕色图案，然后去清真寺做礼拜。礼拜后，穆斯林一般会去过世亲属墓前，为其祈祷，之后便回家吃各种甜食，庆祝斋月结束，因此，开斋节又叫“甜尔德节”。进食完毕后，穆斯林会出门团拜，走亲访友，亲友见面时，行拥抱礼并互致节日问候与祝福。到了下午，人们会享用丰盛的午餐，席间谈笑风生，显得喜气洋洋。在巴基斯坦，开斋节假期一般持续 5 天，其间，穆斯林通常要赶集购物、探亲访友或外出游玩，长辈们还要给孩子和亲友的孩子钱或玩具。

① 杨翠柏，刘成琼．列国志：巴基斯坦［M］．北京：社会科学文献出版社，2003：49.

（5）宰牲节（伊历 12 月 10－12 日）

宰牲节（عیدالضحی），又称“大尔德节”，在中国被称为“古尔邦节”，是伊斯兰教最重要的节日之一，持续 3 天。该节日是为了纪念先知易卜拉欣忠实执行真主命令，向真主献祭自己的儿子伊斯梅尔，在他正准备用刀割儿子的喉咙时，真主用羊羔代之的事件。宰牲节开始当天，穆斯林们一大早便要沐浴更衣，而后着节日盛装前往清真寺做礼拜，但此礼拜的时间比开斋节的短。根据教规，凡经济独立的穆斯林都要根据自己的经济状况，在节日期间宰牲献祭。所屠宰的牲畜（主要是牛和羊）应当是自己的珍爱之物，因此，常有穆斯林在用于献祭的牲畜脖子上挂上铃铛，在其角上系上红绳，或将其部分皮毛染成自己喜爱的颜色，以示珍爱之情。屠宰牲畜之后，穆斯林会将 1/3 的肉留给自己和家人，1/3 赠予亲戚朋友，剩下的则分送给周围的穷人，以确保所有的穆斯林都有一份肉食。在巴基斯坦，为庆祝宰牲节，一般放假 5 天，人们除了宰牲，还会准备丰盛的食物，亲友相聚互致问候，欢乐情景如同中国的春节。

（6）阿舒拉节（伊历 1 月 10 日）

对巴基斯坦什叶派穆斯林而言，阿舒拉节是专门用来悼念穆罕默德的外孙、什叶派领袖侯赛因的日子，故又称“哀悼节”。伊历 59 年（公元 680 年）1 月 10 日，侯赛因不服继任的哈里发，与家属一行离开麦加，在行抵伊拉克境内的卡尔巴拉时，遭倭马亚王朝骑兵的追击，侯赛因一行全部战死。什叶派穆斯林认为侯赛因是殉教圣徒，这一日遂被定为该派的蒙难日和哀悼日。

阿舒拉节虽然不是巴基斯坦最大的宗教节日，但却以纪念形式特殊、场面血腥而出名。哀悼活动从伊历 1 月 1 日或 3 日开始（公历 8 月中旬），10 日达到高潮。10 日前，什叶派穆斯林妇女都穿黑袍，10 日当天，男性穆斯林结队上街游行。队伍前是各种悼念标志和模型，如什叶派战旗，穆罕默德、阿里和侯赛因的画像，侯赛因的陵墓和战马模型等，此外，还有印着自残符号的旗帜，意在提醒什叶派穆斯林要对自己的行为感到羞愧，因为他们没能保护好侯赛因。游行队伍中间，有的青年男子用名为“赞杰尔扎尼”（zanjeer zani）的剑割破自己的头部，让血弥散全身，甚至有人把自己孩子的头也割破，希望侯赛因和鲜血能给下一代带来吉祥。大部分人手持约 2 尺长的铁链，用力抽打自己的背。铁链的末端系着一把半尺长的利刀，其末端呈钩形，铁链抽打在背上，利刀的末端就会钩住肉，拉回铁链，立刻皮开肉绽，如此反复几次，背部便血肉模糊。同时，这些青年还会捶胸顿足，高呼侯赛因的名字以表达对其的哀思和内心的忏悔，场面血腥惨烈、壮观感人。

在游行过程中，会有人因流血过多而休克，必须送往医院抢救，此外，还可能有逊尼派极端分子对游行队伍发动袭击，因此，在阿舒拉节当天，巴基斯坦的多个城市都戒备森严，不少路段被封闭，警察与救护人员在游行队伍附近待命，以确保社会秩序的稳定和人员的生命安全。

（7）先知诞辰日（伊历 3 月 12 日）

先知诞辰日亦称圣纪节，是伊斯兰教三大节日之一。相传先知穆罕默德于伊历纪元前 51 年 3 月 12 日（公元 571 年 4 月 21 日）诞生于麦加的一个没落贵族家庭。在这一天，穆斯林要沐浴、更衣、穿戴整齐后到清真寺做礼拜，听毛拉念《古兰经》以及讲述穆罕默德的生平和创建伊斯兰教的功绩，而后休息、游玩一天或举行聚餐。

除了上述节日外，巴基斯坦比较重要的节日还有：劳动节（5 月 1 日）、伊斯兰教新年（伊历 6 月 10—12 日）、保卫巴基斯坦日（9 月 6 日）等。

第四章　宗教信仰

巴基斯坦，全称“巴基斯坦伊斯兰共和国”，是在伊斯兰教基础上建立起来的国家，巴宪法将伊斯兰教定为国教。巴基斯坦约 97% 的人口是穆斯林，其中，旁遮普省的穆斯林人数占全国穆斯林总人数的 60%，信德省占 18.6%，俾路支省占 3.2%，开普省占 13.7%，中央直辖部落区占 4.4%。除此之外，巴基斯坦还有少数印度教教徒、基督教教徒、锡克教教徒和琐罗亚斯德教教徒（祆教教徒）等，但人数很少，合占总人口的 3% 左右。巴基斯坦政府按居民的宗教信仰，将穆斯林称作“多数民族”，而将其他宗教的信徒合称为“少数民族”。

第一节　伊斯兰教

一、伊斯兰教在印度次大陆的发展史

伊斯兰教形成于公元 7 世纪初。610－613 年，伊斯兰教创始人穆罕默德在麦加开展了秘密传教活动，613 年，穆罕默德开始公开布道，该年因而被视为伊斯兰教的创始年。“伊斯兰”（Islam）源于阿语词“Aslama”，意思为“顺从”，指顺从和信仰创造宇宙的独一无二的真主安拉及其意志，以求得到和平与安宁，其信仰的核心是“万

物非主，唯有安拉，穆罕默德是安拉的使者”。

伊斯兰教是易卜拉欣诸宗教中的第三个也是最后一个，与犹太教和基督教拥有共同的原始认知，与二者的分歧产生于对易卜拉欣后裔的不同看法。相传易卜拉欣（欧美人称之为亚伯拉罕）与原配妻子萨拉结婚后一直无嗣，为了传宗接代，萨拉允许易卜拉欣娶年轻婢女哈加尔为妻。两人结婚后不久，哈加尔就为易卜拉欣生下了儿子以实玛利，后来，萨拉也诞下一子，名唤以萨（阿拉伯人对耶稣的称呼），萨拉嫉恨哈加尔先于自己诞下男婴，于是挑唆易卜拉欣将哈加尔和以实玛利放逐。正是在此处，《圣经·旧约》和《古兰经》的记载第一次出现了不同。根据《古兰经》所述，以实玛利被放逐后，来到阿拉伯半岛定居，定居之地就是后来的麦加，而以萨的后裔则是希伯来人，即犹太人的祖先。由此可见，伊斯兰教与犹太教和基督教同出一脉，基于此，伊斯兰教承认易卜拉欣（亚伯拉罕）和以萨（耶稣）也是真主的使者，并认为《圣经·旧约》和《圣经·新约》在一定程度上是正确的。

伊斯兰教自创始之日起，便受到了麦加贵族的干扰和破坏，因为伊斯兰教的平等思想和穆罕默德的政治主张是对当地贵族特权与地位的否定。面对日益残酷的迫害，为避免重大损失，穆罕默德决定让部分信徒分批移居阿比西尼亚（今埃塞俄比亚）避难。公元 622 年 9 月，穆罕默德本人也迁居雅斯里布，这一事件被穆斯林称为“希吉拉”，后来穆斯林定公元 622 年为伊斯兰教历的元年。

穆罕默德迁往雅斯里布后，将其改名为麦地那。在当地部落的支持下，穆罕默德继续传播伊斯兰教教义，并建立起不分阶级、地域、民族和部落的真正意义上的穆斯林公社（伊斯兰国家）。在此基础上，他组建武装，开始了统一阿拉伯半岛的战争。公元 632 年 6 月 8 日，穆罕默德去世，此时阿拉伯半岛已基本统一，一个以伊斯兰教为共同信仰、实行政教合一制度的阿拉伯帝国出现在阿拉伯半岛，并开始向外扩张。在穆罕默德去世后的一个世纪里，阿拉伯帝国相继打败了拜占庭帝国和波斯帝国，占领了今天的亚美尼亚、叙利亚、巴勒斯坦、伊拉克、伊朗、北非和伊比利亚半岛。公元 711 年，阿拉伯军队进入印度，将印度河流域并入阿拉伯帝国。

伴随着阿拉伯帝国的扩张，伊斯兰教也开启了向世界各地传播的进程。一般来说，宗教在地理上的分布情况与宗教理论的扩散、大量信徒的迁移和不同宗教间的空间竞争密切相关。这一理论很好地解释了伊斯兰教传入南亚并在此发展壮大的原因。在南亚，伊斯兰教的传播主要得益于穆斯林对该地区的征服、统治者的政策倾向、传教士的传教布道、商旅的积极宣传和大量穆斯林移民的涌入。此外，在与实行种姓制的印度教的竞争中，伊斯兰教所宣扬的“平等”、“友爱”、“公平”等理念令其更具吸引力，而印度教所固有的宽容精神也为伊斯兰教的传播提供了客观可能性。①

7 世纪中叶，少量阿拉伯移民和商人在印度西南部沿海城市定居，并与当地人通婚，开启了伊斯兰文明在南亚传播的进程。在信德，阿拉伯人大规模地开展商业活动，促使伊斯兰文明在这里扎根发芽，并逐步使得该地区成为伊斯兰教南扩的基地。8 世纪初，阿拉伯军队远征印度，极大地推动了伊斯兰文明在次大陆的传播与发展。

7 世纪末，阿拉伯军队征服波斯、中亚，逼近印度。公元 711 年，倭马亚王朝将领穆罕默德·伊本·卡西姆率军攻入印度河下游，占领信德和旁遮普北部，公元 713 年，攻陷木尔坦，并在此设置行省。紧跟着军队的脚步，伊斯兰教苏非派神秘主义者（在巴基斯坦被称为“毕尔”，Pir）也在 8 世纪云游到了印度西北部，并在此大力宣扬神秘主义，为伊斯兰教在当地人心中生根发芽做出了重要贡献。正是在苏非神秘主义的影响下，伊斯兰文化与印度传统宗教文化发生了

① 樊为之．南亚伊斯兰文明的形成和影响［J］．世界宗教文化，2005（1）：26.

一定程度上的融合，使得次大陆的伊斯兰教更具灵活性。目前，在巴基斯坦，有两位苏非派圣人备受尊崇，分别是达塔·甘吉·巴克什（11 世纪在拉合尔传教）和沙赫巴兹·卡拉德尔（12 世纪在信德的赛赫万传教）。公元 881 年，伊斯玛仪派传教师伊本·法德勒和海萨姆来到信德传教布道，进一步推动了当地民众改宗伊斯兰教。

从 1001 年到 1026 年，阿富汗伽色尼王朝的苏丹马赫穆德先后 17 次挥军入侵印度西北部，并将旁遮普和信德变成了伽色尼王朝的一个省。在这一过程中，马赫穆德命人大量修建清真寺，传播伊斯兰教逊尼派教义，部分印度教封建领主纷纷改宗，大量信奉伊斯兰教的突厥人、阿富汗人迁入印度西北部，与当地居民通婚，开启了对当地人的同化进程。然而，改宗与同化是一个缓慢的历史过程，持续了数个世纪，在 13－15 世纪达到高潮。

12 世纪中期，阿富汗的古尔王朝取代了伽色尼王朝。在王朝更替的过程中，古尔王朝的军队入侵并占领了印度西北部，之后又继续向朱穆纳河和恒河流域扩张，伊斯兰教得以更为广泛地在印度次大陆传播。从 1206 年到 1526 年，进入印度的突厥－阿富汗贵族在所占领地区相继建立起 5 个王朝，依次是：奴隶王朝、卡尔吉王朝、图格鲁克王朝、赛义德王朝和洛提王朝。这 5 个王朝的统治中心皆在德里，故被统称为“德里苏丹王朝”或“德里苏丹国”。德里苏丹国初期，穆斯林和印度教教徒在宗教信仰、生活方式、风俗习惯及价值观念等方面完全不同，两大群体间存在尖锐矛盾和冲突。不过，穆斯林社会所奉行的信仰面前人人平等的理念与印度教社会的种姓制度形成了鲜明对比，对印度教社会中的首陀罗和贱民来说，伊斯兰教具有极强的吸引力。尽管穆斯林社会也存在阶级，保留着蓄奴制，但其奴隶的概念与印度教社会中的奴隶概念并不相同。穆斯林社会中的奴隶可以依靠自身本领提高社会地位，德里苏丹国中，奴隶王朝的建立者就是很好的例子，而这对于首陀罗和贱民来说是不可想象的。因此，在伊斯兰化的突厥人大举入侵次大陆后，首陀罗和贱民的命运最先发生了改变，他们很快便接受了伊斯兰教，摆脱了种姓制的压迫。[①] 这就是伊斯兰教对印度教社会最直接的冲击。此外，伊斯兰教强调平等、注重现世生活，不像印度教把希望寄托于来世，从这一点来说，伊斯兰教比印度教更适应时代的发展和人们的需求，更有活力也更得人心。另一方面，统治者的意志也是伊斯兰教在印度次大陆迅速发展的一个重要原因。从伽色尼王朝到德里苏丹国，历代统治者为了巩固政权皆大力推行伊斯兰化政策，广建清真寺和宗教学校，强迫当地人改宗，通过政治手段推动了伊斯兰教在次大陆的传播。乌里玛（伊斯兰宗教学者）维护伊斯兰正统派的利益，希望按照伊斯兰教教法原则建立纯粹的伊斯兰政权。他们奉行宗教压迫政策，视所有印度人为“异教徒”，对待印度教教徒的态度尤为极端，反对统治者吸收印度教教徒进入行政机构。[②] 在他们的影响下，印度上层社会的部分人员为了保住地位和利益，主动改宗。从这个角度来说，乌里玛间接地促进了印度穆斯林人口的增长。然而，不可否认的是，在推行伊斯兰化政策的过程中，存在滥杀印度教教徒、大肆破坏印度教神庙的行为，因此，在中世纪的印度，区域性针对穆斯林统治者的叛乱和抵抗运动接连不断。尽管如此，从伽色尼王朝到德里苏丹国的 500 多年间，穆斯林统治者还是维持住了自己的统治，并建立起一个以伊斯兰文化和伦理道德为基础、有别于印度教社会的伊斯兰社会。在此期间，大批印度教教徒改宗，这背后固然有政治因素，但文化和精神因素的作用同样不可忽视，其中，苏非派在印度教社会下层所起的疏导调节作用尤为重要。

突厥穆斯林入侵印度期间，即 11—12 世纪，大批苏非陆续来到

① 张玉兰．德里苏丹国时期印度穆斯林文化的发展［J］．南亚研究，1989（1）：55.

② 刘曙雄．南亚伊斯兰现代进程［M］．北京：北京大学出版社，2014：9.

印度，其足迹遍及全印，形成了一股强大的社会力量。他们反对伊斯兰教正统派乌里玛的宗教专制主义，宣传平等博爱思想，在军队征服过的地方建立修道堂，积极传教，主要对象是印度教社会的下层劳动人民。苏非们同情下层劳动人民的遭遇，乐善好施，无形之中安抚了被征服地的人民，减轻了被征服民族对穆斯林统治者的仇恨。同时，他们所宣传的人人平等的信条吸引了大量深受印度教种姓制度压迫的低种姓民众，一定程度上改变了印度下层人民对伊斯兰教的看法，促进了印度教教徒与穆斯林的相互接近。[①] 教团的建立标志着苏非活动的群体化，随着组织趋于完善，有计划的传教活动得以开展。德里苏丹国时期，来自中亚和阿拉伯半岛的苏非教团相继进入印度北部，它们建立起修道堂，传教布道，发展信徒，善待百姓，救济穷人。这些教团中比较有名的是契什提教团、苏赫拉瓦迪教团、卡迪利亚教团、库布拉维教团和纳克西班迪教团。苏非教团的大师们以渊博学识和人格魅力令不少印度人折服，在社会底层具有极强号召力，因此，苏非教团所宣扬的弃世、顺从和坚忍的思想逐步削弱了印度人的反抗意志，使其逐渐接受了穆斯林统治的现实。另一方面，苏非教团凭借与统治者的关系，积极游说，逐渐改变了统治者残暴的行事方式，转而采取较为温和的态度对待印度人民，比如公开支持统治者的苏赫拉瓦迪教团利用与苏丹接触的机会，向其灌输伊斯兰教教法知识，督促他们履行教义、善待百姓。此外，苏非教团在传教的过程中，还常与印度教瑜伽派探讨神秘主义问题，促进了伊斯兰文化与印度教文化的交流。[②]

在苏非教团的努力下，印度人民与穆斯林统治者间的矛盾得以缓和，相当多的印度教教徒被吸引到伊斯兰教的旗帜下。而更为重要的

---

① 唐孟生，孔菊兰．巴基斯坦文化与社会［M］．北京：民族出版社，2006：133.

② 刘曙雄．南亚伊斯兰现代进程［M］．北京：北京大学出版社，2014：11.

是，在苏非派融合思想的影响下，伊斯兰文化与印度教文化之间有了频繁的互动，经过长时间的相互渗透、融合与吸收，最终形成了一种蕴含两大文化特征的新文化，即印度穆斯林文化[①]。这种文化在莫卧儿王朝阿克巴大帝统治时期迎来大发展，取得了辉煌成就。

16 世纪中叶至 19 世纪中叶，统治印度次大陆大部分区域的是莫卧儿王朝。该王朝的穆斯林统治者不仅要控制印度的物质财富，而且期望主宰印度社会的意识形态。为此，莫卧儿王朝自建立起便尊伊斯兰教为国教，实行伊斯兰教教法，定逊尼派为正统，建立起政教合一的统治制度。此外，统治阶级还制定了许多优待新皈依的穆斯林的政策，并大力发展伊斯兰文化，伊斯兰教的地位得以进一步提升。此时，苏非派的融合思想已被广大印度教教徒和穆斯林接受，印、穆之间相互接触、和睦共处已成历史潮流。莫卧儿王朝的统治者，特别是阿克巴大帝，对此有着清醒的认识，他认为穆斯林要长期统治印度次大陆，就必须得到数量依然庞大的印度教教徒的支持。为此，阿克巴大帝接受了苏非派的容忍思想，实行宗教宽容政策：允许被迫改宗的民众恢复原来的信仰；倡导印度次大陆的各宗教一律平等，各奉其事，自由传教，消除相互间的对立；主张宗教融合，甚至亲自糅合伊斯兰教、印度教、佛教、耆那教、基督教和袄教的一些教义、礼俗，创立了“神圣信仰”这一全新宗教。阿克巴大帝的宗教宽容政策和融合主义思想给莫卧儿王朝带来了太平盛世，也让伊斯兰文化与印度教文化的融合达到了高潮。阿克巴大帝之后的贾汉吉尔、沙·贾汗都在不同程度上继承了他的融合主义思想，使两种宗教文化进一步融合，因此，自阿克巴实行宗教宽容政策起到奥朗则布继位前的这段时间，被称为印度伊斯兰文化发展的全盛时期。

1658 年，奥朗则布发动政变，软禁了父亲沙·贾汗。奥朗则布

① 张玉兰．德里苏丹国时期印度穆斯林文化的发展［J］．南亚研究，1989（1）：54.

继位后，放弃了宗教宽容政策，独尊伊斯兰教，企图使印度次大陆完全伊斯兰化。奥朗则布恢复了对非穆斯林人口征收人头税的制度，并将印度教教徒逐出行政机构，此外，还大举拆毁了印度教庙宇和神像。这些短视的政策导致印穆矛盾骤然尖锐，并很快演变成了武装斗争，极大地削弱了莫卧儿王朝的国力。锡克教教徒和信奉印度教的拉其普特人公开与莫卧儿王朝为敌，马拉塔人逐渐建立起匹敌莫卧儿王朝的军事力量，而西方殖民者的入侵则令莫卧儿王朝陷入内忧外患。在奥朗则布去世后的 100 多年里，莫卧儿帝国的势力范围在连续的武力攻击下不断缩小，王朝逐渐没落，穆斯林的地位随之下降，印度伊斯兰文化亦陷入了低谷。

1857 年的印度民族大起义成为印度穆斯林命运的转折点。随着起义失败，印度彻底沦为英国的殖民地，而穆斯林被英国人视为起义的主导力量，成为殖民者重点打击报复的对象。面对前所未有的艰难处境，为了谋求群体的生存利益，部分印度穆斯林学者发起了伊斯兰现代主义运动，又称穆斯林复兴运动。其中，赛义德·艾哈迈德·汗领导的阿利加尔运动和卡西姆·纳努塔维领导的德欧班德运动，在印度伊斯兰教近代史上产生了重大影响。

赛义德·艾哈迈德·汗作为南亚伊斯兰世界现代化的先驱之一，开辟了伊斯兰现代化发展的特殊道路。他主张穆斯林与英国人合作，力图改变英国统治者对穆斯林的偏见；批评政府干涉宗教事务，强调分区选举制；反对在印度建立代议制政府，认为代议制民主会让穆斯林被拥有人数优势的印度教教徒控制，为此，他于 1886 年创立了穆斯林教育会议这一半政治性组织，以便同国大党分庭抗礼。另外，他一生致力于教育改革，将现代科学与思想引入了穆斯林社会，主张以现代教育取代传统宗教教育，以帮助穆斯林摆脱贫穷落后的局面。在宗教方面，他用理性主义和自然主义观点重新解释了《古兰经》和伊斯兰教教义，力图调和宗教与科学的关系，以使科学为宗教服务，从而捍卫受到基督教冲击的伊斯兰信仰。1863 年，艾哈迈德·汗创立加尔各答伊斯兰教协会；1877 年，他又创建起阿利加尔伊斯兰盎格鲁－东方学院，该院培养出了一大批具有现代科学文化知识的穆斯林精英，成为印度穆斯林独立运动的骨干力量。到 19 世纪 60 年代末，赛义德·艾哈迈德·汗的努力取得了初步成效。英印政府开始反思对穆斯林的压迫政策，很多穆斯林也认识到了学习英语和现代科学技术的重要性。这两点转变对印度穆斯林的前途和命运产生了深远影响。

与阿利加尔运动几乎同时兴起但又与其相对立的，是由卡西姆·纳努塔维领导的德欧班德运动。纳努塔维认为，复兴穆斯林社会的唯一途径就是坚持伊斯兰原教信仰。他主张逊尼派和什叶派消除分歧，团结起来共同反对英国的殖民统治和基督教的传播，坚持以经堂教育抵制现代教育。① 他于 1876 年创立德欧班德伊斯兰学院，并以该学院为中心积极宣传伊斯兰原教旨主义，培养了一大批伊斯兰正统派宗教学者和领导人。他们在之后的印度穆斯林独立运动中也发挥了重要作用。

除了上述运动，印度穆斯林社会还出现了新的教派——阿赫默迪亚教派。该派由库拉姆·阿赫默德于 19 世纪末创建，宣扬伊斯兰教、基督教和印度教的混合教义，愿意在殖民政府统治下自由生活，和平传教，反对圣战和暴力，然而，其混合主义遭到了穆斯林、基督教教徒和印度教教徒的共同反对，在伊斯兰教内被视为异端。

赛义德·艾哈迈德·汗去世后，他的继承者们于 1906 年在穆斯林教育会议的基础上组建全印穆斯林联盟。1941 年，阿卜·阿拉·毛杜迪创建伊斯兰促进会，倡导伊斯兰改革运动。1947 年，印巴分治，巴基斯坦宣告独立，成为自治领，穆斯林联盟主席真纳任总

---

① 薛克翘，赵常庆．简明南亚中亚百科全书［M］．北京：中国社会科学出版社，2004：334.

督。1956 年，巴基斯坦正式建国，定国名为巴基斯坦伊斯兰共和国。1977 年，政府颁布一系列法令，重建了伊斯兰意识形态咨询委员会，恢复征收传统的宗教课税，修订了刑法，使之符合经、训。

二、巴基斯坦伊斯兰教派别

伊斯兰教历史悠久，信徒众多，不同人不可避免对伊斯兰教教义产生带有个人色彩的理解，因此，数个世纪以来，伊斯兰教发展出了不同的教派、宗派及亚宗。如今，伊斯兰教教派林立，大多教派是由最初的核心分歧所催生的两大教派，即逊尼派和什叶派发展出的。巴基斯坦穆斯林多数属逊尼派，少数属什叶派。

在巴基斯坦，各伊斯兰教派均有自己的清真寺。一般情况下，各派信众能和平相处，但各派教义不同，利益不同，上层同政治集团又密切相关，加之各派极端分子时而制造针对其他教派的事端，故教派间冲突不止、仇杀不断，以至于教派冲突成为巴基斯坦社会的一大顽疾。此外，因为与印度有着共同的历史文化传统，所以巴基斯坦伊斯兰教的主流派别均带有明显的苏非派特点和种姓特征。

（一）逊尼派

逊尼派是伊斯兰教中信徒最多的教派，全称“逊奈和大众派”，是伊斯兰教的正统派。逊尼派认为穆罕默德是最后的先知，承认“四大哈里发”，即阿布·伯克尔、欧麦尔、奥斯曼和阿里是穆罕默德的合法继承人，坚持哈里发是由穆斯林选出而不是真主挑选的，严格依照逊奈规范言行。在神学思想方面，逊尼派有两个著名的支系：一为经典派，在探讨教义时重经典明文的原本训示；一为意见派，在注意经典明文的同时，侧重个人见解。意见派内又因在对逊奈的理解与执行上存在严格程度的不同而产生了许多教法学派，其中最著名的有四个，分别是罕百里、马利克、哈乃斐和沙斐仪，四者被统称为四大正统教法学派。

巴基斯坦约 79.4% 的穆斯林属逊尼派，且在教法学派上主要属哈乃斐学派。哈乃斐学派又名“意见派”、“理智派”，在理解和执行逊奈的问题上仅严于沙斐仪学派；在制定教法时，主张严格依据《古兰经》并审慎地引用圣训；在创制法规和立法断案时，主张运用“公议”（穆斯林的公众意见）和“模拟”（对经、训的引申运用）；在无先例可循时，主张从实际出发，采取“择善原则”。从这一点可以看出，巴基斯坦并不是一个严格遵守逊奈的伊斯兰国家，其世俗化程度相对较高。巴基斯坦的逊尼派衍生出了许多支派，其中，规模和影响较大的有以下支派：

1. 圣训派

该派认为，圣训正确解释了《古兰经》中未言明的启示，主张以圣训作为立法依据，而不因袭四大教法学派对《古兰经》和逊奈做出的解释。圣训派深受瓦哈比运动的影响，曾公开宣称受沙特阿拉伯乌里玛的领导，反对苏非神秘主义，号召穆斯林回归纯伊斯兰时代。

圣训派在 19 世纪才出现在印度次大陆。印巴分治之前，圣训派在赛义德·艾哈迈德·沙希德的领导下发展壮大，成立有“全印圣训派大会”、“圣训派贫民会”、“圣训派传教会”等组织。巴基斯坦独立后，达乌德·阿兹纳维于 1949 年在拉合尔组建了“圣训派伊斯兰乌里玛协会”这一宗教政党。1953 年，圣训派发起“反阿赫默迪亚运动”，导致流血冲突，其很多成员被捕。80 年代末，圣训派势力迅速膨胀，建立起激进组织“圣训信徒”。圣训信徒是巴基斯坦国内较早成立的激进组织，“9·11”事件后，该组织加入了由 6 个反美组织联合组成的“联合行动大会”。

目前，圣训派在巴基斯坦各地，特别是旁遮普地区有很大的影响力。其下属的 17 个组织活动于全国各地，其中，最有名的莫过于“虔诚军”（音译为“塔伊巴军”）。虔诚军（لشکرطیبه，Lashkar-e-Ta’iba）是南亚规模最大、最活跃的伊斯兰恐怖组织之一，其主要目的就是推翻印度在克什米尔的统治。为此，虔诚军曾多次发动针对印度的大型恐怖袭击，其中，影响最大的要属 2008 年发生的“孟买连环恐怖袭击案”。该案造成 177 人死亡，数百人受伤，被称为“印度的 9・11”。此外，2001 年的“印度议会大楼袭击案”和 2006 年的“孟买火车连环爆炸案”也被证明是由虔诚军所策划、组织和实施的。

早在 2002 年，巴基斯坦就对虔诚军颁布了禁令，目前，虔诚军已经被巴基斯坦、美国、英国、印度、俄罗斯和欧盟等国家和组织列为恐怖组织。

2.《古兰经》派

该派创建于 1902 年，曾在旁遮普地区产生较大影响，首位领导人是阿卜杜拉・恰克拉拉维。该派认为，《古兰经》是唯一的启示，穆斯林应将其视为真主的要求而加以贯彻，相较而言，尔德节时的庆祝活动和丧葬仪式上的祈祷等都不是穆斯林的本质义务。1981 年，巴基斯坦当代著名伊斯兰学者穆罕默德・达希尔・卡迪里创建组织“《古兰经》之路运动”，使《古兰经》派重新活跃。该组织的宗旨是恢复伊斯兰信仰，加强穆斯林社会团结，在《古兰经》和逊奈的基础上继续先知的事业。该组织于 1987 年开始参与政治活动，之后以“巴基斯坦人民运动”的名义参加了 1990 年大选。[①] 目前，该组织在旁遮普省仍有广泛影响，其总部设在拉合尔，以伊提法克清真寺为活动中心，每周五举行布道活动。

① 薛克翘，赵常庆．简明南亚中亚百科全书［M］．北京：中国社会科学出版社，2004：418.

3. 德欧班德派

德欧班德派源于卡西姆·纳努塔维于1867年发起的德欧班德运动，当时的成员皆是德欧班德伊斯兰学院的毕业生或者与该学院有关的人。该派主张净化伊斯兰教，清除非伊斯兰的传统习俗，反对对苏非圣人的周年祭祀，倾向于使圣人的作用清晰化，强调一神论，反对宗教革新，主张简化礼仪，注重道德修养。1942年，德欧班德派信徒艾哈迈德·奥斯曼尼创立印度伊斯兰乌里玛协会，很多德欧班德派成员成为该组织的乌里玛[①]。巴基斯坦独立后，部分该组织成员迁至巴基斯坦，组建起了“伊斯兰乌里玛协会”。该协会是一个宗教政党，继承了德欧班德派的传统，主张把巴基斯坦建设成一个符合伊斯兰原教旨主义并实施伊斯兰教教法的宗教国家。

齐亚·哈克执政后，任命德欧班德派毛拉为总教长，自此，德欧班德派势力迅速发展，如今，巴基斯坦超过15%的穆斯林属于该派，约64%的宗教学校由德欧班德派控制。一些德欧班德派的下属经院与巴基斯坦极端组织联系紧密，其中名气较大的是“巴基斯坦圣徒军”和“巴基斯坦斗士军”。巴基斯坦圣徒军是1982年从伊斯兰乌里玛协会分裂出的一个组织，而巴基斯坦斗士军则是1995年从巴基斯坦圣徒军分裂出的一个极端组织。此外，一些德欧班德派组织还是巴基斯坦塔利班的重要支持者，不少塔利班首领都在德欧班德派经院学习过。[②]

4. 巴雷尔维派（Barelvi）

巴雷尔维派由艾哈迈德·利扎·汗于19世纪后期在印度的巴雷利镇创立。艾哈迈德·利扎·汗（1856—1921年）一生从事教法裁

① 乌里玛，泛指所有得到承认的、有权威性的穆斯林教法学家和神学家。

② 唐孟生，孔菊兰. 巴基斯坦文化与社会［M］. 北京：民族出版社，2006：147—148.

决和教法著述事业，主张一神论，尊崇《古兰经》和逊奈，反对自然主义和科学思想，晚年参与政治，反对非暴力不合作主义，反对印穆合作，主张穆斯林独立。他在家乡巴雷利创办了“伊斯兰曼扎尔学院”，培养神职人员。其追随者还建立了“利扎穆斯塔法协会”、“纳伊姆学院”和“全印逊尼派大会”等组织，在政治上反对甘地的不合作主义和“印穆联合”的口号。1946 年，全印逊尼派大会在贝拿勒斯召开大会，公开支持巴基斯坦独立。

受苏非神秘主义影响，巴雷尔维派在宗教实践中表现出了对当地传统和其他伊斯兰教教法学派的包容性，比如它接受了自中世纪以来流行于印度的崇拜圣徒和圣墓的习俗，认为圣人是信众与先知沟通的媒介；又如，该派对伊斯兰教的解释融合了不同伊斯兰教教法学派的观点，此外，该派还与一些政治性和宗教性很强的群体保持紧密关系。正是这种高度包容性，使得该派的信徒众多，在巴基斯坦，绝大多数的农民属于这个教派，城市里该派的追随者也很多，25% 的宗教学校由该派控制。

巴基斯坦独立后，巴雷尔维派参政热情高涨，于 1948 年在木尔坦成立了自己的政治组织——“巴基斯坦乌里玛协会”，派内很多成员都成为该协会的乌里玛。该协会也是目前巴基斯坦最大的宗教性政党。巴雷尔维派又分为 5 个支派，其中，在卡拉奇的“逊尼派运动”规模最大，曾卷入卡拉奇地区的宗派暴乱。①

（二）什叶派

什叶派是与逊尼派对立的派别，有自己的圣训和教法，二者间的分歧始于穆圣去世。公元 632 年 6 月 8 日，伊斯兰教创始人穆罕默德逝世，早期穆斯林中的迁士派（随穆罕默德迁往麦地那的麦加人）

① 薛克翘，赵常庆. 简明南亚中亚百科全书［M］. 北京：中国社会科学出版社，2004：146.

和辅士派（穆罕默德在麦地那避难时入教的麦地那人）在哈里发问题上产生了分歧，双方都认为自己这一派的人最有资格担任哈里发。这是伊斯兰教内部分歧的最初反映。

公元 656 年，第三任哈里发奥斯曼被害，阿里继任哈里发，得到了大多数人的承认，但包括叙利亚总督穆阿维叶在内的一部分人，拒不承认阿里的哈里发地位，并以为奥斯曼报仇为由，对阿里兴师问罪，战争随即爆发。公元 657 年，在隋芬战役中，阿里一方获胜，但他接受了对方提出的以《古兰经》为裁决依据的和谈要求。对此，阿里的队伍中约有 1200 人表示坚决反对，进而脱离了阿里的领导，形成哈瓦利吉派。

公元 661 年，阿里被一名哈瓦利吉派信士所杀，穆阿维叶遂自立为哈里发，建立起倭马亚王朝。不过，阿里集团与穆阿维叶集团间的斗争仍在进行，并逐渐形成了伊斯兰教的两大派：拥护阿里的一派被称为什叶派（意为“宗派”），拥护穆阿维叶的一派被称为逊尼派（意为“遵守圣训”），最初，二者是不同的政治派别，后来，发展成为宗教派别。

逊尼派承认四大哈里发都是先知的合法继任者，因此获得历代哈里发的扶植而广泛流传，并自称正统派。什叶派只承认阿里及其后裔才是先知的合法继任者，尊他们为“伊玛目”，认为伊玛目是由真主指定的，具有超凡神性，末代伊玛目已经遁隐，未来某刻将以救世主（马赫迪）的身份再现，铲除暴政与邪恶，使人间充满正义。伊玛目隐遁期间，要由经过专门培养的教法学家，据经、训原则和伊玛目的教谕，管理政教事宜。正因如此，什叶派受到了哈里发的打压，发展不及逊尼派。后来，随着时间的推移，什叶派内部也产生了分歧，分裂成载德派、十二伊玛目派和伊斯玛仪派，在以后的发展中，这三派又分化出许多小派别。什叶派现主要分布于伊朗、伊拉克、巴基斯坦、印度和阿拉伯半岛西南部等地。

在巴基斯坦，什叶派相对于逊尼派来说是少数派，其信徒约占国内穆斯林人口的 20.6%，主要分布在信德省和旁遮普省，不过，该派经济实力强，政治影响大。英国殖民时期，什叶派支持英国人，因而获得了很多土地和英国人在政治上的支持，在经济和政治上逐渐强大起来。巴基斯坦独立后，什叶派穆斯林继续保持了自身在经济和政治上的优势，在军、政界多担任要职。伊斯坎德尔·米尔扎、叶海亚·汗以及布托家族均属什叶派，巴基斯坦工商业和金融业的重量级人物也多是什叶派穆斯林。

巴基斯坦的什叶派同样分成了很多派别，主要有十二伊玛目派和伊斯玛仪派，其中十二伊玛目派的人数最多，集中于卡拉奇、拉合尔和旁遮普省南部。伊斯玛仪派相较于十二伊玛目派来说是一个小宗派。该派认为伊玛目只有 7 个，故也被称为“七伊玛目派”，伊斯玛仪是最后的伊玛目，且已经遁隐。伊斯玛仪派的教义神秘而富有哲理。该派认为，天启的经典除了字面表义外，还有常人不知的隐义，只有通过伊玛目的秘传，信徒才能得悉其奥秘，进入更高境界，故该派常被称为内学派。

巴基斯坦的伊斯玛仪派又分为尼扎里、霍加和布赫拉 3 个支派。其中，尼扎里派的信徒主要分布在奇特拉尔、吉尔吉特和洪扎，其创始人阿迦·汗被该派信徒奉为精神领袖，故该派也被称为阿迦·汗派。“阿迦·汗”不是人名，而是一个封号，最早是由伊朗国王授予哈桑·阿里·沙的。哈桑是阿里和穆圣之女法蒂玛的直系后裔，曾任伊朗卡尔曼省的省督，并被国王招为女婿，后因政变图谋败露而逃往信德。1881 年，哈桑去世，其长子继任伊玛目，被称为阿迦·汗二世。1885 年，阿迦·汗二世逝世，其子苏尔坦·穆罕默德·沙继任伊玛目，成为阿迦·汗三世。[①] 阿迦·汗三世旅欧多年，受过良好的

① 唐孟生，孔菊兰. 巴基斯坦文化与社会［M］. 北京：民族出版社，2006：151.

西方教育，回到印度后以代理人身份为英印政府效力，尼扎里派因而得到了英印政府的承认与支持，在北部地区（今吉尔吉特－巴尔蒂斯坦）十分活跃，掌控了当地经济，在教育、医疗、广播、出版等领域建立了许多组织。阿迦·汗三世本人还设立了“阿迦·汗基金会”，以此支持穆斯林教育事业，此外，他还积极参与了19世纪60年代的印度穆斯林启蒙运动，并且成为全印穆斯林联盟的第一任主席。

霍加派人数很少，主要分布在旁遮普省和信德省，其信徒大多是从印度教改宗的穆斯林，受印度教和当地风俗习惯影响较深。霍加派信徒尊崇苏非派契什提教团和卡迪利亚教团，对苏非神秘主义情有独钟，其在印度次大陆的第三位达伊[①]——赛达尔丁专门撰写了一本名为《第十个阿瓦拉特》的书，以帮助改宗的印度教教徒更好地理解神秘主义，而今，这部书被霍加派奉为经典。另外值得一提的是，巴基斯坦国父阿里·真纳就是霍加派的虔诚信徒。

波赫拉派是伊斯玛仪派在巴基斯坦的又一个分支，其信徒多由印度教改宗而来，主要分布在旁遮普省和卡拉奇地区。“波赫拉”一词源于古吉拉特语单词“vohorvu”，意为“贸易、交易”，因为波赫拉派信徒多以经商为职业，故用此名代指这一派的穆斯林。严格来说，波赫拉派属于伊斯玛仪派分支——穆斯塔尔派的分支派别。12世纪初，穆斯塔尔派的部分信徒由也门来到印度次大陆，在他们的影响下，部分印度教教徒改宗伊斯兰教，成为南亚地区最早的波赫拉派信徒。1947年印巴分治后，部分波赫拉派信徒迁至巴基斯坦。

三、伊斯兰教对巴基斯坦社会的影响

虽然巴基斯坦还有基督教、印度教、琐罗亚斯德教（祆教）等宗教，但它们的信徒很少，无法改变伊斯兰教在巴基斯坦一枝独秀的局

① “达伊”是对伊斯玛仪派秘密传教者的一种称谓。

面，因此，伊斯兰教的影响力自然地渗透到了社会生活的各个方面。人们的行为准则、道德规范、文化传统、生活习惯，甚至国家政治都受到了伊斯兰教的影响。

（一）对政治的影响

巴基斯坦独立伊始，国父真纳便引进了西方议会制度，建立起代议制政府，但他同时强调“在制定宪法时切莫忘记伊斯兰教的基本原则”。在巴基斯坦历届政府中，除军管政府外，均实行西方议会制（或总统制），但穆斯林民众在社会生活中却保持着伊斯兰教的传统。因此，巴基斯坦既不是一个纯伊斯兰国家，也不是一个纯世俗国家，而是一个介于二者之间的“温和型”伊斯兰国家。

1930 年，在印度阿拉哈巴德市召开的穆斯林联盟年会上，被誉为巴基斯坦精神之父的穆罕默德·伊克巴尔正式提出了在次大陆建立一个由旁遮普、信德、俾路支斯坦和西北边境省等四个省份组成的伊斯兰国家的构想。这一构想来源于赛义德·艾哈迈德·汗于 1883 年提出的“两个民族”理论，而这一理论正是基于穆斯林和印度教教徒在宗教信仰、历史背景、社会风俗和文化传统等方面的差异而提出的，其中，宗教信仰又是根本因素。因此，可以说，巴基斯坦在独立前便与伊斯兰教结下了不解之缘。

真纳的建国理念是将巴基斯坦建设成为一个世俗化的伊斯兰国家。这在他出任总督时的就职演说中体现得十分明显，他说：“终有一天你会发现，印度教教徒不再是印度教教徒，穆斯林也不再是穆斯林，当然这是从政治意义上来说的而非宗教意义，因为宗教是每个人的个人信仰，但在政治上，他们都是我国公民。”为此，真纳给巴基斯坦引入了西方议会制。然而，巴基斯坦既不是一个历史悠久的国家，也不是一个民族成分单一的国家，它既不能靠悠久的历史也不能靠民族主义来凝聚民众。[①] 所以，真纳不得不借助“伊斯兰认同”来遏制“民族认同”，不仅大力扶植宗教势力，而且把“伊斯兰认同”与“国家认同”等同起来。对新生的巴基斯坦来说，伊斯兰教是一面能把各民族、各派系凝聚起来的精神旗帜。因此，当 1947 年 7 月巴基斯坦制宪议会成立时，作为会议主席的真纳专门强调在制定宪法时不能违背伊斯兰教的基本原则。

1949 年 3 月，制宪议会任命了“基本原则委员会”。1950 年 9 月，基本原则委员会提出第一份报告，然而，却遭到了宗教学者的反对，他们谴责“拟议中的宪法缺乏伊斯兰精神”。1952 年年底，第二份报告出炉，尽管其中增加了“国家元首必须是穆斯林”、“国家元首可以任命一个精通伊斯兰教教法的五人委员会，以便对立法提出建议”等条款，但还是遭到了反对。直至 1953 年 11 月，制宪议会通过决议，将未来国家的名字定为“巴基斯坦伊斯兰共和国”，反对的声音才渐渐平息。1956 年，巴基斯坦第一部宪法正式颁布，宪法虽然没有直接宣布伊斯兰教为国教，但明确表示，人民的权利是真主赐予的，并含有巴基斯坦是一个“伊斯兰共和国”、“国家元首必须是穆斯林”等条款，可以说，这部宪法向宗教和传统主义做出了很大程度的妥协。然而，真正掌握国家政权的是接受西方思想的政治集团而非正统穆斯林，众多宗教组织的乌里玛在政治上仍深感失落和沮丧。为了表达不满，以伊斯兰促进会为首的正统派穆斯林于 1953 年发起了反阿赫默迪亚运动，引发大规模流血冲突，导致旁遮普省实行军管。综上可知，从巴基斯坦独立伊始，其政治就摆脱不了宗教的影响。

议会民主制失败后，阿尤布·汗在国内实行“基本民主制”，并于 1960 年成为巴基斯坦第一任民选总统。他就任总统后，立即成立了制宪委员会，并要求所有制宪建议必须基于伊斯兰教的正义、平

① 严天钦，石坚. 土耳其和巴基斯坦政教关系对比研究［J］. 南亚研究季刊，2012（1）：70.

等和宽恕原则。之后颁布的 1962 年宪法在一定程度上体现了这些原则，不仅增加了“成立伊斯兰思想咨询委员会”的条款，而且明确指出“要在维护国家的物质进步的同时，维护伊斯兰教的精神和道德价值”。不过，其改“伊斯兰共和国”为“共和国”的决定，以及删去“有关法律必须与《古兰经》和逊奈保持一致”这一条文的做法引起了宗教界的极大不满。迫于压力，1963 年通过的宪法修正案又恢复了“巴基斯坦伊斯兰共和国”的国名，并规定立法者在立法的过程中必须注意，不能让新的法律与《古兰经》或逊奈相悖。之后的 1973 年宪法保留了 1962 年宪法中有关伊斯兰教的条款。

20 世纪 60 － 70 年代，伊斯兰原教旨主义在巴基斯坦的势力和影响力跃升明显。其历史，可追溯至 1920 － 1941 年间阿布罗·阿拉·马乌林特在南亚发起的文学启蒙运动。在此期间，他创立了“伊斯兰协会”（جماعت اسلام），大力宣扬“真正信仰”（原教旨思想），在南亚许多地方建立起分支机构，但伊斯兰协会的活动中心始终在今天的巴基斯坦境内。

1974 年，在以伊斯兰协会为首的原教旨主义势力的压力下，巴基斯坦政府宣布，阿赫默迪亚派是非穆斯林的少数派，其思想是“非伊斯兰”思想；同年，巴基斯坦政府成立宗教事务部，负责朝圣、推进伊斯兰化以及原属于伊斯兰意识形态委员会的工作。1977 年，伊斯兰协会、伊斯兰促进会、伊斯兰乌里玛协会、巴基斯坦乌里玛协会等宗教政党组成民族联合阵线，发起大规模群众政治运动，反对布托的统治，为齐亚·哈克发动军事政变，建立独裁统治起到了推波助澜的作用。齐亚·哈克上台后投桃报李，于 1978 年下半年，开始在法律、经济、教育等领域推行“伊斯兰化”政策，这一政策在巩固齐亚·哈克政权的同时也扩大了伊斯兰原教旨主义的根基。此外，伊斯兰化政策还促进了世界伊斯兰教的复兴，在齐亚·哈克掌权的 11 年间，巴基斯坦成为世界伊斯兰教复兴运动的一个中心。

谢里夫执政时期，进一步推广了伊斯兰文化，支持通过伊斯兰法。伊斯兰教政党则大力兴办学校、建立医院，不断扩大伊斯兰原教旨主义的影响。截至 1999 年，巴基斯坦国内的宗教学校超过 1 万所，超过 100 万人在宗教学校学习。在政府积极促进国家伊斯兰化以应对现代化挑战的同时，受世界伊斯兰教复兴的影响，巴基斯坦民间的伊斯兰思潮也活跃了起来，来自社会底层的穆斯林对伊斯兰教愈发虔诚。民间的伊斯兰思潮与政府推行的政策紧密结合，使伊斯兰教成为巴基斯坦全民团结的象征和政权合法化的基础。

（二）对生活习俗的影响

伊斯兰教对穆斯林日常生活的影响是全方位的。《古兰经》规定的“五功”不仅是每名穆斯林的宗教义务，而且已经成为穆斯林日常生活必不可少的一部分。

巴基斯坦的穆斯林每天都会多次诵念“拉安拉安拉阿拉，穆罕默德乌勒勒苏勒安拉”，意为“万物非主，唯有安拉，穆罕默德是安拉的使者”。这句话被称为清真言，反映了伊斯兰教最基本的信条，即真主至大。穆斯林出生时首先听到的是清真言，临终前要诵念清真言，一生中更要时时诵念，以体现对“真主唯一、穆圣尊崇”的虔信。此外，穆斯林在饮水、进食以及做一切重要事情之前，都要诵念“泰斯米尔”，意为“以至仁至慈的安拉之名义”，以表示对真主的虔敬并祈求真主赐予吉祥。穆斯林的著作、演讲稿均以这句话开头，信笺的上方也必须写上这句话。“泰斯米尔”是穆斯林在生活中使用最多的一句话。

礼，即礼拜，亦称“乃马兹”（نماز），是指穆斯林面向“克尔白”（天房）祈祷的一种宗教仪式。穆斯林每天做五次礼拜，分别在拂晓、午后、下午、日落后和夜间进行，这五次礼拜分别被称为“弗杰尔”（晨礼）、“祖赫尔”（晌礼）、“厄瑟尔”（晡礼）、“马格里布”（昏礼）和“尔沙伊”（宵礼）。此外，穆斯林在每周五都会前往附近的清真寺参加集体礼拜，该礼拜被称为“主麻”，译为聚礼，周五也被称为“主麻日”（جمعه）；开斋节和宰牲节时，各地会举行大规模集体礼拜，即“会礼”。若有穆斯林去世，其亲朋好友会组织集体礼拜，为亡者祈祷，该礼拜被称为“者那则”，译为“殡礼”。[①]礼拜没有固定地点，但要求洁净，因此，穆斯林在礼拜前要用净水洗身，清理衣服，选择一处干净之地铺上礼拜垫或席子，面向天房开始礼拜。礼拜有固定的程序，包括站立举义、抬手入拜、站立抄手、鞠躬、叩首、跪坐、向左右问安等一系列环节，每个环节都有相应规定，礼拜者必须严格按要求完成。此外，礼拜者还须念诵“安拉至大”、赞主词、《古兰经》首章和部分其他章节以及清真言等等。

按照伊斯兰教规定，伊历 9 月是斋月，亦称“拉麦丹月”（رمزان）。斋月期间，成年穆斯林每天在日出后至日落前的这段时间不进食水，日落后才补充每日所需，借此表明对真主的笃信与虔诚，该行为称为“封斋”。封斋持续一个月，当斋月结束、开斋节来临时，穆斯林会沐浴更衣，恢复正常饮食，每家每户热闹庆祝，人们也会走上街头举行盛大的欢庆仪式。

课，即缴纳天课，天课亦称“则伽德”（زکات），意为“涤净”。穆圣认为，真主规定天课为穆斯林的主命，目的在于涤净穆斯林的财产盈余，以救助穷人和有需要的人。因此，伊斯兰教教法规定，凡有合法收入的穆斯林家庭，须抽取家庭年度纯收入的 2.5%用于赈济贫苦者和帮助有需要的人。天课从性质上来说不是政府征收的税款，也不是随意捐助的赠金，而是穆斯林为获得真主的喜悦而自我约束、自我奉献的一种神圣行为。施天课者可以克服其自私心和对物质享受的

① 陆水林. 世界列国国情习俗丛书：巴基斯坦［M］. 重庆：重庆出版社，2004：168.

贪慕，建立其对贫困者的同情心，而受天课者则会消除对富裕同胞的嫉妒和仇视，进而产生好感。天课无最高限额，在不剥夺自己及家人合理生活条件的情况下，施的天课愈多，施者和受者的获益就愈多。在巴基斯坦，天课由政府代收，然后统一分配给穷人和有需要的人。齐亚·哈克执政时期所推行的经济伊斯兰化的措施之一就是征收天课税和什一税。

朝，即朝圣，是指凡是身体健康、经济条件许可的穆斯林，一生中至少要去圣地麦加朝觐一次。朝圣仪式在伊历 12 月 8 日至 12 日举行。除规定的朝觐外，其他时间也可去麦加朝觐，这种朝觐被称为“副朝”。巴基斯坦政府设立的宗教事务部，其职责之一便是安排本国穆斯林赴麦加朝圣的相关事宜，如：代表巴基斯坦政府与其他国家的穆斯林代表团建立联系；为巴基斯坦朝圣者设立福利、宣传和医疗机构等。巴基斯坦政界人物通过选举上台后，往往也会去麦加朝觐一次。

伊斯兰教对巴穆斯林生活的影响还体现在各种各样的宗教节日上。除了前一章节所述的伊斯兰教三大节日——开斋节、宰牲节和圣纪节，以及专属什叶派穆斯林的“阿术拉节”之外，比较重要的节日还有登霄节和巴拉特夜。

登霄节来源于穆圣夜行登霄的传说。相传穆圣 52 岁时，在伊历纪元前 1 年（公元 621 年）7 月 27 日，为躲避一些反对者的攻击和谋害，来到了其堂妹温母哈尼的家中。就在当夜，真主命令天使杰柏列尔牵天马来接穆圣。穆圣在其陪伴下，乘着夜色从麦加来到耶路撒冷，并从那里乘天马“登霄”，遨游七重天，见到了古代众先知，见识到了“天堂”和“火狱”。待他返回到第六重天时，再次遇见圣人穆撒，并向其告知了真主将每日 50 次礼拜作为天命的决定。穆撒认为穆斯林没那么多时间，可能承受不了每天 50 次的礼拜，穆圣听后深以为然，于是连续 9 次求真主减少礼拜次数，直至真主将每日礼拜的次数减为 5 次，这正是每日 5 次礼拜的由来。由于这一传说，穆斯林在伊历 7 月会频繁诵念真主之名，并在 7 月 27 日的白天斋戒，夜晚做礼拜，以表达自己的虔诚，祈求真主赐福。

巴拉特夜也源于一个传说。相传在伊历每年 8 月 15 日的夜晚，天使都要将其在人间看到的每一个穆斯林的言行向真主汇报，因此，这一天对全体穆斯林而言都至关重要。在巴基斯坦，穆斯林白天斋戒，晚上到墓地为逝去的亲友祈祷，回家后再向真主祈祷。这一天，巴基斯坦的穆斯林还有守夜的习俗。当晚，家中的老人会决定来年要做的事并确定家庭各项开支预算。此外，穆斯林还会做各种甜食，分送给亲友。

伊斯兰教崇尚洁净，这一点深深影响了巴基斯坦穆斯林的日常生活。穆斯林不吃猪肉，因为他们认为猪是杂食性动物，其肉是不洁净的，此外，他们也不吃外形丑陋的动物和肉食性的猛兽、猛禽。不反刍的食草动物和鱼类也是不可食用的，这些动物在穆斯林看来同样不净。穆斯林的肉食主要是牛、羊肉和鸡肉，之所以不吃马、驴和骡子的肉，是因为《古兰经》的“蜜蜂”一章中有这样的表述：真主创造了人、鲁哈、马、驴和骡，其中马、驴和骡主要用于让人乘骑。对穆斯林而言，禽畜的血也是不洁的，因此，屠宰禽畜时一定要以割喉法放掉其全身血液，同时还要诵念“奉真主安拉之名，安拉至大”。非穆斯林屠宰的禽畜和未经屠宰而死的禽畜也是不可食用的。进餐时，穆斯林一定要用右手抓食物，因为在巴基斯坦，左手是如厕后用来清洗排泄器官的，是不洁净的，所以吃饭时，只能用右手抓食物。即使是不幸失去右手的人，也一定要先用右手腕触碰食物，再用左手将其送入口内。[①] 这一观念在见面问候时也有所体现：碰面的双方在互相问候的同时一般还要握手，此时双方伸出的一定是右手。

① 唐孟生，孔菊兰. 巴基斯坦文化与社会［M］. 北京：民族出版社，2006: 316.

除了饮食，礼拜对洁净也有着极高的要求。做礼拜前，穆斯林要洗净自己的身体。这一过程按清洗部位和程度可分为大净和小净：大净要求礼拜者用水自上而下冲洗全身、漱口、洗鼻孔；小净要求礼拜者依次清洗手、脸、肘、口、鼻孔，接着用湿手抹头，最后冲洗双足。在无水或某些特殊情况下，礼拜者可以用沙土代替，称为土净。①

此外，诸如巴基斯坦穆斯林崇尚白色，男女间接触要求庄重、谨慎，人去世后，尸体要用枣叶清洗等风俗习惯，无不体现了伊斯兰教洁净思想对穆斯林生活的影响。

除了日常生活外，巴基斯坦穆斯林的婚丧嫁娶和礼仪禁忌也深深地被打上了宗教的烙印。伊斯兰教教法对结婚、离异、配偶双方的权利和义务都有明确而详尽的规定，这些规定被巴基斯坦穆斯林严格地执行，丧葬仪式按照伊斯兰教教规须在教长的主持下进行。生育礼、割礼等礼仪以及穆斯林的穿着、饮食、问候方式和日常禁忌等也都参照了伊斯兰教的相关规定。

第二节　其他宗教

一、阿赫默迪亚教派

阿赫默迪亚教派又称“卡迪扬教派”，得名于其创立地点——印度旁遮普邦的卡迪扬村。19 世纪下半叶，印度穆斯林社会的思想界空前活跃，在这种背景下，米尔扎·库拉姆·阿赫默德于 1889 年 3 月 4 日在印度旁遮普邦的卡迪扬村创建了阿赫默迪亚教派。他宣扬伊斯兰教、基督教和印度教的混合教义，宣称自己是时代的革新者，

---

① 陆水林. 世界列国国情习俗丛书：巴基斯坦 [M]. 重庆：重庆出版社，2004：168.

是穆罕默德、马赫迪、耶稣和黑天的化身；强调用理性主义观点解释当代社会，主张在社会生活的各个领域重建《古兰经》和逊奈的真正价值，以顺应时代发展。[①] 此外，他认为英国殖民者开创了“宗教生活的黄金时代”，主张穆斯林在殖民政府统治下和平生活，反对圣战和暴力。这种观点深得殖民者的赏识，1900 年，英印政府承认阿赫默迪亚派作为伊斯兰教的一个教派存在。

库拉姆于 1908 年去世后，阿赫默迪亚教派发生分裂，穆罕默德·阿里等人以拉合尔为中心组成拉合尔派，巴希尔·马哈茂德则率领一部分人继续留在卡迪扬，形成卡迪扬派。拉合尔派认为库拉姆不是先知而只是一个革新者，卡迪扬派则坚持认为库拉姆是转世的先知。印巴分治后，卡迪扬派总部迁至巴基斯坦境内的拉普瓦，其信徒总数超过 50 万，其中约有一半在巴基斯坦，其余的散布在印度和世界其他国家。1953 年和 1971 年，巴基斯坦国内两次爆发了反卡迪扬运动。1974 年，巴基斯坦国民议会通过决议，将该派定为非穆斯林的少数派。[②]

巴基斯坦的一些伊斯兰教正统派学者和宗教政党并不满足于此，他们利用各种刊物、集会抨击阿赫默迪亚教派，要求政府限制其政治和经济势力。在这种呼声下，大力推行伊斯兰化政策的齐亚·哈克总统于 1984 年 4 月 26 日颁布总统法令，重申该教派信徒不得自称为穆斯林，不得称其信仰为伊斯兰信仰，不得称其礼拜场所为清真寺。法令还规定，该教派信徒不得宣传其教义和使用伊斯兰教术语，违者将被处以罚款和监禁。阿赫默迪亚教派由此陷入十分困难的境地，一些首脑和信徒避居国外。

根据 2011 年的人口普查，巴基斯坦国内阿赫默迪亚教派的信徒

① 张来仪. 巴基斯坦的政治伊斯兰透析［J］. 南亚研究季刊，2008（2）：30.

② 薛克翘，赵常庆. 简明南亚中亚百科全书［M］. 北京：中国社会科学出版社，2004：334.

约有 43.34 万，占全国总人口的 0.22%。

二、巴哈伊信仰

巴哈伊信仰产生于 19 世纪中叶，与当时波斯穆斯林的巴布教派运动有着很深的渊源。巴布教派的创始人赛义德·阿里·穆罕默德被认为是巴哈伊信仰的先驱。后来，该教派被镇压，赛义德·阿里·穆罕默德遇害，其弟子米尔扎·侯赛因·阿里，亦称“巴哈欧拉”（意为“主的光辉”）遭到囚禁和流放。在被囚禁期间，巴哈欧拉声称自己受到了上帝的启示，遂开始创立巴哈伊信仰。在后来的流放生活中，他创作了被该教奉为经典的《隐言经》、《七座山谷》和《毅刚经》，并于 1863 年开始传教，该教的信徒被称为“巴哈伊”。部分巴哈伊受巴哈欧拉的鼓励，迁居到今巴基斯坦所在地区宣传巴哈伊信仰。

巴哈伊信仰认为上帝（或安拉）是唯一全知全能的造物主，各宗教均来自同一神圣根源，各宗教中的使者都是上帝派遣到人间的真正使者，是上帝和人之间的中介。该教主张人类不分种族、阶级、性别、信仰，一律平等，人类应该团结一致，实现世界大同。该教还主张普及教育、妇女解放和消除极端贫富分化，倡导一夫一妻制，反对奴隶制，反对乞讨、饮酒和吸毒等行为。巴哈伊信仰对饮食没有具体禁忌，不禁食猪肉，只是泛泛地规定信徒不得食用不洁之物。

巴哈伊信仰的基层组织被称为地方灵体会，存在该信仰的每个国家均设有总灵体会。每隔 5 年，各国总灵体会会以秘密投票的方式选举国际理事会中的 9 名成员组成世界正义院。世界正义院是巴哈伊信仰的最高机构，其办事处设在以色列的海法，因此，海法也成为巴哈伊信仰的圣地。

在巴基斯坦，巴哈伊们有举行公众集会、建立学术机构、传播信仰和选举管理委员会的权利。不过，巴基斯坦政府禁止本国巴哈伊前往以色列的海法朝圣。巴基斯坦的巴哈伊大约有 79000 人。

三、印度教

印度教形成于公元 2 世纪左右，是在婆罗门教基础上，吸收其他宗教思想演化而来的。它继承了婆罗门教的基本教义，认为梵是最高的存在，保留了造业、果报和轮回的观点。印度教的教义大致可概括为多神信仰、主神崇拜、种姓分立、因果报应、祭祀万能、吠陀经典。

印度教是一个多神教，号称有 3300 万个神灵，但多数印度教教徒只崇拜一个神。印度教有三大主神：梵天、毗湿奴和湿婆。梵天是第一位的主神，是万物的创造之神；毗湿奴是第二位的主神，是宇宙的维持者，能降妖伏魔，被奉为保护之神；湿婆是第三位的主神，是世界的破坏者，不断变化形象，拥有众多化身，被奉为毁灭之神。在三个主神中，印度教教徒又往往把毗湿奴或湿婆立为一个主神，其他神都在其下。

印度教存在严格的种姓制度。最初，种姓制度将人划分为婆罗门、刹帝利、吠舍和首陀罗等四大种姓。婆罗门主管宗教祭祀，垄断了文化和宗教事务，地位最高；刹帝利是贵族或武士，掌握军政大权；吠舍是平民，从事农业、手工业和商业；首陀罗是近乎于奴隶的下层体力劳动者。后来，从四大种姓衍生出无数亚种姓，此外，还有被称为“不可接触者”的贱民。种姓制度充分体现出了印度教宗教生活社会化的特征。

印度教笃信因果报应，认为每一种生命都有灵魂，会再生或转世，此生的善恶将在来生得到报应，这种轮回周而复始，无始无终。

印度教认为婆罗门地位至上，所以，祭祀万能的思想影响着每一名印度教教徒。印度教教徒认为奉行各种戒律、例行祭祀可以使人达到梵我如一的境界，摆脱轮回之苦，故十分重视拜神和祭祀。

《吠陀》是印度教的经典，被认为是印度教一切文化的渊源。《吠陀》有四部“本集”，分别是《梨俱吠陀》、《娑摩吠陀》、《夜柔吠陀》和《阿达婆吠陀》。继四本集之后，还有《梵书》、《奥义书》、《森林书》和《往世书》等经典。这些经典一般被视为“吠陀本集”的续编，是由传授“吠陀本集”的各个派别编订的，均与“吠陀本集”有关。此外，印度教的经典还包括两大史诗，即《罗摩衍那》和《摩诃婆罗多》。

1947 年印巴分治时，大批印度教教徒由巴基斯坦迁往印度。留在巴基斯坦的印度教教徒大多分布于信德省，少数分布于旁遮普省和俾路支省。巴基斯坦的印度教教徒分属多个种姓和亚种姓，属于不同教派，有的崇拜毗湿奴，有的崇拜湿婆，有的崇拜罗摩，有的崇拜印度河神。

经过 60 多年与穆斯林的混居，巴基斯坦的印度教教徒在职业、居所和饮食方面发生了许多变化。在大城市，印度教教徒与穆斯林在服饰上的差别已经很小，很难将其分辨出来，只有在一些小城市或农村，印度教妇女仍保留着独特的传统服饰。在巴基斯坦的印度教教徒中，种姓制的影响已大为削弱。高种姓的印度教教徒一般是公职人员或商人，有的也从事农业，而一些低种姓的印度教教徒在接受了现代教育后，也进入了商界或公职人员的队伍。①

根据 2011 年人口普查，巴基斯坦的印度教教徒约有 228.52 万人，约占全国人口的 1.16%。

四、基督教

基督教于莫卧儿王朝时期传入印度次大陆。1594 年，耶稣会会士来到阿克巴大帝在拉合尔的行宫，宣传基督教。在阿克巴大帝宗教

① 陆水林．世界列国国情习俗丛书：巴基斯坦［M］．重庆：重庆出版社，2004：192.

宽容政策的帮助下，基督教在印度次大陆有了少量信徒。之后，基督教的许多教派都派出传教士来次大陆传教。这一时期，由于旁遮普地区农业发达，人口较多，且存在大量低种姓的印度教教徒，基督教对其颇具吸引力，故基督教传教士们的主要活动区域在旁遮普。

巴基斯坦的基督教团体大多由英国殖民时期旁遮普地区改宗基督教的印度教教徒和穆斯林组成。20 世纪初，旁遮普中部的印度教贱民发起了一场改宗基督教的运动，仅 1902－1915 年，卫理公会的信徒便从 1200 人增至 1.5 万人。这也是巴基斯坦基督教教徒中旁遮普人占绝大多数的主要原因。[①] 此外，由于旁遮普地区的部分印度教贱民在改宗伊斯兰教后，仍然无法提高自身的社会地位，甚至不能进清真寺做礼拜，故在基督教传入后，他们中的大多数人又改宗基督教。1947 年巴基斯坦独立时，基督教教堂和教会组织已遍布各地。

巴基斯坦的基督教包括多个教派，除新教和天主教外，还存在一些本地教派，如巴基斯坦全国圣母玛利亚教会。在巴基斯坦，新教在农村的发展情况较好，而天主教则在城市，特别是商人阶层中有较强的力量。巴基斯坦的新教包括安立甘宗、卫斯理宗、路德宗和长老宗等派别。1970 年，这些新教派别联合组成巴基斯坦教会（Church of Pakistan）。1971 年，该教会加入了世界基督教会联合会。卡拉奇有一个巴基斯坦最大的天主教徒社区。该社区是由果阿移民和泰米尔移民在英印殖民政府的帮助下于两次世界大战之间建立的。

在巴基斯坦的基督教教徒中，旁遮普人占 82.8%，信德人占 7%，贾特人占 5%，普什图人占 1%，俾路支人、布拉灰人等所占的比例则微乎其微。[②] 另据 2011 年人口普查，巴基斯坦的基督教教徒

① 陆水林. 世界列国国情习俗丛书：巴基斯坦［M］. 重庆：重庆出版社，2004：194.

② 陆水林. 世界列国国情习俗丛书：巴基斯坦［M］. 重庆：重庆出版社，2004：194－195.

约有 510.23 万，占全国人口的 2.59%。在许多农村地区，基督教教堂与清真寺比邻而居，一些信仰基督教的地主拥有相当强的经济实力。巴基斯坦的基督教教会重视教育，创办了很多学校，另外，各教会还联合创办了一些研究机构、工业服务会和医学会等组织。巴基斯坦的基督教教徒和平安分，很少过问政治，其传教活动受宪法的保护，不过，仍不时遭到巴基斯坦国内一些伊斯兰宗教人士的阻挠。此外，自从巴基斯坦颁布反亵渎法之后，常有基督教教徒因违反该法律而被判处死刑或终身监禁。近年来，随着巴基斯坦国内伊斯兰宗教极端势力的抬头，一些基督教教堂屡遭袭击，不少基督教教徒遭受迫害。

五、琐罗亚斯德教

琐罗亚斯德教是流行于古代波斯（今伊朗）及中亚地区的宗教，在中国被称为祆教、火祆教、拜火教。该教由琐罗亚斯德于公元前 6 世纪创建于波斯东部，曾广泛传播，并一度成为波斯帝国的国教，后因伊斯兰教的传播而衰落。在今巴基斯坦的俾路支省、信德省和旁遮普省，仍留存有古代琐罗亚斯德教的拜火神庙。

琐罗亚斯德教的教义一般认为是神学上的一神论和哲学上的二元论。所谓一神论，即阿胡拉·马兹达（意为“智慧之主”）是最高主神，是全知全能的宇宙创造者，他具有光明、生命、创造等德行，也是天则、秩序和真理的化身。马兹达创造了物质世界，也创造了火，即“无限的光明”，因此，琐罗亚斯德教信徒将拜火作为自己的神圣职责。所谓二元论，即世界存在“善恶”二元，与善神阿胡拉·马兹达对立的是恶神阿里曼，他代表黑暗、死亡、破坏、谎言和恶行，善恶二神长期斗争，最终，善神战胜了恶神。琐罗亚斯德教主张善恶报应、灵魂转世和末日审判，其经典是《阿维斯塔》（又译为《阿维斯陀》），意为知识、谕令或经典，亦称《波斯古经》。

从 15 世纪起，部分琐罗亚斯德教信徒开始由波斯移居至信德海岸地区，这部分移民被称为“帕西人”。巴基斯坦独立时，在卡拉奇和拉合尔有繁荣的帕西人商业社区，其中，生活在卡拉奇的帕西人占巴基斯坦帕西人的绝大部分。巴基斯坦独立后的 60 多年间，尽管不少帕西人移居海外，但仍有很多留在了巴基斯坦国内。他们大多以社会工作者、商业人士、记者或外交官的身份融入了巴基斯坦的上层社会。在巴基斯坦，帕西人虽数量极少，但非常团结，且热心于创办实业，在商界颇具实力。巴基斯坦国父穆罕默德·阿里·真纳的妻子拉蒂·巴伊在改宗伊斯兰教之前就是一名信仰琐罗亚斯德教的帕西人。

除了上述宗教，巴基斯坦还存在一些民间信仰，如巫术、占卜、神判等。另外值得一提的是，生活在奇特拉尔县的卡拉什人所信仰的宗教极为特殊，与古希腊人的信仰颇为相似。卡拉什人信仰的神叫“迪佐”（DI-ZOU）。

第五章　文学与艺术

第一节　文学

巴基斯坦是一个多语言的国家，主要语言有旁遮普语、乌尔都语、信德语、普什图语、俾路支语等，各语种均有不朽的文学作品传世。巴基斯坦又是一个以伊斯兰教为国教的国家，97% 的人口为穆斯林，各语种的不少文学作品又都包含着深刻的伊斯兰教思想内容，具有很多共同点。历史上，穆斯林统治印度次大陆长达 6 个多世纪，其间，波斯语一直是宫廷语言，因此，波斯语文学及其神秘主义思潮几乎影响了巴基斯坦各种语言的文学。不同语种的文学基本上都始于对波斯语诗歌的模仿。诗人在创作过程中，参照波斯语诗歌特点，采用明喻、暗喻、想象等修辞手法，精心雕饰语言，堆砌华美辞藻，此外，还大量借用波斯语词汇。可以说，受波斯语影响是巴基斯坦各种语言文学的最主要共同点。

一、乌尔都语文学

乌尔都语作为一种独立的语言，形成于 12 世纪前后，而乌尔都语文学与乌尔都语几乎同步诞生。它脱胎于北印度波斯语宫廷文学，深受波斯语表述方式和伊斯兰文化的影响。

12－13 世纪，是乌尔都语文学的形成时期。在这个时期，乌尔都语文学创作的主要群体是苏非派信徒，他们借助诗歌表达神秘主义思想。契什提教团的大师法利德·甘吉·谢格尔（1173－1266年）用波斯语创作了很多这一类型的诗歌，以表达苏非派忍耐、虔诚、苦修、永存等思想，其中，有些诗歌里出现了印度地方语词汇。[①] 此外，一些苏非神秘主义者将波斯语和印度地方语混合在一起，撰写了少量宗教宣传册，标志着印度地方语进入了文学领域，打破了文坛由波斯语一家独霸的局面。

阿米尔·胡斯鲁（1235－1325年）是继法利德之后的又一位用多语言创作的著名诗人。除了使用波斯语之外，他还使用克里方言（乌尔都语的前身）和伯利兹方言写“混合语”诗，更值得一提的是，他是第一位尝试用半波斯语半克里方言的“混合语”进行创作的诗人，因而被视为第一位乌尔都语诗人，被誉为“印度的鹦鹉”，著有诗集《哈里格·巴里》。在他创造性的尝试之下，一种新的诗歌形式诞生了，即“莱赫达”（Rekhtah），“莱赫达”是公认的最早的乌尔都语诗歌。阿米尔·胡斯鲁用“莱赫达”体创作了很多反映神秘主义思想的叙事诗、抒情诗、赞美诗、谜语、道哈（双行诗）和歌谣等，语言凝练、清新，韵律照搬波斯语诗歌。后来，这种诗歌形式被大众接受，并为很多后世的苏非诗人继承。[②] “莱赫达”诗歌为印度的诗歌创作开辟了一条新路，成为一时风尚，因此，其开创者阿米尔·胡斯鲁被誉为“乌尔都语文学之父”。

14－16世纪是乌尔都语文学的发展时期。在德干、比贾普尔、戈尔孔达、维杰亚纳格尔等穆斯林王国，乌尔都语文学都取得了丰硕的发展成果。著名诗人穆罕默德·古利·古特布·谢赫（1581－1611

① 唐孟生，孔菊兰. 巴基斯坦文化与社会［M］. 北京：民族出版社，2006：222.

② 唐孟生，孔菊兰. 巴基斯坦文化与社会［M］. 北京：民族出版社，2006：223.

年）创作了第一部反映德干现实生活的诗集《古特布·谢赫诗集》；比贾普尔的著名诗人易卜拉欣·阿迪尔·沙（1580—1627 年）创作的歌集《九歌》，具有古代印度文学和音乐的传统风格。这一时期，乌尔都语文学以苏非派诗歌和宗教宣传册为主。就诗歌而言，苏非派诗人主要用“混合语”就宗教和苏非神秘主义创作了大量作品。这些诗歌主要反映了神爱、神智及与主合一的思想，记述的是苏非大师们的修炼过程。此外，诗人们还借用民间流传的爱情传奇故事抒发对真主的爱。此时，波斯语对诗歌的影响依然很大，除了诗句中直接使用波斯词外，诗歌的体裁和韵律也多仿自波斯语诗歌。波斯语中的双行诗、四行诗、叙事诗、哀挽诗和颂诗等被广泛运用在“混合语”诗歌创作中。除了诗歌，苏非们还撰写了很多散文作品，主要是宗教宣传册、神秘主义著作和苏非大师言论集。阿什拉夫·贾汉吉尔·萨姆纳尼于 1308 年所写的宗教手册被认为是乌尔都语最早的散文作品。[①]

总的来说，波斯语诗歌在文坛独领风骚的时代已经过去，“混合语”与波斯语并驾齐驱，同时，也有人尝试使用刚形成不久的乌尔都语创作文学作品。这标志着乌尔都语开始从口头语言向文学语言过渡。

经过长时间积累，到 17 世纪，乌尔都语已发展成了成熟的文学语言，乌尔都语文学创作随之进入了鼎盛时期。这一时期涌现了很多著名的非宗教文人，他们取代了以苏非为主的宗教文人，成为乌尔都语文学创作的主力军。穆罕默德·瓦里（1668—1744 年）是德干后期的著名诗人，被誉为乌尔都语诗歌的奠基人，他的《瓦里诗集》开启了诗歌新风，对后来兴起的德里诗派产生了很大影响。非宗教诗人继承了乌尔都语文学发展时期苏非诗人的创作题材和体裁，并在此基础上进行了拓展和创新。诗歌作品题材广泛，既有反映苏非神秘主义

① 唐孟生，孔菊兰. 巴基斯坦文化与社会［M］. 北京：民族出版社，2006：224.

思想的，又有描述自然景象、季节变换、节庆活动等现实生活的，叙事诗和抒情诗成为主流，很多脍炙人口的作品至今仍在流行；体裁方面则增加了悼亡诗体和一些地方语言的诗体。此时，正值莫卧儿王朝鼎盛时期，乌尔都语流行于德里、勒克瑙、木尔坦、德干和比哈尔等地，这些地区也成为乌尔都语文学中心。以这些中心为依托，形成了不同的乌尔都语诗派，各派所创作的诗歌风格不同，令诗坛呈现出百花齐放的盛景。

乌尔都语散文类作品也由简单的宗教手册发展为散文故事，陆续出现了姆拉·沃杰西的《趣味大全》、菲鲁兹的《十日大全》(1732)、阿达·侯赛因·德尔辛德的《华文新曲》(1798) 和英夏的《欢畅的河》、《盖德利王后的故事》(1803) 等优秀作品。[①]

18－19 世纪，随着德干王国丧失独立，乌尔都语文学的中心从德干转移到了北方的德里，德里诗派随之形成。德里诗派注重写作技巧和文字艺术，有一定思想深度，普遍崇尚神秘主义思想。这一派的著名诗人有沙·阿布鲁 (1692－1747 年)、西拉杰·乌德·丁·阿尔祖 (1689－1756 年)、沙·哈蒂姆 (1699－1791 年) 以及米尔·德基·米尔 (1722－1810 年)、米尔扎德·拉菲亚·索达 (1713－1781 年) 和哈加·米尔·德勒德 (1720－1785 年) 等。其中，米尔·德基·米尔被誉为最伟大的乌尔都语抒情诗诗人，有乌尔都语“诗圣”之称，他的抒情诗集《爱情的火焰》和《爱情的海洋》极具浪漫主义色彩，《米尔诗集》更是享誉盛名，其中的诗句至今仍被人们吟诵。

后来，莫卧儿帝国崩溃，德里陷入混乱，德里诗派随之没落，许多诗人、作家纷纷离开德里前往勒克瑙，勒克瑙的文学气氛因而活跃起来，之后便形成了以绮丽婉约风格著称的勒克瑙诗派。然而，勒克瑙王公贵族奢靡腐朽、挥霍无度的生活方式影响了诗歌创作的风气，

① 唐孟生，孔菊兰. 巴基斯坦文化与社会 [M]. 北京：民族出版社，2006: 225.

艳情诗、讽刺诗、贬诗盛行。勒克瑙诗派与德里诗派间的鲜明区别充分体现出王朝兴衰、社会变迁对文学创作的深刻影响。

18—19 世纪的散文作品，如童话和小说等，大多翻译、改写自梵语古典文学和波斯语文学作品。比较有代表性的就是米尔·阿门根据波斯语传奇故事《四个乞丐僧》所改编的小说《花园与春天》，以及海德尔·伯赫西·海德利编撰的民间故事《鹦鹉的故事》，而诗人米尔扎·迦利布的代表作《迦利布书札》则被认为是乌尔都语散文的范本。

迦利布（1797—1869 年）是 19 世纪初印度文坛涌现出的一位著名诗人，擅长写乌尔都语和波斯语抒情诗，是米尔·德基·米尔之后最杰出的抒情诗大师。迦利布在印度人民中享有崇高的荣誉，民间还流传着有关他反抗王公贵族的故事，其代表作是《迦利布诗集》。他的诗作，反映了印度现实的黑暗，表现出诗人对印度民族大起义的切身感受。与迦利布同时代的著名诗人还有毛门·汗·毛门（1800—1851 年）、穆罕默德·易卜拉欣·佐格（1789—1854 年）、布拉杜尔·扎费尔（1775—1862 年）和谢达夫（1806—1869 年）。

1857 年民族大起义失败后，为激发沉郁的穆斯林群体，改变穆斯林贫穷落后的局面，赛义德·艾哈迈德·汗、阿卜杜尔·拉蒂夫、赛义德·阿米尔·阿里等社会活动家发起了穆斯林启蒙运动。为了达到目的，赛义德·艾哈迈德·汗用西方文学体裁撰写了大量乌尔都语文章，并翻译了大量西方科学文献，从此，西方文体开始流行于乌尔都语文学之中，乌尔都语文学进入了现代启蒙运动时期。这一时期，乌尔都语文学界还涌现出了诸如纳兹尔·艾哈迈德（1831—1912 年）、阿尔达夫·哈桑·哈利（1837—1914 年）、拉登纳德·萨尔夏尔（1847—1903 年）、希布里（1857—1914 年）等一批重要作家。其中，纳兹尔·艾哈迈德创作了第一部以现实生活为题材的乌尔都语小说《新娘的镜子》（1869），跳出了以民间故事和神话传说为题材的藩篱，开启了用小说反映现实社会的新风气。萨尔夏尔创作的长篇小说《自由幻想的故事》(1878)，描绘了勒克瑙社会多方面的生活和矛盾，充满了幽默和讽刺意味，其主人公胡契被誉为乌尔都语小说中最具活力的幽默形象。由杰出作家米尔扎·穆罕默德·哈迪·鲁斯瓦（1858－1931 年）创作的小说《名妓》，生动地反映了当时勒克瑙社会各阶层民众的生活，代表了 19 世纪乌尔都语长篇小说的最高水平。

进入 20 世纪，随着印度民族解放运动的高涨，乌尔都语文学开始向反映穆斯林民族思想和民族意识觉醒的方向发展。此时，诞生了一位伟大诗人，即被后来的巴基斯坦人尊为精神之父的穆罕默德·伊克巴尔（1875－1938 年)。伊克巴尔有着深刻的哲学思想和浓烈的爱国主义精神，他一方面接受西方的知识体系和价值观念，认可其现实力量下的优越性，另一方面则将西方国家视为伊斯兰理想的异己力量，因此，他一生都致力于伊斯兰教的科学化和知识化，力图凭借从西方获得的工具来批判西方，给伊斯兰教注入新的活力。为此，他用波斯语和乌尔都语创作了许多蕴含浓郁宗教色彩和爱国主义思想的哲理诗。其中，用波斯语写成的诗集《自我的秘密》和《无我的奥秘》是其代表作；《驼队的铃声》、《杰博列尔的羽翼》和《格里姆的一击》等乌尔都语诗集则揭露了殖民者对印度人民特别是印度穆斯林的压迫，号召人民团结起来反抗殖民统治，透露出浓浓的爱国情怀。与伊克巴尔同时代的著名诗人还有焦希·莫里哈巴迪（1898－1982 年）和哈菲兹·贾仑德利（1900－?)，前者在四行诗上造诣深厚，其诗歌充满激情，时代感强；后者的浪漫主义抒情诗细腻温婉，广为人知。

1936 年后，乌尔都语文学趋向现实主义，一大批进步文学家脱颖而出，他们把揭露殖民社会中的不合理现象，唤起下层劳动人民的斗争意识作为创作宗旨。被誉为“印地语小说之王”的普列姆昌德[①]（1880－1936 年）是乌尔都语现实主义小说的先驱，《裹尸布》、《戈丹》、《我的短篇小说》是其代表作。普列姆昌德之后，乌尔都语文坛又涌现出了大批进步作家，如赛义德·萨迦德·扎希尔、克里山·钱达尔、拉金德尔·辛格·贝迪、哈加·艾哈迈德·阿巴斯、萨达特·哈桑·名都、伊斯莫德·焦达伊等。[②] 这些作家以现实生活为题材，创作了很多描写劳动人民坎坷命运的优秀作品，体现出他们对社会底层人民的关注与同情。另外，艾哈迈德·菲兹、萨尔达尔·贾夫利、艾哈迈德·纳迪姆·卡斯米等现实主义诗人把阶级矛盾和民族矛盾作为题材，用诗歌针砭时弊。

印巴分治后，次大陆的政治格局和主要矛盾发生了很大变化。乌尔都语文学作品所反映的主题相应转变，其题材集中在两个方面：一是描述分治前后的印、穆冲突；二是揭露巴基斯坦独立后不同阶级间的尖锐矛盾和社会阴暗面。克里山·钱达尔的中篇小说《失败》、拉金德尔·辛格·贝迪的中篇小说《一条肮脏的被单》、明都的短篇小说《冷肉》和《耻辱》，以及艾哈迈德·纳迪姆·卡斯米的短篇小说《感谢真主》和《儿女们》等作品，被认为是乌尔都语中、短篇小说中思想性与艺术性结合的典范。

诗歌方面，乌尔都语现代派诗人 N. M. 拉希德（1910－1976 年）和米拉季（1912－1949 年）借鉴西方自由诗的体裁，进行乌尔都语自由体诗的创作。他们的诗歌涉及政治、经济和社会问题，摆脱了传统诗歌在题材上所受的限制。在创作方法上与现代派持不同意见的大有人在，他们坚持现实主义原则与传统创作方法的结合，沿袭了乌尔

① 普列姆昌德的真名为滕伯德·拉伊，他早期用乌尔都语写作，1915 年前后开始改用印地语，1908 年出版短篇小说集《祖国的痛楚》，因其爱国主义思想而遭殖民当局查禁，从此他以“普列姆昌德”为笔名写作。

② 唐孟生，孔菊兰. 巴基斯坦文化与社会［M］. 北京：民族出版社，2006：230.

都语诗歌的优秀传统，因而被称为传统派。这一派的代表人物有阿里·萨尔达尔·贾夫利、菲兹·艾哈迈德·菲兹、艾·纳·卡斯米和贾法尔·达希尔等。[①]

除了历经辉煌的诗歌与小说，乌尔都语戏剧文学也在巴基斯坦独立后兴盛起来。乌尔都语的第一部戏剧《英迪拉舞会》诞生于1853年，由阿玛努德创作。之后阿尔·赫希尔的《鲁斯德姆与赛赫拉布》（1897）和赛义德·伊姆达尔·阿里·达吉的《阿娜尔·格丽》被誉为乌尔都语戏剧文学的杰作。现代戏剧作家米尔扎·阿迪布所写的短剧内容充实、新颖，形式简洁，在文学史上占有重要地位。萨迦德·海德尔、伊西格·艾哈迈德、阿尔·阿西利夫等人创作的戏剧深受大众欢迎。

二、旁遮普语文学

旁遮普语文学起源于诗歌，主要取材于民间流传的爱情传奇故事，如旁遮普语文学中的三大叙事史诗——《希尔与郎卡》、《瑟西与布努》和《索赫努与马希瓦尔》就取材于民间故事。这些史诗描述了在封建宗法的桎梏下，青年恋人在生前终生分离，死后才能团聚的爱情悲剧，表达了旁遮普人热爱生活、渴望自由的美好愿望以及对封建宗法的蔑视。浓厚的苏非神秘主义色彩与民间流传的爱情故事相结合，是旁遮普语文学的基本特点。

旁遮普语文学分为3个时期。第一时期又称苏丹时期，主要指从伽色尼王朝至洛提王朝，即1000年至1526年。这一时期的旁遮普文学以苏非神秘主义诗歌为主。旁遮普文学的先驱者巴巴·法利德（1173－1265年）是一位苏非派诗人，也是公认的旁遮普语文学史上的第一位诗人。他以诗歌宣传宗教，尤擅创作“希鲁克”体诗，即双

① 唐孟生，孔菊兰．巴基斯坦文化与社会［M］．北京：民族出版社，2006：230.

行诗（对仗诗）。他一生创作了 100 多首双行诗，这些诗要么赞颂真主，表达对真主的崇敬，要么描述农村的生活情况和风俗习惯，表达对穷人的同情。锡克教创始人那纳克（1469－1539 年）运用诗歌形式宣传锡克教教义，描绘农村生活，主张男女平等和一夫一妻制，其代表作品有《十二月》和《杰布先生》。

旁遮普语文学的第二时期始于 16 世纪初，终于 19 世纪中叶，几乎与莫卧儿王朝同步，故又称莫卧儿时期。这一时期，苏非诗歌在旁遮普语文学界一枝独秀。诗人们摆脱了宗教正统的束缚，借民间故事宣扬神秘主义，特别是泛神论思想，给诗歌增添了很多宗教哲理色彩。夏赫·哈桑（1539－1593 年）是该阶段早期最具影响力的苏非派即兴诗人，其诗歌多是在边歌边舞、如痴如醉的情况下创作出来的。他创作的吟唱式抒情诗被称为“卡费扬”（吟唱诗），具有节奏明快、朗朗上口的特点，受到普遍欢迎，至今仍被广为传唱。

进入 17 世纪，旁遮普语诗歌发展迅速。苏尔坦·巴胡（1631－1691 年）是继夏赫·哈桑之后又一位杰出的旁遮普语诗人，他在钻研和传播苏非神秘主义的过程中留下了大量诗文。这些诗文涉及苏非神秘主义哲学原理、苏非派修炼方法、道路、阶段和状态等，文字简练，比喻大多来自民间、源自生活，明白如画，通俗易懂，在民众中流传甚广。此外，他所创作的“卡费扬”在音韵上颇具特点，每节诗均以旁遮普语的一个字母起头，再用一个“呼”字作结，音韵和谐音起到了增添神秘感的效果。17 世纪下半叶，哈菲兹·巴胡德尔在旁遮普语文学界独领风骚，创作出许多脍炙人口的苏非神秘主义诗歌。他在诗歌中自由借用阿拉伯语词和波斯语词，还运用波斯语的诗歌韵律，丰富了旁遮普语诗歌的形式。除了苏非诗歌，锡克文学也在该阶段取得了丰硕成果，极大地丰富了旁遮普语文学。高文德·辛格（1666－1708 年）的诗宣扬英雄主义，大多收集在《第十任大师之作》中，《成功书》是其代表作。此外，还有很多锡克教大师的传记问世，它们被称为锡克教大师的“生平见证人”，在旁遮普语散文文学中占有重要地位。

18世纪，宗教叙事诗和哀悼诗成为旁遮普语文学的主流。这一时期，诗人布莱赫·沙（1680—1758年）和瓦里斯·沙（1735—1798年）比较有影响力，二者创作的带有神秘色彩的浪漫主义诗歌经久不衰。其中，前者的诗充满了人性哲理，所作的“加非”体诗十分流行；后者的诗歌多描写旁遮普的山水风景，反映当地风土人情，所作叙事长诗《希尔与郎卡》位居旁遮普语三大长诗之首，被广泛传唱。19世纪初，锡克教统治了旁遮普，因此，这段时期的旁遮普语文学以锡克诗人创作的诗歌为主。由于锡克教教义中包含很多苏非神秘主义的元素，故这一阶段苏非诗歌盛行，民间题材被诗人反复使用，旁遮普语大诗人基本都出现在这个阶段，诗歌创作进入繁荣期。同时，受乌尔都语及其文学的影响，旁遮普语文学在形式、内容及词汇上得到了丰富和创新，旁遮普语作家也开始尝试用双语创作。

1849年，英国殖民者占领旁遮普，标志着旁遮普语文学进入了第三个发展阶段。这一时期，苏非诗歌开始衰落，英语、乌尔都语文学对旁遮普语文学的影响逐渐增大，许多体裁被吸收进来，如乌尔都语的六行抒情诗、四行诗以及英国的散文体文学等。同时，爱国主义、人道主义、社会政治等主题开始为诗人们关注。穆罕默德·沙（1782—1862年）所写的《锡克教教徒与英国人交战的传说》，描述了锡克教教徒第一次反对英国入侵者的战争，歌颂了锡克人的勇敢，肯定了他们为反对殖民者而与穆斯林和印度教教徒团结一致的做法。

19世纪末期，旁遮普语文学复兴运动如火如荼地开展起来。民众要求文学反映印度人民的反殖斗争和民族觉醒，而真正的旁遮普语散文作品也始于此。帕伊·维勒·辛格（1872—1957年）是这一时期具有代表性的作家。他开创了旁遮普语无韵长诗，其长诗《我的主人，你活吧》曾获得印度文学院奖。他还是旁遮普语小说的奠基人，其小说多以宗教和历史为题材，体现了锡克教人的武士精神和锡克教的道德观，小说《美女》、《维杰·辛格》和《巴巴·瑙特·辛格》是其代表作。与帕伊·维勒·辛格同时期的杰伦·辛格（1893－1935年）则侧重写历史与社会题材相结合的小说，焦希瓦·费佐尔·丁也是这个时期比较有影响力的作家。米赫拉·布赫希则是第一位用旁遮普语写作的穆斯林小说家，其作品《愚昧人的习气》是纳瓦布汗地区农村生活的一个缩影。诗歌方面，特尼拉姆·贾德里克（1876－1954 年）是代表性人物。他同情农民，对农村的封建制度流露了不满情绪，所作的《犍牛》一诗以一头挨打受饿的犍牛形象反映了贫苦农民的艰辛，其代表作还有《盖萨尔花坛》、《第九世界》和《苏非楼》等。

1947 年印巴分治后，旁遮普语诗歌沿着两条不同创作之路发展。一部分诗人坚持以民间传说为题材，以传统方式创作宣传宗教思想的诗歌；另一部分人受英语、俄语和乌尔都语诗歌的影响，崇尚现实主义，主张以民族独立、政治、经济、社会生活等为题材，以六行诗、四行诗、双行诗、抒情诗及自由体诗等为体裁，进行创作，其开明思想和现实主义创作原则给旁遮普语诗歌带来了新的繁荣。与此同时，旁遮普语小说也获得了新生。阿卜杜勒·哈桑所写的长篇小说《坎坷》反映了城市生活的艰辛；阿费佐尔·哈桑所写的小说《灯与河》则描写了农村生活。短篇小说家尼瓦兹的《暮色》、拉费德的《一个陌生的少年》、尼斯玛·阿西利夫·阿里的《亲生儿子》等都是颇具影响力的佳作。

三、信德语文学

信德语文学是生活在印度河下游信德平原的人们用信德语创作的文学，是巴基斯坦文学的一部分。信德语文学古老而丰富，被认为是世界最古老的文学之一，初期文学以口口相传，多是叙事诗、爱情故事和神话传说。后来的作者将口头文学书面化，并从诗歌和散文两个方面对信德语文学的体裁进行了拓展。

最早的信德语书面文学作品是阿拉伯语文学作品的译作。早在公元 8—9 世纪，信德语版的《古兰经》就问世了，这也是南亚最早的《古兰经》译作。此外，用信德语写成的阿拉伯天文、医药和历史方面的书籍也流传开来。苏姆罗王朝时期，随着伊斯兰教的传入，开始有苏非派诗人用信德语吟诵诗歌。伊斯玛仪派传教士瑙鲁丁于 1079 年到达信德，他率先用信德语创作苏非诗歌，其诗作“吉纳恩斯”（Ginans，用抒情诗和颂诗形式赞美真主的一系列诗文）语言平实，内涵丰富，充满了宗教神秘主义思想，被认为是最早的信德语诗歌。

现存最早的信德语诗作是于 1312 年问世的双行叙事诗《杜戴和吉奈瑟尔》，该诗叙述了杜戴和吉奈瑟尔两兄弟为争夺权力而发动战争的故事。[①] 萨德鲁丁（1290—1409 年）是这一时期具有代表性的苏非诗人。他用信德语的拉里方言（Lari）和卡特奇方言（Katchi）写诗，也用旁遮普语、萨莱基语、印地语和古吉拉特语写“吉纳恩斯”。萨玛王朝时期（1351—1521 年），诞生了很多具有较高艺术水平的信德语诗作，这一时期也被称为信德语诗歌和散文的“基础时期”。

进入 16 世纪，宣扬苏非神秘主义的“道赫拉”（双行诗）和抒情诗开始盛行。卡齐・卡桑（?—1551 年）和谢赫・阿卜杜拉・格利姆（1538—1628 年）是这一时期的著名苏非诗人。前者的四行诗充满了忍耐和神秘之爱的意味，被视作信德语文学史上的里程碑；后者的双行诗则大多与爱情、苦行和自我牺牲有关。二者诗歌的共同特点是，借用民间爱情故事展现信徒对真主的挚爱。同期的著名诗人还有沙・伊纳亚特・利兹维、沙・鲁杜弗拉・卡德里、马赫杜姆・努赫、马赫莫迪・比拉纳特等。这些杰出的诗人以朦胧诗、爱情诗和叙事诗

① 唐孟生，孔菊兰．巴基斯坦文化与社会［M］．北京：民族出版社，2006：234.

等极大地丰富了信德语文学的形式。

17 世纪上半叶，苏非派诗歌仍是信德语文学的主流。这一时期最有影响力的苏非诗人是乌斯曼·艾赫桑尼（?—1640 年），《瓦丹纳玛》是其用信德语创作的一部苏非神秘主义诗集。与他同时代的著名诗人还有被誉为“信德语诗歌之星”的夏赫·阿卜杜勒·卡利姆（?—1623 年）。

1657—1783 年，是信德语文学的黄金时期。这一时期，信德语实现了标准化，信德语古典诗歌也达到了顶峰。该阶段的著名诗人有沙·阿卜杜勒·拉迪夫·波达伊（1689—1752 年）、哈加·穆罕默德·鲁哈利（1713—1774 年）和阿卜杜勒·拉赫曼等。其中，拉迪夫·波达伊最为突出，被誉为信德语文学史上的传世诗人。拉迪夫给予了信德语文学以新的思想和内容：他在信德地区四处游历，亲身体验农村生活，感受当地人的精神气质，品味他们对家乡的热爱之情，研究当地文化、音乐和手工艺术，将简单的民间传说作为题材，在人类共性、爱国主义、反对战争和暴政方面表达了深刻见解。他的神爱思想得到了宗教界的高度评价，成为后世学者们研究的重点，其诗歌在信德流传很广，可谓人人皆知，代表作《萨西·布努》和《奥马尔·马拉维》收录在其诗集《沙·乔里萨罗》中。

18 世纪中叶，信德语诗坛出现了两个流派：一派采用波斯语诗歌体裁进行创作，在大量采用波斯语词汇的同时还将波斯民间传奇故事纳入了诗歌题材，其代表诗人是沙比德·阿里·沙；另一派按时代需要进行创作，赋予信德语古典诗歌以新的内容和形式，其代表人物是斯基尔·赛尔·莫斯德（1739—1837 年），他的诗充满了深奥的伊斯兰哲学思想。

塔尔普尔王朝时期（1783—1843 年），信德地区涌现了很多优秀诗人，卡里夫·纳比·布克斯是其中的杰出代表，他是信德语文学史上最伟大的史诗诗人之一，常通过对战争淋漓尽致的描述和哀婉动人的词句表达忧国忧民之情，其作品充满了爱国主义精神。此外，还有萨米、贝德利、米斯里·沙、哈玛尔·法吉尔、达尔巴特、萨比德·阿里·沙、凯尔·沙和曼塔尔·法吉尔·拉贾等，他们共同创造了英国殖民统治前信德语诗歌最后的辉煌。

现代信德语文学以 1843 年英国人征服信德为开端。随着印刷技术的引进，报纸和杂志大量发行，信德语文学迎来了革命性变化。大量英文书籍被翻译成信德语，人们对新的文章体裁产生了浓厚兴趣，为多样化文学作品的涌流创造了条件。米尔扎·卡利基·贝格就是在这一背景下涌现出的杰出作家，他在 19 世纪 80 年代至 20 世纪 20 年代间创作了 400 余部作品，包括诗歌、小说、短篇故事和散文随笔等，此外，他还写了很多关于科学、历史、经济和政治方面的文章。同期的优秀作家还有哈基姆·法赫特·穆罕默德·赛乌哈尼、赛义德·米兰·穆罕默德·沙、穆拉纳·丁·穆罕默德·瓦法伊等等。另外值得一提的是，在现代信德语文学的发展过程中，印度教教徒做出了突出贡献，许多印度教文学家、知识分子把西方国家的文学植入了信德语文学，创作了大量小说和诗歌。

第一次世界大战的结束和俄国“十月革命”的胜利对信德语文学产生了深刻影响。许多进步作家纷纷投身唤醒民族意识的工作，他们将社会主义思想融入文学作品，积极宣扬进步思想，为信德语文学开创了一条新的发展之路。随后，反殖斗争如火如荼地开展起来，给予了信德语文学强劲的发展动力。

巴基斯坦独立后，信德语成为巴基斯坦主要的民族语言之一，信德语文学随之获得了很大发展。当代文学的影响与教育的发展开阔了信德作家和知识分子的视野，国家对信德语文学的重视也让其迎来了繁荣与发展。20 世纪所涌现的一批诗人在沿袭波斯语诗歌体裁的同时，积极探索信德语诗歌的新体裁。自由体诗、十四行诗、叙事民歌等新体诗与“卡费扬”、“瓦伊”、“拜特”和“多希拉”等严格讲究韵律的古典诗歌比肩而立。

信德语散文出现较晚。早期的散文主要是阿拉伯语和波斯语的传奇故事的译作。后来，英语、孟加拉语和乌尔都语的很多散文作品也被翻译成了信德语。19 世纪，优秀的信德语散文家开始崭露头角，其中，以米尔扎·古里吉·贝克（1855—1929 年）最为有名，其创作的传记《沙·拉迪夫的生平》被誉为信德语传记文学的精品。另外，赫达耶德·阿拉·米希达克的散文优美而风趣，深得信德人民的喜爱。巴基斯坦独立后，信德语文学的题材和体裁都相应扩宽。社会、家庭、妇女、民族、宗教等题材成为作家们关注的热点，散文、小说等体裁的作品赢得了读者的青睐。其中，短篇小说备受百姓欢迎，阿里·巴巴、古玛尔·谢赫巴兹、拉苏尔·伯赫希·贝永等都是巴基斯坦独立后信德语文坛涌现出的著名短篇小说家。[①]

四、普什图语文学

最早的普什图语文学只限于民间口头流传的诗歌，其形式多样，“塔帕”是最古老、最流行的一种形式，主题集中于伊斯兰教和战争。普什图语书面文学是在受到阿拉伯语的影响后才形成的。目前所发现的最早的普什图语书面文学作品是埃米尔·卡鲁尔（?—756 年）的战歌。早期的普什图语诗歌基本诞生于 12—15 世纪。

早期著名的普什图语诗人有穆尔坦·洛迪家族的首领谢赫·拉兹、贝特·巴巴、马利·亚尔·卡辛（12 世纪）、谢赫·帖木儿（13 世纪）、阿克巴·扎米尔迪（14 世纪）和谢赫·塞利赫（15 世纪）等。虽然他们生活的时代不同，但他们的诗歌却有许多共同之处，如：有浓厚的伊斯兰思想；多歌颂勇士的功绩和爱情；抒情诗结构复杂，比喻奇特，语言晦涩。颂诗、抒情诗和四行诗是这一时期普什图

① 唐孟生，孔菊兰. 巴基斯坦文化与社会［M］. 北京：民族出版社，2006：236.

语诗歌的主要体裁，该时期末，苏非神秘主义思想已在普什图语诗歌中有所显露。[①]

进入16世纪，波斯语诗歌的体裁被引入普什图语文学。普什图语诗人们灵活运用波斯语的抒情诗、四行诗、叙事诗等体裁，创作了许多脍炙人口的作品。诗人们挥洒激情的同时，散文家们也开始活跃起来。当时的普什图语散文作品主要反映了苏非派泛神论思潮所引起的辩论，带有诗歌的韵律特点，语言简洁明快。

17世纪，普什图语文坛涌现了两位文学大家，一位是胡什哈尔·汗·卡塔克（1613—1689年），另一位是拉赫曼·巴巴（1653—1711年）。

胡什哈尔·汗·卡塔克的父亲是卡塔克部落的首领，深得莫卧儿皇帝沙贾·汗的信任，被委以守护阿托克至白沙瓦公路的重任。胡什哈尔曾多次随莫卧儿王朝军队远征，立下赫赫战功。1640年，他继承父亲的地位，成为部落首领，并继续侍奉莫卧儿皇帝奥朗则布。然而，受宫廷阴谋所害，胡什哈尔失宠，并被囚禁于瓜廖尔要塞。在囚禁期间，他决心对抗莫卧儿王朝，并为此创作了大量诗歌。这些诗歌后来极大地激励了普什图人的斗志，也令胡什哈尔在普什图人中名声大振。胡什哈尔文治武功，除立威于疆场外，还被誉为“普什图语文学之父”。他一生创作了350部文学作品，体裁横跨诗歌与散文，题材涵盖道德伦理、哲学、宗教、法律、医药、运动等。他的诗歌是普什图语文学史上的一座高峰：其爱国主义诗歌充满浓郁的民族气息，歌颂了普什图男子的勇敢和坚毅，也体现出他对民族和社会问题的关心与探索，是对普什图人价值观念和集体智慧的真实写照；其抒情诗带有浪漫主义风格，蕴含着对自然万物的深厚情感，体现出他对身边事物的敏锐感知，深受族人喜爱。他的诗歌被其孙阿夫扎尔·汗

① 薛克翘，赵常庆. 简明南亚中亚百科全书［M］. 北京：中国社会科学出版社，2004：403.

整理后，收入诗集《镀金的历史》，该诗集又名《卡塔克·胡什哈尔诗集》。

拉赫曼·巴巴的真名是阿卜杜尔·拉赫曼，他是一位杰出的苏非诗人。拉赫曼不像同时代的胡什哈尔·汗，他早年没有游历四方，而是潜心学习宗教经典。起初，他受业于毛拉穆罕默德·尤素福扎伊，学习伊斯兰教教法学和教义学，之后又做过教授《古兰经》的毛拉，曾是一位非常正统的穆斯林。后来，他放弃了对教义、教法的钻研，开始转向苏非神秘主义。多年的学习令拉赫曼具备了深厚的文学功底，他在研究教法、教义和苏非神秘主义的过程中创作了很多诗歌，这些诗歌充满了对精神境界的追求和对神性的渴望。从风格上讲，他的诗歌深受波斯诗人鲁米、哈菲兹和萨阿迪的影响，注重对内心世界的挖掘探索，同时还具备波斯语古典诗歌的特点。《拉赫曼诗集》是他在诗歌上毕生心血的结晶，也是他留给普什图语文学的一笔宝贵财富。

18 世纪，波斯语文学对普什图语文学的影响越来越大，模仿波斯语诗歌进行创作的风气盛行，阿卜杜尔·哈米德·穆罕默德、卡奇姆·汗·赛达、穆汝赫·穆罕默德、阿里·汉等都是这一潮流的代表人物。18 世纪末至 19 世纪初，普什图语文学取得长足发展，一批天才诗人和杰出作品涌现，《战争之歌》就是这一时期诞生的不朽诗篇。

1840 年，英国人占领了普什图人聚居区。随着西式教育的建立，普什图语文学开始受到英国文学的影响，许多口头传说被编纂成书，原创散文亦随之出现。英国人入侵前，基本没有成文的普什图语散文作品，与普什图人有关的爱情和战争题材的传奇故事仅限于口口相传。英国人入侵后，以翻译西方文学作品为起点，普什图语散文开始缓慢发展，其中，大毛拉阿卜杜尔·拉赫曼·汗将《旧约全书》和约翰·班扬的《天路历程》翻译成了普什图语，可被视为普什图语散文的开端。

进入 20 世纪，普什图语散文开始快速发展，史书、小说、戏剧等散文体文学作品相继问世。普什图语第一部短篇小说《年轻的寡妇》和长篇小说《爱的结局》的作者均是拉赫德·扎赫利。在民族解放斗争中，涌现出了一大批短篇小说家，他们用笔下的人物和故事激励普什图人反抗殖民统治，争取独立。1947 年印巴分治时，印穆间的冲突在普什图语诗歌中留下了很深的印记，很多普什图诗人运用四行诗讲述残酷的宗教驱逐和血腥屠杀。

巴基斯坦独立后，普什图语文学院成立。该学院得到了巴基斯坦政府的大力支持，促进了普什图语文学的进一步发展。当时，社会问题成为普什图诗人青睐的创作题材，同时，自由体和半自由体诗也进入了普什图语诗歌的大家庭。近年来，普什图语文学虽有发展，但其作品的数量和质量都不尽如人意。

五、俾路支语文学

俾路支语的书面文学产生较晚，最早的作品可追溯到 15 世纪初的民间抒情诗歌，大多为口头相传，少数用波斯文记载。俾路支民歌历史悠久、形式多样，记录着俾路支人的历史、文化、社会和生活习俗，具有明显的部落文化特征。在俾路支语的文字产生之前，大量的俾路支民歌都是由流浪歌手或吟游诗人通过口头传唱开来并代代相传的。

16 世纪后，以战争、爱情和宗教为题材的诗歌作品相继出现。战争题材的诗歌主要叙述了历史上三次大的俾路支部落战争，即 1489—1511 年伦德人同勒夏人间的战争，16 世纪 20 年代伦德人同杜达伊人间的战争，以及 1555 年谢赫扎德人帮助胡马雍第二次攻打德里的战争。这些诗歌大多赞颂了俾路支人的忠诚、勇敢和善战，但也不乏浪漫主义色彩。[①]

17—18 世纪，俾路支语文学进入一个新的发展阶段。当时，部落复仇习俗得到了抑制，地区相对和平。社会秩序的变化在俾路支语诗歌中有所反映。战争题材的英雄主义叙事诗失去了现实意义，爱情题材的浪漫主义抒情诗赢得了民众的喜爱。这种类型的诗歌主要取材于俾路支民间故事，如《希玛利与哈尼》和《姆赫伯德与斯玛利》。还有一部分诗歌是由诗人将阿拉伯和波斯的古老传说按当地风情加以修改后创作而成的，如：阿拉伯语故事《莱拉和麦吉依》在被改写成俾路支语诗歌的时候，莱拉就被写成了一位俾路支少女；抒情诗《波拉德与希伦》则取材于波斯语古老传说《法利亚德与希伦》。[②] 总之，这一时期的俾路支语文学深受波斯语和阿拉伯语文学的影响，大量的波斯语和阿拉伯语词汇、术语进入了俾路支诗人们的视野，两种语言的传说故事成为他们创作灵感的源泉，这些诗人中具有代表性的是伽姆·瓦尔格·马利。

19 世纪后，俾路支语文学中出现了争取民族独立、反抗英国殖民统治的爱国主义诗歌。同时，抒情诗也越来越流行，伊斯兰教与苏非神秘主义等主题在俾路支语诗歌中得到了集中反映。另外，古老的俾路支民谣、民歌及其他文学作品被专人收集、整理和出版。与诗歌相比，俾路支语散文起步较晚，初期的题材主要是传说故事，包括与穆圣有关的宗教传说、俾路支民间传说和阿拉伯民间传说等，小说基本上是其他语言小说的译本。

巴基斯坦独立后，俾路支语文学呈现出强劲的发展势头。第一部俾路支语诗歌选集于 1951 年出版。1959 年，俾路支语研究会成立，

---

① 唐孟生，孔菊兰. 巴基斯坦文化与社会［M］. 北京：民族出版社，2006：239.

② 薛克翘，赵常庆. 简明南亚中亚百科全书［M］. 北京：中国社会科学出版社，2004：403.

在其运作下，相当数量的俾路支语古典文学作品被陆续出版。受国家现代化趋势的影响，现代俾路支语文学作品的主题与形式都发生了一定变化，无论诗歌还是小说都力求贴近现代生活，但俾路支人的传统习惯和价值观念仍旧是文学作品的主题之一。此外，现代俾路支语诗歌在题材和格调上都不同程度地受到了乌尔都语诗歌的影响。诗人们遵循现实主义创作原则，积极创作贴近俾路支人实际生活的作品。

六、克什米尔语文学

克什米尔语文学流行于克什米尔谷地及周围地区，深受梵语、波斯语和乌尔都语文学的影响，其发展大致可分为三个阶段。

第一阶段从 13 世纪到 14 世纪。13 世纪的宗教诗人希迪・坎德的诗集《伟大之光》是现存最早的一部克什米尔语文学作品，这部诗集主要讴歌了印度教三大神之一——湿婆。之后，随着伊斯兰教在克什米尔地区的传播和发展，波斯语开始影响克什米尔语文学。这一阶段，女诗人成为文坛的一道亮丽风景：勒拉・阿丽法的诗作承前启后；谢赫・努尔・阿拉丁的诗作充满了伊斯兰教神秘主义思想；拉尔・塔德的格言诗带有伊斯兰教色彩，宣扬友爱、社会平等和团结，揭露了印度教旧制陋习的丑恶。

进入 15 世纪后，在继承宗教题材的同时，克什米尔语诗歌开始涉及社会题材，克什米尔语文学随之进入第二个发展阶段。这一阶段出现了不少颂扬封建王公，反映社会风尚以及描绘男女爱情的叙事诗，较著名的有帕达沃达尔的《巴纳苏之死》、伯勒希斯德的《哀乐之传》、默赫索姆的《杰纳传》等。16－18 世纪，接近现实生活、表现真挚爱情和离愁别绪的抒情诗成为主流。女诗人赫巴・卡杜恩（1551－1606 年）是写作此类诗歌的代表人物。她借鉴波斯语抒情诗，启诗坛新风，其作品通俗易懂，语言流畅，所作的四行诗至今仍在民间流传；她多用克什米尔语写作，是近代克什米尔语诗歌的创始人，在克什米尔语文学史上占有重要地位。18 世纪下半叶，克什米尔语文学中出现了神秘主义倾向，当时著名的神秘主义诗人有格勒姆·布伦德汗、斯沃契格拉尔、夏赫格普尔等。

克什米尔语文学发展的第三阶段始于 19 世纪。19 世纪初，以印度教神话中的罗摩与悉多、黑天与罗陀的爱情故事以及乌尔都语、阿拉伯语民间故事为题材的叙事诗出现在克什米尔语文学中，具有代表性的作品有帕勒迦希·拉姆的《罗摩下凡》，伯勒玛南德的《罗陀选婿》、《苏达玛传》和《湿婆的爱恋》等。这一时期的文坛代表人物是穆罕默德·迦米（1765－1855 年）。他的诗体裁多样，通俗易懂，朴实无华，抒情诗、四行诗和叙事诗皆为其所长，叙事诗《尤素福和佐列哈》与《莱伊丽和马季农》是其代表作。另外，克什米尔地区还存在丰富的民歌、民谣，这些民间文学作品反映了当地人的劳动、爱情和宗教生活。著名的民歌集有《苏非诺言》，著名的民歌诗人有格里辛·拉吉登和纳吉姆等。19 世纪中期，克什米尔现代诗歌开始流行，其代表诗人是米尔扎·侯赛因·阿利夫和迪纳·纳特·纳迪姆。他们力图摆脱克什米尔传统诗歌的束缚，大胆尝试使用西方诗歌的题材和体裁。19 世纪末，克什米尔语诗歌主要关注现实生活，表达人民对自由的渴望。沃哈伯·帕勒和默格布尔·迦尔瓦里的讽刺诗以及勒苏尔·米尔的抒情短诗，开辟了克什米尔语诗歌的现实主义道路。克什米尔现代文学的奠基者马赫朱尔（1885－1952 年），首先抛弃了宫廷诗人的传统主题和艺术形式，用通俗的语言描写现实生活。他的诗表达出反对封建压迫、争取民族独立的意愿，其主要作品有《我的青春》、《祖国》、《故乡的花圃》、《农家女》和《克什米尔妇女》等。他的追随者阿卜杜勒·阿赫德·阿扎德（1903－1948 年）不仅有爱国情怀，而且主张社会改革，因而被称为“克什米尔的伊克巴尔”。其抒情诗描述了下层劳动人民的悲惨生活，揭露了封建地主对穷人的残暴剥削和压迫，呼吁民众为民族振兴而奋斗，表达出爱国主义思想。艾哈迈德·麦哈玖尔（1887－?）是同期的另一位著名作家，他的《祖国颂》庄重而富有激情。20 世纪 40－50 年代，克什米尔地区兴起了新文化运动。纳迪姆、罗欣、拉希、伯勒米、阿尔默斯德·穆吉布尔和皮拉加等诗人，用诗歌描绘了工农的悲惨生活，表达出对压迫和剥削的痛恨以及爱国主义情感。纳迪姆的《我的青春朝气蓬勃》、拉希的《新的一天的晨风》和伯勒米的《舞歌》，被认为是克什米尔进步文学的代表作。20 世纪 60 年代，克什米尔语文坛出现了大量“格吉尔”抒情短诗，这些诗或歌颂自由和劳动，或指责社会的弊病。

克什米尔语的散文起步较晚，散文作品的数量和艺术水平远不及诗歌。早期的散文只是一些口口相传的民间故事，书面散文作品出现在英国殖民者进入克什米尔之后，且主要是宗教文献的译本。1947 年印巴分治后，巴控克什米尔地区的散文文学有了一定发展。20 世纪 50 年代涌现出一批作家，如短篇小说家艾哈迈德·赫姆丁和女作家达吉·林佐等，二人都获得过巴基斯坦文学奖。这一时期，还有克什米尔语歌剧和诗剧问世，较为出名的有纳迪姆和罗欣合写的歌剧《希玛尔和纳伽拉叶》以及迦米尔的诗剧《太阳般的力量》。

第二节　音乐与舞蹈

一、音乐

在巴基斯坦，音乐与社会文化联系密切。无论婚丧仪式还是宗教节日，无论集会游行还是宴会庆典，音乐都必不可少。不仅如此，音乐与职业和劳动相结合，给工作中的人们注入了激情；在闲暇时，音乐则充当了人们自娱自乐的理想工具。此外，音乐还是巴基斯坦影视剧中表现民族风情不可或缺的元素。

巴基斯坦音乐是一种多样化的音乐，是印度穆斯林音乐的主要继承者，具有悠扬婉转、节奏变化多样的特点。它既分享着南亚音乐特有的魅力，又与中亚、伊朗、土耳其和阿拉伯的音乐有着内在联系，同时还受到了西方现代流行音乐的影响，从而呈现出一种与众不同的风格。在音乐体系上，巴基斯坦音乐与印度音乐一样，都建立在南亚次大陆古老文化传统的基础上，二者可谓同出一脉。不过，在音乐风格上，受地理、民族和宗教的影响，巴基斯坦音乐带有明显的伊斯兰气息，此外，受英国殖民统治的影响，巴基斯坦音乐还吸收了西方音乐元素，并在现代网络技术的作用下，呈现出与西方流行音乐接轨的趋势。巴基斯坦音乐主要可分为传统音乐和流行音乐两种。

（一）巴基斯坦传统音乐

巴基斯坦传统音乐大约产生在德里苏丹王朝时期（1206—1526年）。这一时期，统治者均是来自中亚、操波斯语的穆斯林，因此，初期的宫廷音乐是统治者熟悉的波斯音乐，其中，采用吟唱形式的艳情诗、颂诗颇受青睐，而宫廷乐人也主要来自今伊朗、土耳其、阿富汗和一些阿拉伯国家。后来，随着部分乐人离开王宫，这些诗歌和曲调便传入了民间，后经民间吟游诗人不断传唱，逐渐被北印度人民接受。与此同时，发达的印度本土音乐也对外来的穆斯林音乐产生了影响，许多民间艺人被请进宫廷献艺。为了博取统治者的欢心，民间艺人在演唱当地民歌时特意加入了波斯和中亚的曲调。穆斯林宫廷音乐与印度民间音乐相结合，为印度穆斯林音乐的产生奠定了基础。音乐大师阿米尔·胡思劳就把多种波斯曲调融入了印度的“拉哥尼”曲调中，创作出新曲调；苏丹侯赛因·舍尔基在创作“赫亚尔”曲调时加入了印度古旋律“土尔比德”的成分。“加扎勒”便是在这样的背景下产生的。

“加扎勒”原本是一种抒情诗歌，起源于 10 世纪流行于波斯的颂诗，大概在12世纪传入南亚。“加扎勒”的歌词由若干组长短一致、对仗工整、韵律相同的诗句组成，通常以描述情人间的离愁别绪为主题，通过对相思之苦的刻画，表现爱情的凄美动人。在词句的结构和韵律上，“加扎勒”有着近乎苛刻的要求，且常以复沓形式抒情达意，正因如此，“加扎勒”唱起来才朗朗上口。演唱“加扎勒”的艺人一般要接受古典音乐训练，并要会演唱“赫亚尔”（Khyal）或“图穆里”（Thumri）流派的歌曲。

“加扎勒”等波斯音乐传入南亚，除了依靠政治因素的作用外，还要归功于苏非神秘主义者，他们为印度穆斯林音乐的形成做出了卓越贡献。在他们宣传神秘主义思想的过程中，常采用演唱形式，无形中促进了音乐的发展。流行至今的演唱形式“卡瓦利”就是在苏非派修道堂中形成的。

“加扎勒”和“卡瓦利”所代表的印度穆斯林音乐在16世纪莫卧儿王朝时期达到全盛。得益于历代莫卧儿皇帝对音乐的酷爱，印度穆斯林音乐发展顺利，然而，莫卧儿王朝在1858年覆灭，宫廷音乐随之销声匿迹，印度穆斯林音乐亦陷入低谷。

印巴分治后，印度穆斯林音乐在巴基斯坦被较为完整地继承下来，形成了由古典音乐、民间音乐和宗教音乐构成的巴基斯坦传统音乐。

1. 古典音乐

古典音乐主要指受历代封建王朝青睐而流行于南亚次大陆的宫廷音乐、祭祀音乐、典礼音乐，以及古代著名诗人或音乐家所创作的诗歌、曲调。巴基斯坦古典音乐有两大要素，即“苏尔”（律音）和“拉伊”（节奏）。“苏尔”在系统地组织起来后被称为“拉格”（Raag），而一次完整反复中“拉伊”的排列组合方式则被称为“达勒”（taal）。作为旋律框架，“拉格”糅合了印度民间音乐和源自中亚的音乐，种类很多，每种“拉格”都有自己的音阶、音程及特定的旋律片段。印度音乐曲调轻微起伏，成堆的螺旋式细部精巧典雅，各种滑音、颤音、摇摆音交错出现。这些特点在“拉格”中被体现得淋漓尽致。

巴基斯坦的古典音乐主要有两种类型，一是“赫亚尔”（Khayal），一是“鲁帕德”（Dhrupad）。

“赫亚尔”源于阿拉伯语“想象”一词，一般认为“卡瓦利”演唱形式正是由“赫亚尔”发展而来的。“赫亚尔”形式灵活，给表演者提供了广阔的即兴表演空间。像所有的印度古典音乐一样，“赫亚尔”没有和声与变调，仅由一组2－8行的单旋律短歌——“班迪师”（Bandish）组成。“班迪师”的自由度较高，尽管每首“班迪师”都有固定的歌词和“拉格”（旋律、曲调），但表演者却可以根据自己对乐曲的理解尽情演绎。“班迪师”的主题涵盖广泛，既有神明之爱，又有男女情爱，既歌颂真主、帝王，又赞美四季风光。在“班迪师”中，象征和比喻的手法运用频繁。

“赫亚尔”的每首“班迪师”皆由两部分组成，即“萨塔伊”和“安德拉”。前者先以低八度基音，后以中八度基音来勾勒整个旋律轮廓；后者则用高八度基音，甚至超高音来强调、渲染，之后再慢慢降低音高，自然过渡到下一首“班迪师”。奏唱“赫亚尔”时，在簧风琴或弓弦乐器（如兰莎吉琴或小提琴）以及塔布拉鼓的伴奏下，歌手常以歌词为基础，进行即兴表演。演唱间隙，旋律伴奏者会稍有改变地反复演奏歌手所唱的部分片段，以保持歌曲的连续性。塔布拉鼓手则敲击出各种各样的节奏模式，以保持歌曲的节奏变化。

表演一次完整的“赫亚尔”一般持续半个小时。其表演过程可分为两部分：第一部分称为“大赫亚尔”，节奏较慢，占据了表演的大部分时间；第二部分称为“小赫亚尔”，旋律与前者一致，但节奏明显加快，是表演的尾声。“赫亚尔”有时以“阿拉普”（无鼓点伴奏的引子）为开端，但其“阿拉普”的时间很短，这与“鲁帕德”中的情况截然相反。

“鲁帕德”是巴基斯坦古典音乐的另一主要类型，其名称源于梵语“陀鲁婆”（Dhruva，神名，北极星之主）和“帕达”（Pada，诗篇）的结合。“鲁帕德”本是一种可吟唱的押韵四行诗，所反映主题包括宗教、精神境界、赞颂帝王和爱情等。如今的“鲁帕德”是在乐器伴奏下演唱一系列四行诗的音乐表演模式。尽管“鲁帕德”是一种传统声乐，但其音乐美感吸引了很多器乐家，在他们的改编下，“鲁帕德”旋律能成功地被维纳琴之类的乐器演奏，就连其特有的缓慢而无特定时长的引子也能被其他乐器恰当地演绎。与印度传统音乐类似，“鲁帕德”也是一种没有和弦伴奏的单旋律音乐，每段旋律都有固定的框架，丰富的装饰音是其特色。

“鲁帕德”一般由一名独唱歌手或一组歌手演唱，其右侧坐有数名鼓手用帕克瓦吉鼓或莫丽丹鼓打节拍，同时，有两名坦普拉琴手坐在歌手身后伴奏，维纳琴也常用于“鲁帕德”的演奏。此外，有些艺术家会将低音浑厚且持续时间长的乐器加入到“鲁帕德”的表演中。在唱歌词前，都有一段很长的引子（Alap），其间完全靠歌手即兴发挥。这一阶段，歌手通常会反复哼唱一组酷似咒语的旋律，节奏由舒缓到急促，最后自然开始唱词。一次完整的“鲁帕德”的表演一般持续一小时，整个表演可分成三个阶段，分别是无固定时长的引子——“阿拉普”（Alap）、节奏固定的第二乐章——“焦尔”（Jor），以及旋律不变但节奏加快的结尾——恰拉（Jhala）。

2. 民间音乐

巴基斯坦民间音乐主要反映人民的日常生活。比起反映爱情和精神的古典音乐，民间音乐少了些华美辞藻，但多了几分真挚与亲切。

巴基斯坦民间音乐是按地域角度进行划分的，除了各省有各自的民间音乐外，还有从民族聚居区角度划分出的克什米尔音乐、西莱基音乐、波斯音乐、辛德高音乐（Hindko，哈扎拉族音乐）等。然而，这种划分相对于古典音乐和宗教音乐来说存在下位概念，三者的分类方法不对等，因此，应当重新寻找划分方法。如果按照国内通行的划分方法，即从“音乐操纵主体的文化阶层”角度来划分[①]，则可将巴基斯坦民间音乐分成以下几类：

（1）民歌

巴基斯坦民歌有着厚重的历史积淀，形式多样、内容丰富，几乎渗透到人民生活的各个方面，主要有以下几种：

①庆典歌

巴基斯坦人十分注重礼节，在婚嫁、生子、重大节日、丰收庆典等喜庆时刻都要载歌载舞，以示欢庆与祝福，其中，婚礼歌曲最为丰富。在巴基斯坦人的观念里，婚姻是人生大事，因而婚礼应该是一个复杂的仪式组合，方能体现双方家庭对婚姻的重视。在迎亲前，有订婚仪式、“芒恰”（涂抹香膏）仪式和迈哈迪（文手）仪式等。订婚仪式先在女方家后在男方家举行，两次仪式在不同的歌曲伴奏下进行，但都称为“芒哈歌”，仪式结束后，要唱“鼓歌”；“芒恰”仪式于婚礼前一周或前三四天在新娘家举行，7 名丈夫健在的妇女要用一种名叫“乌卜顿”的黄色香膏涂抹新娘的面部和身体，然后，参加仪式的女性会载歌载舞；结婚前，男方家要多次登门给女方家赠送钱物，其间要唱“杰提歌”；迎亲前两天，女方家要举行“迈哈迪”仪式，次日晚上，男方家也要举行，仪式上要唱“迈哈迪歌”，仪式后还要进行歌舞比赛，参与人员皆要登场亮相。迎亲当日，女方亲属要给新娘沐浴、化妆、穿衣，其间分别唱“沐浴歌”、“化妆歌”和“穿衣歌”，同样，新郎家也要进行类似的仪式，唱类似的歌曲；新郎骑马迎娶新

① 吴跃华，马东风．巴基斯坦传统音乐的概念、分类及内容［C］// 孙红旗．巴基斯坦研究：第一辑．北京：中国社会科学出版社，2012：189.

娘时要唱“上马歌”；迎亲仪式上按照流程，在不同环节唱不同歌曲，如“取笑歌”和“婚约歌”；“尼卡罕”（签订婚约）仪式后，新娘姐妹会端着甜点喂新郎，并唱“接盖歌”；新娘离家时，女方亲属要唱“送别歌”。如果在农村，新娘进村时，村口迎接的人要唱“卡门歌”；一对新人到了男方家后，还有很多程序，当然也有相应的庆典歌曲。①总之，婚礼的每一个环节、每一个细节都有相应的歌曲陪伴。

②劳动歌

巴基斯坦是农业型国家，农村人口居多，大多数农村家庭都是男主外、女主内，妇女们在操持家务时常根据所做工作而唱歌，这样就产生了纺织歌、磨米歌和摇篮曲等。同样，在男人们的劳动过程中也产生了与工作相关的歌曲，如牧羊歌、播种歌、收割歌、建房歌、丰收歌等。在劳动之余，男女们也常常以音乐自娱自乐。比如，男人们喜欢在明月下聚于村外唱歌打趣；妇女们常在炎热的午后在家中齐唱情歌、逗趣歌、史诗歌和一些电影歌曲。在巴基斯坦农村，最受欢迎的大众歌舞是圈圈舞，舞蹈一般以歌声和鼓点伴奏，过程中时而穿插一些即兴表演的双人舞。在器乐方面，人们主要靠吹奏笛子打发闲散时光。

③节日歌

在农村，当繁忙的收割季节过后，男人们便喜欢聚在一起载歌载舞，庆祝丰收。

在重大节日的集会上，往往有很多音乐性娱乐活动。比如，各种职业演员、民间艺人会在集会上表演音乐剧、木偶戏、独唱、舞蹈、小品、器乐独奏等等，而在音乐伴奏下翩翩起舞的动物则给节日增添了别样的趣味。此外，还常有一些来自农村的男子载歌载舞，庆祝节日。

① 吴跃华，马东风．巴基斯坦传统音乐的概念、分类及内容［C］// 孙红旗．巴基斯坦研究：第一辑．北京：中国社会科学出版社，2012：189.

④其他歌曲

普什图人喜欢英雄赞歌。这种歌曲或赞美爱情，或歌颂英雄，或宣扬伊斯兰教预言，或叙述圣人事迹。演唱场所一般是男人们聚集的地方，表演时，由两名歌手轮流演唱，或者由一名歌手演唱，在场所有人重复，双方以唱四行诗的形式不断地交替。巴基斯坦其他地区也有类似的英雄歌传唱。此外，孩子们在荡秋千、捉迷藏、玩泥巴时会唱相应的游戏歌；青年男女在表达思念之情时会唱情歌；妇女佩戴首饰时会唱首饰歌。这样的例子不胜枚举，总之，巴基斯坦人民生活的各个方面几乎都有音乐的参与。①

（2）民族器乐

巴基斯坦的器乐历史十分悠久，被称为最古老乐器的“波兰多”就诞生在今巴基斯坦境内，在有五千多年历史的摩亨焦达罗古城遗址中，还出土了至今仍流行于巴基斯坦的笛子。巴基斯坦的乐器种类繁多，有的乐器与印度的相同，有的则与阿富汗、伊朗及阿拉伯国家的乐器相似，主要用作伴奏，也可作为独奏乐器使用，其中，节奏性乐器占重要地位。由于受不同地区和民族的影响，在民间乐器中很难有统一的划分标准，一件乐器在不同地区往往有很多变种。比较常见的乐器有十几种，按发音方式可大致分为：膜鸣乐器，如多拉尔、米尔登格、多尔；气鸣乐器，如沙赫奈伊、比恩；体鸣乐器，如孔格鲁、小铜铃、塔布拉；弦鸣乐器，如沙朗吉、萨琳达、拉巴布、西塔尔等。

萨琳达是巴基斯坦最常见的方弦乐器，主要用于器乐和声乐伴奏，有三根弦，其中一根是羊肠弦，另外两根是金属弦，琴身呈弯曲状，演奏时琴身直立，演奏者可坐可立。沙朗吉也是一种弓弦乐器，

① 吴跃华，马东风．巴基斯坦传统音乐的概念、分类及内容［C］// 孙红旗．巴基斯坦研究：第一辑．北京：中国社会科学出版社，2012：190.

流行于旁遮普和信德地区，主要用于声乐伴奏。拉巴布原是阿富汗的常见乐器，需要演奏者用木拨子拨弦弹奏。它的琴身较长，有四根主弦和若干根共鸣弦，可用于独奏，也可用于伴奏。比恩是一种双管吹奏乐器，一根管发固定低音起伴音作用，另一根管身有八个指孔，用于演奏主旋律。这种乐器流行于巴基斯坦全国，是大街小巷中玩蛇者和民间艺人的必备乐器。①

巴基斯坦乐器中最重要的是“西塔尔”和塔布拉巴亚鼓。“西塔尔”的形制和我国的琵琶相近，有七根弦，其中两根奏主旋律，其他五根主要用来伴奏，乐器全长 120 厘米，有 13 或 14 品。塔布拉鼓全称塔布拉巴亚鼓，实际上是可调节音高的一对鼓。演奏时，演奏者席地而坐，两只鼓排成一排置于演奏者身前，右面的木制蒙皮小鼓称“塔布拉”，发音较高，用右手手指拍击；左面较大的金属制蒙皮鼓称“巴亚”，发音较低，鼓皮上还涂着用来调节音高的铁粉，用左手掌拍击。塔布拉既用于声乐伴奏也用于器乐伴奏，还常作为独奏乐器，演奏技巧高深，节奏复杂多变，用手腕压鼓面可产生不同的音色，表现力丰富。

多样的乐器为丰富的民间器乐形式奠定了基础。尽管巴基斯坦的民间音乐以声乐为主，乐器多用于伴奏，但专门的器乐曲在数量上也是不容小觑的，而且其演奏方式十分独特。比如，名为“艾尔豪扎”的乐器，其实质是两支竖笛的组合。演奏者同时吹奏二者，高音竖笛演绎主旋律，低音竖笛不断地以续音伴奏。该乐器所奏的曲子通常是二段体，引子是柔美抒情的慢板，接着是欢快明朗的快板，最后是热烈奔放的高潮和结尾，整支曲子长达几十分钟。毫无疑问，这样的演奏需要表演者有高超的技艺。一方面，竖笛演奏时所需的“超大模量”的循环换气，要靠演奏者非同一般的功力和体力来支撑；另一方

① 赵佳梓．亚洲各国音乐：巴基斯坦［J］．音乐爱好者，1990（1）：21．

面，同时吹响两支竖笛本已实属不易，还要使低音竖笛从头至尾不间断伴奏，高音竖笛演绎富于变化的主旋律，其难度可想而知。

除了吹奏“艾尔豪扎”之外，民间艺人吹笛戏蛇同样可谓一绝。这种笛子名为比恩，又被泰戈尔称为“吐布利”，它所发出的声音尖锐刺耳。当演奏者吹响笛子时，声波通过地面传到瓦罐中蛇的身上，蛇感受到来自地面的震动后立即昂首起立，以警觉的姿态随笛子所发出的声波强弱变化而动，所呈现出的就是蛇闻乐起舞。① 巴基斯坦还有很多以声乐曲结构为基础，加以修饰、改编或加入即兴片段而成的器乐曲。纯器乐曲从形式上来说，基本是一些短小对称乐句的反复交替。另外，在演奏这些乐曲的过程中，表演者常根据乐器特点、乐曲旋律和场面氛围进行即兴表演。

巴基斯坦民间音乐除了有浓郁的穆斯林民族特色外，还具有鲜明的地方特色。正因如此，巴基斯坦的民间音乐才显得如此丰富多彩。

巴基斯坦的四个省各有各的语言和文化传统。除了信德省外，其他各省的主要民族、语言和文化都与邻国相通。如：俾路支省毗邻伊朗，在省内通行的俾路支语正是伊朗东南部的一种语言；旁遮普省与印度交界，其主要语言旁遮普语在印度也是宪法承认的语言之一；开普省的普什图人所使用的普什图语是阿富汗的主要语言之一。这些语言、文化和地理走向，决定了巴基斯坦各地区的音乐之间存在差别。

旁遮普音乐是建立在北印度古典音乐基础上的。旁遮普歌曲的最大特色是曲调重复，形式灵活多样。表演者采取对答式演唱歌曲，即首先由一两位歌手唱一短小的起句，然后集体对唱，如此不断变化、反复，有时会边歌边舞，此外，还常常用格言或富于幽默感的韵文进行即兴演唱。在这种即兴演唱中，最流行的一种歌曲类型叫“马希亚”，其歌词是一种三行抒情诗，其中，第一行和第三行押韵，第一

① 吴跃华，马东风．巴基斯坦传统音乐的概念、分类及内容［C］// 孙红旗．巴基斯坦研究：第一辑．北京：中国社会科学出版社，2012：191.

行只为韵律，意义主要在第二行和第三行中。这种歌曲大多在婚礼或空闲时唱，且常常形成集体性的赛歌。[①]

信德民歌与历史上苏非派修行者的歌曲密切相关。这些修行者携带简单乐器在信德四处游历，以演唱方式传播教派思想。他们所唱歌曲的旋律和内容深深影响了该地区的音乐。信德省最有代表性的歌曲类型叫“卡非”，它以印度古典“拉格”与当地民间曲调衍生出来的旋律为基础，以信德人民熟悉和喜爱的民间传奇为素材，表现伊斯兰教神秘主义，是信德地区古典音乐和民间音乐的完美结合。

开普省的主要居民是普什图人，他们与阿富汗的普什图人同属一个民族，拥有相同的语言和文化，因而音乐传统也一样，均以诗歌为主。其中，“恰尔巴依塔”（四行诗）是最受普什图男子喜爱的歌曲类型。其内容多为赞美爱情或英雄，有时也歌颂伊斯兰预言家和圣人。伴奏的乐器有拨弦乐器“拉巴布”、双面鼓“多拉克”和手鼓“达夫”。表演时，由两个歌手轮流唱，气氛达到一定程度时，在场听众会重复歌手所唱。

俾路支省多山，气候干燥、土地贫瘠。恶劣的自然环境塑造了俾路支人坚强、活跃的性格，也深深影响了他们的音乐传统，歌舞是他们生活的一个重要组成部分。常年与严酷自然环境斗争的俾路支人视结婚为大喜事，参加婚礼是生活中的一大乐趣。在婚礼上，人们会围成一圈载歌载舞，《哈罗》就是一首最著名的婚礼歌曲。在很多俾路支游牧部落中，情歌和叙事歌是主要的歌曲类型。牧民在放牧时会向着天空唱出对家乡姑娘的思念，想象她们的绰约风姿和劳动情景。情歌的歌词也采取三行诗的形式，一、三行押韵，二、三行表意，类似于在旁遮普省流行的“马希亚”，但节奏更加自由。叙事歌多由职业音乐家演唱，内容以赞颂俾路支人的丰功伟绩为主。[②]

① 赵佳梓．亚洲各国音乐：巴基斯坦［J］．音乐爱好者，1990（1）：22.

② 赵佳梓．亚洲各国音乐：巴基斯坦［J］．音乐爱好者，1990（1）：22.

除了上述四省，生活在吉尔吉特－巴尔蒂斯坦的少数民族也有自己独特的音乐。其中，值得一提的是罕萨（洪扎）僧侣入定仪式上的器乐序曲。演奏仪式序曲的是罕萨地区的职业乐团。他们定居在罕萨地区的中心村镇附近，受到邀请后便携带乐器去演出。合奏时使用的乐器有三种，按放置位置从左到右依次是：双簧管“苏奈”、一对铜鼓“达玛”和双面大鼓“达当”。一段较长的序曲后，僧侣出场，他往往通过大量设计好的动作和舞台场景使观众陷入一种狂欢、恍惚的状态。①

（3）宗教音乐

巴基斯坦宗教音乐主要是指伊斯兰教的音乐，原本是传教士转达真主启示的载体，之后又成为信徒们对真主表达崇敬、赞美、信靠和祈求的方式。巴基斯坦的伊斯兰教音乐种类较多，其中最重要的是节奏明快、充满激情的“格瓦利”。

“格瓦利”（Qawwali）一词源于阿拉伯语中的“格乌勒”（Qaul），意为“说”，是苏非派的一种以声乐为主的宗教音乐形式。它曾是苏非派契什提教团的祈祷音乐，其本意是通过让听众在一种浓厚的音乐氛围中背诵具有象征意义的教义而达到与神明统一的境界。因此，“格瓦利”的演唱者在表演时往往如痴如醉、浑然忘我，仿佛体会到了苏非神秘主义的精髓。作为宗教音乐，“格瓦利”的歌词内容一般与伊斯兰教有关，包括赞颂真主“安拉”、穆圣和其他圣人。不过，这些内容有时可以从世俗角度来理解，各种优美辞藻所描写的对真主的爱可被解作人间之爱或男女之爱，而部分歌词本身就是叙事诗或爱情诗。“格瓦利”歌词的格律和形式有古典、现代和流行之分，所使用的语言包括印地语、旁遮普语、乌尔都语等语种。

“格瓦利”起源于8世纪的波斯，于11世纪通过苏非派特有的

① 武建军. 巴基斯坦的音乐和舞蹈［J］. 中国音乐，1994（2）：65.

音乐典礼“萨马”传入南亚。13 世纪晚期，苏非派契什提教团的音乐大师阿米尔·胡思劳将“萨马”上常演奏的苏非音乐与印度本土音乐结合起来，创作出具有印度穆斯林风格的“格瓦利”。作为宗教仪式的一部分，“格瓦利”的表演一般于“主麻日”前一天的晚上，即周四晚间，在清真寺举行，信徒们会从各地赶来观看“格瓦利”的表演。如今为巴基斯坦人民所喜爱的“格瓦利”，其曲调基本上都是阿米尔·胡思劳创作的。巴基斯坦成立后，在音乐人阿齐兹·米安、法塔赫·阿里·汉和萨布里兄弟的推动下，“格瓦利”走向世界。

演奏“格瓦利”的乐器主要有四种，分别是塔布拉鼓（Tabla）、多赫拉鼓（Dholak）、簧风琴（Harmonium）和拉巴琴（Rabab）。“格瓦利”的演奏团一般由 6－10 人构成，其中领唱 1 名，伴唱 2 名，簧风琴手 1 名，拉巴琴手 1 名，鼓手 1－2 名，合唱者若干。“格瓦利”的表演时间较长，一般要持续好几个小时，从傍晚一直到深夜。演出由一支器乐序曲开始，呈示旋律主题，接着便由领唱浑然忘我地演唱具有象征意义的歌曲主体，呈示所用“拉格”的音阶特征。待演唱结束，鼓点、伴唱者和合唱者的拍手声加入到伴奏中，歌唱者们接着以循环方式处理作品，最流行的方式是一种八拍的节奏循环。当歌词被多次重复演唱后，乐曲逐渐进入即兴演奏部分，领唱和伴唱，以及簧风琴手和合唱者相互配合进行即兴演出。领唱控制速度变化和演奏次序，演唱时做出比较夸张的动作，其余人则注意观察领唱的暗示以便随时加入或退出。即兴演奏的速度一般由慢到快，结构从简单到复杂。在“格瓦利”中，最常见的一个暗示是领唱举起一只手代表开始演奏。在观众面前演出时，领唱不可以把乐谱摆在面前，因为他要直视观众，用夸张的动作和面部表情表达歌曲的内涵，而坐在领唱身后的合唱者中，有一人负责看乐谱，并将乐谱下一行的开始部分以耳语方式告知领唱。

赞美诗“哈姆德”（Hamd）是一种不仅仅限于伊斯兰教的宗教音

乐，基督教中也有“哈姆德”。不过，在伊斯兰教中，“哈姆德”尤为神圣且十分流行。它主要表达穆斯林对真主的热爱和赞美，因而常出现在宗教集会上。在正式演出中，演员和观众都要按照伊斯兰教要求戴帽子，以显示自己对真主的敬意。此外，“哈姆德”也常常作为“格瓦利”的高潮部分被演唱。

除了伊斯兰教外，巴基斯坦的其他宗教，如印度教、基督教、锡克教、祆教、阿赫默迪亚教派等也有各自的音乐。它们与伊斯兰教音乐一道，构成了巴基斯坦丰富多彩的宗教音乐。

（二）巴基斯坦流行音乐

巴基斯坦流行音乐是在传统音乐的基础上，加入西方的爵士、摇滚、说唱、迪斯科等音乐元素而形成的一种涵盖多语言的混合音乐，主要包括电影流行乐和流行歌曲。

20 世纪 60 年代，电影成为深受巴基斯坦人民喜爱的娱乐方式。电影院遍布全国各地，特别是在拉合尔、卡拉奇等大城市，影院的数量和规模都甚为可观。随着电影的上映，影片中的一些悦耳动听的插曲也开始流行起来。1966 年，青年歌手艾哈迈德·鲁师迪（Ahmed Rushdi）为电影《阿玛安》录制了第一首南亚风格的回放歌曲，该歌曲在巴传统音乐的基础上融入了摇滚风格，大获成功，从此，这种形式的音乐被称为电影流行乐。鲁师迪和东巴的鲁纳·莱拉（Runa Laila）被视为巴基斯坦流行音乐的开拓者。鲁师迪的成功激发了一些专门演奏爵士乐的基督教乐队，他们开始在拉合尔、卡拉奇、海德拉巴等大城市的夜总会和酒店演出，演唱的歌曲主要是鲁师迪所唱的电影插曲和较出名的美国爵士乐。

进入 20 世纪 70 年代，由于政局动荡、战争爆发、国家分裂，巴基斯坦国民深受打击，精神消沉，电影业因而失去了往日的活力。曾经风光无限的电影流行乐随之陷入低谷，巴基斯坦流行音乐失去了一个重要载体。

在这个时候，电视走进了巴基斯坦的家家户户。比起去影院，人们更乐意在家看电视，于是，电视成为流行乐在巴基斯坦最好的传播媒介。得益于此，阿拉姆吉尔（Alamgir）成为这一时期巴基斯坦流行乐坛的明星。他用乌尔都语演唱流行音乐，《阿贝拉·拉西》（*Albela Rahi*）便是他演唱的一首融入乡村爵士乐和迪斯科音乐元素的乌尔都语流行歌曲。他将穆斯林古典音乐与现代西方音乐结合起来，给巴基斯坦流行乐坛带来了一股新风。之后的音乐人纷纷效法，穆罕默德·阿里·夏基（Muhammad Ali Shehki）尝试用爵士乐和摇滚乐的曲风演绎巴基斯坦传统音乐，收到了良好的效果。巴基斯坦流行音乐在新曲风的带动下迅速发展。

进入 20 世纪 80 年代，巴基斯坦流行乐坛开始与国际接轨，唱片、磁带成为新的传播媒介。流行歌手们通过发布单曲和专辑来表达自己的音乐理念。哈桑·贾汉吉尔（Hassan Jahangir）是这一时期最出名的巴基斯坦流行歌手。1982 年，他发行了自己的第一首单曲《伊姆兰·汗是超人》（*Imran Khan is a Superman*）。紧接着，他又发行了一张享誉国际的专辑《哈瓦哈瓦》（*Hawa Hawa*），其在南亚的销量达到 1500 万张。然而，随着齐亚·哈克政府推行伊斯兰化政策，几乎所有的电台、电视台都禁播了音乐类节目，带有西方色彩的流行歌曲更成了禁忌，巴基斯坦的唱片业遭到沉重打击。

然而，恰恰是在哈克政府统治时期，诞生了巴基斯坦本土摇滚乐。虽然哈克政府对西方音乐的强硬抵制令巴基斯坦的唱片业陷入困境，但却给地下摇滚乐队的兴起提供了契机。专辑发行的困难迫使音乐制作人另寻出路，他们中的很多人把目光投向了高档酒店和大学校园，利用这些场所相对宽松的文化环境举办地下摇滚音乐会。一时间，地下摇滚音乐会蔚然成风，遍及全国，一些本土摇滚乐队便利用这些地下音乐会，演唱颇具民族特色的原创摇滚乐，大获成功，从而揭开了巴基斯坦流行乐的新篇章。“生命迹象”（Vital Signs）乐队就是这一时期最成功的摇滚乐队。他们的单曲《巴基斯坦之心》（*Dil Dil Pakistan*）和《转瞬即逝的青春》（*Do Pal Ka Jeewan*）一时间传唱全国，成为经久不衰的经典歌曲。“生命迹象”乐队的成功，极大地促进了摇滚乐的发展。很多摇滚乐队深受鼓舞，纷纷崭露头角，令巴基斯坦流行乐坛重新活跃起来。可以说，在 20 世纪八九十年代，是摇滚乐扛起了巴基斯坦流行音乐的大旗。

进入 20 世纪 90 年代，随着第一家私人电视台的成立，流行音乐重新获得了理想的传播平台。哈桑姐弟、“生命迹象”乐队、阿里·海德尔、萨贾德·阿里纷纷走上荧屏，甚至一些另类的地下摇滚乐队也能通过电视展示自己的音乐。同时，在贝·布托政府文化政策的鼓励下，巴基斯坦电影业重焕生机，电影音乐随之再度博兴，给流行乐坛注入了新的活力。

进入 21 世纪，曾遭受重创的唱片业恢复了昔日的风采，本土音乐会也如火如荼地举办起来。网络技术的发展则给流行乐提供了更快捷的传播平台。摇滚乐依然统治着巴基斯坦流行乐坛。很多摇滚乐队和歌手在巴基斯坦国内人气很高，同时，他们积极与外国同行合作，使巴摇滚乐呈现出跨国发展的态势。

二、舞蹈

巴基斯坦舞蹈与其音乐一样，富有鲜明的民族和地方特色。它不仅在该国人民的生活中占有重要地位，而且极具观赏性，在群星闪耀的国际舞蹈界熠熠生辉。总的来说，巴基斯坦舞蹈可分为古典舞和民间舞两大类。

古典舞典雅优美，程式完善，其中，以卡达克舞最为有名。卡达克舞历史久远，是南亚次大陆著名的四大舞派（婆罗多舞、卡达克舞、达塔克利舞和曼尼普尔舞）之一，起源于公元 12 世纪的勒克瑙，后传播到今印度的北方邦和拉贾斯坦邦等地。“卡达克”一词源于“卡达”，在印地语中“卡达”的意思是故事，原本是民间艺人讲述古印度神话中克里希纳和拉塔之间爱情故事的一种说唱艺术，起初只有单纯的故事叙述和诗歌朗诵，后来为了让故事生动感人，就逐渐加入了演唱和舞蹈，成为一种集说、唱、舞为一体的综合表演形式。莫卧儿王朝建立后，卡达克舞被引进宫廷，专供王公贵族在茶余饭后消遣。在漫长的发展过程中，卡达克舞不断吸取伊斯兰教的艺术精华，形成了风格独特、节奏复杂、表演细腻、结构严谨、造型优美、艺术造诣高超的综合性舞蹈。卡达克舞大多是独舞，程式固定，多表现人民对生活的热爱、对美的感受和向往，因此，它对表演者的面部表现力有着很高的要求，特别是眼睛。表演者要善于用眼睛传情达意，眼睛要和手势、动作紧密配合，灵活自如，流盼生辉。卡达克舞的伴奏比较简单，只要一位塔布拉鼓手、一位沙朗吉琴师和一位吟唱诗章的歌手即可。另外，舞蹈演员的脚踝上系有百十只小铜铃，每一顿足，铜铃就发出清脆的声音，众多铜铃的声音合成一片繁响。演员随着鼓点时而急速旋转，时而舞步细碎，铜铃声与鼓声相和，时而如惊涛拍岸，气势雄浑，时而如潺潺流水，悦耳动听。演员不断变化舞姿，用丰富的肢体语言和面部表情表现各种情感，有时还要边舞边唱，令舞蹈更具表现力。和谐如一的鼓声与铃声、悦耳动听的歌声和伴奏、变化丰富的舞姿与表情，都给观众带来了无限的情趣。

纯粹的卡达克舞有着严格的程式，一般分为四部分：第一部分名为“巴兰”（引子），是舞蹈的开始，表演者身体直立，右臂举过头顶，左臂与地面平行，眼睛随着手腕的扭转和颈项的左右错动而转动，之后，身体缓慢起伏，脚踏简单节奏，以显示准备就绪。第二部分名为“卡脱”（节奏），表演者随节奏踏脚，手臂严格按节拍舞动，并配以面部表情的丰富变化。第三部分叫“托拉”（情节），表演者以各种上肢动作模拟洗脸、戴手镯、顶罐、吹笛等生活情节，或形象地展现出一段剧情，以丰富的表情惟妙惟肖地刻画人物性格，表达各种情绪。第四部分叫“土克拉”，意为“敲击声”，主要表现足部动作，是一套完整的脚踏舞，亦是整支舞的高潮。舞者会在这一部分展现精湛的舞步技巧和旋转技艺。她们首先随舒缓的节奏开始舞动，而后逐渐加速，直至踢踏迅疾，转体连贯流畅，铃声与急鼓相和，待曲终鼓停之时，恰好收住脚步。① 如今，“卡达克”舞多在中世纪题材的电影中出现，此外，还是专业舞蹈家练基本功的方法之一。严密的程式、多样的节目、严格的表演要求和强大的艺术感染力，令“卡达克”无愧于巴基斯坦舞蹈艺术之瑰宝的美称。

与古典舞相比，巴基斯坦的民间舞种类多样，欢快简朴，充满生活气息，娱乐性强。大多民间舞源于生活，体现人们对生活的感悟和热爱，有的取材于民间故事，有的是农闲时节农民们传统的娱乐形式，一般在节日、庙会、丰收、结婚等喜庆时候表演。比较流行或带有地区特色的民间舞有：蓬格拉舞、萨米舞、芦迪舞、哈塔克舞、贾玛罗舞、珠玛舞、莱瓦舞、朱姆尔舞等。②

蓬格拉舞是旁遮普省最流行的民间舞蹈。无论在农村还是城市，蓬格拉舞都是丰收、赛会、节日、结婚、生日等喜庆时刻的主要庆祝和娱乐方式。表演该舞时，5—11 人会围成圈或排成一线，尽情舞动，一旁的观者甚众，且不过多时就会有人加入舞者的行列。在城市，节日时聚会的组织者会在公园、校园、停车场等公共空地上搭起表演用的帐篷，邀请专业的舞者前来表演，烘托喜庆气氛；在农村的丰收时节，鼓手会在村外广场上敲击出欢快的鼓点，以此发出集体共舞的邀请，听闻鼓声的男村民奔走相告，心情愉悦地聚拢在鼓手周围，而后绕着鼓手即兴起舞，随着鼓点加快或放慢舞步，自由地表达

---

① 蒋士枚，于海燕．漫话巴基斯坦舞蹈［J］．世界知识，1980（8）：30.

② 袁维学．典雅优美、绚丽多姿：巴基斯坦舞蹈揽胜［J］．中外文化交流，1993（5）：54.

喜悦之情。

萨米舞也是旁遮普省一种主要的民间舞，一般由女子集体表演，男子也时常参与。该舞源于杜尔王子和萨米公主间的爱情故事，其本意是表现萨米公主思念杜尔王子时的忧伤之情，但随着时间的推移，其情感内涵渐渐失去，变成了一种反映农村生活的欢快舞蹈。表演时，女子以灵动柔软的体态、动作模仿磨面、挤奶、纺纱和汲水等劳动；男子则以铿锵有力的动作模仿收割麦子、捆扎、打麦草及犁田等劳动。舞者身着各色斗篷、紧瘦的裤子、有金银线刺绣的深色坎肩，头戴缀有饰品的头巾，手腕和脚踝上系有铜铃，手握“卡尔塔尔”——系着铜铃的小木板，围绕着鼓手，随着鼓点敲击“卡尔塔尔”，脚亦随之舞动。转一两圈后，会有人唱起与鼓点相协调的歌曲，其余人则附和鼓点，鼓每响一下，舞者便用力跺左脚一次，脚踝上的铜铃便发出清脆响声，然后踏右脚，但用力较小，以形成节拍的强弱对比。随着鼓点加快，舞者的动作也加快，他们围绕鼓手以不同角度旋转身体，并敲击两旁舞者手中的“卡尔塔尔”，口中发出附和之声，令整支舞达到高潮，而后自然结束。

芦迪舞是流行于旁遮普省西部的民间舞蹈。当地农民在摔跤或其他比赛获胜后、播种完毕及结婚之时，常以跳芦迪舞的方式表达内心喜悦。“芦迪”意为旋转，跳该舞时，舞者围绕鼓手站成一圈，鼓手打节奏，舞者指敲木框，载歌载舞。芦迪舞男女皆宜，男子身穿具有民族特色的坎肩，动作敏捷灵巧；女子梳两根辫子，披纱巾，戴各种首饰，动作优雅妩媚。鼓点加快后，舞者亦跟着提高速度，气氛愈发热烈，逐渐达到高潮，最后在快速旋转中结束。

哈塔克舞是开普省最流行的民间舞。它原为普什图人在战斗前用以激励士气的舞蹈，有时也在战斗胜利后表演，以表现胜利者的勇武和喜悦，因而可以说是一种男性舞。舞者身着宽松衣裤和绣花坎肩，头戴毡帽，腰系长带，手持剑或手帕，表演时，先以独特技巧使腰带飘动，接着甩头，而后快速旋转。旋转时，平转、跪转、侧身转等方式交替进行，其间还穿插有激烈的剑术格斗表演，动作果断有力，表现出普什图人仗义豪迈、勇猛剽悍的性格特点。

贾玛罗舞流行于信德省，是一种节奏欢快的旅行舞蹈。“贾玛”在信德语中意为“高兴”，“罗”意为“走”，因此，“贾玛罗”的意思就是“高兴地走吧”。[①] 这种舞动作简单，老少皆宜，但有时舞者会头顶一根长铁棍，铁棍上放一只盛满水的罐子，而后翩翩起舞，其技艺高超令人叹服。

珠玛舞也是流行于信德省的一种男女皆跳的集体舞。“珠玛”一词在信德语中的意思是“圆圈”。喜庆节日是跳珠玛舞的好时机，舞者会穿各色盛装，在欢快的音乐中起舞，脚踏节奏，手臂做出舒缓优美的动作，时而拍手，与音乐呼应，时而变化队形，组成大小不一、形式各异的圆圈图案。

莱瓦舞是俾路支斯坦的民间集体舞。“莱瓦”在俾路支语中是“骆驼”的意思。俾路支省地势高、沙漠多，人们多以游牧为生，骆驼既是牧民迁徙过程中必备的交通工具，也是沙漠商旅队不可缺少的帮手，因而深受俾路支人青睐。这种感情表现在莱瓦舞当中，使多个舞蹈动作都明显带有模仿骆驼的痕迹，如骆驼的行走、坐下、转身等。出场时，舞者双腿弯曲，上身前倾，腰部前后摆动，带动双脚向前迈进，形象地展现了俾路支先民于广袤沙漠中艰苦跋涉的情景，体现出俾路支人坚毅不屈的性格。

在巴基斯坦北部山区生活的少数民族同样拥有风格独特的舞蹈。朱姆尔舞就是其中的一个典型。它通常由男子在节日聚会中表演，充分展现出山地民族的豪迈奔放、热情乐观的性格，舞姿粗犷，动作雄劲有力，迅疾的旋转是这一舞蹈的主要特点。

---

① 袁维学．典雅优美、绚丽多姿：巴基斯坦舞蹈揽胜［J］．中外文化交流，1993（5）：55.

罕萨（洪扎）地区的布鲁索人有一种由男子在节日期间表演的传统剑舞。男子们成队起舞时会围成一个圆，人人皆挺胸直背，将手臂置于肩膀上，以行军步伐转圈，时而跃起。双人起舞时，舞者以剑对舞，并不时地用盾牌格挡对方的剑，仿佛在英勇作战。剑舞以这种独特的动作设计和道具，成功地塑造了部族勇士的光辉形象，歌颂了他们抗敌的斗志，充满激励人心的艺术感染力。

第三节 美术

巴基斯坦美术指的是今巴基斯坦伊斯兰共和国境内的造型艺术遗存，主要包括绘画、雕塑、工艺美术和建筑艺术等。

一、绘画

巴基斯坦美术历史悠久，按时间顺序大体可分为前伊斯兰时代美术和伊斯兰时代美术，最早的美术作品可追溯至公元前 3000 年繁盛一时的印度河文明时期。

以哈拉巴和摩亨焦达罗古城的遗址为代表的印度河文明，亦称哈拉巴文化，据推测是达罗毗荼人创造的农耕文化。从古城遗址中出土的刻有牛、犀牛、兽主、女神等形象的印章以及红底陶器上所绘的各种动植物花纹和几何图形，可被视为巴基斯坦绘画艺术的开端。印度河文明时期的绘画多属于祈愿土地丰产、生命繁衍的形象化或抽象化符号，是生殖崇拜文化的一种体现。尽管印度河文明由于某种未知原因突然中断，但在次大陆西北部，历史上各个时期的美术在精神上仍然与印度河文明的美术传统遥相呼应。

今巴基斯坦所在的次大陆西北部在公元前 6 世纪是波斯帝国的辖区，公元前 326 年，马其顿国王亚历山大入侵该地区，带来了希腊文化。公元前 3 世纪，该地区归属印度孔雀王朝，这一时期，佛教传播到了这里。公元 1 世纪，贵霜王朝统治者迦腻色伽弘扬佛教，结果，佛教文化与希腊文化融合在一起，产生了持续数个世纪的希腊式佛教艺术，即犍陀罗美术。犍陀罗美术兴盛于公元 1－3 世纪的贵霜时代，5 世纪中叶遭嚈哒人（白匈奴人）破坏，约在 630 年终止。

犍陀罗美术蕴含着来自印度、波斯和希腊的文化因素，呈现出多样化融合特征。巴首都伊斯兰堡附近的历史名城塔克西拉（在中国古代典籍中被译为“呾叉始罗”），是犍陀罗美术的中心之一。虽然犍陀罗美术的主要形式是雕塑，但神庙、寺院和宫殿石壁上的佛教彩绘也是其重要的组成部分。

8 世纪初穆斯林对信德的占领给印度西北部绘画艺术的发展提供了新的方向和契机，印度穆斯林绘画艺术应运而生。最早的印度穆斯林绘画出现在德里苏丹国时期。壁画深受穆斯林统治者喜爱，金属器皿上的花纹非常普遍，皇家旗帜上也绘有精美图案。不过，人物肖像画和有灵性动物的绘画在当时是被禁止的，壁画内容以花草图案为主，辅以部分风景画。这表明，当时的穆斯林统治者严格遵守伊斯兰教教规，禁止绘画中出现人物肖像。

由于各个穆斯林王朝的统治者几乎都酷爱绘画，因此，伊斯兰绘画艺术在穆斯林统治的核心区发展很快，特别是在莫卧儿王朝时期，绘画艺术尤为兴盛。

巴布尔、胡马雍、阿克巴、贾汉吉尔等莫卧儿皇帝都热心赞助绘画，从波斯、中亚和印度本土聘请优秀画师为皇帝、大臣和皇亲国戚制作了大量细密画，使得莫卧儿王朝时期的细密画既有波斯、中亚等地穆斯林绘画的特点，又有印度传统绘画的风格。从时间上来说，王朝初期的细密画属于波斯绘画的一部分，后期，细密画与印度本土绘画传统相结合，呈现出写实主义倾向。莫卧儿王朝的细密画基本上属于宫廷美术，主要描绘朝觐、宴乐、狩猎、战争场面、王室肖像和后宫生活，作品一般线条细腻，笔法纯熟，设色富艳，注重写实和刻画人物心理。

莫卧儿王朝的阿克巴大帝自幼就对绘画就有着浓厚的兴趣。在随父亲胡马雍流亡喀布尔期间，他与父亲一起接受了专业的绘画训练。即位后，他对美术的热情不减，在宫廷内专设一画室，聘请知名画家教授王公子弟绘画、雕刻、书法、装订和装饰等技术。此外，他供养了 100 余名画师，专门从事细密画创作，此外，还聘请了许多雕刻工匠和书法艺人配合画师们一起工作。[①] 阿克巴在位的 50 年间，有很多绘画作品问世，其中最重要的是《阿米尔·哈扎姆传奇》抄本的插图。这项工程始于胡马雍在位时，中途随胡马雍的意外去世而停止，后在阿克巴的关心与鼓励下重新启动，并最终于 1579 年完成。这本插图集体现了波斯细密画的基本风格，同时融入了印度传统绘画的特点，实现了波斯绘画艺术与印度绘画艺术的有机结合，为后来的莫卧儿画派奠定了基础。

阿克巴的宗教宽容政策促进了穆斯林和印度教教徒的相互了解，也促进了波斯和印度两种绘画艺术间的相互交流与借鉴。在他的倡导和鼓励下，穆斯林画家尝试绘制印度古典传奇故事，印度教画家则开始学习波斯细密画的绘画技巧，一批杰出的画家正是在这种互相学习的过程中成长起来的，如达斯万特、巴萨万、马杜、凯苏、拉尔、穆坤德、杜尔西、婆加瓦提等。[②]

与此同时，欧洲绘画风格也被吸收进来。1580 年，葡萄牙耶稣会传教团应邀进入阿克巴宫廷，并赠送给阿克巴多幅基督教绘画。阿克巴对这些西方绘画十分着迷，立即派人临摹，欧洲绘画的写实主义风格随之进入莫卧儿王朝。物体的明暗表现、合适的比例和风景画

① 唐孟生，孔菊兰．巴基斯坦文化与社会［M］．北京：民族出版社，2006：268.

② 唐孟生，孔菊兰．巴基斯坦文化与社会［M］．北京：民族出版社，2006：269.

中的空气感等写实主义关注给印度穆斯林绘画艺术提供了新的发展方向。

阿克巴时代所定下的绘画基调在后来的莫卧儿画派中有了新的发展。继承阿克巴王位的贾汉吉尔自幼爱好绘画，继位后，他保留了阿克巴时代的宫廷画室，并提供了大量的资助。在他的授意下，宫廷画师们为贾汉吉尔和其他皇室成员画了多幅人物画。人物画基本以宫廷生活和事件为题材，或为帝王歌功颂德，或记载宫廷的富丽堂皇和生活的悠闲浪漫，抑或描绘血腥的战争场面，此外，还有贾汉吉尔及其皇亲国戚的肖像画。肖像画大师阿布尔·哈桑为贾汉吉尔的第三子所画的肖像《王子沙·贾汗》是莫卧儿肖像画的精品之作。

贾汉吉尔还喜欢奇花异草和珍禽异兽，因此，在他统治时期，宫廷中出现了很多花草动物画。宫廷画室奉命专门从波斯请来花鸟画大师，其中比较有名的是阿伽·拉扎和乌斯塔德·曼苏尔。前者被贾汉吉尔赞誉为“时代珍宝”；后者深受宠爱，为贾汉吉尔画过 100 多种花卉及各类鸟兽，其现存名作有《红郁金香》、《火鸡》和《斑马》。

与此同时，民间绘画也取得了相应发展。与前期专注叙述虚幻故事不同，这一时期的民间画师们开始注重对自然景物的描绘。花草树木、鸟兽鱼虫皆已入画，形态逼真，色彩柔和。波斯画中用以勾勒边缘的红色被棕色替代，多种颜色混合使用成为该时期的潮流。宫廷画和民间画风格的转变标志着莫卧儿王朝绘画艺术的成熟。

贾汉吉尔去世后，其子沙·贾汗继位，但他并没有继承父亲对绘画的兴趣，而是热衷建筑艺术，因此，对绘画资助较少，莫卧儿细密画随即走下巅峰，但绘画技巧却在自我完善。此时的宫廷画师主要注重对豪华场面的描绘，采用细密画的笔法细致地展现皇室成员优雅的表情、华丽的服饰和浑身的珠光宝气，画面色泽艳丽，金色的使用尤其普遍。

奥朗则布时代，莫卧儿宫廷画呈现出了衰微的趋势。奥朗则布是一位虔诚的穆斯林，他严格推崇正统派教法，认为阿克巴等穆斯林帝王对绘画和音乐的热爱是对伊斯兰教教法的亵渎。他终止了对绘画的资助，解散了宫廷画室，把画师们遣散出宫。但是，莫卧儿绘画艺术并没有因此中断，而是在民间缓慢发展，等待复兴的时机。后来，奥朗则布的曾孙穆罕默德·沙继承了皇位。他一上台就恢复了对宫廷画的资助，被遣散的画师们重回王宫，莫卧儿宫廷细密画再度繁荣。

巴基斯坦独立后的绘画艺术在风格和技巧上呈现出多样化趋势，大致可分为传统派、抽象派和现代派。传统派在风格上受莫卧儿时期绘画的影响，注重用精细的线条勾勒物象的轮廓，用鲜艳而多样的颜料设色，对画面的装饰也十分考究。舒加·阿拉（1912－1980 年）和哈吉·穆罕默德·谢里夫（1889－1977 年）是传统画派的代表人物。阿卜杜勒·拉赫曼（1897－1975 年）也是传统画派的代表之一，传统莫卧儿绘画的技巧与风格在其画作中得到了充分体现，此外，他还尝试融合传统莫卧儿绘画风格与西方现代绘画特点。他的作品以人物画为主，追求人物面部和环境相和谐，笔下的中东服饰能隐约体现人体线条的轮廓，抽象派的技巧和象征主义手法在他的作品中亦有所体现。

在继承莫卧儿传统绘画风格的同时，巴基斯坦绘画还受到了西方现代绘画的影响，产生了现代派绘画。夏格尔·阿里（1916－1975 年）是巴现代派绘画的开拓者，他曾去法国学习绘画，擅长描绘风景，画风清新自然，影响了许多画家，《笼里的鸟和女人》是其代表作。

20 世纪 70 年代以来，巴基斯坦绘画受西方绘画影响的程度明显加强。在继承传统风格的基础上表现出向抽象派发展的趋势，很多绘画作品都有抽象派的影子。抽象派的代表性人物首推女画家拉布尼·阿哈，她把白色作为基本色调，把空间距离与色彩有机结合起来，以达到超凡脱俗的意境。她将所画的半裸体画视为纯洁的象征，以浓色调衬托妇女的孤独和奉献精神。这一派中的一些画家还喜欢用立体画的隐蔽方式来表达对社会的不满。

二、雕塑

由于伊斯兰教禁止偶像崇拜，因此，巴基斯坦的雕塑基本上都是前伊斯兰时代留下的珍贵文物，其中，犍陀罗美术的历史遗存最为著名。

犍陀罗，又译作“健驼逻”、“干陀卫”，位于今巴基斯坦喀布尔河下游，五河流域之北。公元前 3 世纪，笃信佛教的阿育王派遣布教师到此传教，开启了佛教在犍陀罗的发展历程，之后的七八百年间，佛教盛行于此地。贵霜王朝时期，希腊雕塑与印度佛教文化交融，逐渐孕育出犍陀罗美术。与犍陀罗美术有关的历史遗迹多分布于今巴基斯坦白沙瓦县，斯瓦特和拉瓦尔品第周边亦有遗存。

犍陀罗美术遗存基本出自佛教寺院遗址。位于犍陀罗中心区域的马尔旦是佛寺集中地之一。塔赫提·巴哈伊、沙希利·巴鲁尔、贾马尔·格里赫、达拉里等都是这一区域著名的高山寺院遗迹，考古人员从这些遗迹中发现了大量的佛教石雕和灰泥佛像。犍陀罗以北的斯瓦特河谷地区，古时叫乌仗那（Uddiyana），犍陀罗国的领邦乌苌国大致位于此地。这里也有城市、寺院遗址，其中，韦蒂格拉姆、格格达拉等城市遗址和布德卡拉、班尔等寺院遗址都出土了大批舍利容器和石雕。与犍陀罗美术相关联的另一个中心是拉瓦尔品第以西的塔克西拉（Taxila，亦可译作呾叉始罗）。该地的宗教性建筑遗迹很多，其中大部分是佛教寺院，如达玛拉吉卡、焦里安、莫赫拉莫拉都、卡拉瓦、吉里等，从这些寺院中出土了许多犍陀罗式的石雕和灰泥塑像。[①]

① 樋口隆康．犍陀罗［J］．王卫明，译．世界美术，1989（2）：38－39.

从以上三处遗迹群出土的文物可以看出，用以装饰佛教寺院的雕塑是犍陀罗美术的主体。犍陀罗雕塑按材质可分为青石片岩石雕和细灰泥塑。雕塑的内容以佛像和菩萨像为主，除守护神、力士、供养者和僧侣外，还有佛传图和本生图，有些叙事性浮雕为已失传的佛经提供了图解。犍陀罗的佛教雕塑以希腊式风格著称，很多佛像具有阿波罗式的相貌，身着类似于希腊长袍的僧衣。如果从整体形象、戴桂冠的发式、肌肉线条、面容刻画以及花环装饰等方面来看，犍陀罗雕塑呈现出希腊化风格；若从叙事细节、臀部以上的扭曲姿态（三曲式）、裸体躯干、富丽的珠宝饰物、象征性手势等方面来看，这类雕塑又继承了印度本土的艺术传统。

在犍陀罗美术中，石雕出现最早，且经久不衰，而灰泥塑像产生于犍陀罗美术的后期。从石雕上看，首先出现的是反映佛传和本生图的浮雕。佛传浮雕中，释迦牟尼的一生——灵梦托胎、佛陀诞生、占相、修行、出家、苦行、降魔成道、初转法轮、神变、涅槃等主要场面被依次展现；本生图浮雕的内容以燃灯佛本生和须达拿本生居多。①

浮雕之后出现的是独立佛像和菩萨像，它们一般作为礼拜的对象，供奉于寺庙殿堂。再往后出现的是以结各种法印的释迦牟尼像为中心，两侧胁侍梵天和帝释的三尊像以及三尊像两侧又伴有阿难、迦叶两大弟子的五尊像。

细灰泥塑像最早出现在公元 2 世纪左右。起初，灰泥塑像并没有得到重视，但它比石雕更自由，工匠们能轻松地雕刻出佛像的柔和面貌，且灰泥的白色与希腊雕塑中常用的大理石颜色相近。随着工匠们渐渐认识到泥塑的优点，细灰泥塑像于 4—5 世纪，即贵霜后期，兴盛起来。

---

① 樋口隆康．犍陀罗［J］．王卫明，译．世界美术，1989（2）：40.

三、工艺美术

巴基斯坦的工艺美术在世界享誉盛名，是该国重要的文化遗产。金工、陶瓷工、玉工、石工、木工、编织、印染与刺绣等工艺历经时间的淘洗，臻于完美。铜器上镶入的金银图案，玉器上嵌入的宝石、金线，木制小器物上雕出的细致花纹，每一样都别具匠心，甚至有技艺高超的工匠可以用野山羊毫制成的毛笔在薄如丝绸的纸张上描绘莫卧儿王朝的微缩景观。手工刺绣、珠宝首饰、抛釉陶瓷、黄铜制品、象牙雕刻、骨雕等手工艺品，无不彰显历经千年的文化传统。它们深受当地人民的喜爱，也赢得了各国美术爱好者的赞誉。

巴基斯坦的手工艺品有着悠久的历史，古代的工艺传统依靠一代代技艺娴熟的能工巧匠传承至今。从繁华的城市到边远的乡村，无论是在珠宝商店、手工作坊还是在平民家的客厅，都可以看见绚丽多彩的工艺品。这些工艺品种类繁多、质地不同、用处各异，几乎涵盖了当地人日常生活的方方面面。

金银首饰是巴基斯坦最重要的工艺品。大约两千年前，金银首饰的制作手艺由古希腊和波斯传入印度西北部。16、17 世纪，别具一格的镶嵌工艺和构图复杂的抛釉工艺发展成熟，令金银首饰更加精致炫目。除了首饰，巴基斯坦还盛产各种金属器皿。雕花银器，镶有花卉和几何图案的铜器和铁器，镶嵌银丝花纹的铜、铅、锡器等器皿被用作花瓶、痰盂、烟缸、水罐和其他家用物品。

巴基斯坦手工艺人十分擅长木雕。他们在桃木、柚木、檀香木等名贵木材制成的家具上雕刻出精美图案，低背靠椅、茶几、花架、屏风、箱柜等都成为木雕艺人施展才华的舞台。他们雕刻出的花纹细致而对称，具有明显的伊斯兰风格，令人印象深刻。

巴基斯坦的手工纺织技术历史悠久，刺绣在巴基斯坦民间艺术中占有重要地位。妇女们用色彩鲜艳的丝线，以细密的针法绣出富有民族特色的织品。旁遮普省和开普省的艺人们喜欢用金黄丝线在深红色斗篷上绣各种几何图案，而信德省和俾路支省的艺人们则乐于将指甲盖大小的镜片绣在姑娘们穿着的衣物上，使其在阳光之下熠熠生辉。

巴基斯坦的地毯、挂毯编织工艺历来为世人称道。巴基斯坦的地毯和挂毯融入了印度、中国、阿富汗和伊朗的艺术特点，形成了独一无二的风格。地毯、挂毯的生产过程十分讲究，首先由农户手工编织出半成品，以保证质地，然后再送到工厂加工成成品，完善样式。巴基斯坦的地毯、挂毯品质优良，做工精细，图案精美且有地方特色，深受各国人民喜爱，远销欧美各地。

在巴基斯坦的各大城市，还生产风格独特的骆驼皮革制品。骆驼皮先是被加工成优质皮纸，然后模压成形状各异、用途不同的工艺品，如灯罩、花瓶、玩具等，最后由工匠们在其表面绘上各色花卉图案。这样的工艺品适合摆在客厅，对客人颇具吸引力。

石头工艺品也是巴基斯坦手工艺品中的重要品种。制作工艺品的石材一般质地松软，色泽柔和。艺人们将石材雕刻成烟灰缸、灯台、酒杯、盘碟、动物摆设，甚至是纽扣和胸针。

品目繁多、做工精细的手工艺品是工匠们智慧的结晶，不仅承载着巴基斯坦手工艺的传统，更见证着历史悠久的巴基斯坦工艺美术走向新时代。

四、建筑艺术

巴基斯坦的建筑艺术混有印度、波斯、希腊、中亚等不同地区的建筑风格，融合了印度教、佛教和伊斯兰教的文化特征，还受到了西方殖民国家的影响，可谓东西合璧、融汇古今。按照时间顺序，巴基斯坦建筑艺术发展过程大致可分为四个时期，分别是前伊斯兰时期、伊斯兰时期、殖民时期和后殖民时期。

前伊斯兰时期的建筑混合了印度、波斯、希腊等不同文明的因素，作为犍陀罗美术中心之一的塔克西拉就是典型代表。这里分布着彼此临近的比尔丘、锡尔卡普和锡尔苏克三个城市遗址。比尔丘遗址年代最早，在这里查明的文化层从亚历山大入侵次大陆前（公元前 5 世纪左右）到巴克特里亚王朝时期，遗址内残存有用石块垒积的密集建筑群。锡尔卡普是巴克特里亚王朝新建的都城，后经释迦族、帕尔提亚族建设直至贵霜王朝初期。尽管遗址内仅残存石造建筑的断壁残垣，但仍能从中感受到该城当年的盛况。第三个城市遗迹锡尔苏克兴建于贵霜王朝时期。遗迹内挖掘出了菱形堡垒的城墙和似建筑的丘冈。在塔克西拉，还有一些希腊－波斯风格的宗教性建筑，如：建于公元前 1 世纪的锡尔卡普窣堵波（佛塔）、建于公元 1 世纪末的达摩拉吉卡半圆形佛教寺院和金迪阿尔拜火教神庙等。其中，金迪阿尔神庙内的爱奥尼亚式石柱、古典式凹凸线脚和正殿后壁上端的阳台都是具有希腊风格的设计。

除了塔克西拉，犍陀罗地区的白沙瓦和斯瓦特河谷也存有一些城市遗迹。大多遗迹都有一座带有宫殿或城堡的卫城，卫城内或卫城周边建有一些佛教寺院和窣堵波（佛塔）。其中比较有名的寺院的平面设计都属印度风格，如吉里、库马拉、摩拉・摩拉杜、比帕拉、焦里安、帕马拉等。这些寺院的共同特点是：方形中庭由列柱回廊围起，僧房门对中庭，庭院中央有一座窣堵波。

伊斯兰时期的建筑艺术是巴基斯坦建筑艺术的主体和精华。伊斯兰建筑起源于民间的圆顶小屋，后经长期演变，形成如今的建筑形式。一些较大的清真寺还融入了罗马和哥特式建筑风格，虽屋顶穹隆，但屋角却常配以高耸的、带有尖顶的光塔。由于伊斯兰教反对偶像崇拜，所以在清真寺中没有塑像，有的只是墙壁上琳琅满目、优美考究的图案。

巴基斯坦的伊斯兰建筑融合了中亚和印度本土的建筑风格。来自中亚的穆斯林在印度建立政权后，大兴土木，修建了大量清真寺、宫殿和陵墓。统治者们一方面从中亚聘请建筑师和工匠，一方面征募印度本土建筑师，此举给两种不同风格的建筑艺术带来了相互借鉴、学习的契机。

德里苏丹国时期，由于征战和政权更迭频繁，苏丹们没有充分的人力和物力去修建大型的伊斯兰式建筑，所以这一时期的著名建筑较少，“伊斯兰威力”清真寺可算其中的翘楚。这座清真寺建于 1199 年，由德里苏丹国奴隶王朝的第一任苏丹艾伯克下令修建，是印度现存的最古老的清真寺。该清真寺由印度工匠就地取材后修建而成，印度风格较明显。例如，寺内中厅安放的镂空铁板上虽然刻着《古兰经》经文，但衬托经文的却是具有印度特色的花纹图案。1231 年前后，苏丹伊勒图米什下令重修并扩建了该清真寺，清真寺东南部的顾突卜塔便是在此期间建成的。该塔高 72.5 米，类似圆锥形的塔身由低到高逐渐缩小，塔基直径约 14.3 米，塔顶直径 2.5 米，塔身分五层，下三层用红砂石垒砌，上两层用红砂石和白色大理石混合垒砌。清真寺和顾突卜塔的建筑设计、形状、装饰都带有明显的伊斯兰风格，但清真寺圆顶采用的梁托技术、精工雕凿的石刻、墙壁上的蔓藤图案以及花彩垂饰等细节却体现出印度传统建筑艺术的风格。[①]

宫殿和陵墓是德里苏丹国时期另一类重要的伊斯兰式建筑。对穆斯林皇室成员而言，生时居住的宫殿与死后居住的陵墓都是自己身份、地位的象征，因而二者的规模都要宏大，装饰皆要豪华，设计均要精巧。“伊斯兰威力”清真寺的西北方坐落着次大陆最早的穆斯林陵墓——伊勒图米什陵。图格鲁克王朝时期，伊斯兰建筑又有了新的发展。穆罕默德·图格鲁克为其亡父建造的陵墓颇具盛名。于菲鲁兹·沙·图格鲁克时期兴建的宫殿和陵墓追求豪华，墙壁上有很多镶

① 唐孟生，孔菊兰. 巴基斯坦文化与社会［M］. 北京：民族出版社，2006: 275.

金花纹和雕刻以及非常讲究的装饰。

莫卧儿王朝时期，伊斯兰建筑艺术达到巅峰，著名的拉合尔古堡就是阿克巴大帝下令修建的。

据传，拉合尔古堡的前身是一座泥筑的堡垒，始建于 1021 年。1566 年，为了抵抗外敌入侵，阿克巴大帝下令拆除了旧城，并在原址上修建了高墙环绕的砖石结构堡垒。随着拉合尔成为次大陆商业中心和莫卧儿王朝的夏都，阿克巴之后的历代莫卧儿皇帝均对古堡进行了修缮、扩建，如贾汉吉尔下令扩建了花园和宫殿；沙・贾汗下令修建了珍珠清真寺和镜子宫；奥朗则布下令建造了宏伟的主城门。尽管历经百年风雨侵蚀和无数刀兵之灾，古堡内的许多建筑已不复当年的辉煌旧貌，但其遗迹仍很有风韵。古堡呈矩形，东西长 380 米，南北宽 330 米，城垣是用巨大的红褐色岩石筑成的，堡内有修建于不同时期的建筑 21 座，亭台楼阁、喷泉池塘、园林花圃、恢弘宫殿等可谓应有尽有。位于中部的是一个用 40 根高大石柱支撑的大理石朝觐台，它既是阿克巴接见臣民之地，又是他处理政务的行宫。古堡内还有画廊，画廊石柱上所镶嵌的千万颗绚丽彩石组成了一幅幅叙事画，舞蹈、狩猎、斗象和打马球等娱乐活动皆体现在画中。古堡中最美的建筑莫过于坐落在东北角的镜子宫，它是沙・贾汗专门为自己的皇后所建的寝宫。宫殿的外墙上安有各色玻璃，附着多彩石块，镶有金银相间的线条，嵌着 90 万块大大小小的镜片。这些装饰物组成不同图案，阳光之下，映射七彩光辉，炫丽华美。宫内的墙壁皆用白色软玉砌成，拱形穹顶上镶着无数宝石和玻璃珠，烛光映照，五彩缤纷。①

沙・贾汗统治时期是莫卧儿建筑艺术发展史上最辉煌的时期。国库殷实、文化繁荣，为建筑艺术的发展提供了充足的物质和精神条

① 杨士龙，赵青. 叩开巴基斯坦神秘之门［M］. 北京：世界知识出版社，2003：88－89.

件。沙·贾汗利用这些有利条件，在德里、阿格拉、拉合尔、克什米尔、喀布尔等地大规模地修建城堡、宫殿、清真寺、陵园和皇家苑囿。这一时期，白色大理石作为建材得到广泛应用，各色宝石、玛瑙、碧玉、红玉髓等点缀在建筑物的内墙外壁上，建筑物整体设计简约美观、宏伟大气，但细节上却十分讲究，雕栏玉砌、镶金嵌银，力求大气简约的波斯风格和崇尚细腻富丽的印度风格有机地融为一体。

在今巴基斯坦境内，修建于沙·贾汗时期的著名建筑有夏利玛花园、贾汉吉尔陵、瓦齐尔·汗清真寺、达伊·厄纳加清真寺、贾米清真寺等。其中，夏利玛花园声名最为显赫，它位于拉合尔城东约 5 千米处，是莫卧儿时期园林建筑艺术的杰作。“夏利玛”意为“娱乐宫”，是沙·贾汗下令修建的御苑。全园占地约 17 万平方米，平面轮廓呈长方形，由从北向南呈阶梯状升高的 3 个台地庭院组成。园外建有数个蓄水池，向园内 450 个喷泉供水；园内喷泉池塘和亭台楼阁对称分布，花草遍布，绿树成荫。花园的中部保存较为完整，一处瀑布飞流直下，皇帝的大理石宝座置于瀑布前。宝座面朝一泓碧波，150 股喷泉分布其内，水流从石刻花蕊中向外喷洒，落入用白色大理石砌成的池塘中。水池中央有一个白色大理石平台，平台东西两侧各有一座石桥与池旁的两座红砂岩凉亭相连。水池南端的大理石墙壁上凿有数百个壁龛，用以摆放奇花异草和明灯，白天五颜六色、花香怡人，夜晚华灯初上、流光溢彩。

贾汉吉尔陵也是沙·贾汗时期修建的宏伟建筑，位于拉合尔西北约 5 千米的拉维河畔，占地 22 公顷。它整体呈长方形，四角是 4 座 31 米高的 4 层白色圆顶尖塔，陵墓四周和塔尖底部的墙壁上嵌满彩色大理石，形成各种花纹图案。陵墓内部安放着做工精细的大理石屏风，墙壁上有宗教气息浓郁的彩绘，其中，以 99 件花卉图案最为珍贵，是莫卧儿时期的艺术瑰宝。[①]

1658 年，奥朗则布即位。他是一位十分虔诚的穆斯林，强调伊斯兰教的清规戒律，排斥艺术，反对修建奢华宫殿，因此，在他统治期间，次大陆的建筑艺术几乎陷于停滞状态，只有少数几座清真寺和陵墓是新建的，巴德夏希清真寺便是其中之一。

巴德夏希清真寺又称皇家清真寺，位于拉合尔，建于 1673－1674 年，是巴基斯坦最大的古清真寺，可同时容纳 10 万人进行礼拜。清真寺的院墙由红砂岩砌成，院内有一个略成正方形的广场，南北长 160 米，东西宽 159 米，广场中央有一个用大理石砌成的 16 米见方的水池，早年供穆斯林做净礼用。广场西侧是清真寺的主体建筑——礼拜殿。礼拜殿气势恢宏，具有典型的莫卧儿建筑风格。其墙、柱全用大理石砌成，上面雕有各式花纹图案，顶部是 3 个巨大的白色圆顶，围墙四角有 4 座高达 43 米的宣礼塔，它们不仅让礼拜殿显得更加宏伟，而且给整个清真寺增添了庄严肃穆的宗教氛围。礼拜殿内的圆顶上镌刻着涂有金粉的《古兰经》经文，并饰以各色花纹；墙上的瓷嵌饰带，间以涂着金粉的《古兰经》经文，令礼拜殿的波斯和莫卧儿风格更加明显。

随着莫卧儿帝国的衰落和殖民者的入侵，巴基斯坦建筑的风格悄然变化。英国殖民统治时期，次大陆西北部出现了一些带有明显西式风格的建筑，同时，又因这一地区靠近莫卧儿帝国统治中心，穆斯林居多，因而莫卧儿时期的建筑特色亦在这些建筑物上有所保留。这些建筑呈褐红色，以尖塔建筑为中心，周围散布着一些带有庭院的建筑。建筑物的墙体很厚，通风性强，房间门前设有避光通风走廊。建筑内部基本模仿西方风格，有豪华的吊灯、多彩的墙饰、西式的家具等等。拉合尔国家博物馆、旁遮普大学老校址建筑群、拉合尔国立大

① 杨士龙，赵青．叩开巴基斯坦神秘之门［M］．北京：世界知识出版社，2003：87.

学建筑群等都是这一类建筑的典型代表。

巴基斯坦独立后，凡是在巴境内的古代建筑均得到了保护，印度穆斯林建筑风格因而得以传承。这一点在很多巴基斯坦建筑上都有所体现，如蓬格清真寺、真纳墓、费萨尔清真寺等等。

蓬格清真寺是巴基斯坦最富丽堂皇的清真寺之一。它是一个包含两座清真寺、一座图书馆、一所宗教学校和一些客房的建筑群，于 1932 年开工，历经 50 年才竣工。蓬格清真寺以印度本土伊斯兰建筑风格为主，兼具伊朗、叙利亚、西班牙等国的伊斯兰建筑艺术特色，可以说是一个伊斯兰建筑艺术的大熔炉。

真纳墓是巴基斯坦国父阿里·真纳的陵寝，位于卡拉奇，极具伊斯兰风格。其四周围墙是白色的，象征着穆斯林的纯洁，大理石砌成的台基呈正方形，巨大的白色圆顶在阳光下熠熠生辉。墓室中间放置着长方形白色大理石棺椁，上面刻着用英文和乌尔都文写成的墓志铭以及精致的花纹图案，墓室内的圆顶呈天蓝色，如苍穹笼罩。

马尔加拉山脚下的费萨尔清真寺是巴基斯坦最大的清真寺，也是首都伊斯兰堡的地标性建筑。它由已故的沙特国王费萨尔捐资修建，由土耳其著名设计师达罗凯设计，于 1986 年建成。整个建筑群由礼拜殿、宣礼塔、院内广场、回廊、办公楼、宿舍和沐浴室等组成，占地约 19 万平方米。清真寺庄严肃穆，带有浓厚的伊斯兰文化特色。礼拜大殿是一座八角形大跨度帐篷式建筑，高 40 米，可一次性容纳 15000 人做礼拜，若加上广场和回廊，可同时容纳 20 多万人。殿外四角各建有一座 90 米高的宣礼塔，塔尖顶端托着一弯新月。

在继承印度穆斯林传统建筑风格的同时，后殖民时期的巴基斯坦建筑还吸收了西方建筑的特点。

大城市的富人区内建有大量西式别墅。这些别墅不高，多为 2—3 层，外观别致，内部设施豪华，花园、游泳池、停车场等一应俱全。国家机关的办公楼多为西式建筑，如伊斯兰堡的总统府、总理府、议会大厦，拉合尔的议会大厦、艺术中心等。不过，这些建筑都带有伊斯兰传统建筑的痕迹。

第四节　电影

巴基斯坦电影以言情见长，表现手法细腻，每部影片皆有特色鲜明的歌舞，民族色彩浓郁。巴基斯坦电影业几经兴衰，曾取得辉煌成绩，但近年来却面临危机。

一、印巴分治前拉合尔电影业的发展

自从 1896 年 7 月 7 日在孟买瓦森特放映了印度电影史上第一部电影之后，印度电影便相继在孟买、加尔各答、马德拉斯等地迅速发展起来。尽管拉合尔也是当时次大陆电影业中心之一，但与前三者相比，还是相形见绌。20 世纪头 10 年中，孟买、加尔各答和马德拉斯的电影公司已经拍摄出了无声电影，而在电影业起步较晚的拉合尔，甚至到了 1921 年都还没有一家电影制片厂。不过，尽管起步迟，但拉合尔电影业的发展速度却不慢，看电影是当时常见的休闲娱乐方式之一，而拍电影更是让部分当地青年着迷。

1921 年，拉合尔的两个青年 A. R. 卡尔达尔和 M. 伊斯梅尔前往孟买，试图在电影界有所发展，然而，却遭失败。于是，A. R. 卡尔达尔返回拉合尔，M. 伊斯梅尔则留在了孟买。1924 年，一个名叫 G. K. 麦荷塔的人从美国学习摄影归来，并带回了一台摄影机，之后，他成立了自己的“普里米尔影片公司”。公司成立当年就拍摄了第一部无声电影《时髦女郎》。影片由辛格尔·代乌·阿里指导，由 A. R. 卡尔达尔、M. 伊斯梅尔、古拉姆·卡迪尔、维拉叶特·贝古姆主演。尽管《时髦女郎》的票房不佳，但它引起了人们的关注，开启了拉合尔电影业的发展进程。

《时髦女郎》上映不久后，拉合尔著名贵族、杰莫尔电影院总经理哈基姆·罗摩·帕尔夏特就进行投资，邀请 A. R. 卡尔达尔主持拍摄无声电影《希尔与郎卡》。这部电影在孟买拍摄，并取得了成功。A. R. 卡尔达尔为此深受鼓舞，便卖掉了自己的全部资产，于 1929 年在拉合尔建立起"联合电影公司"。此后，他接连拍摄了《神奇的鹰》、《勇敢的心》、《萨夫达尔·京格》、《牧羊苏丹》、《金剑》、《流浪舞女》等 6 部影片。这 6 部电影于 1930－1931 年间相继上映，均取得不错成绩。

1924－1925 年间，拉合尔高等法院法官莫迪·萨格尔和他的兄弟——德里富商伯利姆·萨格尔一起创办了"旁遮普电影制片厂"。之后二人又和西曼苏·雷伊联合创办了"大东电影公司"。该公司于 1925 年拍摄完成了描写佛陀生平的影片《亚洲之光》，使印度次大陆电影首次在国际上获得认可。

1932 年，拉合尔首都影院（原杰莫尔影院）总经理哈基姆·罗摩·帕尔夏特接受了 A. R. 卡尔达尔的建议，投资拍摄了以旁遮普著名民间故事为题材的有声电影《希尔与郎卡》，A. R. 卡尔达尔任导演。该片也是次大陆第一部旁遮普语影片。1933－1936 年间，旁遮普电影制品厂连续拍摄了《强盗的女儿》、《妆盒》、《天梯》和《潘希姆王的决心》等影片。

1938 年，"帝国有声电影发行公司"老板迪尔萨克·M. 本焦利在拉合尔创立"伯尔坦电影制片厂"和"本焦利艺术影片公司"。他投资拍摄的旁遮普语电影《古尔·巴加乌利》、《白痴》和乌尔都语电影《出纳员》等都获得了票房上的成功。

20 世纪 40 年代，拉合尔电影业进入蓬勃发展期。"本焦利电影公司"于 1940 年拍摄了旁遮普语影片《村长》，次年又推出了乌尔都语影片《家族》。值得一提的是，《家族》是在拉合尔摄制的第一部反映穆斯林社会生活的故事片，影片导演肖格特·侯赛因·利兹维在印巴分治后为巴基斯坦电影业的发展做出了重要贡献。40 年代，在拉合尔拍摄的电影基本都大获成功，相关电影公司和制片厂赚得盆满钵满。在经济利益的刺激下，不少投资人纷纷涉足电影业，到印巴分治前，拉合尔已有 6 家电影制片厂、25 家电影制作公司和近 20 家电影发行公司。

二、独立后巴基斯坦电影业的发展

印巴分治前后发生的教派冲突和骚乱，给两个新生国家带来了深重灾难。兴盛一时的拉合尔电影业也在这场浩劫中陷入瘫痪。

分治前，尽管拉合尔电影业兴旺发达，但其命脉是掌握在印度教教徒手里的，制片厂的老板中没有穆斯林，穆斯林导演、演员、摄影师、编剧的数量也非常少，在整个旁遮普，95% 的电影放映业由印度教教徒控制。在分治前后的大规模教派冲突和骚乱中，部分电影制片厂被焚毁，有的制片厂尽管在穆斯林职工的积极保护下幸免于难，但信仰印度教的老板和员工纷纷逃往印度，许多机器设备和正在拍摄中的电影底片也被带走，曾经兴盛一时的拉合尔电影业完全瘫痪，拉合尔亦被称为“幽灵般的电影城”。

印穆冲突给拉合尔电影业带来的损失不可估量。然而，失之东隅，收之桑榆，孟买、加尔各答和许多其他地方爆发的印穆冲突迫使一批当地的穆斯林电影人迁离，一批著名的穆斯林制片人、导演、音乐编导、演员和发行人陆续来到巴基斯坦定居，他们与拉合尔同行携手，开始了重建巴基斯坦电影业的工作。

1948 年 9 月 2 日，“本焦利电影公司”推出了该年度唯一的一部乌尔都语影片《相思》，该片被认为是巴基斯坦的第一部电影。1949 年，巴基斯坦出产了 5 部乌尔都语影片和 2 部旁遮普语影片，其中，纳齐尔导演的旁遮普语影片《婚礼》在票房上获得了成功。该片讲述了一个爱情故事：一个贫家姑娘和一个佃农之子相爱，但地主之子企图依仗财势横刀夺爱，可姑娘不为所动。为了达到目的，地主之子设计，把佃农之子送上了二战战场，不久便传来了他阵亡的消息，于是，地主的儿子便仗势强娶姑娘。在婚礼完成前，佃农之子突然现身，拆穿了地主之子的阴谋，结果，婚礼宣告无效，有情人终成眷属。影片《婚礼》的成功，鼓舞了巴基斯坦电影界。1950 年，巴基斯坦的电影产量上升为 13 部。

巴基斯坦政府也为恢复电影业采取了相应措施。首先，政府查封了在动乱中被非法侵占的制片厂和电影院，而后把它们分给那些放弃了在印度的财产而来到巴基斯坦的电影工作者。如肖各特·侯赛因·利兹维就接手了被焚毁的舒里电影制片厂，并在其废墟上建起了夏赫努尔电影制片厂。该厂装备了当时最先进的设备，被认为是巴基斯坦电影发展史上的一个里程碑。1948 年，在政府组织下，在卡拉奇成立了包括制片人、发行人和影院老板在内的巴基斯坦电影协会。1949 年，巴基斯坦政府颁布了有关电影的章程。1950 年，巴基斯坦政府又成立了一个顾问局，负责处理电影业的相关事宜。卡拉奇电影业得到了初步恢复，走上规范发展的道路。

然而，刚有起色的巴基斯坦电影业却面临着印度电影强有力的竞争。印度电影业资金雄厚，技术设备先进，影片拍摄成本低廉，且质量高于巴基斯坦电影，于是在经济利益的驱使下，巴基斯坦的电影发行商大肆引进印度电影，此外，还有很多印度电影拷贝经走私渠道进入巴电影市场。印度影片毫无节制地大量输入，严重阻碍了巴基斯坦电影业的发展，许多巴基斯坦电影制片人和发行人实际上成了印度电影制片厂的代理商。从 1947 年到 1954 年的 7 年里，巴电影业几乎被这些代理商所控制，国产影片的票房受到严重影响。

上述情况引起了巴电影界有识之士的不满，他们多次呼吁政府采取措施，保护本国的电影业，为此还发起了有组织的抗议活动。面对电影界的压力，巴基斯坦政府从 1954 年起陆续出台了一些规定，如进口一部印度影片，就必须同时出口一部国产影片；东、西巴每年各自进口的电影数量不能超过 12 部；东、西巴进口的印度电影不能相互流通；各影院放映本国影片的时间不得低于总放映时间的 85%。1959 年，巴基斯坦政府又决定禁映 1954 年 7 月以前进口的 618 部印度电影，以保护本国电影业的发展。

与此同时，一些巴基斯坦制片人决心拍出自己的优秀影片。达乌德·姜德导演的《萨西》（1954）和安瓦尔·格玛尔导演的《隐姓埋名的人》（1954）均取得了成功。新的政策和巴基斯坦电影界的努力推动了巴基斯坦电影业的发展。1955 年，国产影片的产量上升到 19 部，其中 5 部取得了成功。另外，一些原来热衷于发行印度影片的发行商也开始为发展本国电影而努力。如阿迦·G. A. 古尔于 1954 年在拉合尔建立了“常新电影制片厂”。同年，尤素福·哈龙在卡拉奇创立了“东方电影制片厂”。该厂设备先进，成立后不久就拍摄完成了《选择》（1955）、《还是处女的寡妇》（1956）等影片，此外，还拍了第一部信德语电影，推动了卡拉奇电影业的发展。

20 世纪 60 年代和 70 年代是巴基斯坦电影业蓬勃发展的时期。特别是 1965 年印、巴战争后，巴基斯坦全面禁止上映印度影片，巴基斯坦电影业利用这个机会迅速发展。发展成果首先体现在影片产量上。60 年代出产的影片达 681 部，比 50 年代多了 487 部，仅 1966－1969 年间出产的电影就有 387 部；70 年代的电影总产量达到 1007 部。[①] 发展成果还体现在电影的多元化上。旁遮普语、信德语、普什图语影片均获得了不同程度的发展。特别是旁遮普语影片，发展迅猛，产量甚至一度超过了乌尔都语影片。此外，巴电影界还涌现了一批新的优秀导演、编剧和电影明星。

巴基斯坦电影业在迅速发展的同时也出现了一些新问题。比

---

① 陆水林. 巴基斯坦电影业：续 [J]. 南亚研究，1987 (3)：79.

如，部分制片人利用印度电影在巴基斯坦禁映的机会，去喀布尔模仿、抄袭在阿富汗上映的印度电影；另外，制片人过分迷信明星效应，都希望自己的影片得到名演员助阵，导致少数电影明星垄断了银幕，他们同时参演多部电影，影响了影片质量。在20世纪70年代，电影商业化倾向严重。有些电影人为迎合观众心理，追求票房，在影片中大量增加了格斗、暴力、艳舞等内容，甚至还加入了色情镜头。上述问题影响了巴基斯坦电影的健康发展，导致这一时期优秀电影的比例很低。比较成功的乌尔都语影片有《烈士》(1962)、《明灯》(1962)、《大姐》(1963)、《盖头》(1963)、《纳依拉》(1964)、《人性》(1967)、《我的家，我的天堂》(1968)、《人世间》(1970)、《乌姆拉奥·贾纳达》(1971)、《人与驴》(1973)、《永恒的爱情》(1975)、《镜子》(1977)、《一把大米》(1978)等。

从20世纪70年代末起，巴基斯坦电影业开始衰退。80年代至90年代中期，电影市场极不景气，影片产量下降，类型单一，动作片成为主流。此外，得益于齐亚·哈克旁遮普人的身份和贯穿整个80年代的抗苏援阿战争，旁遮普语和普什图语影片数量超越了乌尔都语影片数量。1980−1995年间，巴基斯坦电影总产量为1345部，其中，动作片905部，所占比例超过67%。同期，旁遮普语电影511部，占38%；乌尔都语电影284部，占21%；普什图语电影363部，占27%；信德语电影187部，占14%。

巴基斯坦电影业衰退的原因是多方面的。首先，巴基斯坦电影业完全依赖私人投资，如果影片失败，就会导致制片人和发行商蒙受巨大的经济损失。考虑到影片的经济效益，大多数制片人不敢进行艺术上的探索和创新，也不敢拍摄大制作、长周期的电影。这导致巴基斯坦影片基本上都是故事片，娱乐性较强，影片题材大多为男女恋情、家庭矛盾、土地纠纷、历史故事、民间传说等，而且许多影片情节雷同，缺乏新意，影片内容与现实生活距离较远，不能触及真正的社会问题。其次，哈克政府在 20 世纪 80 年代推行伊斯兰化政策，规定了严格的电影审查制度，不允许播放与伊斯兰教教义相抵触的电影和深刻反映社会矛盾的电影。此举进一步限制了巴基斯坦影片的题材。再次，20 世纪八九十年代，曾经在劳莱坞（拉合尔电影城）作为中流砥柱的一批优秀电影制作人相继离世，而巴基斯坦又没有专门培养电影专业人员的学校和机构，这影响了导演水平和演员技巧的提高，直接造成人才断档，优秀影片产量下降。最后，来自电视和录像的竞争压力也是不容忽视的。80 年代，电视日益普及，录像机大量涌入，录像带租金低廉，在这样的局面下，电影成本高、票价贵的弊端进一步凸显。此外，电影业承担的税务过于繁重，而盗版又十分猖獗，往往一部电影刚上映，盗版录像带就流入市场，这令举步维艰的电影业雪上加霜。

20 世纪 90 年代中后期至今，巴基斯坦电影业的危机更甚，电影产量几乎逐年递减。

1996 年，巴基斯坦的电影产量为 71 部；到 2000 年，就降至 59 部；2005 年，进一步降至 50 部；2010 年的电影产量居然仅有 22 部；2014 年上半年，巴基斯坦的电影产量仅为 10 部，有可能创造 21 世纪以来巴基斯坦电影产量的新低。另外，全国电影院的数量从 80 年代的 700 多家减少到 2008 年的 200 家。拉瓦尔品第原有近 100 家影院，到 2008 年时仅存 4 家，且设施陈旧。

巴基斯坦电影业进一步走低的主要原因是电影业难以承受多样化娱乐方式的冲击。从 20 世纪 90 年代末起，有线电视、VCD、DVD、互联网等方便快捷、经济实用的娱乐方式纷至沓来。有线电视和互联网让居民足不出户就能欣赏到各国的精彩影片，而光盘的租金又比较低廉，相比之下，去影院看电影就显得代价过大了。此外，VCD、DVD 和互联网还给盗版电影创造了新的生存空间和传播方式。往往一部耗资巨大的电影上映没几天，盗版就出现在了市场里或网络上。同时，印度电影也通过上述方式进入巴基斯坦，进一步挤压了本土电影的生存空间。巴基斯坦全国有约 2 万家音像店，盗版光盘无处不在，而语言相通、文化相近、制作精良的印度宝莱坞电影则成为巴基斯坦音像业的主角。盗版电影的泛滥挤占了劳莱坞仅存的市场，威胁到了巴基斯坦电影业的生存。另一方面，巴基斯坦电影界自身缺乏长远规划，电影制作企业各自为战，没有达成共识，且资金投入、拍摄技术和制作水平又远不及印度同行，导致本土电影的竞争力被进一步削弱。

综上所述，巴基斯坦电影业面临严重的生存危机，曾经风光无限的劳莱坞正处于崩溃的边缘。

第六章　教育和文化事业

第一节　教育

巴基斯坦人力资源丰富，但劳动力素质较低，因此，提高劳动者的知识和技能，使其满足现代社会要求是巴基斯坦教育的长期目标。巴基斯坦宪法第 25 条 A 款规定，国家应向 5－16 岁的巴基斯坦儿童提供免费义务教育。此外，巴基斯坦还签署了多项国际教育协议，包括《全民教育计划》（*Education for All*）、《千禧年发展目标——教育联合声明》（*Millennium Development Goals Joint Declaration on Education*）和《达喀尔行动框架协议》（*Dakar Framework for Action*）等。根据 2009 年的国家教育政策，巴基斯坦教育系统致力于向儿童和青少年提供优质教育，充分发掘其个人潜力，使之对社会和民族发展做出贡献，同时，提升巴基斯坦民族意识，增强公民容忍、公正和民主的观念，发展宪法规定的基于伊斯兰基本意识形态的文化。在宪法第十八修正案的指导下，巴基斯坦各省级政府（包括自由克什米尔政府）签署联合声明，承诺通过立法，保护儿童享受免费义务教育的权利。由此可见，无论是联邦政府还是地方政府，都十分重视教育。

一、教育发展

(一) 历史沿革

得益于政府重视，巴基斯坦教育事业自巴基斯坦独立起便呈现出快速发展的态势。1947 年和 1951 年，政府两次召开教育工作大会；1959 年，全国教育委员会成立；1966 年，学生问题和福利委员会成立。在阿尤布·汗统治时期，政府集中精力发展经济，减少了对教育的投入，但在阿里·布托执政后，政府重新开始重视教育。1973 年宪法第 37 条 B、C 两款规定，国家要扫除文盲现象，尽快实行义务性中等教育，使职业技术教育惠及大众，实现高等教育机会公平，依据学生成绩选拔人才。齐亚·哈克执政时期，政府加大了对教育的投入力度。“六五”计划期间（1983－1988 年），教育支出占巴基斯坦国民生产总值的 2.02%。之后的历届政府延续了对教育的重视。“七五”计划期间（1988－1993 年）的教育支出达 252.5 亿卢比，与“六五”计划时期相比，增加了 81%。“八五”计划期间，政府对教育的投入高达 690 亿卢比。为进一步推动教育发展，政府出台了“社会行动计划”，在 1992－1995 年间，投资了 214.5 亿卢比，主要用于发展基础教育、师范教育和成人识字教育。① 为了实现《千禧年发展目标》所规定的普及初等教育这一目标，巴基斯坦政府不断加大教育投入力度，取得了丰硕成果。2001－2002 财年，巴基斯坦小学净入学率为 42%，2004－2005 财年增长为 52%，2007－2008 财年增长为 55%，2011－2012 财年增至 57%。此外，巴基斯坦国民识字率从 1990－1991 财年的 35% 增至 2012－2013 财年的 60%。② 上述

① 杨翠柏，李德昌．当代巴基斯坦［M］．成都：四川人民出版社，1999：270.

② 扎伊拉·侯赛因．巴基斯坦教育报告 2013－2014［R］．伊斯兰堡：巴基斯坦财政部，2014：148.

事实充分体现出巴基斯坦历届政府对教育的重视程度。

除了提供资金支持，巴基斯坦政府还通过立法、制定政策和建立完善教育机构等方式大力发展教育。巴基斯坦宪法将教育列入了联邦立法议程，规定联邦政府有权力制定各种教育的政策、计划和措施。联邦政府设教育和职业培训部（简称教育部），各省设教育厅，各级学校均有专门的部门或人员负责管理。

巴基斯坦政府于 1958、1964 和 1969 年，先后三次提出教育改革方案，但均因政局动荡而未能落实。1969 年和 1972 年，政府两度提出教育政策。1978 年，政府提出了新的教育方针和配套政策，次年，又对该方针做出 5 点补充：（1）巴基斯坦公民，不分民族、种族、语言、性别和宗教，都享有受教育的权利；（2）积极考虑立法，尽可能在没有国立小学的地区建立小学，并尽快实现义务教育；（3）向残疾和弱智儿童提供特殊教育，包括建立聋哑师范学院和盲人师范学院；（4）向各级教育机构提供必要的物质条件，如资料、图书馆、实验室及相关设备；（5）加强其他教育措施，特别是改善农村地区小学教育条件。[①] 经过此次补充后的教育方针成为之后巴基斯坦制定教育政策的重要依据。1988 年，政府在考察 1979 年教育政策的执行情况并分析教育制度中所存在问题的基础上，对教育政策进行了修改。1992 年，政府颁布了新的教育政策，确定了接下来 10 年间的主要目标，并为此投资了 1430 亿卢比。

从 20 世纪 90 年代末起，巴基斯坦开始在教育领域实施改革，联邦政府为此制定了两项教育政策，执行了多项扶贫计划，并利用私人部门、伙伴国家和非政府组织的援助，推广非正式教育。开普省、俾路支省和信德省均制定了各自的教育计划，旁遮普省则公布了该省的教育发展路线图。

---

① 薛克翘，赵常庆. 简明南亚中亚百科全书［M］. 北京：中国社会科学出版社，2004：388.

1998 年，巴基斯坦政府颁布了国家教育政策（1998 年）。该政策着重强调了两点：一是提升公办学校的入学人数；二是增加教育预算配额。该政策倡导消除教育领域的城乡差异和性别歧视，通过改革课程、改善教学条件、鼓励私人办学及加强社会参与等途径，全面提高教育质量。政策还就儿童辍学、扩大非正式教育规模、成人扫盲计划执行情况及效果等事项进行了专门的阐述。

在国家教育政策（1998 年）的指导下，教育部门在 2001－2006 年间实施了一系列改革。改革重点放在了扫盲、普及高质量初等教育、增加教育预算配额（教育预算增至 GNP 的 3%）、改良职业教育和高等教育以及进一步发展公私合资学校等方面。改革过程中所制定的政策涉及联邦教育部及所属单位、各省教育厅、私人教育机构、非政府组织、国际援助机构等各种教育组织，涵盖之广前所未有。在此背景下，国家发起了“全民教育运动”，确定了联邦政府和各省政府在此运动中的行动框架。

巴基斯坦现行的教育政策颁布于 2009 年，为了制定该政策，教育部广泛征求各界意见，与相关组织、机构和教育专家进行了多轮磋商。该政策强调，教育公平与分配公平和收入增长密切相关，如果教育基础不统一，那么就会危及经济发展和社会稳定。面向全民实行均等教育有助于形成人才和社会资本间的有益循环，推动经济均衡发展，促进社会进步。因此，该政策将拓宽教育渠道和提高教育质量确定为两大目标，并确立了以下行动纲要：

（1）各省政府确保本省在 2015 年前实现初等教育（1－8 年级），即小学和初中教育免费；2025 年前，将免费范围扩大至高中（9－10 年级）。

（2）各省政府要根据目标制定详细计划，尽快估算出所需的经费、技术、人力和组织资源。

（3）所制定的计划要提升教育公平，杜绝对某类社会群体的排斥，提高国家凝聚力，给予社会边缘人员特殊照顾，特别是适龄女子。

（4）加快实现全民教育和千禧年发展目标，建立起有利于儿童的教育。

（5）采取特殊手段，保证将特殊群体纳入普通教育，同时，对其开展扫盲教育和职业技术教育。

（6）各级政府要着力提高各级教育的水平。

（7）建立制定教育标准的国家权威机构，明确教育投入、过程和支出的标准。各省、地区政府可以根据当地实际制定标准，但所制定的标准不得低于国家制定的最低标准。

（8）省、县两级政府要建立起监督检查系统，保证各教育机构的教育质量。

（9）采取相应措施，使培养的人才更符合招聘要求和经济改革需求。

（10）大学和研究机构要更加注重对经济改革的研究。

（11）教育投入要面向全球化所带来的机遇和挑战，教育战略要着眼于使机遇最大化，同时，最大限度地降低潜在的消极影响。

国家教育政策（2009 年）正式颁布后不久，一些省份也开始制定本省的教育计划。开普省的教育计划（2010－2015 年）提出，要在 2015 年前在省内普及初等教育，确保学生学完该阶段的全部课程，不中途辍学；促进性别平等，实现“全民教育运动”的目标；完成“提高成人读写水平”工作的 50%，特别注重提高女性的读写能力；在女子入学率低的地区建立享受政府财政补贴的私立学校；减少城乡间教育水平差距。俾路支省的教育计划（2014－2018 年）则将提升教育质量、加强学前教育、提高入学率和公平性、完善监管、促进成人教育和非正式教育等列为工作重点。

2010 年 4 月，巴基斯坦国民议会通过了宪法第十八修正案，其中涉及教育的条款对该国的教育发展具有积极意义。在宪法第十八修正案中，教育被确定为儿童的基本权利。宪法第 25 条 A 款规定："国家要为所有 5－16 岁的儿童提供免费义务教育，并可以为此立法。"之后不久，伊斯兰堡首都区和信德省就颁布了相应法律，其余各省、地区也纷纷效法。

（二）现实状况

尽管巴基斯坦宪法给予教育以崇高地位，尽管教育被视作社会经济变革的主要因素，但教育的进步却受到了国家教育经费不足的阻碍，受制于国家经济水平。在巴基斯坦，教育几乎完全是国家的责任，但国家又无力完全承担，因此，教育现状不容乐观。

首先是学前教育。在巴基斯坦，学前教育是早期儿童教育的基本步骤，各地教育机构为 3－4 岁的儿童开办学前班。2012－2013 学年，学前班注册学生人数约为 928 万，比 2011－2012 学年减少了 2.4%。

初等教育是提高国民基本素质的最重要环节，由小学教育和初中教育两部分组成。根据 2012－2013 年度的统计数据，巴基斯坦的小学约有 15.86 万所，在职教师约 42.77 万人，注册学生约 1880 万人，比上一年度增加了约 10 万人；全国共有初中约 4.21 万所，在职教师约 36.26 万人，注册学生约 620 万人，比上一年度增加了约 20 万人。

中等教育是巴基斯坦教育体系中的过渡环节，是提升青少年专业素质并为高等教育选拔人才的必要步骤，由高中、中间学院和职业技术学校三部分构成。2012－2013 年度，巴基斯坦的高中约有 2.98 万所，在职教师约 48.96 万人，注册学生约 290 万人，比上一年度增加了约 20 万人；中间学院约有 4900 所，在职教师约 13.01 万人，注册学生约 140 万人，比上一年度增加了约 10 万人；职业技术学校约有 3300 所，在职教师约 1.61 万人，注册学生约 30 万人，比上一年度增加了约 1 万人。

高等教育是为巴基斯坦培养精英的教育环节，分为学位专科学院教育（Degree Colleges Education）和大学教育两个阶段。根据 2012－2013 年度的统计数据，巴基斯坦的学历学院约有 1500 所，在职教师约 4.79 万人，注册学生约 63 万人，比上一年度增加了约 13 万人；全国共有大学 139 所，在职教师约 7.76 万人，注册学生约 160 万人，比上一年度增加了约 30 万人。

从数据上看，巴基斯坦初等教育阶段的学生人数最多，但教师人数与学生人数的比值却最小，这一方面体现出初等教育在巴基斯坦教育体系中的基础地位，另一方面则反映出初等教育师资力量的不足，也从一个侧面印证了初等教育的薄弱。鉴于此，巴基斯坦政府将初等教育作为重点关注和发展的对象。

在 2000 年召开的联合国千禧年峰会上，世界各国领导人在协商后确定了 8 项限时目标，包括消除赤贫、发展教育、降低儿童死亡率、对抗流行疾病和建立全球发展伙伴关系等，合称千禧年发展目标（Millennium Development Goals，缩写 MDG）。该目标的第二和第三项均与教育有关，特别强调了提高识字率，发展中小学教育和消除性别歧视。其中，目标二为普及小学教育，即到 2015 年，各国儿童，无论男女都能接受完整的小学教育；目标三为促进性别平等和保证女性受教育权，即到 2005 年，消除中小学阶段的性别不平等，到 2015 年，实现所有教育阶段的性别平等。该目标是经包括巴基斯坦在内的联合国 193 个成员国和 23 个国际组织协商一致后确立的。尽管巴基斯坦自 2000 年以来不断加大对教育的投入力度，但仍面临无法按期实现相关目标的局面。

目前，巴基斯坦小学生的失学率高达 32%，约 670 万适龄儿童失学。教育资源分布不均，地区教育水平参差不齐，男女间、城乡间教育不平等情况仍相当严重。城市人口的受教育率为73%，而农村人口的受教育率仅为50%，另外，无论在城市还是农村，男性在受教育方面均占有相当大的优势。

小学的入学率并不能保证最终的毕业率。有资料表明，在巴基斯坦的所有入学儿童中，只有70%上至5年级（小学的最高年级）并最终毕业。在此项数据上，男、女生间的差距并不明显，男生升至5年级的比率为71%，女生为68%。适龄儿童失学的情况分为两种：一种是从未上过学；另一种是中途辍学。因此，为了提升适龄儿童的入学率并保证小学生的毕业率，巴基斯坦政府采取了以下措施：重点照顾贫困地区儿童和农村儿童，为其提供免费教育；借助社会教育机构、私立学校和家庭学校等非官方学校，为儿童提供非正规免费教育；通过电子媒体加大宣传力度，鼓励父母送孩子上学。

保证教育质量是巴基斯坦教育的另一要务。高质量教育是学校吸引学生的主要因素，因此，在加强学校硬件设施建设的同时，巴基斯坦教育部门还注重培养师资，即使是非官方学校的教师也要接受各地教育部门组织的正规培训并定期参与集中学习。此外，各地教育部门还负责保证教材的充足性和实效性，并强调社会监管。

2011－2012年度，巴基斯坦政府划拨的教育经费为3900亿卢比，占GDP的2%，教育部使用了其中的90%，即实际教育支出为3510亿卢比。其中，初等教育支出1380亿卢比，占教育支出的39%；紧随其后的是中等教育支出，为1196.42亿卢比，占教育支出的34%；高等教育支出749.35亿卢比，占21%。按国家标准，投入在每名小学生身上的教育经费应为14954卢比，而实际投入仅为6500卢比，初等教育支出尽管在教育支出中所占比例最高，但仍有很大缺口。为此，联邦政府计划在接下来的3年中额外投入3135亿卢比，帮助 700 万失学儿童入学。[①] 各省级政府也纷纷制定计划以配合联邦政府。在这一过程中，各地教育机构对在校学生和失学儿童的数量、各种学校的吸收能力、正规教师数量、教材数量以及所需要的装备和设施等进行了调查统计。

最新调查显示，在巴基斯坦，小学适龄儿童（5—9 岁）的总数约为 2100 万。其中，男孩占 51.9%，女孩占 48.1%；城市儿童占 32%，农村儿童占 68%。

表 6-1　巴基斯坦小学适龄儿童（5—9 岁）数量统计

	俾路支	开普	旁遮普	信德	吉尔吉特—巴尔蒂斯坦	首都	部落区	自由克什米尔	全国
男	589248	1473074	5557051	2642660	102131	75417	266491	286210	10992282
女	510622	1371725	5213914	2378944	95089	68544	250587	271230	10160655
总数	1099870	2844799	10770965	5021604	197220	143961	517078	557440	21152937
城市									
男	154404	235692	1770188	1219413	15320	25936	—	34345	3455298
女	141716	219476	1740385	1147837	14263	23080	—	32548	3319305
总数	296120	455168	3510573	2367250	29583	49016	—	66893	6774603
农村									
男	434844	1237382	3786863	1423247	86811	49481	266491	251865	7536984
女	368906	1152249	3473529	1231107	80826	45464	250587	238682	6841350
总数	803750	2389631	7260392	2654354	167637	94945	517078	490547	14378334

数据来源：巴基斯坦国家报告 2013—2015：加速实现千禧年发展目标［R］. 伊斯兰堡：巴基斯坦教育和训练部，2013：7.

数据显示，旁遮普省的学龄儿童最多，约占全国学龄儿童的 50.9%，接下来依次是信德省，23.7%；开普省，13.4%；俾路支省，5.2%；自由克什米尔，2.6%；联邦直辖部落区，2.4%；吉尔吉特—

① 巴基斯坦国家报告 2013—2015：加速实现千禧年发展目标［R］. 伊斯兰堡：巴基斯坦教育和训练部，2013：2—3.

巴尔蒂斯坦，0.9%；伊斯兰堡首都区，0.7%。

巴基斯坦小学毛入学率为 85%，其中，男孩毛入学率为 92%，女孩为 79%，全国小学的性别平等指数[①]为 0.86，初中的性别平等指数为 0.81。

表 6-2 2012—2013 学年巴基斯坦小学毛入学率情况

	旁遮普省	信德省	开普省	俾路支省	全国
男孩	102%	89%	103%	91%	98%
女孩	94%	71%	78%	52%	83%
总计	98%	81%	91%	73%	91%

数据来源：巴基斯坦教育报告 2013—2014［R］. 伊斯兰堡：巴基斯坦财政部，2014：152.

2001—2002 学年，巴基斯坦小学的净入学率[②]为 57%，2011—2012 学年，这一数字提升至 68%。尽管 11 年间提升了 11 个百分点，但要实现普及初等教育的目标，仍需官方和非官方教育机构通力协作，公共部门和私人团体紧密配合，采取多种策略，促进社会参与，提升教育质量。

各省级行政区中，开普省的净入学率最高，达 81%，其中，适龄男孩入学率达 92%，女孩入学率为 68%。俾路支省的净入学率仅为 51%，为全国最低。伊斯兰堡首都区是全国唯一一个女孩净入学率（72%）高于男孩（68%）的省级行政区。

---

① 性别平等指数为女性净入学率与男性净入学率间的比值。

② 入学率分为“毛入学率”和“净入学率”两种：“毛入学率”是指统计学生人数时，不考虑学生的年龄大小，而“净入学率”则要考虑学生的年龄大小。在巴基斯坦，小学适龄儿童为 5—9 岁，在计算“净入学率”时，只统计该年龄段内的学生。

表 6–3 2011－2012 学年巴基斯坦小学净入学率情况

	旁遮普	信德	开普	俾路支	吉尔吉特－巴尔蒂斯坦	首都	部落区	自由克什米尔	全国
男	73%	69%	92%	56%	82%	68%	81%	58%	73%
女	67%	57%	68%	44%	69%	72%	42%	59%	63%
总计	70%	63%	81%	51%	76%	70%	62%	58%	68%

数据来源：巴基斯坦国家报告 2013－2015：加速实现千禧年发展目标［R］. 伊斯兰堡：巴基斯坦教育和训练部，2013：8.

在净入学率方面，除了存在性别差距外，还存在地域和城乡差距。总的来说，城市净入学率高于农村。其中，伊斯兰堡首都区、俾路支省和自由克什米尔的城乡净入学率差距较大，旁遮普省、开普省、吉尔吉特－巴尔蒂斯坦地区的差距较小，部落区只有农村，没有城市，因而不存在差距，令人意外的是，拥有全国最大城市卡拉奇的信德省，其农村净入学率高于城市。

学校的入学率并不能保证毕业率。据统计，巴基斯坦小学的毕业率仅为 70%，其中，男生毕业率为 71%，女生为 68%。各省级行政区中，伊斯兰堡首都区的小学毕业率最高，为 91%；吉尔吉特－巴尔蒂斯坦最低，仅为 32%；信德省、开普省、联邦直辖部落区有约 2/3 的学生能够毕业。总体而言，巴基斯坦小学生的辍学情况十分严重。

表 6–4 2011－2012 学年巴基斯坦小学毕业率情况

	旁遮普	信德	开普	俾路支	吉尔吉特－巴尔蒂斯坦	部落区	首都	自由克什米尔	全国
男	80%	60%	68%	52%	32%	80%	86%	86%	71%
女	72%	67%	65%	54%	31%	44%	97%	89%	68%
总计	76%	63%	67%	53%	32%	66%	91%	87%	70%

数据来源：巴基斯坦国家报告 2013－2015：加速实现千禧年发展目标

[R]. 伊斯兰堡：巴基斯坦教育和训练部，2013：9.

另一方面，城市的小学毕业率为 72%，农村为 69%。除俾路支、旁遮普和自由克什米尔的农村小学毕业率高于城市外，其余省级行政区的情况均是城市高于农村。

鉴于巴基斯坦 63% 的人口是农村人口，而农村教育水平有限，因此，可以说大部分小学生没能接受高质量教育。造成这种现象的主要原因是：依据家庭经济条件招生的私立学校与免费的公办学校在全国并行存在。一般来说，私立学校师资雄厚，教学水平较高，但学费不菲。而农村人口基本属于低收入群体，父母无力支付高昂学费，只能选择让孩子上免收学费的公办学校。但大多公办学校都面临师资短缺、基础设施薄弱、教材不足等问题，很难提供高质量教育。教育上的不平等会转化为工作机遇和待遇的不平等，进而加剧了社会的两极分化。

收入分配不均、城乡差距和性别歧视三大因素共同导致了教育不平等。城市中，接受过学校教育的人口比例为 73%，而在农村，这一比例仅为 50%，此外，无论在农村还是城市，男性都比女性拥有更多的受教育机会。在巴基斯坦，收入水平被划分成五个等级，第一等级收入最低，而后依次升高，统计数据显示，收入等级与入学比例正相关。下表显示了以上三因素与接受学校教育的人口比例间的关系。

表 6–5　收入等级、城乡差别、性别与受教育人口比例间的关系

收入等级	城市			农村		
	男（%）	女（%）	合计（%）	男（%）	女（%）	合计（%）
第一级	56	40	48	48	20	34
第二级	67	50	59	60	26	43
第三级	75	58	67	67	38	52

（续表）

收入等级	城市			农村		
	男（%）	女（%）	合计（%）	男（%）	女（%）	合计（%）
第四级	84	67	75	74	46	60
第五级	93	81	87	83	58	71

资料来源：巴基斯坦国家报告 2013—2015：加速实现千禧年发展目标［R］. 伊斯兰堡：巴基斯坦教育和训练部，2013：11.

巴基斯坦儿童失学率很高。失学儿童可大致分为两部分：一是从未上过学；二是中途辍学。从未上学的原因比较复杂，且因性别而异。对女童而言，最主要的原因是父母不同意，所占比例高达 40%；其次是学费太高，占 16%；再次是儿童不愿意上学，占 10%；接下来是学校离家太远，占 9%。对男童而言，最主要原因是儿童不愿意上学，占 37%；接下来是学费太高，占 21%；然后是外出打工，占 10%。巴基斯坦国家教育信息管理系统数据库公布的数据显示，全国失学儿童（5—9 岁）数量约为 670 万[①]，其中，旁遮普省失学儿童约 320 万，信德省约 180 万，开普省约 55 万，俾路支省约 54 万，剩下三个省级行政区共 50 万。全国适龄儿童中，男孩约 1100 万，失学约 290 万；女孩约 1000 万，失学约 378 万。

表 6-6 从未接受学校教育的原因及所占比例（10—18 岁）

原因	男			女		
	城市	农村	总体	城市	农村	总体
父母不愿	4%	6%	6%	36%	41%	40%
学费高	26%	19%	21%	29%	13%	16%
距离远	2%	7%	6%	3%	10%	9%
教育无用	2%	1%	1%	1%	1%	1%
外出打工	9%	11%	10%	2%	4%	4%

① 该数据为巴基斯坦适龄儿童（2120 万）与净入学人数（1450 万）间的差值。

（续表）

原因	男			女		
	城市	农村	总体	城市	农村	总体
在家帮工	3%	3%	3%	8%	7%	7%
孩子不愿	37%	36%	37%	11%	10%	10%
其他	17%	16%	17%	11%	14%	13%

数据来源：巴基斯坦国家报告 2013—2015：加速实现千禧年发展目标[R]. 伊斯兰堡：巴基斯坦教育和训练部，2013：12.

根据国家教育信息管理系统数据库公布的数据，巴基斯坦青年（15—24 岁）的识字率为 70%①，其中，男性识字率为 79%，女性为 62%。详细数据如下：

表 6-7 巴基斯坦青年识字率（%）

	俾路支省	开普省	旁遮普省	信德省	全国
男	76	84	78	77	79
女	34	49	67	58	62
总计	60	66	73	68	70

数据来源：国家年度教育报告 2013 [R]. 伊斯兰堡：巴基斯坦年度教育调查报告协会，2014：67.

教学质量不高是困扰巴基斯坦教育的另一个难题。巴基斯坦教育报告（2013 年）指出，评估农村地区儿童的知识水平主要依据对儿童阅读能力和计算能力的考查。联邦和地方教育部门以二者为考核项目，对全国所有农村和部分城市 5—16 岁儿童的知识水平进行了考查，结果令人失望：只有 40.6% 的三年级学生有能力阅读二年级学生使用的乌尔都语、普什图语或信德语课本（即能够阅读文章）；34% 的六年级（初一）学生和 26.6% 的七年级（初二）学生无法完成二年级水平的英语作业（即完成篇章阅读理解）；56.8% 的五年级

① 不包括自由克什米尔、联邦直辖部落区和伊斯兰堡联邦首都区。

学生不能做 3 位数以上（含 3 位数）的计算题，32.4% 的七年级学生无法解决三年级水平的计算题。具体数据如下列表格所示：

表 6–8　儿童乌尔都语、普什图语或信德语阅读能力情况统计（%）

年级	不能阅读	认读至字母	认读至单词	认读至句子	阅读文章
1	30.7	38.0	24.1	4.7	2.5
2	11.9	28.3	39.7	12.6	7.5
3	6.8	16.1	36.6	25.1	15.5
4	4.4	8.9	25.7	31.6	29.5
5	3.6	6.0	16.5	24.1	49.8
6	1.9	4.0	9.5	18.6	66.0
7	1.7	3.3	6.7	14.9	73.4
8	1.9	2.8	5.5	9.4	80.4
9	1.5	2.7	3.7	7.7	84.4
10	2.7	4.1	3.9	6.1	83.2

数据来源：国家年度教育报告 2013［R］. 伊斯兰堡：巴基斯坦年度教育调查报告协会，2014：67.

表 6–9　儿童英语阅读能力情况统计（%）

年级	不能阅读	认读至字母	认读至单词	认读至句子
1	39.3	47.1	10.9	2.5
2	20.0	50.7	22.1	7.2
3	12.6	41.8	30.8	14.9
4	9.1	27.9	35.3	27.7
5	6.5	18.6	31.7	43.3
6	2.8	11.2	22.8	63.3
7	2.4	8.1	18.2	71.3
8	2.8	6.3	12.6	78.3

（续表）

年级	不能阅读	认读至字母	认读至单词	认读至句子
9	2.3	5.8	8.6	83.3
10	4.5	6.1	7.5	81.8

数据来源：国家年度教育报告 2013［R］．伊斯兰堡：巴基斯坦年度教育调查报告协会，2014：68.

表 6-10　儿童计算能力情况统计（%）

年级	不识数	识数（1—9）	识数（10—99）	可做 2 位数运算	可做 3 位数运算
1	29.9	35.1	28.7	4.2	2.2
2	11.5	24.1	45.0	13.9	5.4
3	6.6	13.2	41.1	27.4	11.8
4	4.0	7.5	28.8	35.1	24.6
5	3.1	5.0	18.2	30.5	43.2
6	2.0	2.8	11.0	24.2	60.0
7	1.7	2.6	8.7	19.4	67.6
8	1.8	1.9	6.4	13.9	76.0
9	1.7	1.4	4.6	11.5	80.8
10	2.7	3.2	4.9	9.1	80.1

数据来源：国家年度教育报告 2013［R］．伊斯兰堡：巴基斯坦年度教育调查报告协会，2014：69.

二、教育结构

巴基斯坦教育的目标是：教育服从伊斯兰意识形态和民族文化传统，使受教育者成为道德情操高尚、知识丰富、技能娴熟的人才。为此，巴基斯坦将本国教育分为三部分：一是伊斯兰教育，二是普通教育，三是其他教育。

（一）伊斯兰教育

伊斯兰教育历史悠久，可追溯到中世纪。1206 年，德里苏丹国建立后，大批中亚和西亚的穆斯林学者来到次大陆，其中既有正统伊斯兰学者“乌里玛”，又有伊斯兰神秘主义学者“苏非”。乌里玛和苏非分别在清真寺和修道堂中向当地民众讲解《古兰经》和圣训，宣传伊斯兰教教义。在这一过程中，为了达到让民众接受《古兰经》和信仰伊斯兰教的目的，乌里玛和苏非还教授阿拉伯语和波斯语，以及一些必要的哲学和逻辑学知识。就这样，伊斯兰教育在次大陆开始了发展历程。

传统的伊斯兰教育分为三个阶段，即初、中、高三级。初级教育叫作马克塔布（Maktab）教育，中级教育叫作马德拉萨（Madrasha）教育，高级教育叫作清真寺教育。后来，随着伊斯兰教育的发展，马德拉萨教育和清真寺教育合并，即中、高级教育均在马德拉萨完成[①]。

目前，巴基斯坦按照传统的伊斯兰教育形式，将国内的宗教学校分为两类。第一类是马克塔布，也称古兰经学校，这类学校往往设在清真寺内、民居后院中，甚至村口露天广场的树荫下。马克塔布并非为专门教授《古兰经》或教授其他伊斯兰知识而设，但学生在这里的主要任务是诵读、记忆《古兰经》，完成日常的宗教义务，此外，还学习算数、写作、阿拉伯语和波斯语等。马克塔布的主要目的是启蒙学生的宗教意识，教学生从伊斯兰教的角度去认识人生、了解社会。马克塔布建立在自愿基础上，形式松散，只要有教师就能运转，一旦教师离开，马克塔布就宣告停办，因而不能被视为正规的教育机构。在马克塔布内学习的大部分学生是未成年人，他们在接受宗教教育的

① 唐孟生，孔菊兰. 巴基斯坦文化与社会［M］. 北京：民族出版社，2006：208.

同时还要接受正规学校提供的基础教育。

第二类宗教学校是马德拉萨。马德拉萨是正规的宗教教育机构，分中、高两级。中级部分主要传授伊斯兰知识，其课程主要有：《古兰经》注释、圣训学、教法学和教义学等，此外还开设阿拉伯语、波斯语、数学、逻辑学、哲学和天文学等课程。高级部分专门为培养神职人员而设，主要指导学生阅读大量有关伊斯兰教的阿拉伯语书籍，侧重于帮助学生建立起对伊斯兰教教法、教义的深刻理解。

巴基斯坦的宗教学校分属于四个伊斯兰教派，隶属于五个宗教教育联盟（وفاق，vifaaq）。宗教学校的教学及其相应的考试都遵循所隶属联盟制定的教育大纲。在这些联盟中，就机构数量和实力而言，阿拉伯宗教学校联盟实力最强。该联盟属于逊尼派中的德欧班德派，自称与卡西姆·纳努塔维于 1886 年创建的印度德欧班德学院有渊源。第二大联盟是塔齐姆宗教学校联盟，该联盟属于逊尼派中的巴雷尔维派，所属学校均根据阿赫默德·阿默德·拉扎·汗（1856－1921年）在印度北方邦巴雷利镇创建的宗教学校命名，叫作“巴雷尔维”（Barelvi）。排名第三的是属于逊尼派中圣训派的萨尔菲亚宗教学校联盟。列第四位的是拉比达宗教学校联盟，该联盟由与伊斯兰促进会关系密切的穆斯林长老会负责运作，遵循德欧班德派教律。第五位是什叶派宗教学校联盟，它掌控着巴基斯坦所有什叶派宗教学校。

巴基斯坦的宗教学校依据学生层次选择不同学制，教学大纲一般按 8 年制或 16 年制来制定，各教育阶段均没有正式的考试制度。马克塔布阶段主要考查学生背诵《古兰经》的能力，学生只要能流利背诵每阶段学习的《古兰经》经文，就算通过阶段性测试，当学生达到能背诵《古兰经》全文并掌握其基本读写的程度后，便可从马克塔布毕业，进入马德拉萨学习。马德拉萨教育按级别由低到高，可分为穆达瓦萨德（Mutawassat，初中）、塔纳威亚（Thanawiya，高中）、阿里亚（Aaliya，本科）和阿拉米亚（Aalamiya，研究生）[①]，其中，穆达瓦萨德属于伊斯兰教育的中级部分，而后三者属于高级部分。

宗教学校按照所隶属联合会制定的教学大纲开设课程。在中级阶段，学生要学习伊斯兰教知识、简单的哲学和逻辑学知识以及波斯语，同时，宗教学校还开设普通学校所开设的课程，如英语、数学、历史、巴基斯坦研究、科学常识等，有的宗教学校还培养学生的计算机技能。简言之，在完成中级阶段的学习后，宗教学校的学生不仅可以获得同龄人在普通学校中所学习的科学文化知识，而且还能具备一些伊斯兰研究能力和波斯语交际能力。马德拉萨高级阶段开设的课程包括阿拉伯语语法、文学、修辞和训诂，《古兰经》、《圣训》、《戒律》和《教法》等四大经典的注释，以及各种神学和哲学的研究方法，而逻辑学、天文学、经济学、贸易及宗教比较研究等也都在大纲规定的课程范围内。此外，一些较大的宗教学校为了使学生在毕业后能继续深造，还制定了一些特殊课程计划。如：在高级阶段，大型、规范的马德拉萨会教授英语、法语、德语等外语，以便学生能出国留学或在外国工作。

巴基斯坦 97% 的国民是穆斯林，伊斯兰教是其文化和价值观的基石，从宗教义务（五功）到家庭事务（婚嫁、夫妻权利与义务、离异、遗产继承等）再到社会规范、风俗和仪轨等，伊斯兰教的影响可谓无处不在，因此，巴基斯坦社会需要知识渊博且受过专门训练的神职人员来为个体和集体提供生活领域的指导。宗教学校很自然地承担起了培养专业神职人员的责任，除此之外，宗教学校还承担起了保护伊斯兰教文本资料，促进穆斯林传统教育，为宗教教育储备师资，推进伊斯兰研究等责任。可以说，在巴基斯坦，宗教学校为伊斯兰教育的开展和伊斯兰文化的传承与发扬做出了重要贡献。

---

① 哈里德·拉赫曼，赛义德·拉什迪·布克哈瑞．巴基斯坦：宗教教育及其机构［J］．刘径华，译．南亚研究季刊，2007（1）：84.

然而，对巴基斯坦而言，宗教学校的消极作用也是十分明显的。巴基斯坦独立后，在伊斯兰教育的问题上，政府与伊斯兰宗教政党之间一直存在分歧。巴基斯坦独立之初，以伊斯兰促进会为首的宗教政党希望在伊斯兰教意识形态的基础上建立神权统治的伊斯兰国家，因而特别强调宗教教育的重要性，但以真纳为首的穆斯林联盟却希望将巴基斯坦建设成一个世俗、民主的现代伊斯兰国家，坚持教育要反映历史和民族思想，符合国情并体现时代精神，因而主张把宗教教育纳入国民教育体系，不鼓励单独发展宗教教育。[①] 不过，真纳和利亚格特·阿里·汗的过早去世导致国家权力阶层出现了真空，而穆盟的分裂和衰落则造成了世俗力量的弱化，此消彼长，伊斯兰促进会的力量得到加强，地位明显上升。在伊斯兰促进会和其他伊斯兰政党的推动下，巴基斯坦于 20 世纪 50 年代起出现“伊斯兰热”。该股热潮在教育层面的体现就是宗教学校的数量猛增，同时，一些普通学校纷纷设立伊斯兰系或开设伊斯兰课程。1960 年，在阿尤布·汗总统的支持下，伊斯兰教研究中心在卡拉奇成立，专门为总统提供宗教事务咨询。80 年代，齐亚·哈克政府推行伊斯兰化政策，鼓励发展宗教学校，一方面换取了宗教政党对政府的支持，另一方面从宗教学校获得了投身阿富汗反苏战场的“圣战者”。

起初，巴基斯坦政府尚能控制宗教学校，但随着私人资本和外国资金的注入，宗教学校的数量和规模迅速扩大，逐渐摆脱了政府的掌控，非但没能弥补普通教育的不足，反而成为滋生宗教极端主义的温床。对不少学生而言，从宗教学校毕业之日就是他们走上“圣战”战场之时。一些国家指责巴基斯坦的宗教学校中存在自己国家的分裂势力，对此，巴基斯坦政府给予了高度重视。

1994 年，贝·布托政府颁布注册禁令，禁止注册成立新的宗教

① 唐孟生，孔菊兰. 巴基斯坦文化与社会［M］. 北京：民族出版社，2006：210.

学校，希望以此遏其增长，而在此之前，宗教学校都依据社团法案1860号（Societies Act 1860）进行登记。不过，政府的禁令适得其反，未注册的宗教学校激增，反而提高了监管难度。“9·11”事件后，穆沙拉夫政府颁布法令，对宗教学校实行自愿登记和财务监管。这一法令遭到了宗教学校的反对，它们认为该法令剥夺了自身的自由，怀疑政府企图通过掌握资金来源来控制自己。2005年7月7日伦敦恐怖爆炸案后，巴基斯坦政府面临的压力与日俱增，国际社会要求政府对宗教学校采取行动。2005年7月29日，穆沙拉夫总统下令，要求宗教学校的所有外国留学生必须于当年9月30日前离开巴基斯坦。同年9月，政府出台了有关社团登记制度的条例，要求宗教学校必须在2005年12月31日前登记，否则将被查封。

巴基斯坦政府的举措招致了宗教界的反对，也加深了伊斯兰教育与普通教育的隔阂。事实上，政府一直将本国的宗教学校视为以自治方式满足民众宗教信仰需求的社会机构或宗教机构，而非教育机构。巴基斯坦的宗教学校从未被纳入教育部的管辖范围，而是向工业部登记，由工业部管理。宗教学校有独立的教学体系、课程安排、教材和考核方式，与其他学术机构没有任何形式的联系。这造成宗教学校毕业生的学位得不到有效认定，直接影响他们的就业和从政，损害了其经济利益和政治权利。2005年，拉合尔高等法院和巴基斯坦最高法院都不承认沙哈达宗教学校的塔纳威亚（Thanawiyah，高中）级学历相当于大学入学级水平，因而剥夺了该学校塔纳威亚级毕业生参加当年9—10月地方选举①的资格。此外，巴基斯坦宗教学校主要教授宗教课程，学生能学到的科学知识和生存技能本就有限，而学历、学位认证的问题进一步提升了宗教毕业生的就业难度，以至于其中很多人不得已加入了“圣战者”行列。

① 地方选举要求候选人必须通过大学入学级考试。

目前，巴基斯坦宗教界、教育界和一些外国组织都呼吁政府推行宗教教育改革，将宗教教育纳入国民教育体系，要么以普通学校代替宗教学校传授宗教知识，要么对宗教学校实行制度化管理，确保其设置合理的课程，防止极端组织在物质和思想上对其进行控制，从而保证在校学生获得全面的、高质量的教育。

巴基斯坦宗教学校面临的问题是历史、社会、政治、经济等多重因素造成的，解决起来不可能简单地依靠教育改革，也不可能一蹴而就。加强政府对宗教教育的干预只是权宜之计，恢复政府与宗教学校间的沟通与信任，促使其融入正规教育体系才是长久之计。

（二）普通教育

巴基斯坦的普通教育孕育于英国殖民时期，正式形成于巴基斯坦独立后。巴基斯坦独立之初，其普通教育基本承袭了英印殖民时期的教育结构，分为 5 个阶段：（1）小学教育，1－5 年级；（2）初中教育，6－8 年级；（3）高中教育，9－10 年级；（4）中间学院或中等技术学校教育，11－12 年级；（5）大学教育，13－16 年级。学生从一个阶段升至另一个阶段需要参加考试并取得合格成绩。在 12 年级末，希望上大学的学生要参加全国统考，只有通过该考试的学生才有资格参加各大学自己组织的入学考试。

该教育结构一直保持到了 1978 年。1979 年，国家出台新的教育政策，要求建立反映国家和民族特点的教育体系，以促使资源合理分配，提高国民素质，促进技术进步和科学发展。根据政策，普通教育被分成 3 个阶段，小学和初中教育为初等教育，高中、中间学院和中等技术学校教育为中等教育，学位专科学院和大学教育为高等教育。普通教育由国家、地方和私人共同兴办，学校分为国立、省立、地方和私立四种，私立学校经过政府认可方能招生。

1. 初等教育

初等教育作为所有后续教育的基础，意义和责任重大，它对 5、6 岁儿童的性格形成和 12 岁以前儿童的思维发展至关重要。巴基斯坦政府十分重视初等教育，教育部设公共教育处，专门负责其管理。初等教育被划分成两个阶段，即小学和初中。各地小学由当地教育官员和督学管理，小学的适宜入学年龄为 5 岁，学制 5 年，初中学制 3 年。巴基斯坦宪法规定，国家实行免费的义务性初等教育。然而，从实际情况来看，宪法的这一规定没有得到切实落实。从所有制角度出发，巴基斯坦的初等学校可分为公立学校和私立学校。资金不足导致公立学校无法接纳所有的适龄儿童，因此，政府不得不借助私立学校。在巴基斯坦，约 12% 的小学和约 61% 的初中由私人开办，而上私立小学的学生约占全国小学生的 34%。[①] 私立学校虽然教育条件优越，但是学费很高，此外，公立学校由于得不到充足经费，往往也会向学生收取一定的费用。

私立学校的教学设备和师资力量俱佳，采用英语教学，其中有一些是由英国人或美国人开办的，这类学校不招收普通家庭的孩子，只有少数家境富裕的儿童才能进入此类学校学习。巴基斯坦政府鼓励私人办学，希望利用私人资金弥补国家教育经费的不足，争取使初等教育惠及每名适龄儿童。公立学校归国家所有，其各方面条件均不如私立学校。公立学校大多采用乌尔都语教学，英语只作为一门课程，学生多来自工薪阶层家庭。此外，在巴基斯坦还有一类专门面向失学儿童的名为“基础教育社区学校”（Basic Education Community Schools）的非正规小学。该类学校源于联邦政府自 1986 年开始实施的非正规基础教育学校计划，由国家教育基金会提供资金并实施监督管理。

① 加速实现有关教育的千禧年发展目标的国家行动计划 2013－2016［R］. 伊斯兰堡：巴基斯坦教育和训练部，2013：13.

巴基斯坦初等学校没有统一的教学大纲，不同学校根据自己的计划开设课程。尽管各个学校自成体系、各有特点，但所开设课程大同小异，一般包括语言、算术、穆斯林教育、历史、地理、通俗科学、艺术和美术、古典文学、民间故事等课程。部分小学为低年级开设儿童连环画课程，以塑造儿童的健康思维，激发其想象力。初等学校通过每年的期末考试决定学生是否升级。

2. 中等教育

中等教育为学生提供技能和职业道德训练，为大学和专科学院培养可造之材，是巴基斯坦教育体系中非常重要的环节，由各个县的中等教育局管理。

巴基斯坦中等教育的学制为四年。在前两年，所有学生都要在高中学习文化必修课，如乌尔都语、英语、算术、历史、巴基斯坦研究、普通科学、穆斯林研究等，除此之外，学生还可以选修职业技术方面的课程。这样做的目的是令那些由于主客观因素而不再上学的高中生在毕业前获得一技之长，从而顺利走入社会。高中毕业后，一些不打算接受高等教育但又渴望继续深造的学生会进入中等技术学校学习技术，学习期为两年；打算上大学或专科学院的学生则会根据自身实际情况选择专业，而后进入中间学院学习相关课程，学习期同样为两年。

巴基斯坦的中等技术学校种类多样，开设的课程涉及工、农、商、家政等方面，包括电子学、汽车电工学、家用电器装置、奶牛饲养、家禽饲养、蔬菜种植、桑蚕养殖、农作物管理、速记、打字、交通运输、海运业务、家政管理、烹饪、急救护理等。[①] 各中等技术学校根据自身定位和师资情况开设其中某一方面或几方面的课程，以

① 唐孟生，孔菊兰．巴基斯坦文化与社会［M］．北京：民族出版社，2006：215.

便集中力量培养出有一技之长的学生，帮助其获得在社会中的立身之本。

中间学院又被称为预科学院，其任务是向高等院校输送人才，教学上受相关大学的监督和指导，分文科、理工科、经贸科和医科。各科开设的课程不同，但都要开设伊斯兰教教义和巴基斯坦研究两门必修课。通过考试的理工科、经贸科和医科的毕业生进入相应的学位专科学院学习两年，毕业后获得技术学士学位（专业学士学位），亦可通过参加大学招生考试进入大学学习。文科毕业生则留在中间学院接受为期两年的大学预科教育。中间学院实行校长负责制，地方政府委派教育秘书主管各学院的经费使用和教师聘任。

中等学校的教学设备先进，建筑设施齐全，教师队伍知识丰富、能力突出。一些私立学校有更优秀的师资队伍，但学费很高，一般只招收富家子弟入学。与初等学校一样，中等学校也被分成两类，一类以英语为教学语言，另一类则用乌尔都语授课。

3. 高等教育

巴基斯坦的高等教育又被称为学位教育，分为专科教育、本科教育和研究生教育三个阶段，均在高等院校中进行，其中，专科和本科的学制均为两年，硕士研究生的学制一般为两年，博士研究生的学制不固定。高等教育阶段所颁发的学位有学士[①]、硕士和博士三种。高等院校分为学位专科学院和大学两级。二者一般都是按照政府法令和条例履行职责的自治团体，某些学位专科学院直属所在省的教育部。

巴基斯坦的高等院校基本上由政府拨款建立，各省政府统领本省的高等院校，联邦大学管理委员会负责各个高校间的联系，此外，它还负责提供资金，组织高校教师的夏季研讨班。联邦教育部负责制定

① 在巴基斯坦，学士学位分为学术学士学位和技术学士学位两种，前者由大学授予，后者由学位专科学院授予。

教育政策，同时，负责海外奖学金在各高校间的分配。伊斯兰堡首都区的高校的校长一般由巴基斯坦总统兼任，省立高校的校长一般由各省省长兼任，省教育局局长代校长行使职权。每所高校由 1 名副校长主持日常工作，同时，该副校长还掌握学校的财政权。副校长之下设 3 个委员会，分别是：管理委员会、评议会和学术委员会。管理委员会是大学的最高权力机构，由 20 人组成，其中一半是政府官员，它直接领导评议会和学术委员会。评议会成员均为在校教师，数量不定，负责经费使用。学术委员会由高校各院院长、各系主任和教授代表组成，负责制定学校发展规划和规章制度、审批课程设置，规定学术标准，审查教师资格，评定、授予学位等事务。大学一般设 3 个教务长，分管文、理、语言科的各种行政事务，每个教务长下设考试、管理和财务 3 个部门。①

20 世纪 80 年代至 90 年代中期，巴基斯坦高校的入学人数剧增，为私立高等教育的发展提供了良好机遇，几年之间，多所私立学位专业学院和大学宣告成立，所设专业主要是商务、计算机和财会等。私立高校的发展极大地促进了公、私立高等教育之间的竞争，为提高教育效益和高校竞争力创造了良好氛围。

一般来说，巴基斯坦高校的考试实行百分制，35 分为及格线，50 分以上为良好，75 分以上为优秀。通常情况下，每年只有 20% 的学生能通过考试，不及格者可重新再读，学习期满并通过考试的学生可获得相应学位。

巴基斯坦的学位授予情况比较复杂。文、理科的本科学制为 2 年，本科生毕业后，获得文、理科学士学位，如果学习 3 年则可获得荣誉学士学位。文、理科学士若在师范学院学习 1 年，则可获得教育学学士学位。法律学士学位在获得文、理科学士学位的基础上，

① 薛克翘，赵常庆．简明南亚中亚百科全书［M］．北京：中国社会科学出版社，2004：389.

再读 2 年方能获得。贸易管理硕士在成为文、理科学士或贸易管理学学士的基础上，经过 2 年学习后获得。农学本科和研究生阶段的学制均为 2 年，但要获得农学硕士学位，学生必须首先获得农学荣誉学士学位，即本科阶段学习 3 年。医学本科的学制较长，为 4 年，学生毕业后获得医学学士学位，在此基础上若再读 2 年，则可获得医学硕士学位。此外，一些在中等技术学校获得初级技术文凭的学生还可以通过进一步受训，获得高级技术文凭。例如医学和建筑学学士学位，就可以在初级文凭的基础上，经 5 年学习后获得。

（三）其他教育

1. 师资培养

巴基斯坦的师资培养一般由师范学校、师范专科学校、师范学院、大学教育系和教育研究所共同承担，所设课程包括教育管理、教学方法、教育心理学和某些专业科目训练等。师范学校招收高中毕业生，培训 1 年，授予合格者教育资格证书，有此证书者可任小学教师。师范专科学校招收中间学院的毕业生，培训 1 年，授予合格者教育学学士学位[①]，学位获得者可任初中教师。师范学院通常招收文、理科学士，培训 1 年，授予合格者教育学学士学位，学位获得者可任高中教师。大学教育系和教育研究所招收教育学学士学位的获得者，培训 1—2 年，授予其教育学硕士学位，学位获得者可在中间学院任教。教育学硕士如果想进入高等院校任教，则需要通过公共教育委员会组织的应聘答辩。

2001 年，巴基斯坦政府进行了教育改革，开始实施“全民教育”，着重强调提高教师综合素质和教学质量。为解决师资紧缺问题，巴基斯坦成立了教师教育学院、职员培训部等教师教育机构，培训了

① 该学位为技术学士学位。

大量教师。2008 年，联邦教育部将教师教育列为国家教育政策草案的一项重要内容，并开始积极制定符合国情的教师教育认证制度，之后，于次年 2 月颁布了《巴基斯坦教师专业标准》。该标准包括学科知识、人才成长与发展、伊斯兰民族价值观及社会生活知识、教学设计和策略、评价、教学环境、有效交际及充分利用信息技术、合作伙伴关系、专业发展能力及行为规范和英语作为第二语言的教学等 10 项标准，每一项标准又包括教师专业知识与理解、教师素养和教学技能 3 个部分。[①] 该标准的出台为师范教育提出了具体、科学的要求，有助于确保师范教育的规范性，促进其健康发展。

2. 成人教育

识字率是衡量一个国家国民基本素质的重要指标，成人识字教育在经济社会发展中占有极重要的地位。2012－2013 年度，巴基斯坦 15 岁（含）以上国民的识字率为 82%，而 1990－1991 年度的该项数据仅为 51%。考虑到巴基斯坦儿童失学率较高，因此可以说，识字率在过去 20 多年间的大幅跃升主要得益于成人教育的开展。

巴基斯坦成人教育由各省教育系统负责。通常，省教育机构利用现有学校的校舍和师资，在晚间开设成人教育班。1981 年，联邦政府成立识字和民众教育委员会，专门负责识字教育。该委员会在地方教育机构的配合下，在全国范围开展识字宣传活动，鼓励文盲参加识字教育，在电台、电视台增设识字教育节目，开办扫盲学校。经过 30 多年的努力，巴基斯坦各省 10 岁（含）以上居民的识字率均大幅提升。

① 莫海文. 巴基斯坦教师专业标准研究［J］. 教育评论，2011（1）：159.

表 6-11 巴基斯坦各省 10 岁（含）以上居民识字率（%）情况对比

省份	1990－1991 年度	2012－2013 年度
旁遮普省	36	90
信德省	33	78
开伯尔－普什图省	19	61
俾路支省	7	46

数据来源：巴基斯坦经济调查 2013－2014［R］. 伊斯兰堡：巴基斯坦财政部，2014：149；杨翠柏，李德昌. 当代巴基斯坦［M］. 成都：四川人民出版社，1999：282.

除了识字教育，联邦政府还重视发展成人学位教育，在自身担负协调、监督、评估和提供技术支持等责任的同时，着重强调地方政府和高校要在其中发挥积极作用。近年来，伊斯兰堡的伊克巴尔开放大学响应联邦政府号召，开展了电视教育。参与电视教育的成人学生在毕业后所获得的学位具有与一般情况下正规大学所授予的学位同等的效力。

3. 特殊教育

1985 年，巴基斯坦政府成立特殊教育董事会，其职责是在全国各地建立残疾人特殊教育中心。在这类中心，残疾学生可获得一技之长，从而能自食其力。另外，政府于 1986 年成立了特殊教育研究会，各重点大学还设有特殊教育学位的课程。①

① 薛克翘，赵常庆. 简明南亚中亚百科全书［M］. 北京：中国社会科学出版社，2004：390.

第二节 文化事业

一、文物保护[①]

巴基斯坦政府重视文化遗址的发掘和文物的保护。建国 60 多年来，巴基斯坦的考古和文物保护事业取得了长足发展。根据 1975 年出台的文物保护法，巴基斯坦境内受保护的考古和历史遗迹共 388 处。为了更好地保护历史遗迹和文物，政府成立了专门的文物保护机构，如：巴基斯坦考古和文物局以及摩亨焦达罗文物保护局。

巴基斯坦考古和文物局是国家文化遗产的管理机构，隶属于巴基斯坦文化和体育部。该局主要负责考古发掘，防止文物流失；处理和恢复历史遗迹，建设和保护巴基斯坦博物馆；开展碑文和古钱币学以及其他考古领域的研究；与在巴基斯坦从事考古工作的外国机构合作；组织学术研讨会等。

摩亨焦达罗文物保护局专门负责执行“保护摩亨焦达罗遗址综合计划”。该项计划包括促进遗址建设，降低水位，保护遗址的结构、植被和风景等。为此，摩亨焦达罗文物保护局采取措施，对遗址中的建筑进行年度维修，对主要遗迹进行特殊保护，此外，还力争恢复、发展遗迹周围的园林。

为了在保护文物的同时展示巴基斯坦悠久的历史，考古和文物局还在全国各地建立了许多博物馆，并将大量有价值的文物和历史文献藏于馆中，供人鉴赏。主要的博物馆如下：

① 薛克翘，赵常庆．简明南亚中亚百科全书［M］．北京：中国社会科学出版社，2004：407－408.

（1）摩亨焦达罗考古博物馆

该馆位于信德省拉尔卡纳县附近，始建于 1925 年，现馆经修葺后于 1967 年开放。馆内藏品主要展示了印度河文明时期的各种模型、雕像、印章、饰物和工具等。镇馆之宝是一幅巨型壁画，它展现了 5000 多年前摩亨焦达罗的日常生活。

（2）哈拉巴博物馆

该馆位于旁遮普省的哈拉巴遗址附近，建于 1963 年。馆内藏有印度河文明时期的陶器、石制工具、金属工具、印章和钱币等。

（3）塔克西拉博物馆

该馆位于伊斯兰堡西北的塔克西拉，收藏有石灰石制的犍陀罗雕塑、金银首饰、钱币和碑铭。

（4）白沙瓦博物馆

该馆建于 1907 年，主要陈列犍陀罗文化的雕塑，其大部分为佛陀的头像和描绘佛本生故事的情景雕刻。

（5）伊克巴尔博物馆

该馆位于拉合尔的乌拉玛·伊克巴尔路，原为伊克巴尔旧居，1976 年为政府收购，改建为博物馆。馆内设置参照伊克巴尔生前情况，有卧室、起居室、办公室、餐厅和一个绿树环绕的庭院。馆内保存了与伊克巴尔有关的大量书籍、文件、手稿和物品。

（6）真纳故居博物馆

该馆位于卡拉奇，是巴基斯坦国父阿里·真纳的旧居，1985 年被政府收购，改建为博物馆，馆内有真纳生前使用过的家具和物品。

（7）卡拉奇国家博物馆

该馆建于 1950 年，主要收集从旧石器时代到公元 4 世纪的生产工具及各种文物，藏有丰富的人种学和古钱币方面的资料。

(8) 拉合尔中央博物馆

该馆于 1964 年修葺完毕，主要收藏莫卧儿帝国和锡克王国的文物。博物馆内著名的锡克教画廊陈列有大量欧洲艺术家的油画。

(9) 拉合尔古城堡博物馆

该馆在莫卧儿王朝的王宫、庭院和花园的基础上建成，与拉合尔皇家清真寺相对，馆内陈设着精美的饰物和绘画作品。

(10) 民间和传统遗产博物馆

该馆专门收集民间艺术品和民间手工艺品，展厅面积约 4000 平方米，展出民俗、民间工艺和民间美术方面的实物 8000 多件。该博物馆每年秋天在伊斯兰堡举办为期一周的民间艺术展。艺术展期间，来自全国各地的艺人和工匠当场制作各种工艺品。

巴基斯坦较著名的博物馆还有伊斯兰堡博物馆、奎达地质博物馆、拉瓦尔品第军事博物馆、拉合尔工业博物馆和费萨拉巴德农业博物馆等。

除了博物馆，巴基斯坦的图书馆和档案馆也承担了部分保存资料、传承历史的重任。巴基斯坦全国建有图书馆 5000 多个，大部分在学校内。各市政委员会和小城市自治机关也附设有图书馆。比较大的图书馆有：

(1) 巴基斯坦国家档案图书馆

该馆藏书 8.5 万册，其中，有关巴基斯坦各民族历史、文化的书籍和文献珍本 4 万多册。

(2) 旁遮普大学图书馆

该馆位于拉合尔，建于 1882 年，藏书 22.5 万册，收藏珍贵手稿 1.8 万份，期刊近 400 种。

(3) 卡拉奇大学图书馆

该馆建于 1951 年，藏书 15 万册，收藏珍贵手稿 2000 余份，期刊 1200 多种。

（4）旁遮普公共图书馆

该馆位于拉合尔，建于 1884 年，藏书 12.5 万册，收藏珍贵手稿 1000 多份，期刊 150 多种。

此外，还有著名的巴基斯坦国家档案馆。该馆是巴基斯坦最大的档案馆，位于首都伊斯兰堡，建于 1973 年 12 月，主要负责保存联邦政府各部、局的历史记录和对国家有重要意义的私人收藏。该馆还保存了大量报纸、期刊以及政府报告和出版物，其中，1873－1963 年的《军民报》和 1884－1949 年的《信德报》是该馆最珍贵的报纸收藏。该馆还经常组织培训班、研讨会和讲座，以增强国民的档案意识。

二、大众传媒

（一）图书和报刊

独立后，巴基斯坦的出版业发展很快，图书出版周期短，能及时满足市场需要。巴基斯坦的大型出版社有 50 多家，比较重要的有：

卡姆兰出版社（Camran Publishers），1964 年创办于拉合尔，出版教科书、科技书和一般书籍。

文学明镜出版社（Aina-e-Adab），1957 年创办于拉合尔，出版一般书籍。

纪实出版社（Chronicle Publishers），设在卡拉奇，出版历史、资料类书籍。

新月出版社（Crescent Publications），设在卡拉奇，出版乌尔都语书籍。

古拉姆·阿里父子出版公司（Ghulam Ali and Sons），1877 年成立于拉合尔，出版文学、语言、宗教、科技类图书和教科书。

经济与工业出版社（Economic and Industrial Publication），1965年建于卡拉奇，主要出版经济和工业方面的书籍。

巴基斯坦政府出版社（Government Publications），位于卡拉奇，主要出版乌尔都文版的政治书籍。

伊斯兰图书中心（Islamic Book Centre），位于拉合尔，主要出版英文和乌尔都文版的伊斯兰教书籍。

麦地那出版公司（Medina Publishing Company），1960年创立于卡拉奇，主要出版文学书籍和教科书。

巴基斯坦出版社（Pakistan Publication），位于卡拉奇，主要出版英文、乌尔都文和阿拉伯文版的各类文学书籍和杂志。

联合出版社（Publishers United），位于拉合尔，主要出版教科书、参考书和一般书籍。

旁遮普宗教书社（Punjab Religious Books Society），设在拉合尔，主要出版宗教、教育、法律书籍。①

此外，还有费罗兹出版社、谢赫·阿里出版社、知识出版社、里程碑出版社、达尼亚尔出版社、战斗出版社、时代出版社、国际出版社、精华出版社等。各学术单位和大学也有自己的出版机构。

1972年9月，巴基斯坦国家图书基金会成立，其总部设在伊斯兰堡，在四省省会、木尔坦、苏库尔和拉瓦尔品第等城市设有其分会。该基金会得到了政府的大力支持，其管理委员会主席由教育部部长出任，成员包括教育部副部长，各省级政府的1名代表，省级行政区的教育局局长，接受联邦政府委任的教育专家、科学家、研究员、文学家和编辑各1名，此外，还包括含1名女议员在内的5名国会议员。该基金会的宗旨是：鼓励优秀作品问世；鼓励用民族语言和地方语言创作的作品与外语作品间的互译；组织原版出版物的印刷

① 杨翠柏，李德昌. 当代巴基斯坦［M］. 成都：四川人民出版社，1999：316－317.

及再版；进口外国图书并将其提供给教育机构等。

1947 年独立前，仅有 4 种由穆斯林创办的报纸在今巴基斯坦境内发行，分别是：《巴基斯坦时报》、《柴明达尔报》、《时代之声报》和《民事和军队公报》。巴基斯坦独立后，很多报刊随印度穆斯林报社迁入巴基斯坦，如《黎明报》、《晨报》、《战斗报》和《星报》等。这些报纸的迁入极大地促进了巴基斯坦报刊业的发展，各类报纸、杂志在国家的政治、经济和文化生活中起着重要作用。除全国性报刊外，各省均有自己的地区性报刊。目前，巴基斯坦发行的报刊有 1500 多种，包括日报、周刊、半月刊、月刊、季刊等，类型齐全；所用语言包括英语、乌尔都语、旁遮普语、信德语、普什图语、俾路支语、古吉拉特语、波斯语、达里语等，涵盖广泛。其中，影响力较大的报纸有：

《战斗报》（روزنامہ جنگ，*Jang*），巴基斯坦影响力最大、发行最早的乌尔都语报纸，创办于 1937 年，如今由战斗报业集团在卡拉奇、拉合尔、木尔坦和拉瓦尔品第等 4 个城市出版发行，日发行量超过 80 万份，按出版地分为 4 个版本，其内容涉及政治、经济、军事、社会、文化等各个方面。

《时代之声报》（نوائے وقت，*Nawa-i-Waqt*），创办于 1940 年 3 月 23 日，如今在拉合尔出版，是巴基斯坦最有影响力的乌尔都语报纸之一。作为巴基斯坦意识形态的守护者，《时代之声报》在巴基斯坦传媒业中占有特殊地位，其内容侧重于政治、社会生活和文化，带有民族主义色彩，立场鲜明。

《黎明报》（*Dawn*），巴基斯坦发行最早、受众最多的英文日报，由巴基斯坦先驱出版有限公司出版发行。该公司还出版发行《祖国报》（古吉拉特文）、《明星晚报》（英文）、《巴基斯坦画报周刊》（英文）以及月刊《先驱》（英文版）和《东方电影》（英文版）。《黎明报》最早由“伟大领袖”真纳于 1941 年 10 月 26 日在德里创办，起初以周报形式出现，1942 年成为日报。该报在初创时是全印穆斯林联盟的喉舌，为宣传“两个民族”思想，促进巴基斯坦独立做出了突出贡献。1947 年，该报高级职员在主编阿尔塔夫・侯赛因的率领下迁至卡拉奇。1947 年 8 月 15 日，第一期巴基斯坦版《黎明报》正式印刷出版。如今，《黎明报》报社仍将总部设在卡拉奇，在拉合尔和伊斯兰堡设有办公室，此外，还向欧美国家派驻了代表，因此，《黎明报》经常转载《独立报》、《卫报》、《洛杉矶时报》和《华盛顿邮报》等西方报纸上的文章。

除了上述报纸，巴基斯坦国内较有名的报纸还有《每日新闻报》、《每日时报》、《边境报》、《自由报》、《商业纪实报》、《祖国报》等。

表 6–12　巴基斯坦部分报纸概况

名称	语言	出版地	创办年
每日新闻报	乌尔都语	拉合尔、卡拉奇	2011
边境报	乌尔都语	白沙瓦	1970
巴基斯坦日报	乌尔都语	拉合尔、伊斯兰堡、卡拉奇、白沙瓦	2010
国际新闻报	英语	卡拉奇、拉合尔、伊斯兰堡、拉瓦尔品第	1991
民族报	英语	拉合尔、卡拉奇、伊斯兰堡	1986
今日巴基斯坦报	英语	拉合尔、卡拉奇、伊斯兰堡	2010
新闻报（خبراں）	旁遮普语	拉合尔	2004
调查报（کاوش）	信德语	海德拉巴	1990
奋斗报（کوشش）	信德语	海德拉巴	1998
团结报（وحدت）	普什图语	白沙瓦	1983
祖国报（وطن）	古吉拉特语	卡拉奇	1942
奇特拉尔视野报	科瓦语	卡拉奇、奇特拉尔、白沙瓦	1996

除了报纸，巴基斯坦还有多种用乌尔都语、英语和各民族、地方语言出版的期刊。大部分期刊涉及文学和文化方面的内容，其余则侧

重于政治、经济、贸易、企业、工程、科学和医疗等。比较有名的文学杂志有《拉蒂夫文学》、《现代文学》、《印象》、《世界文摘》等。《乌尔都语文摘》是巴基斯坦的第一本文摘类杂志，创刊于 1960 年，如今在拉合尔按月出版，面向全国发行。该杂志的内容涵盖广泛，如宗教传统、世界文学故事、科学技术、生物、教育、医疗卫生、积极思想、商界传奇等，旨在强化巴基斯坦国家意识形态，促进民族融合。《家庭》是一本专为女性设计的乌尔都语周刊，在拉合尔出版，其内容主要涉及女性健康、美丽、时尚和珠宝饰品，深受巴基斯坦女性喜爱。《巴基斯坦与海湾经济学家》是巴基斯坦重要的英文经济周刊，原名为《巴基斯坦经济学家》，创办于 1971 年，1982 年起改用现名。该杂志主要刊载巴基斯坦及海湾国家的经济、贸易和政治方面的文章，在巴基斯坦和海湾地区有一定影响力。《先驱》是由巴基斯坦先驱出版有限公司出版发行的英文月刊，主要分析国内外重大事件。《时事经纬》创刊于 1989 年 7 月，是一本时事评析类英文月刊，在卡拉奇出版，面向全国发行，有一定影响力。

此外，比较重要的杂志还有《巴基斯坦邮报月刊》（乌尔都文月刊）、《发现文摘》（جاسوسی ڈائجسٹ，乌尔都文月刊）、《悬念文摘》（乌尔都文月刊）、《板球运动员》（英文月刊）、《健康调查》（英文季刊）、《巴基斯坦纺织期刊》（英文月刊）等等。

（二）广播和电视

巴基斯坦广播事业随巴基斯坦一同诞生。由于巴基斯坦国民的识字率不高，且分布较广，所以广播在传媒业中的地位十分突出。巴基斯坦电视事业起步于 20 世纪 60 年代初，目前是巴基斯坦最有影响力的媒介。2002 年，时任总统的穆沙拉夫解除了国家对广播业和电视业的垄断，将这两个领域开放给私人，因此，巴基斯坦的广播业和电视业如今呈现出公私并举、共同发展的局面。巴基斯坦政府于 2002 年 3 月成立巴基斯坦电子媒体监督管理机构（Pakistan Electronic Media Regulatory Authority，缩写 PEMRA），以促进和规范私营电子媒体业的发展。该机构被授权向私人电子媒体企业发放许可证并监管全国广电企业的运营。此外，其职责还包括：

（1）提高广播电台和电视台的新闻、教育和娱乐节目的水准；

（2）扩大人民对媒体所提供的新闻、时事、宗教知识、艺术、文化、科学、技术、经济发展、社会热点问题、音乐、体育、戏剧、国家和公众利益等节目的选择权；

（3）促进权责下放，提升人民对地方和社区层面大众媒体的参与程度；

（4）通过优化信息的自由流动，确保管理和问责公开透明。

自 2002 年起，巴基斯坦广播、电视业便开始了私有化进程。经过 12 年的发展，巴基斯坦私人电视频道和调频广播电台的数量在南亚首屈一指。这得益于政府对媒体自由的明确承诺和电子媒体监管机构在促进电子媒体业发展方面所做的积极贡献。电视频道和调频广播电台的激增提升了巴基斯坦国民的公众意识和科学文化水平，也丰富了其休闲娱乐方式。

表 6–13　2004－2013 年巴基斯坦私营广电业发展情况

类型	新增数量
卫星电视频道	91
调频广播频道	193

数据来源：Manzoor Ahmed Yusufi. Pakistan Economic Survey 2013–2014：Transport and Communications［EB/OL］.［2014–10–15］. http://finance.gov.pk/survey/chapters_14/13_Transport_and_coms.pdf.

巴基斯坦主要的广播、电视机构如下：

（1）巴基斯坦广播公司（Pakistan Broadcasting Corporation，缩写

PBC）

原名巴基斯坦广播电台，于1947年8月14日从全印广播电台中脱离并在拉合尔成立，属于政府部门。1972年12月转为法人公司，改用现名，隶属于巴基斯坦新闻广播部。巴基斯坦广播公司每天通过21个地方电台，以中波和短波向全国播送节目，通报国内和国际情况，宣传民主、宗教、道德和公共价值。在国内的人口覆盖率达95%，地区覆盖率达75%，此外，还使用阿拉伯语、孟加拉语、缅甸语、达里语、法语、古吉拉特语、印地语、印尼语、斯瓦西里语、泰米尔语、波斯语等语言向外国听众提供服务。其节目涉及国家与社会生活的各个方面，主要节目有：宗教、朝觐培训、巴基斯坦意识形态、学生、妇女、儿童、农村、农业论坛、体育、劳工、军事、音乐、戏剧、文学、世界新闻、时事等。

巴基斯坦广播公司在宣传政府政策、报告经济社会发展情况、激发民族意识、传播伊斯兰教知识等方面发挥着重要作用。

（2）巴基斯坦电视有限公司（Pakistan Television Corporation Ltd，缩写 PTV）

巴基斯坦电视有限公司是由联邦政府全额控股的国家电视台，总部设在伊斯兰堡。1963年10月，巴基斯坦政府决定建立一个由私人资本参与、政府全面监管的大众化的电视服务机构，并与一家日本公司签署协议，允许其在巴基斯坦开设两个实验台。1964年11月26日，第一个实验台在拉合尔开始试播。1967年5月，该台成为国营企业，即巴基斯坦电视有限公司。目前，巴基斯坦电视有限公司在拉合尔、卡拉奇、奎达、白沙瓦和伊斯兰堡各设有1个电视制作中心，拥有6000多名工作人员，开设了6个节目频道，分别是：家庭娱乐频道（PTV home），综合性的卫星频道，24小时全天播出新闻、电视剧、访谈、广播教学以及宗教节目等综合性节目；新闻频道（PTV news），新闻性的卫星频道，24小时滚动播出新闻、访谈等新闻性节目；博兰频道（PTV bolan），针对俾路支省的卫星频道，用普什图语和俾路支语播出节目；民族频道（PTV national），使用俾路支语、旁遮普语、普什图语和信德语 24 小时播出地方性节目，弘扬国家丰富多彩的民族文化；环球频道（PTV global），针对旅居欧美国家的巴基斯坦侨民的国际频道，播出娱乐和新闻节目；自由克什米尔电视台（AJK TV），播出克什米尔语和古基里语的新闻节目以及其他地方性节目。

（3）巴基斯坦 GEO 电视台

巴基斯坦 GEO 电视台是巴基斯坦最大的私营电视台，成立于 2002 年，下设音乐、影视剧、新闻和体育 4 个子频道，除了向本国播出外，还向美国、英国、阿富汗和中东地区的巴基斯坦穆斯林移民播出。GEO 电视台在突发新闻方面反应迅速，节目形式新颖活泼，深受年轻人的喜爱。

三、体育

巴基斯坦国父阿里·真纳酷爱体育运动，深知发展体育运动对推动巴基斯坦经济和文化事业发展有着重要的意义，因此，巴基斯坦自独立起就对体育事业给予了高度重视。1948 年 3 月 23 日至 25 日，巴基斯坦首届运动会在卡拉奇的波罗运动场举行。

1. 体育管理部门和体育政策

1947—1962 年间，巴基斯坦联邦教育部负责组织和发展本国体育运动。由于全球体育事业发展迅猛，巴基斯坦政府认识到，有必要建立一个专门的体育组织，以推动国家体育事业发展。于是，在 1962 年，议会通过了国家体育（发展和控制）法令。根据该法令，巴基斯坦于当年在首都伊斯兰堡成立体育委员会（Pakistan Sports Board，简称体委）。体委由联邦教育部管辖，负责促进巴基斯坦竞技体育发展，其职责包括：统一国内竞技体育标准，使其与世界接轨；协调管理国内体育活动；为各体育协会开展活动筹集资金。此外，体委的任务还有：制订比赛规则；聘请教练员；促进民族健康事业发展；普及体育知识，鼓励指导人民参加全国性和国际性的体育比赛等。1977 年 7 月，巴基斯坦文化、体育和旅游部成立，体委的隶属关系转移至该部。体委由 85 名成员组成，他们负责制定体育政策，其中的 18 名组成执行委员会（简称执委会），负责政策的落实。2011 年，联邦政府将体育管理权下放，对体委的行政管理权遂移交给了省际协调部。

巴基斯坦体委作为该国体育方面的最高权力机关，还负责监督附属于自己的各单项体育联合会 / 协会的活动和事务，确保其合理使用体委每年拨付的经费。体委每年拨付的经费分为常规经费和特殊经费。常规经费用来满足各单项联合会的日常开支，而特殊经费则用于举办或参加国际体育赛事。经费的拨付由体委的执行委员会负责。执委会根据体育项目的流行程度、在国际上所取得的成绩以及单项联合会的表现决定经费额度。目前，有 42 个单项体育联合会 /协会附属于巴基斯坦体委，它们分别是：摔跤、田径、羽毛球、篮球、足球、排球、网球、橄榄球、手球、高尔夫球、乒乓球、板球、曲棍球、棒球、垒球、马球、投球（Netball）、壁球、保龄球、墙球、健美、拳击、桥牌、国际象棋、自行车、体操、跆拳道、柔道、空手道、武术、柔术、马术、体操、卡巴迪（一种民间体育）、游泳、举重、帆船、赛艇、滑雪和登山等项目的联合会（Federation）以及台球 / 斯诺克和射击两个项目的协会（Association）。每个单项联合会或协会负责组织本项目的国内比赛，促进本项目的普及和发展。

巴基斯坦奥林匹克委员会（简称奥委会）是巴基斯坦体育界有较大影响力的组织，也是全国性体育领导机构，其主要任务是促进本国奥运项目发展，组织奥运代表队参加奥运会，举办全国运动会等。巴基斯坦奥委会每两年举办一次全国运动会。奥委会的组成相对简单，其成员除了主席和秘书外，其余均为各全国性单项体育联合会 / 协会的代表。巴基斯坦 42 个体育单项联合会 / 协会中，有 36 个加入了巴基斯坦奥林匹克委员会。

巴基斯坦现行体育政策是经巴基斯坦体委修订后于 2005 年正式颁布的，因此也被称为“修订后的国家体育政策 2005”。该政策旨在通过发展大众体育，促进国家体育发展，加强体委与各附属单位间的关系，保证所有俱乐部层面的锦标赛顺利进行，并促使其上升为国家级赛事。政策内容主要涉及赛事选择、锦标赛组织、国家体委的作用、省级体委的职责、民政部门的作用、省政府的作用、各单项联合会 / 协会的作用、国家和省级奥委会的作用、教育机构的体育政策、体育学院的职责以及资金支持等方面。该政策以现实情况为订立依据，内容全面、细致，重点突出，为巴基斯坦体育事业的未来指明了方向。

为提高体育运动水平，巴基斯坦体委还采取了一系列措施，如：聘请外国教练；派遣代表队出国训练和参加比赛；建立训练中心等。为了鼓励青年投身体育运动，体委联合各单项委员会或协会，在四个省、自由克什米尔、联邦直辖部落区和吉尔吉特－巴尔蒂斯坦等地区轮流组织体育比赛。为吸引和培养体育后备人才，巴基斯坦体委于 1983 年 11 月设立了特别奖励基金，向部分运动才能出众的青少年提供资助和奖励。此外，体委还设立了运动员年度奖，以表彰取得优异成绩或做出突出贡献的运动员。在巴基斯坦，成绩卓著的运动员在退役后将获得酬金优厚的工作。

巴基斯坦政府十分重视校园体育，规定大学和体育学院每周开设 2 节体育课，每年必须举办 1 次运动会。巴基斯坦的高校基本都有平整的大块草坪和体育训练场地，较好地满足了学生们的运动要求。

在政府的大力投入下，巴基斯坦拥有了较为发达的体育场馆和设施。目前，全国共有 10 个大型的运动场，其中，于 1984 年竣工的伊斯兰堡国家体育中心是全国最大的综合性体育场馆。该中心占地总面积约 60 公顷，由真纳体育场、1 座万人室内体育馆、1 座带有少量坐席的室内训练馆、1 个运动员招待所以及数个辅助性练习场地组成。其中，真纳体育场建筑面积为 41600 平方米，设 5 万个坐席；室内体育馆建筑面积为 19685 平方米，设 1 万个坐席；训练馆建筑面积为 2014 平方米，设 500 个坐席；运动员招待所建筑面积为 5632 平方米，有 200 个床位。除了该体育中心之外，在卡拉奇和拉合尔也建有大型体育场馆。

2. 主要体育项目

巴基斯坦是亚洲历史悠久的体育大国，在板球、曲棍球、卡巴迪、壁球、拳击等项目上拥有一流的队伍或运动员。在巴基斯坦国内，板球和曲棍球最为普及，各大学、学院和中学都有不少这两个项目的爱好者，院校之间经常举行比赛。此外，田径、羽毛球、篮球、台球（斯诺克）等项目在巴基斯坦也有良好的群众基础和发展前景。

（1）曲棍球

曲棍球在巴基斯坦素有“国球”之称，群众基础广泛。全国有 1000 多个曲棍球俱乐部，后备力量雄厚。巴基斯坦曲棍球队是一支世界劲旅，在 1956－1986 年间称霸世界。该队曾在 1971 年、1978 年、1982 年和 1994 年的曲棍球世界杯赛上获得冠军，是获得该项比赛冠军次数最多的球队之一；在 1978 年、1980 年和 1994 年的（世界）冠军杯比赛中夺魁；在 1956 年的奥运会中屈居亚军，但随后便勇夺 1960 年、1968 年和 1984 年奥运会曲棍球比赛的金牌；在亚运会曲棍球比赛中 7 次称雄。巴基斯坦曲棍球队曾两次成为“三冠王”，即连续获得奥运会、亚运会和世界杯的冠军[①]，目前，尚未有

① 巴基斯坦曲棍球队曾连续获得 1968 年奥运会、1970 年亚运会和 1971 年世界

球队完成此壮举。自 20 世纪 90 年代中期开始，由于优秀队员退役，加之国内局势动荡，巴基斯坦曲棍球队的训练和比赛受到影响，球队的实力因而大打折扣，但仍凭着深厚底蕴在洲际和世界大赛中取得了不俗成绩。2012 年 12 月 29 日，巴基斯坦曲棍球队在第二届亚洲曲棍球冠军杯比赛的决赛中战胜宿敌印度队，获得冠军，重振声威。

（2）板球

板球起源于英国，被称为绅士运动，是世界第二大流行运动，其流行程度仅次于足球，在全球拥有 20 亿－30 亿球迷。受 19 世纪英国在世界各地进行殖民统治的影响，板球在印度、巴基斯坦、澳大利亚等英联邦国家十分受欢迎。板球在巴基斯坦的受欢迎程度比起曲棍球来说有过之而无不及。巴基斯坦几乎每个地区都有自己的板球队。正规的板球比赛需要 152.4 米长、137 米宽的椭圆形场地，以及全套装备和大量时间，有“王公运动”之称，但板球所需的投球、击球、接球等练习却可以随处进行，因而成为巴基斯坦青少年，特别是在校学生最喜爱的运动。校园里的大块草坪、城市里的公用绿地为板球在民间的普及提供了良好的环境。在巴基斯坦的大城市，几乎每天下午都可以见到青少年在公共绿地上进行板球训练或比赛。

巴基斯坦板球队在世界大赛上的成绩出色，曾获得 1992 年板球世界杯赛的冠军。1997－2002 年，巴基斯坦板球队共参加了 19 场国际比赛，赢得了 11 场胜利，获得了 8 次亚军。2014 年率领支持者反对谢里夫的巴基斯坦正义运动党主席伊姆兰·汗，曾是一位在巴基斯坦家喻户晓的板球明星。1992 年，正是他作为队长带领巴基斯坦板球队夺得了该国历史上唯一一次板球世界杯赛冠军。2014 年 9 月 16 日，板球世界杯赛的冠军奖杯在拉合尔展出，巴基斯坦板球队队长米斯巴在奖杯展出仪式上表示，他希望巴基斯坦队能够在接下来的

杯曲棍球比赛的冠军；在 1982 年的亚运会、1982 年的世界杯和 1984 年的奥运会中再次实现这一壮举。

板球世界杯赛中重现 1992 年的辉煌。

（3）壁球

壁球在巴基斯坦有着悠久的历史，自 20 世纪 50 年代起，巴基斯坦就成了壁球强国。巴基斯坦运动员曾在 1950－1997 年间赢得了 30 多个英国壁球公开赛冠军、14 个世界壁球冠军公开赛冠军[①]以及多项其他职业壁球赛事冠军。

哈西姆·汗是 20 世纪 50 年代巴基斯坦著名的壁球运动员，他以精湛的技艺统治了世界壁球界 10 年之久，并就此开启了其家族对世界壁球界长达 30 年的统治。在哈西姆·汗之后，其家族又诞生了多位壁球大师，如其胞弟阿扎姆·汗，堂弟罗沙·汗，其子沙里夫·汗，其侄子莫赫布拉、贾马尔·扎曼、贾汉吉尔·汗（罗沙·汗的儿子）等，都是壁球界里熠熠夺目的巨星。其中，成就最高的莫过于贾汉吉尔·汗。他 14 岁时就获得了巴基斯坦少年壁球赛冠军，自此便一发不可收拾，在国际壁球赛中取得过五连冠的辉煌成绩，被称为“王中之王”。1982－1987 年间，他除了在 1986 年的法国图卢兹世界公开赛上输给过诺曼以外，在其余的 500 多场国内外比赛中皆取得了胜利，成为壁球界名副其实的“常胜将军”。不过，在 1987 年，巴基斯坦壁球界又涌现出了一位新星——贾谢尔·汗。从 1987 年下半年起，贾谢尔·汗连续 7 次击败贾汉吉尔·汗，并在随后超越了其 5 次获得壁球世界公开赛冠军的成绩，在 1996 年夺得第 20 届世界公开赛冠军后，贾谢尔·汗的世界公开赛冠军数目增加到了 8 个。20 世纪 80－90 年代的世界壁球界基本处于贾汉吉尔·汗和贾谢尔·汗争霸的状态。

巴基斯坦壁球队在世界壁球锦标赛中也取得过辉煌的战绩。在世界男子壁球锦标赛中，巴基斯坦队分别于 1990、1992、1993、1994、

① 世界公开赛和英国公开赛是国际公认的最重要、水平最高的两项壁球赛事。

1995、1996 年夺魁。1998 年后，由于国际制裁和国内局势持续动荡，巴基斯坦体育事业陷入低谷，壁球项目亦无法幸免。1998 年后，再无巴基斯坦选手打入世界公开赛或英国公开赛的决赛。为了改变这一局面，巴基斯坦壁球联合会于 2012 年决定在接下来几年资助 11 名壁球运动员参加世界职业壁球联合会举办的赛事，以提升他们的国际排名。在 2010 年广州亚运会的壁球男子团体决赛中，巴基斯坦队以 2 比 0 战胜马来西亚队，夺得冠军。

（4）田径

巴基斯坦从未在田径项目上赢得过奥运会金牌，其田径运动员受制于训练水平和资金支持力度，基本没有机会参加田径世锦赛。不过，在亚运会和英联邦运动会的田径比赛中，巴基斯坦代表队曾是一支不容忽视的力量，该国不少田径运动员曾在这两项大赛中斩获奖牌，甚至有运动员长期保持赛会纪录。20 世纪 50 年代的巴基斯坦田坛人才辈出。当时，被称为“亚洲最快男子”的巴基斯坦短跑运动员阿卜杜勒·卡利克在亚运会 100 米和 200 米项目上具有统治地位。库拉姆·拉奇克曾是亚洲著名的跨栏运动员，进入过 1956 年和 1960 年的奥运会跨栏比赛的半决赛。此外，20 世纪 50－60 年代的巴基斯坦著名田径运动员还有短跑名将沙里夫·布特，长跑选手穆巴拉克·沙，标枪运动员贾拉拉和纳瓦兹，铅球运动员伊克巴尔、马利克·努尔和尤素福·马利克等。

巴基斯坦田径从 20 世纪 60 年代初起开始衰退。在亚运会中，巴基斯坦的田径运动员再难取得优异成绩，这对该国田径事业的发展产生了不利影响。

（5）卡巴迪[①]

卡巴迪是一种在场地上进行追逐的古老运动，相传起源于古代印

① 陆水林. 世界列国国情习俗丛书：巴基斯坦［M］. 重庆：重庆出版社，2004：444－445.

度史诗《摩诃婆罗多》中般度族英雄阿皮曼俞同 7 名俱卢族武士浴血搏斗、壮烈牺牲的故事。卡巴迪因其简单的规则和较广的普及度而被称为“大众运动”。作为南亚地区的一项本土运动，卡巴迪在巴基斯坦、印度和孟加拉等国十分流行，特别是在这些国家的农村地区，此外，它还传到了缅甸、斯里兰卡、尼泊尔和马来西亚等国。各国的卡巴迪都对运动员的身体素质、技巧、速度、耐力和灵活性有较高的要求，但比赛规则却因地区而异。1950 年，亚洲各国初步统一了卡巴迪的基本比赛规则。1978 年，亚洲业余卡巴迪联合会成立。1989 年，第 8 届亚运会将卡巴迪列为正式比赛项目，卡巴迪运动正式从民间体育走向竞技体育。

民间的卡巴迪比赛对人数和场地均无限制，更像是人们休闲时的一种游戏。正式的卡巴迪比赛则对场地、人数和规则都做出了规定。正式的卡巴迪比赛场地为长 12.5 米、宽 10 米的矩形沙土地或草地，以中线为界，分为两个半场。参赛队伍每队 12 人，7 人上场，5 人替补。每场比赛分上、下半场，各 20 分钟，中场休息 5 分钟。卡巴迪比赛以触摸或抓到对方队员而获取分数为目的，最后以分数高低决定胜负。比赛时，两队各占一边，先由一队进攻，进攻队员被称为“突袭者”，防守队员则被称为“反击者”。突袭者一进入对方半场，便要不断地高呼“卡巴迪”，直到触及对方一名反击者，如果中间稍有停顿，即被罚出场并失分。突袭者可用身体任何一部位触碰反击者，如果触碰对手后突袭者顺利返回本方半场，便可得 1 分；如果突袭者被对手抓住，则反击者得 1 分；如果突袭者未能触及任何反击者，自己也没有犯规或被捉，而是顺利返回本方场地，就算打平。比赛由双方轮流进攻，每次 1 人，若连续 3 轮进攻未能得分，就要给对方加分。

卡巴迪是巴基斯坦一项重要的民间体育运动，在全国各地都很流行。巴基斯坦国内有很多卡巴迪俱乐部，国家也经常举行卡巴迪比赛。在各种民间节日的集会上，卡巴迪也是重要的竞技项目。

第七章　政治

第一节　政治发展进程

一、独立前的政治发展进程

1857 年爆发的印度民族大起义极大地撼动了英印殖民政府统治的根基。在次大陆，无论是印度教教徒还是穆斯林，其反抗意识都被彻底唤醒。深感恐惧的英国殖民者遂对印度教教徒和穆斯林采取了分而治之的策略，其核心是偏袒印度教教徒，打压穆斯林，最终导致了印、穆间不可调和的矛盾。1867 年，有印度教教徒提出以印地语作为官方语言并废除乌尔都语的官方语言地位，这一事件成为穆斯林与印度教教徒彻底决裂的导火线。1885 年，印度国大党要求以考试方式选拔行政官员，以财产为考量指标选拔一定的省议会议员。这一要求令抵制西方教育且普遍收入低下的穆斯林很难在政府中谋得职务。于是，自感受到打压的穆斯林决心建立代表自身的政党，以维护印度穆斯林的权益。在这一背景下，“全印穆斯林联盟”（简称穆盟）于 1906 年成立。在之后的立法机构选举中，穆盟要求分区选举，但遭到国大党的坚决反对。

为了改善两大宗教信徒间仇视情绪日益高涨的局面，国大党和穆盟进行了多次协商，但效果甚微。1928 年，印度召开由各个政党参加的全国性会议，会议选举出以尼赫鲁为首的委员会，该委员会制定了政府体制法案。然而，该法案没能满足穆斯林的利益诉求，因此，真纳对其提出了 14 条修改意见，即著名的《真纳 14 条》，其大体原则是：在中央立法机构，穆斯林的席位不得少于 1/3；在社会公职中，为穆斯林保留一定数量的名额；宪法中应当列有保护伊斯兰文化的合理条文；印度人民享有充分的宗教信仰和举行宗教仪式的自由。然而，国大党拒绝了这些修改意见，这是国大党与穆盟间合作关系破裂的开端。

1936 年，印度举行省议会选举，包括穆盟在内的多个穆斯林政党参加了这次选举，但均惨遭失败。国大党成为此次选举的最大赢家，在马德拉斯省、中央省、联合省、比哈尔省和奥里萨省的立法会议中获得了绝对多数席位；在孟买省、西北边境省、孟加拉省和阿萨姆省成为唯一的大党。最终，在英属印度的 7 个省（孟买、马德拉斯、联合省、比哈尔、中央省、奥里萨和西北边省），国大党单独组建政府，实行省自治。执政后的国大党并未采取有效措施保障穆斯林的权益，反而进一步推行印度教化。印度穆斯林对此倍感愤怒，同时，也对自身前途产生了担忧。在这一背景下，穆盟在 1940 年召开的第 27 届年会上重申了“两个民族”理论，并通过了著名的《拉合尔决议》，正式提出将印度划分成两个民族国家。1947 年 6 月，新任印度总督蒙巴顿提出了印巴自治领划分方案，即《蒙巴顿方案》，该方案最终被国大党、穆盟及其他大部分政党接受。1947 年 8 月 15 日，巴基斯坦成立，穆罕默德・阿里・真纳出任第一任总督。

二、巴基斯坦分裂前的政治发展进程

1. 五十年代的政局变化

1948 年 9 月 11 日，巴基斯坦国父真纳去世，这给新生的巴基斯坦带来了沉重的打击。真纳是民众公认的领袖，其影响力能平衡各政治势力，保持政局的稳定和国家的统一，而在他去世后，带有不同目标和意识形态的各政治势力跃跃欲试，意图掌控巴基斯坦政坛。1951 年 10 月，在巴基斯坦的威信和影响力仅次于真纳的总理利亚格特·阿里·汗被阿富汗人赛义德·阿克巴尔刺杀，巴基斯坦失去了维系政治稳定的最后一根稻草。自此之后，各派势力为了自身利益竞相争斗，引发了一系列政治危机，巴基斯坦顿时陷入政府频繁更迭、政局动荡不稳的局面。

反阿赫默迪亚运动使巴基斯坦遭遇了独立以来的第一次政治危机。阿赫默迪亚教派是由米尔扎·库拉姆·阿赫默德于 1901 年创立的，其宗旨是将伊斯兰、现代自由主义和神秘主义结合在一起。阿赫默迪亚派宣传的思想与巴基斯坦当政者的想法一致，而且其成员大多受过高级教育，接受西方思想，很多成员还在政府中担任要职，因此，政治主张得不到支持的一些伊斯兰正统派政党便将愤怒发泄于该教派，指责其为异端，并要求政府将其宣布为少数派，解除其成员的公职。[①]

1953 年 1 月，正统派召开巴基斯坦穆斯林政党会议，号召加强反阿赫默迪亚运动。会议后出现了针对阿赫默迪亚派信徒的暴力行为，而政府却没有采取制止措施，导致暴力行为愈演愈烈，局势失控，引发了旁遮普省近 2 个月的军管。

与此同时，东、西巴间还为语言问题发生了第一次严重冲突。东巴人口多而语言单一，西巴人口少而语言多样，但西巴人却支持以乌尔都语作为整个巴基斯坦的唯一国语，他们认为乌尔都语是穆斯林身份和历史的象征。东巴人则一直认为自己所讲的孟加拉语突出了东巴穆斯林的个性和特征，因此，极力反对将乌尔都语作为国语，而主张

① 李德昌．巴基斯坦的政治发展［J］．南亚研究季刊，1985（2）：65.

用孟加拉语作为国语。

1952 年，曾任东巴首席部长的巴基斯坦总理纳泽姆丁公开表示支持乌尔都语作为国语。此举激起东巴人的愤怒，他们指责纳泽姆丁背叛了东巴，并在 1952 年 2 月 21 日发起示威游行，导致警察和学生间发生冲突，造成 19 人死亡。该事件深深伤害了东巴人民的感情，被认为是东巴历史的分水岭。语言冲突持续了两年多，并逐步发展成为东巴力图摆脱西巴控制的政治斗争，直至 1954 年 5 月，中央政府同意将孟加拉语也作为巴基斯坦的国语，语言冲突才平息下来。

此外，巴基斯坦国内还存在其他矛盾，如：除旁遮普省外的西巴各省反对成立统一的西巴基斯坦省的斗争，总督与制宪议会间的权力斗争，东、西巴在制宪议会中的席位之争等等。不同政治势力间的矛盾、斗争和频发的政治危机，导致巴基斯坦政府更迭频繁。1947—1958 年，巴基斯坦五易总督，七易总理，省政府频繁更迭。1947—1955 年，旁遮普省和西北边境省六易省督，信德省七易首席部长，中央政府解散了近 10 个东、西巴省政府。①

政府的频繁更迭反过来加剧了政治危机，即使是 1956 年颁布的第一部宪法也没能改变巴基斯坦混乱的政治局面，各政治势力仍然相互抗衡、争斗，致使中央政府处于垮台的边缘。伊斯坎德尔·米尔扎总统在陆军总司令阿尤布·汗的压力下，于 1958 年 10 月 7 日宣布在全国范围实行军法管制，任命阿尤布·汗为首席执行官，取消了施行仅两年的首部宪法，解散了立法机构。当月 27 日，米尔扎迫于压力，辞去了总统职务，这标志着巴基斯坦代议制政府的彻底失败。

2. 阿尤布·汗执政时期的政治发展

1958 年 10 月 27 日，阿尤布·汗接替伊斯坎德尔·米尔扎出任巴基斯坦总统，同时兼任国防部长和武装部队最高统帅，自此起至

① 杨翠柏，李德昌. 当代巴基斯坦［M］. 成都：四川人民出版社，1999：113.

1969 年 3 月 25 日，阿尤布·汗对巴基斯坦进行了长达 10 年零 5 个月的个人统治。

阿尤布·汗认为，巴基斯坦具有多样的文化、语言和民族，而多样性特点本就已经给国家治理带来了困难，在这种情况下，推行议会民主制只会加剧分离主义，导致政府无法动员全国人民共同建设和发展国家。因此，必须建立起一个强有力的中央政府，把东、西巴紧密联系起来，通过伊斯兰和经济快速发展，加强国家的团结和统一。[①]为此，阿尤布·汗实行了一系列政治治理措施，如：禁止政党活动；严惩违法、渎职行为；控制新闻出版；建立特别军事法庭，并规定其裁定结果不容更改；实行适合巴基斯坦国情的、简单易行的基本民主制（The System of Basic Democracies，又称“有限民主制”），让民众在有限范围内比较充分地参与基层事务管理；组建规模很小的制宪委员会，在短时间内制定出巴基斯坦第二部宪法，并通过该宪法确立了自己在立法、行政和司法方面的广泛权力。

在阿尤布·汗的铁腕政策下，巴基斯坦政局迅速稳定，经济开始快速发展。1962 年，阿尤布·汗顺应民意，恢复了政党和政治家的活动，并于 1963 年加入了由部分原穆斯林联盟成员组成的、支持自己的政党——巴基斯坦穆斯林联盟（大会派）。在该政党的支持下，阿尤布·汗赢得了 1965 年的总统选举，顺利连任。

然而，由于阿尤布·汗在执政后期个人集权严重，引发了各政党的不满，加之东、西巴矛盾激化，社会分化严重，因此，在 20 世纪 60 年代后期，巴基斯坦国内反对阿尤布·汗的声浪日渐高涨，学生运动和工人罢工此起彼伏，暴力事件层出不穷，各反对党联合起来，一致要求阿尤布·汗下台。1969 年 3 月，巴基斯坦多个城市爆发骚乱，且愈演愈烈，军队不得不再次出面稳定局势，巴基斯坦第二次进

① 李德昌．巴基斯坦的政治发展：续一［J］．南亚研究季刊，1985（3）：51.

入军管状态。在巨大的压力下，阿尤布·汗于1969年3月25日辞去了总统职务，将权力移交给了陆军总司令叶海亚·汗，就此结束了自己超过10年的独裁统治。

3. 叶海亚·汗执政时期的政治发展与危机

叶海亚·汗在军队的支持下，先就任军法管制首席执行官，后于1969年3月31日出任总统。不过，他明确表示军队没有政治野心，并承诺尽快还政于民。为了给大选创造良好的社会环境，叶海亚·汗采取强硬措施，严厉打击贪污腐败、敲诈勒索、恐吓威胁等违法行为，调查和审讯非法在国外银行大量存款的人，这些措施深得人心，经济生活很快恢复正常。与此同时，叶海亚·汗还努力稳定了政治生活。他先是恢复和执行了1962年宪法中的一些规定，而后任命了东、西巴军法管制副执行官，让其行使省督权力。为了稳定东巴人民的情绪，他还增加了东巴在巴基斯坦中央决策机构中的代表数量。

在经济和政治生活都基本恢复后，叶海亚·汗开始为大选做准备工作，如：恢复政党活动，协调各派主张；撤销西巴省，恢复西巴原有的四省；颁布立法体制令（The Legal Framework Order），规定大选基本原则等。在完成上述准备工作后，叶海亚·汗于1970年7月13日颁布选举法令，确定于当年10月5日举行国民议会选举。[①]

由于东巴遭遇洪灾，故大选最终于1970年12月7日举行。经过激烈角逐，谢赫·穆吉布·拉赫曼领导的人民联盟依靠东巴巨大的人口优势成为最大赢家，在国民议会的300个席位中获得160席，成为议会第一大党，不过却没有在西巴获得任何一个席位；阿里·布托领导的人民党获得81个席位，成为最大的反对党，但却未能在东巴获得一席之地。东、西巴的分裂初现端倪。

叶海亚·汗总统承认大选结果，但人民党和人民联盟却势同水

① 李德昌. 巴基斯坦的政治发展：续二［J］. 南亚研究季刊，1985（4）：6－7.

火，在召开国民议会会议和制定新宪法的问题上各执己见、针锋相对，激化了东、西巴间的矛盾。尽管在叶海亚·汗总统的安排下，布托与拉赫曼举行了会谈，但无奈双方分歧太大，会谈以失败告终。人民党担心人民联盟会操纵国民议会打压西巴，故向叶海亚·汗施压，要求其推迟国民议会开会时间。叶海亚·汗迫于压力，只得宣布推迟国民议会开会日期。这一决定激起了东巴人民的强烈不满，引发了大规模的示威游行和东巴总罢工，后来，抗议活动逐渐演变成了“东巴独立运动”。尽管叶海亚·汗总统多次与人民联盟领袖拉赫曼举行会谈，试图恢复东巴与中央的关系，但会谈均以失败告终。最终，叶海亚·汗总统不得不宣布无限期推迟召开国民议会会议，并在人民党和军方的要求下，取缔了人民联盟，逮捕了拉赫曼，并派遣军队进入东巴镇压分裂活动。

东巴事变遭到了印度和苏联的公开干涉，印度更是以难民问题为借口入侵东巴，而后又进攻西巴，最终，用武力肢解巴基斯坦。1972年1月10日，东巴正式独立，成为孟加拉国。

三、围绕总统权力与总理权力的政治改革进程

（一）阿里·布托执政时期的政治改革

阿里·布托接手政权后，在政治、经济和军事领域进行了一系列改革。其中，在政治领域的改革措施主要是：

（1）制定宪法

1973年8月，时任巴基斯坦总统的阿里·布托颁布了巴基斯坦历史上的第三部宪法，该部宪法也被称为“1973年宪法”或“布托宪法”。根据该宪法，巴基斯坦的政体是议会制与总理制的结合，国家建立起联邦议会制政府，总理是政府首脑，掌握实权，而总统名义上是国家元首，但仅具有象征意义。此外，该宪法还给予各省以充

分的自治权。1973 年宪法实施后，布托由总统改任总理，兼任外交、国防和内政部长，掌握了国家大权。

（2）改革文官制度，取消文官权力

1973 年宪法取消了保护文官特权的条款。1973 年 8 月 20 日，布托宣布解散巴基斯坦文官组织；同年 9 月至 11 月，布托先后颁布《1973 年文官条例（第 14 号）》、《1973 年文官法令》和《1973 年联邦文官委员会法令》等法令，从各方面取消了文官特权，限制了文官的权力，此外，布托还强制 1300 多名文官提前退休。[①]

（3）改组农村基层组织

布托取消了阿尤布·汗时期的基本民主制，在全国的农村、城镇建立起人民党基层组织，同时，取消村镇基层组织的自治权。

除此之外，布托还通过宪法和国民议会决议限制和削弱法院权力，削弱军队对政治决策的影响。最终，布托通过一系列政治改革，将权力更多地集中在了自己手里。

然而，布托在经济上的改革却使巴基斯坦经济濒临崩溃，引起多方不满。为了提高支持率，布托决定举行大选。尽管结果显示人民党获胜，但反对派认为选举中存在舞弊，于是发起游行，要求重选。游行期间，布托的支持者和反对者之间爆发冲突，为控制局势，布托动用军队对反对者进行了镇压，导致 350 人死亡。对布托早有不满的陆军参谋长齐亚·哈克趁机发动军事政变，于 1977 年 7 月 5 日接管政府，自认军法管制首席执行官，之后又出任总统。

（二）齐亚·哈克执政时期的政治改革

齐亚·哈克执政初期，采用各种手段加强军法管制，如：树立军事法庭权威；取缔政党和集会；禁止工厂停业和工人罢工；接管或查

① 杨翠柏，李德昌．当代巴基斯坦［M］．成都：四川人民出版社，1999：123．

封反对军管法令的报纸杂志；加强对新闻广播的监督和检查。1980年5月23日，哈克总统宣布修改1973年宪法，进一步加强了军事法庭的权力。1981年3月24日，哈克又颁布临时宪法，以国家大法的形式肯定了军法管制，加强了总统和军管首席执行官的权力，同时，缩小了法院权力。

为了巩固统治，齐亚·哈克还在全国发起了伊斯兰化运动。该运动在法律、政治、经济、文化等方面皆有所体现。在政治方面，伊斯兰意识形态委员会的权力被扩大，宗教事务部的职能得到强化，就连大选都按照伊斯兰教的方式进行，即禁止一切政党参加，各党党员以个人身份参加竞选。

1985年2月25日，巴基斯坦举行联邦议会选举，选举按伊斯兰教方式进行，其间未发生任何重大骚乱。此次大选是巴基斯坦政治发展史上的一个里程碑。与1970年大选后的国家分裂和1977年大选后的国家内乱相比，1985年大选的结果无疑更具有历史意义。大选后，民选政府成立，随后，哈克总统取消了军法管制，解散了军事法庭和军管机构，恢复并修改了1973年宪法，取消了受宪法保护以外的所有军管法令和条例，巴基斯坦从而实现了从军法管制向民主政治的和平过渡。

20世纪80年代末至90年代末，巴基斯坦进入政党交替执政时期。人民党领袖贝娜齐尔·布托和穆斯林联盟领导人纳瓦兹·谢里夫轮流出任政府总理。谢里夫第二次上台后，着手利用议会剥夺总统解散民选政府的权力。1997年4月1日，巴基斯坦国民议会通过宪法第十三修正案。该修正案剥夺了总统解散国民议会和联邦内阁的权力，并将解散省议会和省内阁，任免省长、三军参谋长、参联会主席和最高法院法官的权力归还给了总理。

（三）穆沙拉夫执政时期的政治改革

1999 年 10 月 12 日，时任巴基斯坦参谋长联席会议主席兼陆军参谋长的穆沙拉夫发动军事政变，解散了谢里夫内阁和议会，成立国家安全委员会和新内阁，自任首席执行官，同时，宣布暂停实施原宪法并颁布临时宪法 1 号令。2001 年 6 月 20 日，穆沙拉夫宣誓就任巴基斯坦总统，翌年 11 月 16 日获得连任。2004 年 1 月 1 日，通过国民议会、参议院和四个省议会的信任投票，穆沙拉夫的总统地位得到确认，任期至 2007 年 11 月。

掌权后的穆沙拉夫在政治上致力于扩大总统权力。2002 年 7 月，穆沙拉夫颁布总统令，禁止担任过两届总理或省长的政府官员再担任这些职务，两个主要政党的领袖、前总理谢里夫和贝·布托因而无法参加大选。2002 年 8 月，穆沙拉夫颁布“法律框架令”（Legal Framework Order），宣布恢复 1973 年宪法和哈克时期的宪法第八修正案，赋予总统解散国民议会、任命参联会主席和三军参谋长的权力。2003 年 12 月 29 日，巴基斯坦国民议会通过了宪法第十七修正案。该修正案规定，总统经最高法院批准后，有权罢免总理，解散议会；在与总理协商后，有权任命军队领导人。

通过上述举措，穆沙拉夫将大部分权力收归到自己手中，实现了总统集权，巴基斯坦政体因而转变为总统制。

（四）人民党执政时期的政治改革

2008 年 2 月，人民党和穆斯林联盟（谢里夫派）组成的联盟在大选中获胜。之后，两党联合组建政府，人民党副主席吉拉尼出任政府总理。同年 8 月 18 日，穆沙拉夫在压力下辞去了总统职务。9 月 6 日，巴基斯坦举行总统选举，人民党联合主席扎尔达里赢得大部分选票，成为新总统。

吉拉尼出任总理后，主张巴基斯坦政体从总统制回归议会制，并将削弱总统权力提上了日程。扎尔达里总统承诺将部分权力交还给议会，但认为需要修改宪法。2010 年 4 月，巴基斯坦国民议会和参议院先后通过宪法第十八修正案。4 月 19 日，第十八修正案经扎尔达里总统签署后正式生效。该修正案取消了总统解散议会和内阁的特权，将总统的部分权力移交给了总理，此外，还在中央与地方分权和西北边境省改名等敏感问题上做出了调整。

第二节 宪法

巴基斯坦独立后面临种种困难，一方面，第一次印巴战争接踵而至，另一方面，国内矛盾繁多而大部分管理者又缺乏治国经验，因此，巴基斯坦的领导人无暇着手立宪事宜，只得将 1935 年的《印度政府法案》修改后作为组织政府的依据。其总体原则是：建立联邦结构；联邦的中央立法机构由两院构成，下院是联邦大会，上院是国务会议；总督对立法会议通过的法案有否决权，甚至可以解散上下两院；省议会有一定的自治权。然而，不幸的是，巴基斯坦第一任总督真纳于 1948 年 9 月 11 日去世，名望和政治地位仅次于他的巴基斯坦第一任总理利亚格特·阿里·汗又于 1951 年 10 月 16 日遇刺身亡。失去领袖的巴基斯坦陷入了政局不稳的困难时期，立宪工作亦受到影响，进展缓慢。

一、1956年宪法（第一部宪法）

1947 年 8 月 7 日，巴基斯坦召开制宪会议。会议选举产生了由 69 人组成的制宪议会。1949 年 3 月，总理利亚格特·阿里·汗提出了关于建国的《目标决议》，制宪议会讨论并通过了该决议。根据决议，巴基斯坦将是一个建立在伊斯兰教公正、宽容、平等原则之上的联邦共和国，一切权力属于真主，但由民选代表代为行使，司法部门独立，少数派的权利应受保护，穆斯林应按《古兰经》和《圣训》的教导安排生活。《目标决议》为巴基斯坦宪法提供了基本框架。

《目标决议》通过后，为了尽快完成制宪工作，制宪议会成立了一个由 25 名专家组成的基本原则委员会，负责起草宪法。该委员会下设四个分委员会，分别是基本人权委员会、国家选举委员会、司法委员会以及联邦和省法律委员会。四个分委员会委员参照《目标决议》的相关原则，在基本人权、选举、司法制度和法律制定等方面进行了深入探讨，提出了初步意见。基本原则委员会综合四个分委会的意见，先后于 1950 年 9 月和 10 月提出了两份临时报告，前者主要关注选举、司法和立法，而后者则与少数民族权利和公民基本权益有关。这两份临时报告经讨论后均获得了通过。

1952 年 12 月，基本原则委员会向制宪议会提交了最终报告，然而，该报告却掀起了一场政治风波。由于该报告中的几点建议过于激进，在修改法律上的规定又过于复杂，且没有涉及国语的条款，故引起了一些政治势力的焦虑和不满。特别是该报告中有关议会两院议席在西巴的分配建议带有明显偏袒旁遮普省的嫌疑，不仅令西巴其他省份不满，更让东、西巴之间产生了矛盾和误会。东巴政治势力认为这是旁遮普政客企图控制东巴的阴谋，因此极力反对这份最终报告。部分政治集团对最终报告的不满引发了民众对宪法的疑虑，巴基斯坦政局出现不稳迹象。尽管如此，时任总理的哈贾·纳泽姆丁（خواجہ ناظم الدین）还是表示，希望该报告获得通过。在他的支持下，制宪议会对这份报告进行了近 1 个月的讨论。在此期间，巴基斯坦全国爆发了声势浩大的反阿赫默迪亚运动，正统派要求宪法将阿赫默迪亚派定为少数派。与此同时，联邦与各省间在权力分配上的矛盾也显现出来。在此情况下，巴基斯坦总督古拉姆·穆罕默德于 1953 年 4 月 17 日解除了总理纳泽姆丁的职务，并宣布组建新内阁，穆罕默德·阿里·博格拉（محمد علی بوگرہ）临危受命出任总理。

当时，制宪议会的大多数政治代表对基本原则委员会的工作表达了不满。于是，在博格拉的主持下，委员会对宪法报告中的所有争议点都进行了讨论和修改，最终形成了一份宪法原则意见书，由博格拉在与政治家和乌里玛（宗教学者）的会谈中提出，史称“穆罕默德·阿里·博格拉宪法原则”（محمد علی بوگرہ کا آئینی فارمولا）。该原则务实、可操作性强，受到了各西巴政党的欢迎，但其有意绕开了国语问题，引发东巴政党和人民的不满。在他们的强烈要求下，制宪议会于1954年初宣布：“巴基斯坦实行双官方语言制，乌尔都语和孟加拉语都享有官方语言地位，英语在现阶段仍作为官方语言，之后逐步转变为第二语言。”制宪议会的决定解决了困扰巴基斯坦多年的语言之争，但却没能保证制宪工作朝着正确的方向前进。由于宪法草案中出现了限制总督权力的条款，故总督古拉姆·穆罕默德于1954年10月24日，以制宪议会未能履职尽责为由解散了该议会，同时解散了内阁，随后又宣布国家进入紧急状态。刚有起色的制宪工作因而再次陷入停滞。

1955年5月28日，巴基斯坦举行了议会选举；6月初，新议会诞生，由于该议会主要负责制定宪法，故也被称为制宪议会。制宪议会于1955年10月3日通过了将西巴各省合并为西巴基斯坦省的议案。此举给制宪工作带来了便利，在整个国家只由东巴和西巴两省组成的情况下，困扰多时的平等问题终于得到了妥善解决。排除外部干扰后，制宪议会将精力集中到了制定宪法上来，制宪工作很快便取得了进展。1956年2月9日，宪法草案被提交给议会全体成员讨论，数日后，该草案获得通过。1956年2月29日，巴基斯坦议会正式颁布了巴基斯坦的第一部宪法，即1956年宪法。该宪法于1956年3月23日正式生效，标志着巴基斯坦正式建国，这一天因而被称为

“巴基斯坦建国日”。

1956 年宪法的前言较完整地体现了《目标决议》的内容，对巴基斯坦的伊斯兰属性做了诠释。根据宪法，巴基斯坦的全称为“巴基斯坦伊斯兰民主共和国”（اسلامی جمہوریہ پاکستان）。宪法前言中还这样写道：“这个国家的每一个公民都应获得自由、平等、宽容和社会公平。仁慈的真主是最高统治者，是一切权力的源泉。”

1956 年宪法的主要内容可概括为以下几点：

（1）强调伊斯兰教地位。国家不能制定违背《古兰经》或《圣训》的法律；总统有权成立一个伊斯兰委员会，该委员会有义务提出建议，以使伊斯兰法律代替非伊斯兰法律。

（2）尊重和保护公民个人的生命、健康和自由，保障全体公民的幸福和发展，建立政府与人民间的亲密关系。巴基斯坦公民有信仰、发展和推广任何宗教的自由，此外，任何人都有权批评政府，在法律面前，人人平等。

（3）巴基斯坦实行联邦议会制，联邦由东巴和西巴两个省组成，议会实行一院制，国民议会是唯一的中央立法机构，设 300 个议席，由东、西巴平分。

（4）总统代替总督作为国家元首，由国民议会和两省议会组成的选举团选举产生。总统必须是穆斯林，且必须先当选国民议会议员，其年龄至少 40 岁，一届任期为 5 年，可连选连任，若不称职可被罢免，但需经过 3/4 的国民议会议员同意。总理是政府首脑，由总统任命，但其必须获得国民议会多数议员的支持。总理需组建内阁以向其咨询执政事宜。总统权力受总理及其领导的内阁的限制，总统须在总理和内阁的建议下行使权力。

（5）联邦政府享有管理国防、外交、货币以及关系国家利益的事项等 30 项权力，省政府则负责本省的社会治安、教育、卫生及发展建设等工作，省政府制定的政策、法令必须与联邦政府的相关规定一致。省长由总统任命，省长任命省内阁的首席部长及成员。

（6）司法独立。巴基斯坦司法体系由最高法院、省高级法院和两种低级法院（民事法院和刑事法院）组成，其中，最高法院和省高级法院是主体部分。最高法院由 1 名首席法官和 6 名法官组成，7 人均由总统任命，但必须满足一定条件，即在省高级法院至少担任过 5 年法官或在省高级法院至少担任过 15 年律师；其罢免则需要国民议会至少 2/3 的代表同意。东、西巴各设 1 个高级法院，东巴高级法院由 1 名首席法官和 19 名法官组成，西巴高级法院由 1 名首席法官和 25 名法官组成。省高级法院的首席法官由省议会选举产生，其他法官则由总统在咨询最高法院首席法官、各省省长和省高级法院首席法官后任命。最高法院有权对涉及宪法的任何问题做出最终判决，省高级法院受理低级法院的上诉案件。

为了平衡各方意见，1956 年宪法的制定经历了漫长的时间，但其生效后仍然遭到各方的强烈反对，未能得到真正的执行，两年后便被废除了。

二、1962年宪法（阿尤布·汗宪法）

1958 年，巴基斯坦国内政治动荡，一度出现无法组阁的危机，总统伊斯坎德尔·米尔扎迫于压力宣布废除宪法，实施军法管制，并任命阿尤布·汗为首席执行官。阿尤布·汗掌权后宣布，他并不反对民主，只是反对巴基斯坦先前的民主实践方式。在阿尤布·汗看来，议会民主制并不适合当时的巴基斯坦，只有实行基本民主制，让民众直接参与国家管理，由人民代表承担处理各项事宜、解决各类问题的责任，才能促使国家、社会进步。基本民主制实行后，受到了广泛的欢迎，阿尤布·汗更是凭此当选巴基斯坦总统。为了巩固这一制度成果，阿尤布·汗总统于 1960 年 2 月 17 日宣布成立制宪委员会。该委员会由来自东、西巴两省的数量相等的法律专家组成，前最高法院首席法官希哈布丁（شہاب الدین）担任委员会主席。

制宪委员会成立后，迅速着手立宪工作。立宪过程中，委员会以保证国家和民族团结统一，保证伊斯兰制度顺利实施为原则，参照了国家现有政治、经济和文化条件，特别是基本民主制改革背景，吸取了先前制宪议会在制定宪法过程中的经验教训，不再只听从上层人物、学者、法律和教育专家的意见，而是在充分考虑民众需求的前提下，广泛征求意见、建议。经过近 1 年的努力，制宪委员会在 1961 年 5 月 6 日提出了宪法报告。该报告建议，组建有限制的总统制、联邦制政府，实行一院制和成人直接选举制。然而，阿尤布·汗总统对此并不满意，对报告中的许多地方做了根本性修改，之后，于 1962 年 3 月 1 日将其正式颁布，同时宣布，该宪法于当年 6 月 8 日正式生效。由于阿尤布·汗对 1962 年宪法施加了决定性影响，故该部宪法又被称为“阿尤布·汗宪法”。1962 年宪法的主要内容可概括如下：

（1）突出强调伊斯兰教在国家的地位和作用。根据宪法，国家不得颁布任何非伊斯兰法律，对已经实施的非伊斯兰法律要进行伊斯兰化改造；成立伊斯兰意识形态顾问委员会和伊斯兰研究协会，以供总统就法律问题进行咨询，从而防止出现非伊斯兰法律。

（2）宣布国家实行总统制和联邦制，强化总统权力。宪法规定，总统为国家元首、政府首脑和武装力量的最高统帅，拥有立法、行政、司法和财政方面的广泛权力；总统有权组建内阁，有权任命最高法院和省高级法院的法官，有权批准或否定宪法的修改，在未获得议会 2/3 以上（含 2/3）议员支持的情况下，可以通过公民投票的方式解散议会。

（3）采用基本民主制方式选举总统。根据宪法，东、西巴两省各选出 4 万名投票人（رائے دہندہ），也称“基本民主制执行者”，而后由这 8 万名执行者选举总统。

（4）规定立法机构采用一院制。宪法规定，国民议会是唯一的联邦立法机构，所设议席由东、西巴两省平分；两省要成立各自的议会，省议会由省长统领，省长由总统任命。

（5）给予两省高度自治权。宪法规定，联邦政府只关注涉及国家核心利益和民族大义的重大事件，有权在国防、国家统一和经济建设方面立法，其余事宜则由省政府负责处理。

（6）强调民众对政治的参与。根据宪法，国民议会中若产生无法调和的分歧、矛盾，那么总统有权向人民代表，即基本民主执行者，征询意见，以做最终决定。

“阿尤布·汗宪法”赋予了总统极大的权力，造成立法和司法不能真正独立，故自公布之日起便饱受争议，并成为导致阿尤布·汗下台的一个重要原因。1969 年 3 月 25 日，阿尤布·汗在一片反对声中将权力移交给了陆军总司令叶海亚·汗，1962 年宪法随即被废除。从颁布到废除，1962 年宪法只存在了 7 年。

三、1973年宪法（布托宪法）

阿里·布托上台前，巴基斯坦经历了战争失败、国家分裂、经济低迷、政治混乱等一系列重大挫折。为了重塑国家，布托领导的人民党政府推行了一系列改革措施。与此同时，为了纠治混乱的政局，营造稳定政治氛围，作为执政党的人民党主动与民族人民党和伊斯兰乌里玛协会于 1972 年 3 月 4 日签署了一份三方协议。协议规定：将 1935 年印度政府法和 1956 年巴基斯坦宪法结合，进行一定修改后作为临时宪法推行；在国会通过对政府的信任案后，于 1972 年 8 月 14 日结束军事管制；军管结束后，国民议会将履行立宪职能，为巴基斯坦制定一部新宪法。

三方协议的签订为巴基斯坦新宪法的诞生铺平了道路。1972 年

4 月，阿里·布托主持成立了宪法起草委员会。经过数月的讨论、修改，宪法起草委员会于 1972 年 12 月完成了宪法草案。1973 年 4 月，该草案提交国民议会讨论。在经过对国体、政体等问题的激烈讨论后，布托选择了能为各方接受的折中方案。在国民议会的投票中，该方案得到了大多数议员的支持，于 1973 年 8 月 14 日正式颁布实施。由于该年宪法是在阿里·布托的主持下制定的，故也被称为“布托宪法”。布托宪法具有以下特点：

（1）伊斯兰色彩浓重。在宪法中，伊斯兰教和伊斯兰教育被赋予根本和核心地位，伊斯兰教被尊为国教，国家的一切法律必须与《古兰经》和《圣训》保持一致。国家设立伊斯兰委员会，其首要责任就是采取措施促进伊斯兰原则的落实和伊斯兰教育在实际生活中的发展，此外，它还有权在法律和法律与宗教关系的问题上发表意见。联邦政府要加强同世界上其他伊斯兰国家的关系。

（2）联邦与省之间的关系明确。宪法规定，巴基斯坦的国家结构是联邦制，由 4 个省组成；各省被赋予了较大的自治权，省议会可独立自主地根据本省情况和需求制定本省法律；联邦政府与省政府相互独立，省政府不受联邦政府控制，二者的职权范围不重叠，各司其职，同时，联邦政府和省政府应加强联系与合作，以求取得最佳治国效果。

（3）人民和民主代表被置于优先考虑的位置。宪法中，民主代表的权威和地位得到了承认，保护人民福祉被置于重要位置，建设一个能促进个人和集体发展的社会被视为奋斗目标。宪法还规定，国家要重视经济发展，提高人民生活水平，提升社会公平度，缩小贫富差距，避免大量财富集中在少数人手中的情况。

（4）总统权力被削弱。根据宪法，巴基斯坦的政体是议会制，议会实行两院制，国民议会为国家最高立法和权力机构，可在职权范围内订立联邦法律；内阁为最高行政机构，总理为内阁之首，由国民议会提名，总统任命；总统是国家元首，是国家权力的象征，但总统要根据总理提出的建议行使职权，且受到这些建议的约束。

1973 年宪法内容的最突出特点就是总统的权力被削弱而议会和总理的权力得到了加强，不过，这一特点也导致了总理集权现象的出现。总体来说，1973 年宪法在很大程度上体现了民主集中制原则，在巴基斯坦历史上具有重要地位。巴基斯坦后来所实施的宪法基本上都是在 1973 年宪法的基础上经局部修订而成的。

四、重要的宪法修正案

（一）1985 年宪法修正案

布托的经济改革和社会改革使得他在人民党内外都失去了原有的支持者，频繁的大规模游行使国家处于崩溃的边缘。1977 年 7 月 5 日，巴基斯坦陆军参谋长穆罕默德・齐亚・哈克发动军事政变，终结了布托政府，巴基斯坦又一次进入军人统治时期。1985 年，在局势稳定后，巴基斯坦举行了大选，实现了军管政府向民选政府的和平过渡。在新一届政府成立之前，哈克总统大幅度修改了 1973 年宪法。

1985 年宪法修正案与 1973 年宪法相比，主要有以下几点区别：第一，更加强调巴基斯坦的伊斯兰化；第二，将议会改名为咨询会议；第三，规定成立由总统、总理、三军参谋长、参谋长联席会议主席和四省首席部长组成的咨询机构——国家安全委员会；第四，扩大总统权力，规定总统有权在所有重大事情上做最终决定，有权任命总理和其他重要官员，有权就任何重大问题发起全民公决。

1985 年宪法修正案建立起总统与总理相制衡的二元体制，在承认议会是国家最高权力机构的同时保留了总统的最终裁决权。该修正案的实施对巴基斯坦民主法制的发展具有重要意义和深远影响。

（二）1997 年宪法修正案

1985 年宪法修正案又称宪法第八修正案。根据该修正案，总统有解散议会和政府，任命武装部队长官和省长的权力。这一点引发了巴基斯坦总统与总理间长达 10 年的权力斗争。到 1999 年穆沙拉夫发动政变前，先后有 4 届政府在未完成执政期的情况下宣布解散，国内出现过 5 次大的政治危机，贝·布托与谢里夫交替执政，二人都试图废除第八修正案，然而，都在与总统形成尖锐对峙后宣布倒阁。1997 年，谢里夫再次当选总理。当年 4 月 1 日，议会两院以绝对多数票废除了第八修正案，取消了总统解散议会和任命省长的权力，同时，通过了第十三修正案，规定总理有权任命省长和军队长官。

（三）2003 年宪法修正案

1999 年，谢里夫对卡吉尔冲突的处理引起了巴基斯坦国内保守势力的不满。与谢里夫有矛盾的巴基斯坦陆军参谋长佩尔韦兹·穆沙拉夫发动了军事政变，解散了谢里夫政府，取消了国民议会和参议院并暂停实施宪法。巴基斯坦再次进入军管时期。

2001 年 6 月，穆沙拉夫颁布临时宪法令，宣誓就任总统，并承诺尽快举行大选。2002 年 4 月，巴基斯坦就穆沙拉夫担任总统一事举行全民公决，同意穆沙拉夫出任总统，任期 5 年。当年 10 月，巴基斯坦举行议会选举，贾迈利当选总理；11 月，民选政府成立。2003 年 12 月，巴基斯坦国民议会通过了宪法第十七修正案，规定总统有权解散国民议会和任免总理，但事先要与总理协商，并且须在 15 天内得到最高法院的支持。

（四）2010 年和 2012 年宪法修正案

2010 年，巴基斯坦颁布了两个宪法修正案。2010 年 4 月 8 日和 15 日，巴基斯坦国民议会和参议院先后通过了宪法第十八修正案。该修正案将总统的部分权力移交给了总理，取消了总统解散国民议会和罢免总理的权力，并在中央与地方分权、西北边境省改名等重大敏感问题上做出了安排。2010 年 12 月 22 日，巴基斯坦议会一致通过了宪法第十九修正案。该修正案赋予了总理任命最高法院和高级法院法官的决定权，并规定由总统对决定结果进行最终认可。2012 年 2 月 20 日，巴基斯坦议会通过了宪法第二十修正案，取消了总统任命看守政府总理的权力，改由总理和反对党领导人协商确定。此外，该修正案还包括延长选举委员会任期的内容。

第三节　国家机构

巴基斯坦的独立是依靠民主与宪政斗争赢得的，因此，以真纳为首的巴基斯坦创建者们从一开始就试图将议会民主制这种政府组织形式引入巴基斯坦。尽管议会民主制在巴基斯坦历经坎坷，但最终它还是成为巴基斯坦的政体。根据 1973 年宪法，巴基斯坦的国家结构是联邦制，政体为议会制，总统是国家元首和巴基斯坦武装部队的统帅，民选总理是政府首脑。

巴基斯坦政府分为三级，分别是联邦政府、省政府和地区政府。从广义上讲，巴基斯坦各级政府均由三大机构组成，分别是立法机构、行政机构和司法机构。

一、立法机构

联邦议会是巴基斯坦的最高立法机构。议会实行两院制，即设参议院（104 席）和国民议会（342 席）。不过，根据巴基斯坦宪法，从立法程序角度出发，巴基斯坦议会分为三部分，分别是参议院、国民议会和总统。

按照巴基斯坦议会议事规则规定，议案按来源分为政府议案和私人议案。政府议案是指由内阁部长提出的任何法案、决议、修正案和其他动议，一般是总理或内阁要求通过的；私人议案是由议员自行提出的。

根据巴基斯坦宪法，国民议会和参议院享有几乎相同的立法权和审议权，但财政议案和财政预算报告的立法权和审议权只属于国民议会。议案在某一院里提出、讨论、表决并通过后，要提交给另一院审批，如果也获得通过，则交由总统审批、签署并颁布。另一院若对议案持有异议，则可驳回议案，将其交由前院再议。如前院坚持原议，则由总统召集两院联席会议讨论解决。如仍达不成协议，则以两院共同投票的方式决定议案是否通过，经联席会议投票通过的议案再交由总统签署、颁布。议会两院也可各指派 8 人组成协商委员会，寻求立法共识。两院有时也会主动召开联席会议审议议案，而这种议案往往是总统或总理提出的。宪法修正案则需要 2/3 以上（含 2/3）议员的同意才能获得通过。

总统须在议案提交后的 10 天内决定是否签署议案。若总统认为议案需要修改，则要指出修改点或提出修改意见，而后将议案交由议会再议。如果议案在联席会议上获得通过，那么总统就必须在 10 天之内签署该议案，若超过 10 天，则该议案自动生效。

综上所述可知，国民议会掌握的立法权和审计权略大于参议院，且国民议会的议席多于参议院，在两院联席会议和共同投票上占有优势，因此，可以说，国民议会是巴基斯坦真正的权力机构，而总统在立法上的权力几乎可以忽略不计。

（一）参议院

参议院是巴基斯坦议会的上院，是一个常设机构，体现了国家政权的连续性。参议院的职能包括：提出、审查、讨论、修改、通过或否决一般议案；提出宪法修改议案；对内阁提出质询；选举总统。

创立参议院的初衷是给予各省以平等代表权。由于国民议会的议席是基于各省人口数量分配的，所以各省所分得的议席数量不一致，为了打消一些省份的疑虑，体现各省地位的平等，巴基斯坦宪法专门设置了席位平均分配给各省的参议院。

参议院共有 104 个席位。其分配情况如表 7-1 所示：

表 7-1 参议院议席分配情况

省级行政区	直选席位	专业技术人员 / 乌里玛保留席位	妇女保留席位	非穆斯林保留席位	合计
信德省	14	4	4	1	23
旁遮普省	14	4	4	1	23
俾路支省	14	4	4	1	23
开普省	14	4	4	1	23
联邦直辖部落区	2	1	1	—	4
伊斯兰堡首都区	8	—	—	—	8
分类合计	66	17	17	4	104

参议员由各省级行政区议会在本行政区的登记选民中选择担任，其年龄不得低于 30 岁，任期为 6 年，每 3 年改选一半。由于某种原因而出现的空缺议席，由该议席所属省级行政区的议会议员以补选方式填补。参议院设主席 1 人、副主席 1 人，由参议员担任，在每届参议院举行第一次会议时，由参议员通过秘密投票方式选出，其所得票数必须过半。每位主席和副主席的任期均为 3 年，主席或副主席位置出现空缺时，参议院会召开会议，选择其他参议员补缺；主席由

于某种原因无法履行职责时，副主席代行主席职权。在国家总统职位空缺时，参议院主席和国民议会议长按序代行总统职权，直至总统归国、总统恢复履行职务或新总统宣誓就职。

参议院设有秘书处。它是参议院的办事机构，负责日常管理，由常务秘书领导，下设总务处、安全处、预算和出纳处、财务和会计处、人事建制处、管理处等。参议院还设有 32 个常务委员会，负责就国家各方面事务提出和审计议案。

参议院每年至少召开 3 次会议。会议一般由总统召集，会期合计不能少于 90 个工作日，两次会议间的时间间隔不能超过 120 天。与会人数不得少于参议院议员总数的 1/4，否则参议院主席会推迟或中止会议。参议院会议的主要内容是审计、通过或否决议案，除宪法修正案外，其余议案均以简单多数方式表决。

（二）国民议会

国民议会是巴基斯坦议会的下院，是巴基斯坦真正的权力机构，也是最能体现多党、民主和联邦议会制政权形式下巴基斯坦人民意愿的机构。国民议会的职能是：提出、讨论、审查、批准或否决一般议案；制定税收政策，提出、审计并通过年度预算和财政法案；通过公共账目委员会审查公共支出并控制政府开支；以讨论、检查、质询等方式监督国家行政机构，确保其在不伤害公民基本权利的情况下履职尽责；选举和罢免总统。此外，内阁 3/4 的成员必须由国民议会议员担任（剩余 1/4 由参议员担任），总理作为内阁首领，必须是国民议会议员且要得到多数国民议会议员的支持。因此，国民议会不仅是巴基斯坦最高的立法机构，而且在政府行政方面拥有绝对话语权。

国民议会共设 342 个议席，其中，有 60 个女性议席和 10 个非穆斯林议席。国民议会议席按各省级行政区人口在国家总人口中所占比例[①]分配给 4 个省、联邦直辖部落区和伊斯兰堡首都区。表 7–2 显示了国民议会议席的分配情况：

表 7–2 巴基斯坦国民议会议席分配情况

省级行政区	直选席位	女性保留席位	非穆斯林保留席位❶	总计
旁遮普省	148	35	–	183
信德省	61	14	–	75
开伯尔—普什图省	35	8	–	43
俾路支省	14	3	–	17
联邦直辖部落区	12	–	–	12
伊斯兰堡首都区	2	–	–	2
分类合计	272	60	10	342

注：❶非穆斯林人口统计以国家整体为单位，故非穆斯林议席不按省级行政区划分。

国民议会议员必须是巴基斯坦公民，年龄不得低于 25 岁，其任期为 5 年。国民议会设议长 1 名、副议长 1 名。议长和副议长均由国民议会议员以匿名投票的方式在同届国民议会议员中选出，而且其得票数必须达到或超过有效投票数的 2/3。因此，国民议会的议长和副议长一般由在国民议会中占多数议席的党的领导人或重要成员担任。

国民议会设有秘书处，由常务秘书统领，负责国民议会的日常管理和维护，其设置与参议院秘书处大体相同。国民议会设有 46 个常务委员会，它们是国民议会的职能机构。如果有需要，国民议会还会针对某议案或某问题增设特别委员会。

国民议会每年至少召开 3 次会议，会期累计不得少于 130 个工

① 各省级行政区人口在国家总人口中所占比例以最近一次全国人口普查的结果为准。

作日，相邻两次会议间的时间间隔不得超过 120 天。会议一般由总统召集，但国民议会议长可在 1/4 以上（含 1/4）议员的联名要求下宣布召开国民议会全体会议，不过，这种会议的会期一般不超过 14 天。

（三）省议会

省议会（Provincial Assembly）是巴基斯坦省级行政区的立法机构，负责制定本省或地区的法律、法令，制定预算，监管财政，监督行政机构行使职权，对违反规定的政府人员进行问责等。巴基斯坦省级行政区中，设有议会的有旁遮普省、信德省、开普省、俾路支省、吉尔吉特－巴尔蒂斯坦（享有事实上的省地位，但名义上不是巴基斯坦一个省）和自由克什米尔。省议会的成员构成与国民议会相似，分直选议员、妇女保留议员和非穆斯林保留议员三种，直选议员席位根据省 / 地区内各县的人口数量进行分配。

一般来说，首席部长既是省议会的首脑，又是该省的行政长官，省长是联邦政府任命的省级政府的主管，但仅有象征意义，不掌握实权。自由克什米尔的情况比较特殊，它虽属巴基斯坦的行政区划，但拥有不从属于巴基斯坦联邦议会的独立议会，其称呼也与巴基斯坦其他省议会不同，可被称为“国会”（Parliament），议会首脑被称为“总理”（Prime Minister）。

省议会是省级立法机构，其主要职责是：为本省制定法律和法令；制定省政府的组织条例和职责规范；选举或罢免首席部长；弹劾不称职的各级行政和司法官员。省议会设议长 1 名、副议长 1 名、议员若干，均由选举产生，任期为 5 年。

二、行政机构

巴基斯坦联邦政府的行政机构由总统、总理及其领导下的内阁以及一些独立委员会组成。其中，总统是国家元首，是国家统一、团结的象征；总理是政府首脑，一般由议会多数党的党魁或重要领导人出任，负责组建内阁，总揽国家的行政事务。巴基斯坦政治的主要特点之一便是总统（总督）与总理争权，这一局面从巴基斯坦独立起一直持续至今。根据 2010 年通过的宪法第十八修正案，总统不再拥有罢免总理、解散议会的特权，而总理则不再受任职不能超过两届这一禁令的限制。第十八修正案限制了总统的权力而增加了总理和议会的权力，虽然避免了总统集权的发生，但却提升了总理集权的可能性。

（一）总统

总统是巴基斯坦的元首，其职权包括：对任何法院、法庭和其他司法机关的判决做出诸如赦免、缓刑、暂缓执行以及减刑等修改决定；可以就内阁所做的与联邦行政事务和立法提案有关的一切决定与总理进行沟通；可以就一切与联邦行政事务和立法提案相关的事务向总理进行询问，并要求其提供相关信息；将总理或内阁部长决定的任何事务提交内阁考议；任命省长；任命武装部队领导人，如三军参谋长和参谋长联席会议主席，但须事先同总理协商。

根据宪法，巴基斯坦总统必须是巴基斯坦公民，年龄不得低于 45 岁，且必须是穆斯林。总统由参议员、国民议会议员和各省议会议员组成的选举团选举产生，任期 5 年，可以连选连任，但只得连任一届，即不能连续担任总统超过两届。总统可能由于失职或行为不端而辞职或被弹劾并罢免，但须联邦议会超过 2/3（含 2/3）的议员投票发起弹劾案。

（二）总理和内阁

总理（وزیر اعظم，意为“大部长”）是政府首脑，总揽国家的一切行政事务，负责组建并领导内阁，有义务回答总统关于国家事务的询问，有权就国家事务向总统提出建议。根据宪法第十八修正案，总理由国民议会全体议员选出，而国民议会议员是由各省级行政区普选产生的，因此，在一般情况下，国民议会中占多数议席的政党或政党联盟的领导人会当选总理。当选的总理经总统任命后正式任职，任期 5 年，其罢免条件与总统相同，需 2/3 以上（含 2/3）的议会议员投票罢免。

内阁由总理和联邦各部的部长组成，对议会负责。各部部长由总理在议会议员中提名。被提名的议员中，3/4 出自国民议会，1/4 出自参议院，而后经总统任命，正式就职，负责统领联邦各部，协助总理工作。此外，内阁还设有秘书处，负责内阁的日常运转。

根据宪法，巴基斯坦联邦政府主管国防、外交、公民和国籍、电讯、货币、外汇、民航、外贸和经济合作等。为了高效处理管辖范围内的事务，联邦政府设立了 25 个部，如国务部、外交部、内政部、国防部、商贸部等等。每个部设部长 1 名、国务部长 1 名，国务部长负责协助部长工作。每个部之下设司，负责制定政策，每个司设司长 1 名、副司长 1 名，各部所设立的司数量不等。司下设局，局下设处，处又在全国各地设有若干办事机构，每个司下属的局、处和办事机构数量不等。此外，每个局还设有若干受其领导的自主或半自主机构。

（三）联邦政府独立机构

巴基斯坦联邦政府中还有一些具有独立性质的法定机构，它们在行政工作中同样发挥着重要作用。这些机构包括：国家安全委员会、伊斯兰意识形态委员会、国家经济委员会、全国财政委员会、联邦土地委员会、选举委员会、公务人员考核选拔委员会、审查委员会等等。

国家安全委员会是一个在总统和总理共同主持下的咨询机构，是供总统、总理、高级国家安全顾问和各部部长就国家安全和对外政策问题进行磋商的论坛。它在领土主权、国家统一、国防、国家安全和危机管控等问题上，为总统和联邦政府提供政策建议。2004 年，时任巴基斯坦总统的穆沙拉夫颁布了国家安全委员会令，宣布建立国家安全委员会。

伊斯兰意识形态委员会是依据 1962 年宪法成立的组织，在 1973 年宪法中，该委员会得到了保留并被强化。之后，随着巴基斯坦伊斯兰化的加强，该委员会的职能进一步扩大。目前，其最主要职能是：研究使现存法律符合经、训教谕的方法；向政府提出使穆斯林按照伊斯兰教原则生活的方法。

最高司法委员会是监督法官履职尽责的独立机构，其主要职能是颁布最高法院和高等法院法官的行为准则，并监督其执行，同时，还负责调查法官言行，评估法官能力。该委员会接受总统任命，其成员包括巴基斯坦首席大法官、2 名最高法院大法官和 2 名省高级法院法官。

国家经济委员会是为维持国家经济持续发展，系统阐述和制定国家宏观经济政策的机构，其成员由总统直接任命。

选举委员会是负责联邦和地方选举事务的独立机构。该委员会由总统任命的选举专员统领。选举专员与各高级法院的首席法官协商，从每个高级法院选择 1 名法官担任委员会委员。该委员会的职责是：每年为国民议会和省议会的选举准备名册；组织国民议会和省议会的选举；如果议会解散，则在半年内筹划新选举；如果出现议席空缺，则组织补选；组织总统选举。[①]

① 杨翠柏，李德昌．当代巴基斯坦［M］．成都：四川人民出版社，1999：154.

（四）省及地方行政机构

从狭义上讲，政府仅指行政机构。巴基斯坦习惯以“省政府”（Provincial Government）指称省级行政机构。巴基斯坦 4 个省的政府都接受联邦政府的直接领导，但各省政府均享有一定的自治权，各省的教育、医疗、农业和交通等公共事业均由省政府负责。省政府以下是各级地方政府，按级别依次是专区政府、县政府和乡（تحصیل，税区）政府。

1. 省政府

省政府由省长、省内阁及其下属各部以及一些独立机构组成。省长是省的最高领导人，由总统任命，任期 5 年，担任者年龄须超过 35 岁，且必须是国民议会议员。省长的职责包括：就省议会议长人选与总统协商；在省议会成员中选择和任命首席部长及各部部长；批准省议会通过的议案。省长在本省的地位和作用类似于巴基斯坦总统在整个国家的地位和作用。省长并不掌握实权，而是更多地承担着本省领袖的政治角色，其象征意义更浓。

省内阁是省的行政主体，是各职能部门的领导机关，由首席部长和各部部长组成。首席部长是省内阁的首脑，由省议会选举产生，接受省长的任命，一般由省议会内多数党的领导人担任，而各部部长则由首席部长与省长协商后从省议会议员中挑选担任。省内阁向省议会负责，其职责是：贯彻、执行联邦政府的政策和法律，协助联邦政府开展工作；贯彻、执行省议会制定的法律，制定省内各项政策；促进本省经济和社会发展，统管本省公共事业。

吉尔吉特－巴尔蒂斯坦是巴基斯坦的一个自治区，享受省的地位。其政府也被称为“省政府”（Provincial Government），构成、组织方式和职责与其他 4 个省的政府相同。

自由克什米尔政府比较特殊，由总统和总理领导下的内阁及下属各部组成。总统是自由克什米尔的领袖，而总理是行政首脑。自由克什米尔的总统通过成人普选的方式选出，总理则由该地区议会的议员投票选出。

2. 地方政府

巴基斯坦省以下的行政区依次是专区、县、乡（税区）和村委会，每级行政区都设有行政机构，即各级地方政府。

专区政府由省政府直接领导，其职责是：保证联邦政府和省政府的政策在本专区的贯彻和实施；管理专区内经济和社会事务；监督、协调下级地方政府的工作。专区政府的首脑为专区主席，由省政府直接任命。

县政府由专区政府领导，负责本县的经济和社会事业。县政府的行政长官称为专员，由专区政府委派。

乡（税区）政府是巴基斯坦的基层行政机构，负责各自辖区的建设和居民生活的改善，同时，协助县政府做好各项工作。乡（税区）政府由 25 名委员组成，其中 7 名为县政府任命的副专员，剩余 18 名由本乡（税区）选举产生。

村委员会是巴基斯坦最基层的行政机构，其成员均由选举产生，年满 21 岁且长住本村的巴基斯坦公民均有资格参选。村委会由 10－15 名委员组成，设主席 1 名、副主席 1 名。以上人员均由本村年满 21 岁的公民选举产生，在委员会 2/3 以上（含 2/3）委员同意的情况下，可撤换主席、副主席。村委会的主要职责是：促进本村工、农业发展；修建、护理本村道路；改善环境卫生和居民健康状况；提升居民福利。

三、司法机构

巴基斯坦的司法体系总体上是由法院和司法监管机构组成的。其中，法院可分为联邦法院和地方法院，司法监管机构则由法律管理局和司法监察公署组成。

（一）法院

1. 联邦法院

巴基斯坦联邦法院包括最高法院和联邦沙里亚法院。

（1）最高法院

巴基斯坦司法机构的最高机关是最高法院。最高法院是根据宪法而设立的联邦级法院，其本部位于首都伊斯兰堡，在卡拉奇、拉合尔、白沙瓦和奎达等四个省会城市轮流设有临时法庭。

最高法院享有原始裁判权，即可以处理联邦和地方政府之间、各省级行政区之间的法律纠纷，还可以采取一切必要措施确保宪法规定的权利不受侵害；享有上诉裁判权，即受理不服高级法院裁决而提起的上诉，有权对高级法院、部门上诉法院以及联邦沙里亚法院做出的判决和决议进行裁决，还可以直接受理公民向最高法院申诉的案件；享有司法咨询权，即总统可以在任何时候就任何法律问题向最高法院提出咨询，最高法院提供司法解释。此外，最高法院做出的任何司法决定对巴基斯坦整个司法体系都具有约束力，而且最高法院有权对自身做出的司法决定进行复查。

最高法院设有 1 名首席大法官和多名大法官，其中首席大法官由总统亲自任命，而其余大法官则由首席法官推荐，总统任命。根据巴基斯坦现行宪法，最高法院法官必须是巴基斯坦公民，有 5 年以上担任高级法院法官的经历或者有 15 年以上在高级法院担任律师的经历，其退休年龄是 65 岁。另外，最高法院的所有法官除非被最高司法委员会判定为“身体、脑力不适合继续担任”或“行为不检”，否则一律不得被免职。

最高法院内设书记官办公室，办公室直接受首席大法官领导，负责处理最高法院各类日常行政事务。根据现行宪法，最高法院享有预算自主权，每年的财政拨款数额由首席大法官自行决定。

（2）沙里亚法院

1980 年，时任巴基斯坦总统的齐亚·哈克根据 1973 年宪法第 3A 章关于设立联邦沙里亚法院的规定，颁布了总统 1 号令，宣布成立巴基斯坦联邦沙里亚法院，以满足宗教需要。沙里亚法院将本部设于首都伊斯兰堡，此外，还在位于卡拉奇、拉合尔、白沙瓦和奎达等省会城市的省高级法院大楼里，设立了沙里亚上诉庭。

沙里亚法院的职权是：检查和判断现行法律或法律条文是否符合《古兰经》和《圣训》的指示，如果与经、训相悖，那么沙里亚法院可宣布该法律或该条文无效或对其进行修改，直至其符合伊斯兰教规定；受理并裁决因对预审法院判决不满而提起的上诉，即享有上诉裁判权；对一些违反伊斯兰教规诫的行为，如酗酒、盗窃、通奸和诬陷通奸等进行判决。

沙里亚法院由 1 名首席法官领导，其下设 1 名司法常务官，司法常务官之下设审判机构和受理机构。审判机构由若干名法官组成，这些法官要么拥有省高级法院法官的资格，要么是伊斯兰教法官。受理机构由 1 名高级研究顾问、1 名图书管理员，以及 4 名分管行政、信息技术、伊斯兰教教法与记录、总务和案件受理的副司法常务官组成。根据宪法，沙里亚法院的所有成员都必须是穆斯林，包括首席法官在内的所有法官都要由总统任命。

2. 地方法院[①]

（1）省高级法院

巴基斯坦地方法院体系以省高级法院为首。根据宪法，巴基斯坦四个省的高级法院分别设在拉合尔、卡拉奇、白沙瓦和奎达。宪法规定，高级法院享有一定范围内的原始裁判权；享有一定范围内的上诉裁判权，即有权对下级民事和刑事法院做出的判决和决议进行复审；享有剥夺低级法院对任何民事、刑事案件的审理权，改为由本省高级法院审理的权力；享有对下属法院的监督权和管理权。

高级法院由 1 名首席法官和多名法官组成，所有法官必须是巴基斯坦公民，年龄在 40 岁以上，有 10 年以上在高级法院担任律师或者司法官员的经历。高级法院法官的任命制度十分严格，需经总统和联邦首席大法官协商，达成一致意见后由总统任命。

（2）基层法院

巴基斯坦各省级行政区之下设有地区性的民事法院和刑事法院，负责对本地区的民事和刑事案件进行审理和判决。这些法院一般享有对本地区民事、刑事案件的原始裁判权，对下属民事、刑事法庭享有监督管理权和取消其审判权而改由自己审判的权力。在地区刑事法院之下，还设有地方治安法院，专门负责审理性质一般、罪行较轻的刑事案件。

此外，巴基斯坦还有一些特别法院和法庭，负责对诸如银行、海关、交通、药品、商业、保险业等特殊领域的违法行为进行审判。该类法院的上诉案件则由最高法院直接审理。

---

① 邓兵. 南亚国家历史与政治制度［M］. 北京：军事谊文出版社，2011：220－221.

（二）司法管理与监察机构[①]

1. 法律管理局

法律管理局是巴基斯坦各级行政部门的法律问题管理机构，负责对各类法律问题提供咨询、解释，起草法令和法案，代表巴基斯坦政府管理诉讼；另外，还负责任命法律官员，包括首席检察官、副首席检察官、常设辩护律师以及法律顾问等。联邦法律管理局还下设联邦法律研究院。

2. 司法监察公署

根据宪法，司法监察公署是以确保巴基斯坦公民受到法律公正对待为目的而成立的，其负责人为司法监察专员，由总统任命，任期 4 年。巴基斯坦政府对司法监察专员的撤换相当谨慎，不仅撤换条件复杂，而且必须由最高司法委员会集体决定。司法监察公署的职权是对除最高法院、最高司法委员会、联邦沙里亚法院、省高级法院、巴基斯坦外交、国防以及军队官员之外的任何政府机构或人员的不当行为进行调查和修正，其主要措施为直接取消不当决定或勒令相关部门限期改正。如果司法监察公署在行使职权的过程中遇到阻碍，则可向总统报告，由总统出面处理。

第四节　主要政党

巴基斯坦政党众多，政党的历史沿革相当复杂。大的政党有时因内部分裂而逐渐衰落，甚至解散，小的政党可能经过联合而变得极具影响力。政党的名称常常伴随突然性事件而改变，某个名称会被不同时期的政党所共用。此外，政党要人因党内斗争或政见不合而退出并

① 邓兵. 南亚国家历史与政治制度［M］. 北京：军事谊文出版社，2011：221.

另组他党的现象也屡见不鲜。政党间的关系复杂而多变，党派间的合纵连横交叉出现，联盟的形成与破裂同样频繁。巴基斯坦独立以来多次倒阁和数次较大的政治危机，皆与政党间的斗争有着直接关系。另外，巴基斯坦虽然从独立伊始就将自身定性成一个实行议会民主制的世俗化穆斯林国家，但受困于其整体民族认同感不强，故自“伟大领袖”真纳执政时起，伊斯兰宗教认同就取代了民族认同，成为凝聚巴基斯坦全体国民的一面旗帜，而后，逐渐发展成为历届政府执政合法性的必要条件，甚至成了国家得以存在的基石，加之巴基斯坦主要政党的前身基本上都是英印时期的伊斯兰教派团体，所以大部分的巴基斯坦政党都具有鲜明的宗教色彩，不少政党本身就是宗教政党，是伊斯兰教某教派的政治组织或政治代言人。

巴基斯坦主要政党的情况如下：

一、巴基斯坦穆斯林联盟（简称穆盟）及其衍生政党

巴基斯坦穆斯林联盟的前身是全印穆斯林联盟（简称全印穆盟）。全印穆盟成立于 1906 年 12 月 30 日，首任主席是阿迦·汗三世。成立之初，该党的基本纲领是效忠英国政府，维护穆斯林的政治权利，不过，随着 1911 年真纳的加入，全印穆盟将纲领改为同印度国大党合作以实现印度自治。1916 年，全印穆盟与国大党共同签署《勒克瑙协定》，要求印度自治，然而，“基拉法运动”的失败导致国大党与全印穆盟间出现裂痕。1928 年，两党间的合作关系彻底破裂，之后，全印穆盟的纲领逐步调整为寻求印度穆斯林的独立。1930 年，曾担任过全印穆盟主席的“巴基斯坦精神之父”——穆罕默德·伊克巴尔提出了在印度西北部建立一个单一穆斯林国家的构想。1940 年初，已经成为全印穆盟终身主席的真纳提出：“穆斯林和印度教教徒代表两种不同文明，应当建立各自独立的国家。”同年 12 月，在拉合尔召开的全印穆盟年会上，该党通过了著名的《拉合尔决议》，正式提

出了穆斯林独立建国的政治诉求。在巴基斯坦独立的过程中，全印穆盟发挥了至关重要的作用，赢得了广大下层穆斯林的支持，迎来了发展过程中的顶峰。巴基斯坦独立后，全印穆盟改名为巴基斯坦穆斯林联盟，是当时巴基斯坦自治领内人数最多、影响力最大的政党，理所应当地成了执政党，这种状态一直保持到 20 世纪 50 年代末。

穆盟执政后不久，真纳和利亚格特·阿里·汗相继去世，这对穆盟来说无疑是沉重一击，失去了领袖的穆盟开始衰落。此外，由于在执政初期未能解决好国家政体和制宪等问题，而且制定了欠妥的语言政策，引起了东巴人民的不满，造成国内局势不稳，故穆盟的支持率出现下滑，由其组建的内阁数次面临倒阁危机。1958 年，在国民议会开会期间，各党派间在权力分配问题上的矛盾突然激化，再次导致内阁危机；10 月，伊斯坎德尔·米尔扎总统宣布实行军事管制，穆盟遂失去执政党地位，并与其他政党一道被禁止活动。

1962 年 7 月，阿尤布·汗下令恢复政党活动，并亲自出任穆盟主席，穆盟随即分成两派，一派支持阿尤布·汗，并于当年在卡拉奇召开大会，决定改组穆盟，被称为“大会派穆斯林联盟”，简称“大会派”；另一派反对阿尤布·汗，反对通过召开大会改组穆盟，坚持只有在军管前的穆盟中央理事会才有权力恢复该党活动，这一派被称为“理事会派穆盟”，简称“理事会派”。大会派由于支持阿尤布·汗担任穆盟主席而成为执政党。执政期间，大会派主张实行 1962 年宪法，实行总统制和间接选举制，限制东巴自治，鼓励企业私有化，反帝反殖，加强与世界其他穆斯林国家的关系等；理事会派则成为主要的反对党，主张恢复 1956 年宪法，定伊斯兰教为国教，进行议会体制改革等。1969 年阿尤布·汗下台，大会派就此一蹶不振。之后，从大会派分裂出以内政部长加尧姆·汗为首的“加尧姆派穆盟”，简称“加尧姆派”。在 1970 年大选中，穆盟三派各自以独立政党身份参选，结果大会派获得两个国民议会席位，理事会派获得 3 席，加尧姆派获得 9 席，均遭遇惨败。三派中的部分领导人意识到了力量分散所带来的危害，于是在 1972 年 10 月从各自党派脱离，以恢复穆盟为名义组成了联合穆盟。布托执政期间，联合穆盟是反对党之一，一直暗中积蓄力量，意图东山再起。为此，联合穆盟与另外 8 个反对党组成“巴基斯坦全国联盟”（简称全国联盟）参加了 1977 年的大选，但仍然以绝对劣势败给了阿里·布托领衔的人民党。全国联盟认为选举中存在舞弊，拒不承认大选结果，并发起示威游行，要求重选，而布托则只同意纠正个别舞弊现象，双方僵持不下，最终导致齐亚·哈克发动军事政变，巴基斯坦再次实行军管。

1985 年 2 月 25 日，巴基斯坦举行国民议会选举，选举以伊斯兰教方式进行，即禁止一切政党参加，各党派成员以个人身份参选，结果，大部分当选国民议会议员的都是无党派人士。3 月 21 日，齐亚·哈克就任总统，并提名时任联合穆盟主席的居内久任总理。3 月 24 日，议会一致通过居内久任总理的提议。居内久就任总理后，联合穆盟获得了哈克总统的扶植，迎来复兴，并在 1986 年恢复政党活动后成为执政党。然而，好景不长，居内久政府运转了三年后，总统和总理间在政治、经济、国防、外交及社会治安等一系列重大问题上的矛盾开始显现。1988 年 5 月 29 日，哈克总统突然宣布解散内阁和国民议会，联合穆盟遂失去执政地位；6 月 9 日，以哈克为首的看守内阁成立，着手组织新的议会选举，然而，哈克总统乘坐的专机于 8 月 17 日在贾科巴巴德上空突然爆炸，总统不幸罹难。在政治真空的严峻形势下，各党派以大局为重，保持克制，保证了大选的如期举行。为了与人民党竞争，联合穆盟与另外 8 个小党组成“伊斯兰民主联盟”（简称伊民联），纳瓦兹·谢里夫任联盟主席。最终，在国民议会选举中，伊民联获得 58 席，成为最大的反对党；在旁遮普省议会选举中，伊民联以压倒性优势获胜，谢里夫出任该省的首席部长。

1990 年 8 月，伊沙克·汗总统解散内阁和国民议会，宣布提前举行大选，结果，伊民联在此次大选中获胜，主席纳瓦兹·谢里夫出任总理，联合穆盟在实质上成了执政党。1993 年 3 月 18 日，联合穆盟主席居内久病逝，该党随即分裂成穆盟谢里夫派和穆盟居内久派（又称恰塔派）。1993 年 7 月，谢里夫辞去总理职务。1997 年 2 月，巴基斯坦举行新一届大选，穆盟谢里夫派获胜，谢里夫第二次出任总理。1999 年 10 月，穆沙拉夫发动军事政变，谢里夫被捕入狱，其妻子库尔苏姆代理党务；翌年 12 月，谢里夫获总统特赦，流亡沙特。

2000 年 11 月，以乔德里·舒贾特·侯赛因为首的部分穆盟领导人反对加入国家民主联盟同人民党合作，与库尔苏姆间产生分歧，遂脱离谢里夫派，并于翌年 3 月另组穆盟领袖派。领袖派吸引了许多著名政治人物加盟，迅速成为颇具影响力的政党。在 2002 年的大选中，该党在国民议会和参议院中分别获得 118 席和 35 席，成为议会第一大党，但由于席位未达半数，不能单独组阁，故于当年 11 月，与一些小党组成执政联盟，贾迈利出任政府总理。领袖派是一个亲穆沙拉夫的政党，其执政为穆沙拉夫行使行政权力铺平了道路，因而得到了穆沙拉夫的鼎力支持，长期在参议院中保持优势。穆沙拉夫下台后，该党逐渐式微。

2007 年 11 月，谢里夫返回巴基斯坦，重新担任穆盟谢里夫派的领导人，并与人民党合作，共同反对穆沙拉夫。在 2008 年的大选中，谢里夫派获得国民议会中的 90 个席位，成为议会第二大党。在 2013 年大选中，穆盟谢里夫派在国民议会共获得了 186 个席位，占国民议会总席位的 54.38%，成为国民议会第一大党，获得单独组阁权，谢里夫第三次出任巴基斯坦总理。

二、巴基斯坦人民党

巴基斯坦人民党由佐勒菲卡尔·阿里·布托于 1967 年 11 月在

拉合尔创立。人民党在初创时便提出了基本纲领，总结起来，即宗教上信仰伊斯兰教，政治上实行民主制度，经济上效仿社会主义国家。在此基础上，人民党提出了具体的政治和经济主张，即实行民主制；消灭剥削，在农村推行土地改革，在城市改善工人劳动和生活条件；清除垄断，对重工业、银行、交通等密切关系国计民生的行业实行国有化。总之，人民党在当时计划建立起一个信奉伊斯兰教的、没有剥削和压迫的社会。

人民党在成立后不久，便积极组织青年学生和知识分子，掀起了一场反对阿尤布·汗的全国性运动，迫使其下台，之后，人民党就迎来了组建以来的第一次高峰。在 1971 年的大选中，人民党获得了国民议会约 60% 的席位，成功组阁，阿里·布托出任总理，一举打破了穆盟一家独大的局面。在执政初期，布托政府制定了一系列改革政策，兑现了一些竞选承诺，受到了民众的欢迎，布托本人的声望急速攀升。然而，随着改革深入，布托所推行的改革政策，如实行土地改革，将土地分给农民；要求资本家提高工人待遇；大规模实行基础工业国有化等，侵害了资产阶级的利益，而资产阶级恰恰是人民党竞选时所依靠的核心力量，于是，资本家们一改对人民党的态度，转而支持 9 个反对党联合起来对抗人民党。不过，在 1977 年的大选中，人民党再次大获全胜，反对党心有不甘，指责大选舞弊，要求重选，但布托只同意纠正选举中的部分舞弊行为，认为选举合法，结果有效。于是，9 个反对党组成的巴基斯坦全国联盟发动了大规模的反政府运动。反对者与人民党的支持者之间爆发了激烈的冲突，一时间，暴力流血事件频发，社会秩序混乱，人民党逐渐失去了对局势的控制。1977 年 7 月 5 日，时任巴基斯坦陆军参谋长的穆罕默德·齐亚·哈克将军以恢复秩序为名发动军事政变，接管了政权，逮捕了人民党主席阿里·布托，之后不顾国际反对，于 1979 年 4 月 4 日将阿里·布托处死。

阿里·布托死后，其夫人努斯拉特·布托主持人民党事务，但由于军管期间齐亚·哈克取缔了所有政党，故人民党失去了公开活动的能力。之后，阿里·布托的女儿贝娜齐尔·布托（简称贝·布托）出任人民党主席，并在1981年2月发起并领导了由9个政党参与的恢复民主运动，要求齐亚·哈克结束军法管制，恢复1973年宪法。运动失败后，人民党抵制了1985年在非政党基础上举行的大选。齐亚·哈克解散居内久政府后，宣布将在1988年11月16日举行非政党基础上的选举，然而，他却在大选前不幸罹难。随后，最高法院宣布取消政党活动禁令，各党派均有资格参加大选。在这种情况下，贝·布托领导的人民党参加了1988年大选，并赢得了国民议会217个议席中的93个，在获胜却未过半数的情况下，与穆哈吉尔民族运动和其他小党联合组阁，贝·布托出任总理。然而，1990年8月，在贝·布托执政仅20个月之后，总统伊沙克·汗就解散了议会和内阁。同年11月，新一轮大选展开，以人民党为首的人民民主联盟获得了国民议会中的45个议席，成为最大的反对党。1993年，人民党通过选举再次执政，贝·布托第二次出任总理，可好景不长，在没有完成一个完整任期的情况下，贝·布托政府于1996年11月被时任总统的莱加里解散。贝·布托下台后，人民党分裂成三派，分别是元老派、贝·布托派（由贝·布托支持者组成）和烈士派。烈士派是由贝·布托的弟弟沙希德·布托领导的派别，又称沙希德派（PPP/SB）。沙·布托遇刺后，其妻瓦·布托继续领导该派。在1997年的大选中，烈士派与穆盟谢里夫派组成竞选联盟并赢得大选。1999年，贝·布托与其丈夫扎尔达里因腐败和滥用职权而被判处5年监禁，并被处以860万美元的罚款，尽管后来最高法院撤销了这一裁定，但贝·布托一家不得不流亡国外。流亡期间，她一直领导着人民党流亡总部，遥控指挥国内的人民党势力。2007年10月18日，贝·布托结束流亡，返回巴基斯坦，随即便着手准备竞选事宜，人民党一时士气大振。然而，12 月 27 日，贝·布托在拉瓦尔品第市的竞选集会上遭遇自杀式袭击，不治身亡，其子比拉瓦尔·布托接任人民党主席，其夫扎尔达里出任该党联合主席。贝·布托的遇刺是人民党的一大损失，但也为人民党赢得了民众的同情与支持，结果，在 2008 年 2 月举行的国民议会选举中，人民党获得 87 个席位，成为议会第一大党，但由于未达半数，故与议会第二大党穆盟谢里夫派联合组阁。然而，新政府上台后不久，两党就因为权力分配问题产生矛盾，穆盟谢里夫派随即退出联合政府，人民党单独执政。

在 2013 年的大选中，人民党皇冠落地，在国民议会仅获得 40 个席位，虽仍是国民议会第二大党，但较之在 2008 年大选中获得的成绩，其在民众支持率上的退步十分明显。即使在群众基础最牢固的信德省，人民党也没能获得单独组阁权，只得与统一民族运动党组成联合政府。

三、统一民族运动党（متحدہ قومی موومنٹ，Mutthidah Qaumi Movement，缩写MQM）

统一民族运动党，原名穆哈吉尔民族运动（مہاجر قومی موومنٹ）或移民民族运动（简称移民运动），成立于 1984 年 3 月，阿尔塔夫·侯赛因是该党的首任主席。统一民族运动党以维护“穆哈吉尔”的权利，即印、巴分治后，从印度迁来巴基斯坦的移民的权利为宗旨，因而获得了穆斯林移民的大力支持。由于印、巴分治后大批印度穆斯林迁移至巴基斯坦，这些穆斯林移民大多讲乌尔都语，具有一定的社会地位，一般居住在卡拉奇、海德拉巴这样的大城市，因此，统一民族运动党在巴基斯坦的大城市中有着相当大的影响。

相对于其他政党而言，统一民族运动党成立较晚，但其成长速度却十分惊人。成立之初，该党就在 1985 年大选中展现出较高人气，之后，在 1988 年的大选中，移民运动在国民议会中获得 13 个席位，成为议会第三大党，在信德省议会中获得 27 个席位，在中央和信德省均参加了谢里夫领导的伊斯兰民主联盟政府。1992 年 6 月，移民运动与政府间出现摩擦，为抗议政府对其采取的“清洗行动”，国民议会和信德省议会中属于移民运动的议员纷纷辞职。[①] 同年，该党内部发生分裂，形成了阿尔塔夫派（强硬派）和哈基基派（正统派）。1994—1996 年间，该党与贝・布托政府间爆发武装冲突，导致卡拉奇和海德拉巴等城市发生了严重的暴力恐怖事件。1995 年 7 月 4 日，该党借新闻媒体提出了构成其与政府谈判基础的 18 点要求，但在谈判期间，该党强硬派领导人提出了建立穆哈吉尔省的要求，遭到拒绝，致使谈判破裂。尽管统一民族运动党具有分离倾向，但凭借其在印度穆斯林移民中的威望和影响力，该党一直成为各党争相拉拢的对象，成为影响组阁的一支重要力量。20 世纪 90 年代以来，统一民族运动党参加过伊斯兰民主阵线联合政府、穆盟谢里夫派领导的联合政府和穆盟领袖派领导的联合政府。

在 2013 年大选中，统一民族运动党赢得了 23 个国民议会议席，占 6.7%，成为国民议会第四大党；在信德省，该党获得了与人民党联合组阁的权力。

四、伊斯兰促进会（جمعیت اسلامی）

巴基斯坦伊斯兰促进会（简称伊斯兰促进会），又称伊斯兰大会党，是由赛义德・阿布阿拉・毛杜迪于 1941 年 8 月 26 日在拉合尔组建的保守派政党，原名为印度伊斯兰促进会。组建之初，伊斯兰促进会从自身浓厚的宗教色彩出发，积极从事伊斯兰教育事业和伊斯兰教改革运动，企图以宗教信仰缓和农民斗争。巴基斯坦独立之前，该党力图使即将成立的穆斯林自治领成为一个纯正的伊斯兰国家。巴基

① 薛克翘，赵常庆．简明南亚中亚百科全书［M］．北京：中国社会科学出版社，2004：349.

斯坦独立后，该党改名为巴基斯坦伊斯兰促进会，在印度保留组织的同时，于 1950 年起开始在巴基斯坦活动。1951 年，该党在卡拉奇召开伊斯兰促进会全巴大会，正式在巴基斯坦建立组织。在巴基斯坦独立初期，伊斯兰促进会以宗教党派自居，宣称自身并非政治党派，极力避免参与政治，不过，仍在某些时机表达了自身的政治观点。

1952 年 8 月，伊斯兰促进会就巴基斯坦特别关注的问题制定了纲领。1954 年，伊斯兰促进会谴责巴基斯坦政府与美国签署《共同防御援助协定》，初步表达了自己的政治和外交主张。1955 年 12 月 18 日，该党在拉合尔举行群众大会时，又谴责巴基斯坦政府奉行的亲西方的外交政策。1958 年，阿尤布·汗宣布党禁，该党随之中止了活动。1962 年 7 月，阿尤布·汗总统签署了允许重新成立政党的法令，该党遂恢复了活动，并开始全力参与政治。

伊斯兰促进会的主要主张是：完善伊斯兰教社会制度；进行以伊斯兰教原则和道德为标准的义务教育；制定符合伊斯兰教教旨和《圣训》的法律；政府所制定的全部政策必须在文字和精神上与伊斯兰教相一致；对穷人实行社会救济，在合乎伊斯兰教教旨的情况下，保障人民的言论、行动、集会和结社等自由。另外，该党始终坚持将巴基斯坦渐进地建成一个宗教国家。

1963 年 10 月，伊斯兰促进会对重组问题给予了高度重视，为此，专门召开了全国代表大会，但会议并不成功，因此，阿尤布·汗政府于 1964 年 1 月以违法为由将伊斯兰促进会取缔，并逮捕了 60 名该党代表大会成员。不过，同年 10 月，最高法院宣布废除阿尤布·汗的取缔令，该党又一次恢复了活动，参与了当年年末举行的大选，并在大选中支持法蒂玛·真纳领导的穆盟理事会派。在 1970 年举行的大选中，伊斯兰促进会在东、西巴均参选，但一共只获得了 4 个席位。1972 年，毛杜迪宣布辞去党主席职务，穆罕默德·图菲尔继任伊斯兰促进会主席。

人民党主席阿里·布托担任总理期间，经济上实行国有化，政治上寻求建立世俗化的穆斯林社会，伊斯兰促进会因而受到排挤。后来，巴基斯坦国内兴起反布托运动，伊斯兰促进会积极响应，并成为该运动的中坚力量。

齐亚·哈克实行军管期间，在全国推行“伊斯兰化运动”，执行伊斯兰教教法。伊斯兰促进会因而如鱼得水，不仅规模扩大，而且活动积极。齐亚·哈克担任总统后，该党成员在多个政府部门担任要职。之后，齐亚·哈克试图延长军管时间，然而，遭到了巴基斯坦绝大多数左翼政党和部分中间政党的反对，此时，伊斯兰促进会成了为数不多的支持齐亚·哈克的政党，因此，该党在政府中的地位迅速提升。

齐亚·哈克因空难不幸身亡后，巴基斯坦于 1988 年举行大选。出于反对人民党的目的，伊斯兰促进会与其他几个党派组成“伊斯兰民主联盟”，共同参选。在 1990 年的大选中，伊斯兰促进会再次加入了穆盟谢里夫派领导的联盟，与人民党展开竞争。不过，在谢里夫掌权后，伊斯兰促进会又对新内阁发起了抵制。

进入 20 世纪 90 年代，伊斯兰促进会在党主席加齐·侯赛因·艾哈迈德的带领下，继续追求保持伊斯兰崇高地位，完全实现省自治，建立公正制度，根除社会弊病，建设独立、高效政府的目标。在 1993 年的大选中，伊斯兰促进会在国民议会中赢得 3 席。贝·布托第二次执政期间，伊斯兰促进会主席艾哈迈德以政府贪污现象严重为由辞去了参议员的职务，并率领该党抵制了 1997 年的议会选举。

1999 年，穆沙拉夫通过军事政变上台，伊斯兰促进会起初对此表示欢迎。然而，穆沙拉夫于 2001 年宣布实行世俗化改革，于是，伊斯兰促进会开始反对穆沙拉夫政府。2002 年，伊斯兰促进会联合其他几个宗教党派，成立名为“联合行动同盟”的政党联盟。该联盟在国民议会选举中赢得 53 席，在西北边境省议会选举中赢得绝对多数议席，获得在该省的独立组阁权，成为当年大选中的最大黑马。伊斯兰促进会在西北边境省执政后，继续从事反对反恐战争的活动，且特别反对美国在巴基斯坦的军事和机构存在。

2007 年“红色清真寺”事件爆发后，艾哈迈德辞去了国民议会议员的职务。2008 年，伊斯兰促进会与巴基斯坦正义运动党共同抵制了大选，而后，艾哈迈德拒绝连任党主席，赛义德·穆纳维尔·哈桑成为伊斯兰促进会的新主席。2008—2012 年间，伊斯兰促进会与其他宗教政党一样，在国家政坛中处于边缘地位。于是，在 2013 年大选中，伊斯兰促进会改变策略，联合其他党派积极参选，但效果不佳，仅在国民议会中获得 3 席。2014 年 3 月 30 日，斯拉吉·哈克成为该党新主席。

五、伊斯兰乌里玛协会（جمعیت علماء اسلام）

印巴分治前，穆斯林联盟一直遭到印度教宗教党派的反对，生存环境艰难，印度穆斯林需要一个在宗教层面能给予自身正确指导并能给予穆斯林联盟以支持的组织。于是，在 1945 年 10 月，数位在印度穆斯林中有较大影响力的大乌里玛汇聚于加尔各答，组建了印度伊斯兰乌里玛协会，即今伊斯兰乌里玛协会的前身。当时，参与组建该宗教政党的乌里玛有沙比尔·艾哈迈德·乌斯马尼、扎费尔·艾哈迈德·乌斯马尼、穆罕默德·沙斐仪、达希尔·卡西米、穆罕默德·伊卜拉希姆·西亚尔古蒂和阿布阿拉·博尔卡特·阿卜杜勒·乌夫。

从伊斯兰乌里玛协会的纲领来看，该党从组建起便是一个进步政党。印巴分治之初，该党主要在印度活动，成员大多生活在印度境内，但从 1947 年 12 月起，该党开始向西巴基斯坦转移。1950 年，该党在西巴基斯坦完成重建，之后，又进行了一次重组，乌斯马尼任党主席。该党部分成员认为 1956 年宪法是伊斯兰宪法，对此持不同意见者遂在木尔坦召开党内乌里玛大会。大会上，艾哈迈德·阿里当选党主席，乌拉姆·奥斯·哈扎尔维当选秘书长。木尔坦大会为伊斯兰乌里玛协会在西巴基斯坦的发展奠定了基础，但也标志着该党的分裂。大会之后，伊斯兰乌里玛协会分成了以原主席乌斯马尼为首的一派和以秘书长哈扎尔维为首的一派。在木尔坦大会召开的同时，伊斯兰乌里玛协会对党纲进行了修改，随后，又在东巴基斯坦设立了数个分支机构，至此，该党的影响力扩展至东巴基斯坦。

伊斯兰乌里玛协会分裂之初，两派曾数次试图通过协商消除分歧，但始终无效，此时，哈扎尔维派声明支持大选和左翼政党，导致两派最终断绝关系。这一时期，哈扎尔维派十分活跃，而乌斯马尼派的活动能力和影响力却渐弱。因此，当阿尤布·汗总统于 1962 年宣布恢复政党活动时，为了防止乌里玛内部出现分歧，便没有恢复乌斯马尼派的活动。

哈扎尔维派恢复活动后，不断巩固实力，并与其他左翼政党合作，提高自身地位。党主席艾哈迈德·阿里去世后，阿卜杜拉·德尔哈斯迪成为该党新主席，哈扎尔维仍任秘书长。阿尤布·汗宣布军事管制结束后，伊斯兰乌里玛协会于 1968 年在拉合尔召开大会，选举穆夫提·穆罕默德为执行主席，统领党务工作。在穆夫提·穆罕默德的领导下，伊斯兰乌里玛协会进一步发展，在政治和宗教层面的影响力日益加强，一段时间后，在该党新一届选举中，穆夫提·穆罕默德当选党主席。

伊斯兰乌里玛协会从党纲和伊斯兰传统出发，支持践行《古兰经》和《圣训》，反对阿尤布·汗的独裁统治。为此，在 1964－1965 年的大选期间，阿尤布·汗将该政党列为重点打击对象，以从事反政府活动为由，禁止该党参加大选。尽管如此，伊斯兰乌里玛协会还是从维护伊斯兰教和爱国角度出发，在第二次印巴战争期间，全力支持阿尤布·汗政府，不仅发表战争声明，而且动员、组织民众，协助军队作战。战争结束后，该党在克什米尔问题上，支持巴基斯坦遵照联合国决议与印度政府谈判，但对阿尤布·汗与印度谈判代表共同发表的《塔什干宣言》表示反对。

1967 年 8 月，伊斯兰乌里玛协会依据新的形势和需要，又一次进行了重组，并对党纲做出了一些修改。修改后的纲领表明，该党将更多的注意力集中在了西巴基斯坦，不过，在 1968 年召开的伊斯兰乌里玛协会全巴大会中，该党又表现出了对东巴基斯坦的高度重视，以图争取东巴民众支持，成为全国性大党。

叶海亚·汗执政后，伊斯兰乌里玛协会继续加强组织建设，并加入了人民党组织的民族同盟，共同参加了 1970 年的大选。东巴独立后，阿里·布托领导的人民党成为国民议会第一大党。1972 年，人民党寻求在西北边境省和俾路支省组建联合政府，得到了伊斯兰乌里玛协会最高领导人穆夫提·穆罕默德的全力支持。1973 年 3 月，两党在西北边境省和俾路支省组建了联合政府。联合政府成立后，伊斯兰乌里玛协会开始寻求在西北边境省局部地区建立伊斯兰政治制度。

1977 年大选前后，巴基斯坦国内掀起了反对布托和人民党的浪潮，穆夫提·穆罕默德领导的伊斯兰乌里玛协会加入了反布托的民族联盟，穆夫提·穆罕默德更是在联盟中发挥了重要作用，最终促成了布托政府的倒台。

1979 年，掌权的齐亚·哈克宣布无限期推迟大选，并禁止一切政党活动，伊斯兰乌里玛协会遂转入地下。1980 年，穆夫提·穆罕默德去世，其子法兹鲁尔·拉赫曼继承了父亲的衣钵，成为该党新的领导人。齐亚·哈克宣布恢复政党活动后，伊斯兰乌里玛协会参加了 1982 年大选，并赢得了多个国民议会议席。20 世纪 80 年代，伊斯兰乌里玛协会支持齐亚·哈克实施的多项政策，包括其援阿反苏政策，因此，该党在建设宗教学校上获得了哈克政府的政策照顾和财政支持。不过，该党对齐亚·哈克与伊斯兰促进会的密切关系持否定态度，于是选择加入了人民党领导的恢复民主运动（Movement for the

Restoration of Democracy)。与齐亚·哈克既合作又对抗的关系最终导致了该党的分裂，形成以法兹鲁尔·拉赫曼为首的反对齐亚·哈克独裁的法派（JUI–F）和以萨米·乌勒·哈克为首的支持齐亚·哈克政府的萨派（JUI–S）。

多年来，两派均致力于宗教学校的建设，到 21 世纪初，两派均建立起庞大的宗教学校网，据统计，两派掌控的宗教学校占巴基斯坦宗教学校总数的 65%。不过，萨派在践行沙里亚法的问题上比法派更坚决，其思想更极端，行事也更激进，因此，其影响力仅限于开普省内少数的几个县，而法派的影响力则遍及开普省和俾路支省的普什图人聚居区。在政治方面，法派也比萨派成功。在贝·布托第二次出任总理期间（1993－1996 年），法派领导人法兹鲁尔·拉赫曼被任命为议会外交事务委员会主席。此外，法派还是联合行动同盟中的第一大党。在 2002 年大选中，联合行动同盟在国民议会中获得 60 个席位，其中，41 席由伊斯兰乌里玛协会（法派）占据，而在西北边境省议会中，该派在联合行动同盟获得的 48 个席位中占据了 29 个。2008 年大选前，联合行动同盟中的部分政党宣布抵制大选，但伊斯兰乌里玛协会（法派）却加入了人民党领导的竞选联盟。作为回报，人民党政府于 2010 年任命该派的毛拉谢拉尼为伊斯兰意识形态委员会主席。在 2013 年大选中，该派获得了 11 个国民议会议席。

六、巴基斯坦乌里玛协会（جمعیت علماء پاکستان）

1940 年，全印穆斯林联盟在拉合尔年会上通过了著名的《拉合尔决议》（巴基斯坦决议），决定在次大陆建立独立的穆斯林国家。此举赢得了印度穆斯林的支持，众多伊斯兰宗教政党更是将支持穆盟视为宗教责任。当时，众多逊尼派乌里玛纷纷表示支持穆斯林联盟。1946 年 4 月，这些乌里玛在贝拿勒斯召开逊尼派穆斯林大会，并以大会名义明确表示支持穆盟的建国努力。巴基斯坦独立后，参加

1946 年大会的乌里玛们在卡拉奇正式组建巴基斯坦乌里玛协会（简称巴乌里玛协会）。

巴基斯坦乌里玛协会的纲领包括：执行先知制度，消除不符合伊斯兰教义或不民主的法律，根除失业现象，废除封建地主制，发展农村地区，改善居住条件，改革教育，对青少年进行军训等。该党以维护穆圣地位、建立穆圣时期的制度为己任，在第一次印巴战争和“维护最后先知”运动中发挥了重要作用。在之后的数十年中，该党主要从事反共运动。1973 年，该党发起了一系列反阿赫默迪亚教派的运动，最终，促使巴基斯坦议会在宪法中将阿赫默迪亚教派定为非穆斯林的少数派。

以反布托政府为目的的“恢复先知制度”运动兴起后，巴基斯坦乌里玛协会积极加入了这一运动。在反布托政府的过程中，巴基斯坦乌里玛协会态度坚决，多次拒绝布托政府的协商提议。这种坚决态度延续到了反对齐亚·哈克独裁统治的运动中，该党曾明确反对齐亚·哈克发起的公民投票。1990 年，巴基斯坦乌里玛协会加入了联合穆盟领导的伊斯兰民主联盟，结果，伊民联在当年的大选中不敌人民党，成为议会第二大党，也是最大的反对党。

2002 年 1 月，包括巴基斯坦伊斯兰协会在内的 6 个宗教政党为赢得大选结成竞选联盟，即联合行动同盟，巴乌里玛协会主席努拉尼出任该同盟的主席。

七、民族人民党

巴基斯坦民族人民党脱胎于巴基斯坦人民党，主要活动于信德省和旁遮普省的南部。1986 年 8 月 30 日，一些人民党元老与贝·布托之间产生矛盾，遂在库拉姆·穆斯塔法·贾托伊的带领下创建民族人民党。

民族人民党初创时，恰逢 1985 年巴基斯坦无政党大选结束，新政府成立。齐亚·哈克通过公民投票当选总统，居内久亦开始行使总理职权。民族人民党认为，国内教派冲突频发，地域矛盾深刻，极端主义泛滥，国家已经处在内战、分裂的边缘，应该团结爱国、民主、进步人士和各族人民。在这种背景下，民族人民党宣称该党永远维护国家统一，并号召有责任心的国民共同建设民主、团结、进步的福利国家。此外，该党还提出了建设强大的工、农业，发展科技和国防，消除贫困，建设无阶级差别的社会等目标。

民族人民党的纲领可总结如下：(1) 以伊斯兰教教义为指导，按照伊斯兰意识形态和原则建设一个民主的巴基斯坦；(2) 各省在统一的巴基斯坦的前提下实行自治；(3) 消除贫困，建设福利型社会；(4) 保护全体民众，革除弊病，维护社会公平正义；(5) 奉行不结盟外交政策；(6) 建立独立司法体系和媒体；(7) 发展教育事业，解决青少年问题；(8) 促进农业和农村发展；(9) 实现男女平等，维护妇女权益。

在 1990 年的大选中，民族人民党加入了伊斯兰民主联盟。进入 21 世纪后，民族人民党陷入低谷，影响力逐渐缩小。在 2008 年的选举中，民族人民党在国民议会中只赢得了 1 个席位，在省议会选举中，仅赢得 3 席，且全部在信德省。2013 年 5 月，该党宣称与穆斯林联盟（谢里夫派）联合，共同参加议会选举。

第八章　经济

英印政府统治时期，印度次大陆各地区的经济发展很不平衡。今巴基斯坦所在的次大陆西北部是英属印度较为贫困的边远地区，经济基础薄弱，发展条件不佳，因此，在独立之初，巴基斯坦的经济十分落后。联合国 1949 年的调查资料显示，在世界 70 个低收入的国家中，巴基斯坦居第 57 位，是当时世界上最贫穷的国家之一[①]。所以，巴基斯坦在独立后的经济表现需放在特定的历史条件下进行考量。

英国殖民时期，印度穆斯林人口占印度总人口的 25%，但仅贡献了印度国内生产总值（GDP）的 5%－8%。当时印度西北部穆斯林人口占多数的省份均以农业为主，工业所占比重很低，几乎可以忽略不计。举例来说，尽管巴基斯坦是主要的棉花生产地，但在 1947 年独立时，全国只有两座棉纺织厂；虽然巴基斯坦是世界主要的黄麻生产国之一，但在其独立时，境内竟然连一座黄麻纺织厂都没有。分治时，巴基斯坦只从英属印度继承了 1414 家工业企业，仅占分治前英属印度工业企业总数的 9.6%。在英属印度遗留的 314 万工人中，巴基斯坦只得到了 20 万，占工人总数的 6.4%。此外，巴基斯坦分到的工业企业规模偏小、资本较少，且独立初的巴基斯坦被印度隔为两部分，原材料和工业成品在两部分间的流通不畅，这也在很大程度上

① 薛克翘，赵常庆．简明南亚中亚百科全书［M］．北京：中国社会科学出版社，2004：353.

制约了巴基斯坦工业的发展。分治后的巴基斯坦十分贫穷，1949 年的人均国民收入仅为 51 美元，属于全世界最贫困的国家之一。

从这个角度而言，在独立后的 60 多年间，巴基斯坦经济取得了明显进步。虽然国家曾多次遭受战争创伤，其经济发展过程中也出现过严重失误，且目前国内依然存在发展重点错位和发展不平衡等问题，但巴基斯坦在经济方面所取得的成就是不可抹杀的。巴基斯坦是发展中国家里少有的几个在 60 多年中始终保持年均经济增长率在 5% 以上的国家之一。1947 年，巴基斯坦的 GDP 只有 580 亿卢比，但 2013 年（统计日期从 2012 年 7 月起到 2013 年 6 月止），这一数字已经达到了 103792.61 亿卢比，排在世界第 44 位。不过，从人均 GDP 和人文发展指数来看，巴基斯坦的排名很不理想，分别排在 164 和 144 位[①]。自然资源的相对匮乏、经济战略的缺陷、政策的失误和官员的腐败，阻滞了经济的发展。因此，从总体上看，巴基斯坦在 60 多年间的经济发展既有可圈可点之处，又不尽如人意，国家虽取得了可喜的进步，但并没有充分挖掘自身潜力，依然面临较严重的经济问题。

第一节 21 世纪以来巴基斯坦经济发展简况

一、穆沙拉夫执政时期

谢里夫二度出任总理后，通过修改宪法等手段集中权力，致使军政矛盾日益尖锐。1999 年 10 月 12 日，谢里夫宣布解除穆沙拉夫参联会主席兼陆军参谋长的职务，并阻止在斯里兰卡访问的穆沙拉夫回国。穆沙拉夫随即动用支持自己的军队发动军事政变，推翻谢里夫政

① 法斯赫·乌丁，M. 阿克拉姆·斯瓦蒂. 巴基斯坦经济发展历程：需要新的范式［M］. 陈继东，晏世经，等译. 成都：巴蜀书社，2010：5.

府，软禁了谢里夫及内阁主要成员。随后，穆沙拉夫宣布在全国实行军法管制，自任军管首席执行官，成立国家安全委员会，组建新内阁，稳定了国内局势。

不过，穆沙拉夫执政的合法性受到了普遍质疑，国内反对军人统治的呼声很高，国际上对军队干政的谴责声不绝于耳，美国更是以此为由加大了对巴基斯坦经济制裁的力度。2000 年 5 月，巴基斯坦最高法院裁定，穆沙拉夫接管政权合法，但必须在 3 年内完成经济和政治改革。

为了振兴经济，穆沙拉夫政府同意实施国际货币基金组织的安排，在财政、货币、商品价格、对外贸易、金融及资本市场等领域推行了积极而稳健的改革。

1988－1999 年间，尽管政府变更频繁，但巴基斯坦的经济政策一直受国际货币基金组织支持下的维护稳定与结构调整措施的影响。该措施的重点是：通过提高税收和限制支出来减少财政赤字；实现贸易、汇率和产业政策自由化；消除补贴，从高层修订公用事业开支和电价方案；国有企业私有化。① 然而，在谢里夫执政时期，巴基斯坦因进行核试验而遭经济制裁，导致国际货币基金组织支持的措施无法继续实行。穆沙拉夫政府上台后，表示要实施国际货币基金组织的安排，继续执行自力更生的经济政策，增收节支，解决债务危机。宏观上，穆沙拉夫政府进一步放开了对经济的控制，力图通过建立全面合理的税务制度保证国家收入；微观上，采取严厉措施打击日益猖獗的走私活动，保证关税的收缴，同时，大力查处腐败现象，在开源的同时注重节流。另外，穆沙拉夫政府还积极同国际社会合作。2001 年 7 月，在国际货币基金组织的推动下，巴基斯坦放开了对石油价格的控制，引入市场机制，让市场决定石油价格。

① 法斯赫·乌丁，M. 阿克拉姆·斯瓦蒂. 巴基斯坦经济发展历程：需要新的范式［M］. 陈继东，晏世经，等译. 成都：巴蜀书社，2010：15－16.

穆沙拉夫政府的改革政策收到了一定成效。巴基斯坦的财政赤字和贸易逆差下降，外汇储备增加，收支趋于平衡，价格指数和通货膨胀率降低。不过，国家依然面临经济增长率低、失业率居高不下的困难。2000－2001 财年，巴基斯坦 GDP 的增长率仅为 1.8%，失业率高达 7.8%，而这两项数据在 1998－1999 财年分别为 4.2% 和 6.6%。

2001 年的“9・11”事件给巴基斯坦经济带来了转机。由于穆沙拉夫政府明确表示支持美国领导的反恐战争，美国因而放松了对巴基斯坦的经济制裁，大量外资重新流入巴基斯坦，此外，部分外债的免除和经济改革的成功也给巴基斯坦经济注入了一针强心剂。同时，穆沙拉夫政府加强国家工业化建设，调整经济结构，大力推行自由化经济，加快私有化进程，取得了良好效果。“9・11”事件后至穆沙拉夫下台前，巴基斯坦经济状况改善明显。

表 8-1　巴基斯坦经济发展指数节选

财年	GDP 增长率（%）	CPI 通胀率（%）	失业率（%）
2001－2002	3.1	3.5	8.6
2002－2003	5.1	3.1	7.9
2003－2004	6.4	4.6	7.9
2004－2005	8.4	9.3	7.9
2005－2006	5.8	7.9	7.7
2006－2007	6.8	7.8	6.2

数据来源：法斯赫・乌丁，M. 阿克拉姆・斯瓦蒂. 巴基斯坦经济发展历程：需要新的范式［M］. 陈继东，晏世经，等译. 成都：巴蜀书社，2010：13－14.

2004－2005 财年，巴基斯坦的 GDP 总值为 1030 亿美元，增长率达 8.4%，创过去 20 年之最，这也是巴基斯坦建国以来 GDP 增长率第五次超过 8%。该年度的工业产值增长 15.3%，远高于 9.8% 的计划指标；农业增长 8.4%，超过 6.6% 的计划指标。工、农业产值的大幅提升为 GDP 的高增长率奠定了基础。同期，巴基斯坦的进出口贸易总额为 350.3 亿美元，其中，出口 144.1 亿，同比增长 17.44%，进口 206.2 亿，同比增长 32.26%。然而，在这一阶段，巴基斯坦的失业率依旧居高不下，贫困率甚至有所提高。2003—2004 财年，巴基斯坦的贫困率为 32.2%，比 2000—2001 财年高出了 0.1 个百分点。2004 年，穆沙拉夫总统任命原财政部长肖卡特·阿齐兹为政府总理，希望凭借其在金融和经济方面的才能保持经济的增长势头，并缓解高失业率和高贫困率所带来的压力。2005 年 4 月，巴基斯坦政府公布 2005—2010 中期发展框架，使中期发展计划重获活力。然而，巴基斯坦政局在 2007 年再起波澜，打乱了经济发展部署，而国际油价的迅速攀升也给巴基斯坦的对外贸易带来了新的困难，同时，美国次贷危机波及世界主要金融市场，严重依赖外援的巴基斯坦经济不可避免受到了影响。在国内外政治、经济因素的共同作用下，巴基斯坦经济增长率急剧下降。

总体而言，穆沙拉夫政府坚持推行积极而稳健的经济改革和产业结构调整政策，在国家财政上开源节流，此外，还加强工业化建设，大力推行自由化经济，加快私有化进程，努力吸引外资，积极扩大出口，改善国际收支，逐步使巴基斯坦经济重新从低谷和困境中走出，恢复了良性发展。

二、人民党执政时期

2008 年 2 月 18 日，巴基斯坦新一届国民议会选举结束。巴基斯坦人民党和巴基斯坦穆斯林联盟（谢里夫派）分别成为国民议会中的第一和第二大党，双方组成执政联盟。3 月 7 日，执政联盟宣布弹劾穆沙拉夫，巴基斯坦政局再次陷入动荡，经济不可避免被波及。此时，国际油价、粮价大幅上涨，巴基斯坦的贸易逆差迅速增加，外汇储备锐减，外贸收支失衡。同时，由于政府补贴和其他支出的增加，国家财政赤字大幅上涨，巴基斯坦政府不得不向世界银行和国际货币基金组织贷款以缓解财政压力，致使国家再次陷入债务危机。

受国内政治动荡、安全形势恶化和国际市场萎靡等不利因素的影响，2007—2008 财年，巴基斯坦经济遭遇严重困难：GDP 仅增长 5.8%，远低于 7.2% 的预期目标；农业和工业增长均不尽如人意，只有服务业保持较快增长；财政赤字和经常项目赤字攀升，债务负担加重；出口增长乏力，贸易逆差激增，外资流入减缓，外汇储备骤减，卢比持续贬值；商品价格上涨过快，通胀压力增大。①

为了扭转不利局面，人民党政府于 2008 年 12 月与国际货币基金组织达成贷款协议，获得了 76 亿美元的应急援助。同时，政府采取了一系列稳定经济的措施，如：加大农业投入，上调小麦收购价格和化肥补贴，扩大对农业领域的信贷规模；提高税率，扩大税基，取消对石油、电力和食品的价格补贴，缓解财政压力；推动央行继续实行货币紧缩政策，大幅提高基准利率，抑制市场对本国货币的需求，稳定卢比对美元的汇率。这些措施令经历了 2008 年国际收支危机的巴基斯坦恢复了其宏观经济的稳定，然而，高税率和货币紧缩政策却导致经济增速继续下滑。

2008—2009 财年，巴基斯坦 GDP 仅增长 1.2%，远不及 4.5% 的增长预期。受国内外需求下滑、电力供应短缺、贷款利率过高等因素的影响，巴基斯坦工业生产严重萎缩，制造业产值下降了 3.3%，其中，大型制造业产值下滑 7.7%，汽车、家电、石油化工、纺织、钢铁、建筑等行业下滑尤为严重。全球经济衰退导致的需求下滑给巴

---

① 中国驻巴基斯坦使馆经商处. 巴基斯坦 2007—08 财年经济形势分析及 2008—09 财年展望［EB/OL］.（2008-09-12）［2014-09-12］. http://pk.mofcom.gov.cn/article/wtojiben/zwjingji/200903/20090306096942.shtml.

基斯坦外贸也造成了很大冲击，2008－2009 财年的出口额仅为 177.8 亿美元，另外，由于国际原油和大宗商品的价格飙升，巴基斯坦的输入性通货膨胀压力急剧增加，全财年的 CPI 达到 20.77%。[①] 受物价上涨、信贷难度增加和投资减少等因素的影响，巴基斯坦国内的消费陷入低迷。

在世界经济萧条的大背景下，人民党政府认识到了先前经济稳定政策的局限性，对经济发展范式进行了根本性的修改，提出了新的经济战略。新战略以可持续发展为目标，以生产部门的结构性调整为手段，强调地区平衡发展，包含多项政策，涵盖多个行业。其主要措施如下：

（1）提高税收在 GDP 中所占比重，优化税务管理，恢复税务审查。国民议会在 2010 年通过法案，扩大增值税征收范围，减少免税对象和免税额度。

（2）在已有的社保体制下，施行“贝娜齐尔收入支持计划”。根据计划，政府从 2009－2010 财年的财政预算中划出 700 亿卢比给全国 550 万个贫困家庭，每个家庭每月领取约 1000 卢比。将该计划与其他社会保障制度，如国家救济金制度（Bait-ul-Maal）、天课基金制度（Zakat Fund）以及各省的救济制度等，结合起来，建立起成体系的社保网络。

（3）内阁建立结构调整委员会，专门负责重要公共部门企业的结构调整，如航空公司、铁道公司、钢铁厂等，以遏制这些企业的亏损趋势；政府实施“贝娜齐尔职工优先认股计划”，对 80 家国有企业进行私有化改造，将每家企业 12% 的股份卖给员工，令其成为企业股东，从而使国有企业转化成公私合营模式下自负盈亏的合资企业。

---

① 中国驻巴基斯坦使馆经商处．巴基斯坦 2008－09 财年经济形势分析［EB/OL］.（2010-04-07）［2014-09-12］. http://shangwutousu.mofcom.gov.cn/article/ddgk/zwjingji/cn/201004/20100406856776.shtml.

（4）国民议会通过新法案，允许电力公司根据燃料价格变化自动调整电价，从而保证电力公司在国家财政补贴减少的情况下收回成本。

（5）完成第七届国家财政委员会奖励工作（事实上是巴基斯坦建国以来的第四次），提高由中央转移给地方的资源量，将更多的权力下放给了各省政府。

然而，巴基斯坦经济增长发展依然缓慢。2009－2010 财年，GDP 增长率为 4.1%；2010－2011 财年，为 2.4%；2011－2012 财年，为 3.7%；2012－2013 财年，为 3.6%。[①] 阻碍巴基斯坦经济发展的主要因素包括：不断恶化的安全形势、百年不遇的洪灾、国际石油及大宗商品的价格上扬。

巴基斯坦安全形势自 2001 年起就变得异常严峻，特别是在 2007 年红色清真寺事件之后，巴基斯坦国内的暴力恐怖活动愈演愈烈。2009 年，暴力恐怖组织的猖獗程度达到顶点。这一年里，伊斯兰堡海军总部、拉瓦尔品第陆军总部、拉合尔特警中心、白沙瓦法院等都成了暴恐分子的袭击目标；这一年里，卡拉奇开往奎达的列车、国际伊斯兰大学、白沙瓦妇女市场先后遭自杀性炸弹袭击；这一年里，就连相对平静的东南部古城木尔坦也没能躲过遇袭的厄运。暴力恐怖主义给巴基斯坦的旅游业和服务业带来了深重灾难。在恐怖主义的威胁下，巴基斯坦的旅游胜地游客寥寥，城市商业区内的餐馆、店铺顾客骤减。此外，一些外国投资者畏于安全形势放弃了投资意图，撤资现象亦十分普遍。

2010 年 7 月底至 8 月初，巴基斯坦各地普降暴雨，引发百年不遇的特大洪涝灾害。全国至少 1/5 的地区直接遭受了洪涝灾害，16 万平方千米土地被淹，1 万多个村庄、90 多万间民宅被毁，近 2000

① Ministry of Finance of Pakistan. Pakistan Economic Survey［DB/OL］.［2014-12-08］. http://finance.gov.pk.

万人流离失所，农业减产 4%，工业生产受到影响（主要是纺织业和石油业），服务行业亦被波及，无法幸免。洪灾造成的经济损失达 100 亿美元。同年，国际油价反弹，每桶石油的价格从 70 美元飙升至 125 美元[①]，大宗商品价格也大幅上涨。进口成本的增加与灾害带来的损失产生叠加效应，扭转了通货膨胀逐渐缓和的趋势，给宏观经济带来了巨大压力。

此外，巴基斯坦还遭受了严重的能源危机，石油、天然气和电力均面临供不应求的情况，特别是电力。2010－2011 财年，巴基斯坦出现了全国范围的电荒，电力总缺口在 7000 兆瓦至 8500 兆瓦之间，用电限制现象经常发生，在农村地区尤为频繁，有的乡村一天的限电时间累计竟达 16 个小时。电力短缺成了制约巴基斯坦经济发展的又一大瓶颈，人民党政府也因此饱受诟病。

不过，就总体而言，人民党在经济建设方面还是取得了一定成绩。在其执政的 6 年间，巴基斯坦陆续遭遇了国际金融危机、全球经济萎缩、特大洪涝灾害、能源价格飙升、安全形势恶化等挑战，经济发展形势严峻。不过，人民党政府通过制定和调整货币及财政政策，保持了国家宏观经济的稳定，促进了对外贸易，在一定程度上缓和了通胀压力。在促进地区平衡发展、完善福利保障体系方面，政府也做出了突出贡献。第七届国家财政委员会奖励计划的顺利实施增加了地方财政收入；2008－2012 年间实施的欠发达地区额外补助计划令吉尔吉特－巴尔蒂斯坦、自由克什米尔和联邦直辖部落区分别获得了 320 亿、710 亿和 1100 亿卢比的额外补助金；投入到人民福利计划中的 1300 亿卢比被分别应用于供电、供气、筑路、供水和卫生设备改善等方面；政府拨出 420 亿卢比，用以实施国民灾害补助计

① Ministry of Finance of Pakistan. Pakistan Economic Survey 2010–2011: Overview of the Economy［EB/OL］.［2014-12-08］. http://finance.gov.pk/survey/chapter_11/Overview%20of%20the%20Economy.pdf.

划，为受洪水影响的灾民提供基本生活保障；贝娜齐尔收入支持计划则专注于贫困家庭的增收事宜。此外，政府还注重发展替代性能源，加强基础设施建设，进行税制改革，如简化税收流程、提高个税起征点、扩大税基、取消特殊消费税等。通过几年的努力，人民党政府带领巴基斯坦人民成功渡过国际金融危机，使国家经济重回发展正轨。

第二节　主要经济部门

巴基斯坦是一个农业国。尽管近年来，农业产值在 GDP 中所占的比重持续下降，但农业仍然是巴基斯坦最大的经济部门。2012－2013 财年，农业增加值占 GDP 的比重为 21.4%，吸纳了全国 45% 的劳动力。巴基斯坦独立之初，工业基础薄弱，但经过 60 余年的发展，工业已经成为经济增长的引擎，是改变国家经济结构的中坚力量。2012－2013 年度，工业增加值占 GDP 的比重为 20.9%，工业企业吸纳了全国 13.8% 的劳动力。服务业在巴基斯坦是新兴产业，发展势头迅猛，且潜力巨大，是当前和今后经济增长的主要驱动力之一。2009－2013 年间，服务业对巴基斯坦 GDP 增长率的平均贡献率为 67%，2012－2013 财年，服务业增加值在 GDP 中所占比重高达 57.7%。

一、农业

农业是巴基斯坦最大的经济部门，承担着维持人民生计、保证粮食安全的基本任务。农业与其他经济部门间存在紧密的内在联系，它不仅为基于农业的次级产业部门如纺织业、食品业等提供原材料，而且其健康发展还可以刺激国内对工业产品和社会服务的需求，具有很强的前向和后向关联性，对实现国家宏观经济目标具有深远意义。

按照食品安全指标，农产品总供给的约 60% 被用于最终消费，其余的则被其他经济部门购买，作为进一步加工的原料，这一事实充分体现出其他产业对农业的依赖性。农业是人民的衣食之源、生存之本，农业的重要性不能根据其对 GDP 的贡献率来评判。依据巴基斯坦目前的经济状况，GDP 每增长 1%，需要农业增长 0.65%，工业（制造业、矿业、建筑业）增长 1.25%，电力和天然气配送业增长 1.1%，交通运输业增长 0.9%，其他服务行业增长 1.2%。

巴基斯坦农业在过去的 60 多年里取得了重大进步，但受政策、气候、自然灾害等因素的影响，各个时期的发展速度不一。20 世纪 50 年代，巴基斯坦农业的年均增长率为 1.6%，60 年代增至 5.0%，70 年代降为 2.3%，80 年代反弹至 5.4%，90 年代降为 4.4%。在 21 世纪的头十年中，农业增长率为 2.6%。2013－2014 财年，巴基斯坦农业增长了 2.1%。

表 8-2 巴基斯坦农业增长率（%）情况统计（以 2005－2006 财年农业产值为基准）

	2006－2007	2007－2008	2008－2009	2009－2010	2010－2011	2011－2012	2012－2013
农业	3.4	1.8	3.5	0.2	2.0	3.6	2.9
种植业	4.4	−1.0	5.2	−4.2	1.0	2.9	2.3
畜牧业	2.8	3.6	2.2	3.8	3.4	3.9	3.5
林业	2.7	8.9	2.6	−0.1	4.8	1.7	1.0
渔业	0.4	8.5	2.6	1.4	−15.2	3.8	0.7

数据来源：Omer Farooq. Pakistan Economic Survey 2013-2014: Agriculture [EB/OL]. [2014-12-10]. http://finance.gov.pk/survey/chapters_14/02_Agriculture.pdf.

巴基斯坦农业发展战略将该产业的增长点放在了促进可持续生产、提升农业营销竞争力和创造良好的投资环境上。因此，巴基斯坦的“十五”中期计划将提升农业的生产效率、盈利能力、竞争力以及环境可持续性作为该产业的发展目标。

（一）种植业

1. 概况

巴基斯坦可耕地面积约 5768 万公顷，其中实际耕作面积约 2168 万公顷，约占国土面积的 25.8%。被誉为巴基斯坦粮仓的印度河平原和吉尔吉特－巴尔蒂斯坦地区的山谷地区建有庞大的灌溉系统，为水稻、小麦、棉花、甘蔗等粮食和经济作物的生长提供了良好的水利条件。由于地处亚热带，巴基斯坦的水果种类丰富，产量很高，素有东方“水果篮”之称。在平原、盆地盛产香蕉、橘子、芒果、番石榴和各种瓜类；在山地高原则盛产桃子、葡萄和柿子等。

按地理分布，巴基斯坦农业可分为 4 个区域：一是平原农业区，主要位于印度河平原，有良好的灌溉条件，属灌溉农业区。该地区气温较高，雨量充沛，适宜农作物生长，是巴基斯坦的主要种植区，主要生产小麦、棉花、水稻、豆类、甘蔗及蔬菜等。二是高原农业区，位于印度河以西的高原地区。这里地势崎岖，寒暑差别明显，气温变化剧烈，降水较少，土地贫瘠，只有河谷及山间的小块平原适合种植，且基本靠降水和雨季河水漫灌，且漫灌面积很小，旱年经常歉收。该地区的主要农作物包括小麦、棉花、高粱、玉米、豆类和薯类等。三是山地农业区，位于北部和西北部山区。该地区山脉连绵，丘陵、谷地交错而生，仅有属于印度河水系的 3 个小块平原地势平坦。山区广泛种植苹果和各种亚热带水果，而小块平原则主要种植小麦、水稻、棉花和谷子等。这里夏季干燥凉爽，冬季寒冷少雨，海拔较高的山终年积雪，部分积雪融化后产生的水除汇成小溪，流入印度河干、支流外，多渗入地下，因此，当地农民多采用井灌方式给农田浇水。四是丘陵农业区，位于印度河上游东部以拉瓦尔品第为中心的丘陵地区。这里气候炎热，降水量少，主要农作物为小麦、棉花、谷子、高粱和豆类等。

种植业在农业中所占比重呈下降趋势，1980－1981 财年的比重为 70.6%，2007－2008 财年为 45.3%，2013－2014 财年为 37.2%。然而，作为向民众提供基本衣食的农业子部门，种植业依然是决定农业发展水平的重要因素，具有特殊地位。

按照巴基斯坦的划分习惯，农作物可分为重要作物和其他作物两部分。重要作物包括小麦、水稻、玉米、棉花和甘蔗等 5 类，除此之外的作物均属其他作物，包括蔬菜、水果、豆类、调味品、烟草等。2013－2014 财年，重要作物的增加值比前一财年增长了 3.7%，占当年农业总增加值的 25.6%；其他作物的增加值比上一财年减少了 3.5%，占农业总增加值的 11.6%。

巴基斯坦有两个种植季，分别是春种季和秋种季。春种作物（خریف，Kharif）播种于每年的 4－6 月，收获于当年的 10－12 月；秋种作物（ربیع，Rabi）播种于每年的 10－12 月，收获于翌年的 4－5 月。主要的春种作物有水稻、甘蔗、棉花、玉米、御谷和高粱等；主要的秋种作物有小麦、大麦、鹰嘴豆、兵豆、豌豆、油菜和芥菜等。

2. 主要农作物的生产情况

农作物受播种面积、气温变化、降水量、自然灾害、病虫害、播种和收割时节等主、客观因素的影响，产量易出现大幅波动。

表 8-3　巴基斯坦重要作物生产情况

年份	棉花		甘蔗		水稻		玉米		小麦	
	产量（万包）	增长率（%）	产量（万吨）	增长率（%）	产量（万吨）	增长率（%）	产量（万吨）	增长率（%）	产量（万吨）	增长率（%）
2007－2008	1165.5	—	6392.0	—	556.3	—	360.5	—	2095.9	—
2008－2009	1181.9	1.4	5004.5	−21.7	695.2	25.0	359.3	−0.3	2403.3	14.7
2009－2010	1291.4	9.3	4937.3	−1.3	688.3	−1.0	326.1	−9.2	2331.1	−3.0

（续表）

年份	棉花		甘蔗		水稻		玉米		小麦	
	产量（万包）	增长率（%）	产量（万吨）	增长率（%）	产量（万吨）	增长率（%）	产量（万吨）	增长率（%）	产量（万吨）	增长率（%）
2010－2011	1146.0	−11.3	5530.9	12.0	482.3	−29.9	370.7	13.7	2521.4	8.2
2011－2012	1359.5	18.6	5839.7	5.6	616.0	27.7	433.8	17.0	2347.3	−6.9
2012－2013	1303.1	−4.1	6375.0	9.2	553.6	−10.1	422.0	−2.7	2421.1	3.1
2013－2014P	1276.9	−2.0	6646.9	4.3	679.8	22.8	452.7	7.3	2528.6	4.4

注：P 表示该数据是临时数据，统计时该财年尚未结束，时间跨度从 2013 年 7 月至 2014 年 3 月。

数据来源：Omer Farooq. Pakistan Economic Survey 2013-2014: Agriculture［EB/OL］.［2014-12-10］. http://finance.gov.pk/survey/chapters_14/02_Agriculture.pdf.

表 8-4 巴基斯坦部分其他作物生产情况

种类	2011－2012		2012－2013		2013－2014P	
	种植面积（万公顷）	产量（万吨）	种植面积（万公顷）	产量（万吨）	种植面积（万公顷）	产量（万吨）
御谷	45.8	30.4	46.1	31.1	47.5	30.1
高粱	21.4	13.7	19.8	12.3	19.8	11.9
鹰嘴豆	100.8	28.4	99.2	75.1	97.5	47.5
大麦	7.2	6.6	7.3	6.7	7.1	6.6
油菜籽	20.1	16.4	22.4	20.5	19.8	18.1
烟草	4.6	9.8	5.0	10.8	5.0	10.8

注：P 表示该数据是临时数据，统计时该财年尚未结束，时间跨度从 2013 年 7 月至 2014 年 3 月。

数据来源：Omer Farooq. Pakistan Economic Survey 2013-2014: Agriculture［EB/OL］.［2014-12-10］. http://finance.gov.pk/survey/chapters_14/02_Agriculture.pdf.

重要作物对巴基斯坦农业发展而言至关重要。2012－2013 财年，重要作物占农业生产总值的 25.2%，占 GDP 的 5.4%。重要作物不仅关乎粮食安全，而且对部分工业部门及对外贸易有重要影响，比如小麦和棉花。小麦是巴基斯坦最基本的粮食作物，占农业增加值的 10.3%、GDP 的 2.2%。2012－2013 财年，小麦种植面积为 866 万公顷，产量约 2420 万吨；2013－2014 财年，种植面积增至 903.9 万公顷，同比增长 4.4%，截至 2014 年 3 月，小麦产量已突破 2528 万吨，超过了预期的 2500 万吨。棉花占农业增加值的 6.7%、GDP 的 1.4%。棉花既是巴基斯坦纺织业的重要原材料，又是重要的出口商品。2013 年 7 月至 2014 年 3 月，棉花出口业为巴基斯坦创汇 103.85 亿美元。2013－2014 财年，棉花种植面积 280.6 万公顷，比上一财年的 287.9 万公顷减少了 2.5%；截至 2014 年 3 月，棉花产量为 1280 万包，与计划的 1410 万包相比，差距较大，比起上一财年的 1303 万包也少了 2%。种植面积和产量减少的主要原因是国内和国际棉价连续两年下跌，打击了种植者的积极性，导致旁遮普省的很多农户纷纷转产。从近五年趋势上看，巴基斯坦棉花种植量总体呈下降趋势，除了市场作用外，2010 年夏天发生的特大洪涝灾害也是一大原因。

表 8–5　巴基斯坦棉花生产情况

年份	种植面积		总产量	
	（万公顷）	增长率（%）	（万包）	增长率（%）
2009－2010	310.6	—	1291.4	—
2010－2011	268.9	−13.4	1146.0	−11.3
2011－2012	283.5	5.4	1359.5	18.6
2012－2013	287.9	1.6	1303.1	−4.1
2013－2014P	280.6	−2.5	1276.9	−2.0

注：P 表示该数据是临时数据，统计时该财年尚未结束，时间跨度从 2013 年 7 月至 2014 年 3 月。

数据来源：Omer Farooq. Pakistan Economic Survey 2013–2014：Agriculture［EB/OL］.［2014–12–10］. http://finance.gov.pk/survey/chapters_14/02_Agriculture.pdf.

与棉花一样，甘蔗也是巴基斯坦主要的经济作物，为制糖业提供主要原材料。2013 年 7 月至 2014 年 3 月，甘蔗对农业增加值和 GDP 的贡献率分别为 3.4% 和 0.7%，另外，蔗糖出口创汇 2.368 亿美元。近五年，巴基斯坦的甘蔗种植面积和产量呈上升趋势。2009－2010 财年，甘蔗种植面积为 94.3 万公顷，产量 4937.3 万吨；2010－2011 财年，为 98.8 万公顷和 5530.9 万吨；2011－2012 财年，分别上升至 105.8 万公顷和 5839.7 万吨；2012－2013 财年，为 112.9 万公顷和 6375 万吨；截至 2014 年 3 月，巴基斯坦的甘蔗种植面积为 117.3 万公顷，产量 6646.9 万吨。[①] 种植面积的扩大、天气条件的适宜和土壤肥力在洪水后的增加，是甘蔗产量增长的主要原因。

在巴基斯坦，水稻是仅次于小麦的第二大粮食作物，也是仅次于棉花的第二大创汇作物。水稻对农业增加值和 GDP 的贡献率分别为 3.1% 和 0.7%。2013－2014 财年，水稻种植面积达 278.9 万公顷，比上一财年的 230.9 万公顷增加了 20.8%；产量达 679.8 万吨，超过目标产量 620 万吨约 9.6 个百分点，比上一财年的产量 553.6 万吨多了约 22.8%。[②] 粮价的飙升是促使水稻种植面积大幅度增长的主要原因。水稻总产量的增加主要源于种植面积的增加。就水稻单产量而言，增长幅度并不大，这主要是因为 2013－2014 年度降水过多，加之局部种植区遭卷叶虫和枯萎病灾害，产量有所下降。

在巴基斯坦，粗粮的产量比较少。玉米是主要的粗粮，播种面积

① Omer Farooq. Pakistan Economic Survey 2013–2014：Agriculture［EB/OL］.［2014–12–10］. http://finance.gov.pk/survey/chapters_14/02_Agriculture.pdf.

② Omer Farooq. Pakistan Economic Survey 2013–2014：Agriculture［EB/OL］.［2014–12–10］. http://finance.gov.pk/survey/chapters_14/02_Agriculture.pdf.

约占粗粮播种面积的 1/2，产量约占粗粮产量的 3/4。从 2010 财年[①]到 2014 财年，玉米的播种面积从 93.5 万公顷增至 111.7 万公顷，产量由 326.1 万吨增至 452.7 万吨，播种面积总体呈上升趋势，只在 2012－2013 财年出现轻微下降。2013－2014 财年，玉米对农业增加值和 GDP 的贡献率分别为 2.1% 和 0.4%，与上一财年相比，产量增加了 7.3%。[②]种植面积的扩大得益于市场调节下部分棉农改种玉米及其他经济效益好的作物。面积的扩大和杂交品种的引进则是玉米产量大幅增加的主要原因。

在巴基斯坦，除了上述五种作物外的农作物被称为其他作物，主要包括粗粮、豆类、薯类、油籽、烟草、蔬菜、水果等。2013－2014 财年，作为巴基斯坦种植量最大的春季豆类作物，鹰嘴豆的产量为 47.5 万吨，远少于上一财年的 75.1 万吨，降幅达 36.8%；兵豆产量为 0.93 万吨，比起上一财年下降了 5.1%；豌豆产量 1.09 万吨，与前一财年持平；只有绿豆的产量出现小幅增加，达到 9.29 万吨，增长率为 3.3%。与鹰嘴豆情况相似，油菜籽、土豆、高粱、御谷和大麦的产量也纷纷下降，降幅分别为 11.7%、7.8%、3.3%、3.2% 和 1.5%，仅烟草的产量与上一财年持平。[③]

巴基斯坦每年出产约 580 万吨水果、290 万吨蔬菜。在水果中，芒果、石榴、柑橘、苹果、梨、香蕉和枣是主要品种；在蔬菜中，洋葱和辣椒是主要品种。

---

① 巴基斯坦的财政年度由每年 7 月 1 日起至翌年 6 月 30 日为止，表示方式可以选择“起始年－终止年”方式或“起始年”方式，即 2010－2011 财年或 2010 财年。

② Omer Farooq. Pakistan Economic Survey 2013-2014: Agriculture［EB/OL］.［2014-12-10］. http://finance.gov.pk/survey/chapters_14/02_Agriculture.pdf.

③ Omer Farooq. Pakistan Economic Survey 2013-2014: Agriculture［EB/OL］.［2014-12-10］. http://finance.gov.pk/survey/chapters_14/02_Agriculture.pdf.

表 8-6 巴基斯坦洋葱和辣椒生产情况

种类	2011－2012		2012－2013		2013－2014[P]	
	种植面积（万公顷）	产量（万吨）	种植面积（万公顷）	产量（万吨）	种植面积（万公顷）	产量（万吨）
洋葱	12.97	169.23	12.59	166.08	12.78	166.13
辣椒	2.74	4.72	6.36	14.72	6.25	14.51

注：P 表示该数据是临时数据，统计时该财年尚未结束，时间跨度从 2013 年 7 月至 2014 年 3 月。

数据来源：Omer Farooq. Pakistan Economic Survey 2013-2014: Agriculture［EB/OL］.［2014-12-10］. http://finance.gov.pk/survey/chapters_14/02_Agriculture.pdf.

油籽是榨油业的主要原料，是一类产品。在巴基斯坦，油籽包括棉籽、葵花籽、芥花籽和油菜籽四种，其中，棉籽油占巴基斯坦食用油产量的 50%－60%。2012－2013 财年，巴基斯坦全国的食用油供给量为 306.9 万吨，其中，国产 56.7 万吨，其余均为进口产品，进口花费高达 25 亿美元。2013 年 7 月至 2014 年 3 月，巴基斯坦进口食用油 171.9 万吨，价值 14.25 亿美元。同期，国内油籽种植总面积 784.7 万公顷，产量 409.1 万吨，榨油 60.6 万吨，种植面积比前一财年略有下降，但产量和榨油量均有所上升。

3. 种植业投入情况

农作物产量的提升与合理有效的投入密切相关。巴基斯坦在种植业上的投入主要是指化肥、种子、农用机械和灌溉方面。

（1）化肥

化肥投入效益高、回报快，在其他条件均具备的情况下，如果合理施用化肥，根据作物品种不同，产量一般会提升 30%－50%。巴基斯坦几乎所有的土地都缺氮，80%－90% 的土地缺磷，30% 的土地缺钾，各省可耕地普遍缺乏微量元素，在连续多年的精耕密种之后，土壤肥力消耗殆尽。2013 年 7 月至 2014 年 3 月，巴基斯坦化肥产量比上一财年同期增长了 18.2%，进口量增加了 52.2%，总供给量增加了 26%，销售量增加了 20.6%。其中，磷肥销售量增长幅度最大，达 22.8%，氮肥增加了 20.1%，钾肥销售量增长极少。

（2）种子

种子是种植业的重要组成部分，选用优质种子是提升农作物潜在产量的关键因素。2013 年 7 月至 2014 年 3 月间，各类改良种子的销售量合计 37.2 万吨。

表 8-7 部分种子供给情况统计

作物	本地育种量（吨）	种子进口量（吨）	种子总供给量（吨）
小麦	271250.00	0	271250.00
棉花	17175.25	0	17175.25
水稻	33284.94	3840.69	37125.63
玉米	2772.89	11617.83	14390.72
豆类	689.81	0	689.81
油籽	42.00	1320.08	1362.08
蔬菜	65.00	4743.72	4808.72

数据来源：Omer Farooq. Pakistan Economic Survey 2013–2014: Agriculture [EB/OL]. [2014-12-10]. http://finance.gov.pk/survey/chapters_14/02_Agriculture.pdf.

巴基斯坦联邦种子认证与登记局专门从事对国有和私有种子生产企业的认证工作。该局通过所属的 28 个实验室对各地企业生产的种子进行质量检测，同时，监控市场上的种子质量，保证农民得到良种。

（3）农用机械

随着科学技术的发展，机械设备被越来越广泛地应用于农业生产。农业机械化在提高农产品产量上发挥着重要作用，已经成为农业发展的必然趋势。农机设备几乎贯穿农作物种植的各个环节，特别是在播种和收割的过程中，极大地提高了工作效率。为此，巴基斯坦政府鼓励农民在生产过程中使用机械设备，以实现主要作物的自给自足甚至盈余。政府通过国家银行提供农机专项信贷，并降低贷款门槛，使专项信贷尽可能惠及全体农民。此外，政府还加大了农机设备的生产力度，如在播种和收割过程中最常用的拖拉机，在 2012 年 7 月至 2013 年 3 月间的产量就达到了 36121 台，比前一财年同期增长了 34.6%。[①] 尽管 2013－2014 财年同期的拖拉机产量下降至 25186 台，但减少的主要是小型拖拉机，大型拖拉机产量依然稳定，既反映了市场的调节作用，又体现出巴基斯坦农业向机械化稳步迈进的趋势。

（4）灌溉

高效利用水资源是农业可持续发展的基本要求。巴基斯坦的印度河平原地区有着得天独厚的灌溉河道网，辅以播种后和收割前的适量降水，使得旁遮普和信德两省的灌溉条件相当优越。

由表 8-8 可知，在农作物最需要灌溉的时节，巴基斯坦近年来的降水量均略高于标准值，可谓风调雨顺。另外，河道灌溉量也有所提升。2013 年春种作物生长季（4－9 月），全国河道灌溉量比前一年同期提高了 14 个百分点，达到 6550 万英亩英尺（约 185 万立方米）。2013 年秋种作物生长季（2013 年 10 月－2014 年 3 月），全国的河道灌溉量为 3250 万英亩英尺（约 92 万立方米），同比增长 2%。可见，农业生产规模的扩大导致了灌溉需求的上升。

---

① Omer Farooq. Pakistan Economic Survey 2012-2013: Agriculture［EB/OL］.［2014-12-10］. http://finance.gov.pk/survey/chapters_13/02-Agriculture.pdf.

表 8-8 巴基斯坦 2012—2014 年播种季后和收割季前的降雨记录（mm）

降水量	2012 年雨季	2013 年冬季	2013 年雨季	2014 年冬季
实际	181.4	109.5	151.4	76.7
标准	140.8	74.3	140.8	74.3

注：标准降水量为 1961 年至 2010 年同期降水的平均值。

数据来源：Omer Farooq. Pakistan Economic Survey 2013-2014: Agriculture [EB/OL]. [2014-12-10]. http://finance.gov.pk/survey/chapters_14/02_Agriculture.pdf.

由于工业和家庭生活用水量也在不断增加，而全国可用水资源量却在不断地减少，因此，节约灌溉用水，提高灌溉效率已变得势在必行。在国家新的增长战略和相关原则的指导下，巴基斯坦水利部门秉持公平、效率、共同决策和可持续发展的精神，提出了水资源综合管理计划。其具体措施如下：

（1）建设中、小型水坝，提升地表水储量，尽可能保证灌溉期水资源供应。

（2）重新规划灌溉水渠、河道，修复被洪水破坏的灌溉系统，改善对现有系统的管理。

（3）加强对水利基础设施的保护，使其免遭洪水冲击、积水浸泡和盐分侵蚀。

截至 2014 年 3 月，投入到该计划中的资金已经超过 570 亿卢比，目前在建的几个主要水利项目如下表所示：

表 8-9 在建的主要水利项目

项目	蓄水量（万英亩英尺）	灌溉面积（英亩）	目前状态（截至 2014 年 3 月）
戈马尔·扎姆大坝	89.2	163100	竣工
莱尼渠	—	412400（一期）	土建完成 98%
卡其渠	—	713000（一期）	土建完成 78%

（续表）

项目	蓄水量（万英亩英尺）	灌溉面积（英亩）	目前状态（截至 2014 年 3 月）
萨特帕拉多用途大坝	5	15536	土建完工
达尔瓦特大坝	8.92	25000	土建完成 92%
纳伊贾吉大坝	16	28800	土建完成 27%
瑙隆大坝	20	47000	土建初始阶段
印度河右岸河口排水渠（1）	—	542500	土建完成 89%
印度河右岸河口排水渠（2）	—	3000000	土建完成 67%
印度河右岸河口排水渠（3）	—	694796	土建完成 85%

数据来源：Omer Farooq. Pakistan Economic Survey 2013-2014: Agriculture［EB/OL］.［2014-12-10］. http://finance.gov.pk/survey/chapters_14/02_Agriculture.pdf.

（二）畜牧养殖业

1. 概况

畜牧养殖业是巴基斯坦农业的另一大支柱，在政府的经济发展规划中占据特殊位置。在农村地区，饲养禽畜是农民收入的重要来源，也是他们在粮食歉收情况下的生活保证，在减少贫困、改善农村社会经济条件方面发挥着重要作用。

人口的增长、城市化进程的加快、人均收入的提高和出口量的增多，是刺激巴基斯坦畜牧业发展的主要因素。整个畜牧业的发展战略围绕培养以私人部门为主导、公共部门为辅助的发展模式而展开。公共部门主要通过政策干预，创造有利环境，提升农民的禽畜饲养能力。其重点是提升禽畜生产能力，从以生活为导向转为以市场为导向，建立盈利性禽畜农场，满足国内外对禽畜及其附属产品的需求。最终目的是挖掘国内畜牧业潜力，使其成为经济发展的重要动力和食品安全的保证，提高农村人口收入水平，改善农村社会经济条件。

2013－2014 财年，巴基斯坦畜牧养殖业贡献了农业增加值的 55.9% 和 GDP 的 11.9%，其中，禽类占畜牧养殖业增加值的 10.8%，畜类占 90.2%，畜类的增加值从上一财年的 7563 亿卢比增长到了 7765 亿卢比，增长率为 2.7%。

表 8-10　2011－2014 年巴基斯坦家畜养殖数目情况统计（百万）

种类	2011－2012	2012－2013	2013－2014
肉牛	36.9	38.3	39.7
水牛	32.7	33.7	34.6
绵羊	28.4	28.8	29.1
山羊	63.1	64.9	66.6
骆驼	1.0	1.0	1.0
马	0.4	0.4	0.4
驴	4.8	4.9	4.9
骡	0.2	0.2	0.2

注：牲畜数目是根据 1996 年和 2006 年两次牲畜普查情况和年均增长率估算出的约数。

数据来源：Omer Farooq. Pakistan Economic Survey 2013-2014: Agriculture [EB/OL]. [2014-12-10]. http://finance.gov.pk/survey/chapters_14/02_Agriculture.pdf.

2013－2014 财年，巴基斯坦乳品产量约 5099 万吨，肉类产量（不含动物内脏）约 353.1 万吨，分别比前一财年增长了 3.2% 和 4.5%。肉类产品中，红肉（主要是牛羊肉）占 72%，禽肉占 28%。国家在养禽业中的投资超过了 2000 亿卢比，养禽业增加值的年增长率为 8%－10%，显示出强劲的增长势头和巨大的发展潜力。2013－2014 财年（截至 2014 年 3 月），巴基斯坦养禽业增加值为 1307 亿卢比，比上一财年全年（2012 年 7 月－2013 年 6 月）的增加值多了 9 亿卢比，增长率为 7.4%。

表 8-11 2011—2014 年巴基斯坦家禽数目及禽类产品生产情况统计

种类	单位	2011—2012	2012—2013	2013—2014
家禽	亿只	7.21	7.85	8.55
蛋	亿个	131.14	138.13	145.56
禽肉	万吨	83.4	90.7	98.7

注：1. 禽类数目根据 2005—2006 年度禽类统计数值和禽类年均增长率计算得出。2. 蛋产量和肉产量分别根据禽类产蛋参数和产肉参数计算得出。

数据来源：Omer Farooq. Pakistan Economic Survey 2013-2014: Agriculture［EB/OL］.［2014-12-10］. http://finance.gov.pk/survey/chapters_14/02_Agriculture.pdf.

2. 畜牧养殖业政策

随着第十八宪法修正案的通过，禽畜健康和养殖工作被移交给了各省。联邦政府的相关部门主要通过制定政策，促进、引导畜牧养殖业发展，同时，继续对其加强监督管控。在修改后的宪法的指导下，联邦政府允许进口高产牲畜以改良国内产肉、产乳动物的基因；允许进口高质量饲料以提高禽畜的营养价值；允许进口兽药、乳制品和应用于禽畜饲养的机器设备，鼓励在国内建立增值性的养殖场。

联邦政府将家禽行业的发展目标定为向国内和国际市场持续提供充足的禽肉、蛋类和附加产品，同时，建立起以私营部门为主导的可持续发展模式。为此，巴基斯坦农业部围绕完善监管框架、加强疾病防控、改良品种、提高生物安全性、发展环境友好型的高科技养殖、增加产品附加价值等要点，制定了养禽业发展政策。

在牲畜养殖方面，联邦政府计划将肉类产量至少提高 5%，将乳品产量至少提高 8%，另外，将目前以生存供给为导向的自足型畜牧业转变为以市场需求为导向的盈利型畜牧业，实现利益链从牧场到餐桌的全覆盖，发展多样化的牲畜产品，增强本国肉类、乳类产品在全球清真食品市场的竞争力。为此，联邦政府积极促进活牲畜和肉制品的出口，2013 年 7－9 月，巴基斯坦出口活牛 8995 头、活羊 4880 只，2013 年 7 月至 2014 年 3 月间，出口预制肉 58730 吨，创汇 1.775 亿美元；此外，还有内脏、骨、角、蹄、明胶等附加产品，创汇 5000 万美元。刺激出口的同时，巴基斯坦也加强了高产奶牛的进口，如荷兰的弗里赛奶牛（黑白花奶牛）和产自英国泽西的优质奶牛。2013 年 7 月至 2014 年 3 月间，巴基斯坦进口奶牛 7186 头。为了促进奶农增收，政府对进口的混合饲料实行免税政策。① 此外，动物检疫部门还加强了对牲畜的检疫力度，农业部牲畜司同国际兽疫会、联合国粮农组织等国际组织建立了合作关系，以提升联邦和各省检测和控制牲畜疫情的能力。各省间也加强了联系与合作，共同执行了口蹄疫控制计划，以减少动物疫情造成的经济损失，降低安全隐患。

（三）渔业

渔业包括捕鱼、培育鱼苗、经营养鱼场以及与捕捞相关的服务业务。依据国际产业分类标准，渔业是一个独立的部门，但在巴基斯坦的统计体系中，渔业被划归为农业的一部分。在巴基斯坦，渔业是沿海居民收入的重要来源，沿海渔业和内陆渔业（基于河、湖、水库等内陆水系的渔业）对国家经济发展起着重要作用。尽管渔业在巴基斯坦 GDP 中所占的份额很少，但却是国家外汇的主要来源之一。巴基斯坦渔业产品的主要出口对象包括中国、泰国、马来西亚、斯里兰卡、日本和中东诸国。2013－2014 财年（7 月－翌年 3 月），巴基斯坦的鱼类产量约为 514500 吨，其中，海鱼 349500 吨；同期，出口的鱼和鱼类加工品约 103833 吨，创收 2.531 亿美元，出口量和创汇

① Omer Farooq. Pakistan Economic Survey 2013-2014: Agriculture [EB/OL]. [2014-12-10]. http://finance.gov.pk/survey/chapters_14/02_Agriculture.pdf.

量分别比上一财年同期增长了 0.04% 和 8.8%。[①]

水产品除了是巴基斯坦重要的创汇产品外，还是该国人民重要的食物来源，国民蛋白质摄入量的 2% 由鱼类食品提供。渔业部门在 2000－2001 财年和 2001－2002 财年出现负增长，降幅分别为 3.0% 和 12.3%。2002－2003 财年，虽然有所反弹，增长率升至 3.4%，但在随后的一个财年又下滑至 2.2%。[②] 水污染的加剧、外国渔船的非法捕捞和资金的缺乏，是巴基斯坦渔业面临的主要困难。

为了振兴渔业，各级政府的渔业部门采取了多种措施，包括引进并推广先进养鱼技术，培育经济价值高的品种，增加鱼类产品的人均消费量，加强拓展服务，改善渔民聚居区的社会经济条件等。近年来，联邦政府采取的主要措施和取得的成果包括：

（1）实施卡拉奇渔港修复升级工程，工程分两期，总投资约 65.93 亿卢比。

（2）实施加达尼渔港翻修工程，工程已近完成，修缮后的渔船停靠点可达到国际水平。

（3）为满足欧盟及其他水产品进口国的要求，政府和相关私营公司出资，对 1156 艘渔船进行了技术升级，提高了捕鱼效率。

（4）加强质量监控。政府的海洋渔业司在促进水产品出口的同时，还负责检测产品质量。为此，该部门建立了两间获得 ISO 17025 国际质量体系认证的实验室，可分别对水产品体内的微生物和化学残留进行检验，检验结果得到世界认可。2013－2014 财年（7 月－翌年 3 月），海洋渔业司共出具 12356 份水产品质量合格证明。政府的这一举措极大地促进了巴基斯坦水产品走向世界各国，特别是欧美发

---

① Omer Farooq. Pakistan Economic Survey 2013-2014：Agriculture［EB/OL］.［2014-12-10］. http://finance.gov.pk/survey/chapters_14/02_Agriculture.pdf.

② Omer Farooq. Pakistan Economic Survey 2012-2013：Agriculture［EB/OL］.［2014-12-10］. http://finance.gov.pk/survey/chapters_13/02_Agriculture.pdf.

达国家。在港口、捕鱼船和产品质量检验等方面均得到提升的情况下，欧盟恢复了对巴基斯坦水产品的进口，这无疑是处在复苏阶段的巴基斯坦渔业的福音。

(5) 深化深海捕鱼改革。巴基斯坦于 1976 年申明了本国约 250000 平方千米的专属经济区。1982 年，巴基斯坦开始在专属经济区进行深海捕鱼。然而，受困于资金不足，巴基斯坦的深海捕鱼业发展并不顺利。为此，政府于 2009 年实行政策改革，简化深海捕鱼审批程序，鼓励私营企业家投资该行业，组建由本土海员掌控的深海捕鱼船队。

综上所述，巴基斯坦农业正面临一些挑战，农业在 GDP 中所占份额呈下降趋势，然而，这并不意味着农业的重要性降低了。农业的持续增长是改善民生、减少贫富差距的关键因素。农业的可持续发展需要新的范式，即以市场需求为导向，以提高主要作物产量和加强高价值作物多样性为基础，保持畜牧养殖业高速增长，鼓励其发展成独立的生产部门，采用工、商业发展方式发展渔业，最终建立起生产高效的盈利型农业。此外，巴基斯坦政府还采取了各种措施来提高农业增速，并加强了对农业科研领域的投资。

(四) 林业 (参见第一章第一节相关内容)

二、工业

工业是巴基斯坦经济增长的引擎，在过去的 40 年中，工业增加值的平均增长率超过 8%。在巴基斯坦的工业体系中，纺织业持续发挥支柱作用，食品加工、工程、机械、电子、汽车、化工等新兴行业发展迅速。2013－2014 财年，工业对 GDP 的贡献率为 20.8%，同时，它还是国家税收的主要来源，并为劳动力提供了大量就业岗位。

相较于巴基斯坦其他经济部门而言，工业欠缺稳定性，更容易受资源、市场、金融等因素的影响。2008 年国际金融危机之后，巴基斯坦工业陷入低迷。国际、国内市场需求的降低严重影响了巴基斯坦的纺织业和手工艺品制造业，电力的匮乏则导致大型制造业的生产效率走低。2013 年，谢里夫政府上台后，采取了一系列措施来恢复经济。2013－2014 财年，巴基斯坦工业取得了 5.8% 的可喜增长，是 2008－2009 财年以来的最高值[①]。巴基斯坦工业表现出复苏迹象，其未来值得期待。

按照国际分类标准，工业包括制造业、矿业、发电和输电业、水和天然气的分配供应业以及建筑业。不过，巴基斯坦的工业分类有自己的特点。巴基斯坦工业包括四个子部门，分别是制造业、矿业、建筑业以及电力、燃气的生产和供应业，供水业未被归为工业部门。

（一）制造业

制造业是巴基斯坦工业最重要的子部门，在国家工业体系中占 64.92% 的份额，在社会经济发展的过程中发挥着关键作用。巴基斯坦建国以来，制造业总体发展良好。1949－1950 财年，制造业对 GDP 的贡献率仅为 7.7%；1980－1981 财年，增加到 15.1%；2007－2008 财年，增至 18.9%。受 2008 年国际金融危机的影响，制造业对 GDP 的贡献率下滑明显，2012－2013 财年降至 13.2%，2013－2014 财年（7 月－翌年 3 月）略有回升，为 13.5%。

巴基斯坦建国之初，制造业基础薄弱，然而，在国家重点扶持政策的帮助下，制造业在 20 世纪 50 和 60 年代获得了快速增长，年均增长率分别为 7.7% 和 10%。然而，受工业国有化政策和国家分裂的影响，制造业增速在 70 年代降至 5.5%。80 年代，随着国有企业大

① Attaullah Shah．Pakistan Economic Survey 2013-2014：Manufacturing & Mining［EB/OL］．［2014-12-11］．http://finance.gov.pk/survey/chapters _14/03_Manufacturing_and_Mining.pdf.

规模私有化的实施，制造业的年均增长率上升至 8.2%，随后，受政局动荡的影响，下降至 4.8%。进入 21 世纪，制造业迎来复苏，在 21 世纪头十年的增速达到 7.1%，其中，在 2003－2004 和 2004－2005 两个财年中，制造业的增长率分别达到 14.0% 和 15.5%。但在 2007－2008 财年，制造业的增长率又降至 6.1%，在接下来的一个财年甚至出现了 4.2% 的负增长。谢里夫政府上台后，巴基斯坦经济形势有所好转，制造业也恢复了稳步增长的趋势。2012－2013 财年，制造业增速为 4.53%，2013－2014 财年为 5.55%。[①]

巴基斯坦习惯将本国的制造业分成三个部分：一是大型制造业，二是小型制造业，三是屠宰业。大型制造业主要由国有或私营的大型企业构成，在制造业中所占比重最大，为 81%，紧随其后的是小型制造业，所占比重为 12.3%。

1. 大型制造业

2013 年 7 月至 2014 年 3 月，大型制造业对 GDP 的贡献率为 10.9%，小型制造业的贡献率为 1.7%。由于发电量增加，大型制造业产值的增长率达到 4.3%，同比增长 0.8%，其中，肥料业同比增长 21.64%，皮革业增长 12.96%，食品、饮料和烟草业增长 7.78%，橡胶业增长 9.48%，化工业增长 6.71%，造纸业增长 8.03%，煤炭和石油业增长 7.84%，电子工业增长 2.91%，钢铁业增长 3.38%，纺织业增长 1.44%。

① Attaullah Shah. Pakistan Economic Survey 2013-2014：Manufacturing & Mining [EB/OL]. [2014-12-11]. http://finance.gov.pk/survey/chapters_14/03_Manufacturing_and_Mining.pdf.

表 8-12 巴基斯坦大型制造业部分子部门 2013－2014 财年（7 月－翌年 3 月）生产情况统计

序号	产品类别	产量（吨）	增长率（%）		对 GDP 的贡献率（%）	
			2012－2013	2013－2014	2012－2013	2013－2014
1	纺织品	20.91	0.91	1.44	0.19	0.30
2	食品、饮料和烟草	12.37	7.43	7.78	0.92	0.96
3	焦炭和石油产品	5.51	13.32	7.48	0.92	0.96
4	药品	3.62	6.61	−0.49	0.24	−0.02
5	化工产品	1.72	−0.66	6.71	−0.01	0.12
6	钢铁	5.39	13.24	3.38	0.71	0.18
7	化肥	4.44	−5.03	21.64	−0.22	0.96
8	电子产品	1.96	2.38	2.91	0.05	0.06
9	皮革制品	0.86	−1.74	12.96	−0.01	0.11
10	纸制品	2.31	17.82	8.03	0.41	0.19
11	工程产品	0.40	−15.44	−21.40	−0.06	−0.09
12	橡胶制品	0.26	17.61	9.48	0.05	0.02
13	非金属矿产制品	5.36	6.07	0.15	0.33	0.01
14	木材产品	0.59	−18.98	−8.91	−0.11	−0.05

数据来源：Attaullah Shah. Pakistan Economic Survey 2013-2014: Manufacturing & Mining [EB/OL]. [2014-12-11]. http://finance.gov.pk/survey/chapters_14/03_Manufacturing_and_Mining.pdf.

由上表可知，化肥和皮革产量的增长最为明显。2013－2014 财年（7 月－翌年 3 月），仅氮肥的增长率就达到了 24.59%，而毛皮和面革的增长率分别为 15.72% 和 7.78%。

食品、饮料和烟草业依然是刺激国家经济增长的主要行业之一，其在大型制造业中所占比重达 12.37%。数据显示，该部门的生产保持了高速增长的趋势，其中，糖产量增长 10.88%，软饮料增长

34.03%，食用油增长 4.05%。餐饮业的繁荣使乳制品、粗加工食品和饮料的需求量上升，对食品、饮料和烟草业产生了积极影响。

在电子产品领域，空调、冷冻机、电动机、蓄电池和冰箱的产量增幅较大，分别为 36.12%、83.03%、20.01%、3.27% 和 2.63%。石油制品方面，普通柴油产量增长 62.61%，高速柴油增长 13.11%，润滑油增长 4.48%，高炉燃油增长 11.62%，汽油增长 6.61%。①

纺织业增长的主要动力来自黄麻生产。黄麻产量的增长率为 6.3%，棉纱和棉布的增长幅度很小，分别为 1.76% 和 0.68%。能源供给的增长和一般特惠制的实施可能进一步刺激纺织业的发展。

债务恶性循环问题的解决不仅令石油工业受益，而且通过增加能源供给使得其他工业部门也获得了发展良机。生产能力的提升、信贷的增加、工程建设的稳步推进、油价的可控以及替代性能源的开发和使用，均有助于大型制造业的发展。然而，在行业大发展的背景下，部分大型制造业部门没能抓住发展契机，出现了负增长，如工程机械制造业、木材业、制药业和汽车业等，增长率分别为 -21.4%、-8.91%、-0.49% 和 -0.01%。在汽车业中、轿车、卡车、巴士和摩托车的产量分别实现了 27.95%、30.94%、11.25% 和 3.38% 的增长，唯有拖拉机产量出现了 33.57% 的大幅下滑，导致整个行业出现了轻微的负增长。

表 8-13　2013—2014 年巴基斯坦部分大型制造业产品生产情况

序号	产品类别	产量（7 月—9 月）		同比增长（%）	对 GDP 贡献率（%）
		2012—2013	2013—2014		2013—2014（7 月—翌年 3 月）
1	冷冻箱	31427 台	57521 台	83.03	0.13

① Attaullah Shah. Pakistan Economic Survey 2013-2014：Manufacturing & Mining［EB/OL］.［2014-12-11］. http://finance.gov.pk/survey/chapters_14/03_Manufacturing_and_Mining.pdf.

（续表）

序号	产品类别	产量（7 月—9 月）		同比增长（%）	对 GDP 贡献率（%）
		2012—2013	2013—2014		2013—2014（7 月—翌年 3 月）
2	吉普、轿车	85109 辆	86187 辆	1.27	0.04
3	冰箱	827466 台	849222 台	2.63	0.01
4	面革	17178000 平方米	18514000 平方米	7.78	0.03
5	水泥	22757000 吨	22778000 吨	0.09	—
6	饮料	72832000 升	68874000 升	−5.43	−0.06
7	药品	1867816.5 万片	1887706.4 万片	1.06	0.02
8	食用油	266506 吨	266997 吨	0.18	—
9	棉布	771270000 平方米	776500000 平方米	0.68	0.05
10	棉线	2253510 吨	2293260 吨	1.76	0.23
11	糖	4621837 吨	5124540 吨	10.88	0.39
12	茶叶	69837 吨	77744 吨	11.32	0.04
13	石油产品	913056.7 万升	999633.2 万升	9.48	0.51
14	香烟	4924700 万根	4711400 万根	−4.33	−0.09
15	焦炭	148112 吨	31924 吨	−78.45	−0.08
16	生铁	146262 吨	68161 吨	−53.4	−0.85

数据来源：Attaullah Shah. Pakistan Economic Survey 2013-2014: Manufacturing & Mining [EB/OL]. [2014-12-11]. http://finance.gov.pk/survey/chapters_14/03_Manufacturing_and_Mining.pdf.

欧洲议会通过议案，给予巴基斯坦一般特惠国地位，显示出国际市场对巴基斯坦出口产品质量的信心。此外，在外交努力下，巴基斯坦产品还在欧洲市场获得了免税许可。超过 600 项巴基斯坦出口商品（主要是非增值性的纺织品）从 2014 年 1 月起，在欧盟 27 个成员国享受免关税的优惠待遇。一般特惠国地位对巴基斯坦而言意义重大，它使得巴基斯坦每年可获得超过 10 亿美元的收益，为外贸企业的发展提供了良好机遇。为此，政府和企业将加强合作，建立高效的管理机制，降低生产成本，保持产品的质量优势。此外，巴基斯坦政府还实施了青年项目贷款计划和青年技术发展计划，其中，前者有助于中、小企业的建立，后者则为大型企业提供训练有素、技术出众的员工。

（1）纺织业

纺织品是巴基斯坦的主要出口商品，除去季节性和周期性的波动，纺织品占据了巴基斯坦出口商品的 60%。近年来，巴基斯坦纺织品的出口量有所下降，在国际市场上不敌斯里兰卡和孟加拉，而二者早先已在欧盟市场获得了免税资格。

纺织业是巴基斯坦最重要的工业子部门，其年增加值占国内生产总值的 8%，且发展潜力依然巨大。巴基斯坦纺织业包含棉花种植、棉纱和织品加工、坯布印染以及毛巾、针织品和成衣生产等子产业。巴基斯坦纺织业的生产任务由大型工厂和家庭作坊两部分共同承担。前者基本为一体化企业，主要从事纺纱和使用无梭机织布；后者大部分为小型企业，主要从事手工织布、整理、毛巾和织品生产等工作，其产品具有极大的出口潜力。

在众多工业子部门中，纺织业的前后向关联性最强，直接将农业生产与外贸出口串联起来，形成了从原材料种植到加工生产再到销售、出口的完整产业链。纺织业贡献了工业部门增加值的 24%，所雇用的工人占工业部门雇用劳动力的 40%，其产品的出口额占国家出口总额的 55%，不过，由于技术落后，大部分纺织品为低附加值产品。

与其他国家的纺织业不同，巴基斯坦纺织业建立起一套自力更生的生产体系。从棉花种植到轧棉和编织加工，从面料到家用纺织品和成衣，所有环节和产品都与建立起的纺织品产业链有关。巴基斯坦政府于 2009 年第一次颁布了纺织业 5 年发展政策，划拨 1880 亿卢比用于各种长、短期发展方案，以保持纺织品产业链的稳定。2014 年 6 月，新的纺织业 5 年发展政策（2014－2019 年）开始实施。该政策旨在进一步刺激纺织业发展，吸引投资者，在未来 5 年将纺织品出口额提升至 260 亿美元。

表 8-14 巴基斯坦纺织业产品出口情况

	2010－2011	2011－2012	2012－2013	2012－2013（7 月－翌年 3 月）	2013－2014（7 月－翌年 3 月）	增长率（%）
棉纺织品出口额	13147	11778	12652	9352	10093	7.9
合成纺织品出口额	608	546	406	278	289	4.0
毛纺织品出口额	132	121	122	88	97	10.2
纺织品总出口额	13887	12445	13180	9718	10479	7.8
国家出口总额	24810	23624	24515	18017	19082	5.9
纺织品创汇比重	56%	53%	54%	54%	55%	—

注：出口额以万美元计。

数据来源：Attaullah Shah. Pakistan Economic Survey 2013-2014: Manufacturing & Mining［EB/OL］.［2014-12-11］. http://finance.gov.pk/survey/chapters_14/03_Manufacturing_and_Mining.pdf.

巴基斯坦希望在巩固现有竞争力的基础上，提升本国纺织品产量和国际市场份额。实现这一目标，需要投入大量资金、升级机器设备、采用高新技术，除此之外，还须注重工人培训、产品质量提升和品种多样化。为此，巴基斯坦政府开始着力开发多样化纺织品，如增加高支纱（一般用于纺织高档面料与特殊用布）在棉纱产品中的比例，生产高附加值产品，并力图通过吸引外资、增加投入、更新技术等途径改造纺织业。此外，政府看重服装加工业在出口中的高附加值，计划在卡拉奇、拉合尔和费萨拉巴德三个城市建立纺织服装城或出口加工区。可见，巴基斯坦纺织业的发展潜力依然很大。

（2）机械制造业

巴基斯坦机械制造业主要生产水泥厂设备、糖厂设备、工业锅炉、石油化工设备、建筑设备、输电设备、纺织设备、汽车生产和组装设备等机械设备。全行业共有 2000 多家企业，其中既有国有大型企业，也有中、小型私营企业。出于经济结构调整的考虑，巴基斯坦国有制造业企业正逐步向私有化过渡。巴基斯坦机械制造业的骨干企业如下：

① 国营企业

重型机械厂（Heavy Mechanical Complex）

重型电工厂（Heavy Electrical Complex）

塔克西拉重型工业厂（Heavy Industrial Taxila）

巴基斯坦航空工业综合厂（Pakistan Aeronautical Complex）

巴基斯坦工程公司（Pakistan Engineering Company）

卡拉奇造船厂（Karachi Shipyard & Engg. Works）

巴基斯坦机床厂（Pakistan Machine Tool Factory）

巴基斯坦兵工厂（Pakistan Ordnance Factories）

巴基斯坦钢铁厂（Pakistan Steel Mills）

② 私营企业

西门子巴基斯坦工程公司（SIEMENS Pakistan Engineering Co. Ltd）

戴斯肯工程有限公司（DESCON Engineering Ltd）

格雷沙姆东部私人有限公司［Gresham Eastern（Pvt）Ltd.］

格德布洛斯工程私人有限公司［Qadbros Engineering（Pvt）Ltd.］

DDFC 私人有限公司［DDFC（Pvt）Ltd.］

凯士比泵业有限公司（KSB Pumps Co. Ltd.）

哈西卜·瓦卡斯工程有限公司（Haseeb Waqas Engineering Ltd.）

金属构建私人有限公司［Metal Forming（Pvt）Ltd.］

兄弟工程私人有限公司［Brothers Engineering（Pvt）Ltd.］

巴基斯坦国有企业中，以重型机械厂为代表的一批大型骨干企业系 20 世纪 70 年代中国的援建项目，具有很强的制造、加工能力，在巴基斯坦民族工业发展中起到了重要作用。然而，由于体制和资金问题没有得到妥善解决，随着时间的推移，巴基斯坦大多国有机械制造企业都处于装备陈旧、技术落后、市场竞争力差的困境中。在私有化时机尚未成熟时，巴基斯坦政府积极寻求与外国资本合作，引进资金，更新技术。

负责发展国家机械制造业的工程开发董事会（Engineering Development Board）通过解决企业面临的政策、贸易、生产、材料进口和关税等方面的问题，为其创造有利条件。2013 年，董事会辑定并印发了《机械工程产品出口商名录（2013）》，以促进巴基斯坦机械工程产品的出口。该名录包含 150 家机械工程产品出口商的简况，被呈递给了各国驻巴使馆、外交使团、国内外商会和公会、巴基斯坦驻外使领馆以及其他相关机构，另外，董事会还十分重视解决工业技术问题，促进急需的产品创新，提高企业竞争力。

为了在可持续发展的基础上实现上述目标，董事会与学术界和高等教育董事会合作，共同实施了涵盖广泛的“产业研究计划”（Industrial Research Programme），旨在解决机械制造业在发展中遇到的技术问题，促进产品更新换代，发展新设计，改进生产流程，提升原材料品质，严格企业资格认证，提高产量，克服技术性贸易壁垒，开拓国际市场等。工程开发董事会通过多重渠道对该计划提供资金支持，计划所涵盖的企业还可得到国际专业机构的技术援助。目前，工程开发董事会已经组建了一个科研团队，该团队由来自 308 个领域的 992 名大学教授、科学家、技术专家和研究员组成，研究涉及机械工程、应用物理和应用化学等。

（3）汽车业

巴基斯坦汽车业主要从事车辆组装和有关部件的配套生产，产品类型包括摩托车、轿车、轻型商务车、吉普、巴士、卡车和拖拉机。巴基斯坦汽车工业兴起于 20 世纪中叶。20 世纪 50 年代，巴基斯坦第一家巴士生产厂建立；80 年代，日本铃木集团在巴基斯坦建立轿车组装厂；90 年代，另两家日本汽车企业——丰田和本田也相继进入巴基斯坦。中国将奇瑞轿车整车出口给巴基斯坦，还与巴基斯坦合作生产东风卡车（中方提供散件和技术指导，巴方自行设线组装和销售）。

汽车业的发展由产品设计、舒适度、安全性和用户选择等四大因素主导，竞争十分激烈。为了促进本国汽车业健康发展，巴基斯坦政府鼓励相关企业建立产品研发中心，筹建汽车生产技术专修学校，引进质量控制设备，积极创造适合汽车部件生产企业发展的环境。目前，巴基斯坦已经在一定程度上实现了汽车生产的本土化，未来将在争取产业增值的方向上发展。

表 8-15　2011—2014 年巴基斯坦汽车业生产组装情况

产品类型	组装能力	2011—2012（7 月—翌年 3 月）	2012—2013（7 月—翌年 3 月）	2013—2014（7 月—翌年 3 月）
轿车	240000	110059	84489	85357
轻型商务车	43900	14971	10438	13355
吉普	5000	371	620	830
巴士	5000	439	400	445
卡车	28500	1893	1380	1807
拖拉机	65000	26840	36121	24000
摩托车	2500000	620741	618439	586580

数据来源：Attaullah Shah. Pakistan Economic Survey 2012-2013:

Manufacturing & Mining [EB/OL]. [2014-12-11]. http://finance.gov.pk/survey/chapters_13/03_Manufacturing_and_Mining.pdf; Attaullah Shah. Pakistan Economic Survey 2013-2014: Manufacturing & Mining [EB/OL]. [2014-12-11]. http://finance.gov.pk/survey/chapters_14/03_Manufacturing_and_Mining.pdf.

总体而言，汽车业在经历了 2013 财年的萎靡后，迎来了一定程度的复苏，除摩托车产量下降 5%、拖拉机产量下降 34% 外，其他车辆的产量均有所上升，吉普和巴士的产量超过了 2012 财年，其他产品的产量接近 2012 财年的水平。

摩托车在产量上数十年来一直保持领先。在巴基斯坦公交行业不发达的情况下，摩托车凭借其易于操作、方便快捷和经济耐用等优点赢得了民众的青睐，成为最常用的交通工具，但从近 3 年情况来看，其产量呈下降趋势。

2014 财年（7 月－翌年 3 月）轿车产量仅比上一财年同期增加了 1%，同时，大量进口二手车占据了大块市场份额，侵蚀了国产轿车的销售基础，令本国轿车生产企业步履维艰。

巴基斯坦的汽车销量低于南亚国家的平均水平，但从另一方面讲，其国内的潜在需求量和行业的发展潜力巨大。巴基斯坦国家经济已显现出复苏迹象，政府须制定出具有连贯性的长期政策，促使汽车业持续、稳定发展。

（4）化肥业

化肥工业作为作物生长过程中重要材料的提供者，对农业增产有着重要的意义。巴基斯坦有 9 家尿素生产企业、1 家磷酸二铵生产企业、3 家硝酸磷肥生产企业、3 家过磷酸钙生产企业、2 家硝酸铵钙生产企业和 1 家氮磷钾复合肥生产企业，每年的总生产能力达到 896.5 万吨，但受需求量限制，实际产量低于生产能力。2013 财年，巴基斯坦化肥产量为 582.8 万吨，2014 财年的产量预估为 680.5 万吨，与生产能力相比，分别差 35% 和 24.1%。

巴基斯坦化肥业排在电力部门之后，是国家的第二大天然气消费行业，然而，由于巴基斯坦面临严重的能源危机，因此，用于化肥生产的天然气量十分有限。2013 财年，苏伊气田对化肥企业的供气量减少 20%，马里气田减少 12%，冬季的限电时间从 45 天增加到了 60 天。能源供给的缩减给化肥业带来了严重影响，直接导致化肥产量下降、价格飙升、进口激增、政府补贴和投资收效甚微。从 2012 年 6 月起，依靠苏伊气田北部供气网络提供天然气的化肥厂全部关门停产，依靠苏伊气田南部管线网络供气的化肥厂不得不在天然气供给量减少 20% 的情况下勉力支撑。

天然气的不足对巴基斯坦化肥业的影响是显而易见的。目前，巴基斯坦的尿素生产能力为每年 632.3 万吨，每年的尿素需求量为 620 万吨，理论上可以满足需求。然而，受天然气供给量的缩减影响，尿素的实际产量远低于需求量。2013－2014 年度的预计产量为 505 万吨，比尿素生产能力低 20.1%，比实际需求量低 18.5%，为了弥补供给缺口，国家不得不大量进口尿素并给予进口商财政补贴，以消除国内和国际市场间尿素价格的差异，维持国内尿素价格稳定。2013 财年，政府对尿素进口商的补贴为 127.6 亿卢比，而进口尿素的总价为 341.1 亿卢比，约合 3.59 亿美元。

（5）水泥业

水泥业在巴基斯坦大型制造业中地位突出，在促进出口、创造就业机会等方面发挥着重要作用。巴基斯坦是世界 20 大水泥生产国之一，全国共有 25 家水泥生产企业。近年来，国家为改善投资环境，大力建设基础设施，使水泥在国内市场供不应求。

2014 财年（7 月－翌年 4 月），水泥生产企业向国内市场输送水泥 2130 万吨，比上一财年同期增长 2.7%。若算上出口，则该财年前 10 个月的水泥产量为 2798.6 万吨，同比增长了 1.17%。仅 2014

年 4 月，全国水泥产量就达 321 万吨，创月产量历史新高。至此，巴基斯坦水泥业实现了自 2010 年特大洪灾以来备受期待的复苏，即便如此，水泥业仍有很大的生产潜力。2014 年初，水泥业生产能力的利用指数为 75%，2014 年底有望增长至 80%。水泥业的兴旺依赖于巴基斯坦建筑业的强势复苏和众多公共部门发展计划的顺利实施。其中，建筑业的复苏是最强有力的加速器，使水泥业在 4 年内就摆脱了 2010 年洪灾所造成的困境。

表 8–16　近 8 个财年巴基斯坦水泥业生产情况

财年	生产能力（万吨）	生产能力利用指数	国内市场输送量（万吨）	出口量（万吨）	总产量（万吨）
2006—2007	3050	79.23%	2103	323	2426
2007—2008	3768	80.14%	2258	772	3030
2008—2009	4228	74.05%	2033	1098	3131
2009—2010	4534	75.46%	2357	1065	3422
2010—2011	4237	74.17%	2200	943	3143
2011—2012	4464	72.83%	2395	857	3252
2012—2013	4464	74.89%	2506	837	3343
2013—2014^{P}	4464	75.23%	2130	669	2799

注：2013—2014^{P} 表示从 2013 年 7 月至 2014 年 4 月。

数据来源：Attaullah Shah. Pakistan Economic Survey 2013-2014: Manufacturing & Mining［EB/OL］.［2014-12-11］. http://finance.gov.pk/survey/chapters_14/03_Manufacturing_and_Mining.pdf.

表 8–17　巴基斯坦水泥出口情况

财年	出口至阿富汗（吨）	出口至印度（吨）	出口至其他国家（吨）
2009—2010	4017361	722968	5625391
2010—2011	4726996	590104	3910675
2011—2012	4715109	605453	3247268

（续表）

财年	出口至阿富汗（吨）	出口至印度（吨）	出口至其他国家（吨）
2012－2013[P]	3670437	382005	2870734

注：2012－2013[P] 表示从 2012 年 7 月至 2013 年 4 月。

数据来源：Attaullah Shah. Pakistan Economic Survey 2012-2013: Manufacturing & Mining [EB/OL]. [2014-12-11]. http://finance.gov.pk/survey/chapters_13/03_Manufacturing_and_Mining.pdf.

巴基斯坦还是世界 5 大水泥出口国之一，其产品出口至阿富汗、南非、伊拉克、印度、斯里兰卡、坦桑尼亚、吉布提、莫桑比克、苏丹和肯尼亚等国。

水泥业是大规模制造业中耗能最多的部门。21 世纪初，巴基斯坦所有的水泥厂均从使用天然气生产改为使用煤生产，从而使水泥业免受了国家油气资源短缺的影响。然而，考虑到巴基斯坦煤炭资源并不丰富且燃烧形成的污染较大，故一些水泥厂，如德拉加齐·汗水泥厂、拉奇水泥厂、富吉水泥厂等都开始使用生物燃料进行生产。

2. 小型制造业

巴基斯坦小型制造业主要是指国内的中小型制造业企业（简称中小企业）和家庭手工作坊，其中，中小企业是主体。

（1）中小企业的作用

巴基斯坦国内没有界定中小企业的统一标准，联邦政府对国内中小企业（Small and Medium Enterprises）界定是：生产性固定资产（不含土地和厂房）投资在 200 万－4000 万卢比之间，雇工人数超过 10 人，但在 99 人之内（含 99 人）的企业。其中，生产资料投资在 200 万－2000 万卢比之间，雇工人数在 10－35 人之间的为小型企业；雇工人数 36－99 人，生产性固定资产投资在 2000 万－4000 万卢比之间的属中型企业。

巴基斯坦经济处于过渡期，面临着提高经济增速、创造就业机会和遏制贫困等多重任务和压力，而巴基斯坦国内的中小工业企业数量众多，在创造财富和吸纳就业上极具潜力，因此，鼓励和促进中小企业发展对巴基斯坦经济来说意义重大。

根据粗略估计，巴基斯坦全国目前共有约 320 万家中小企业，占私营企业总数的 95% 以上，其雇用的劳动力超过全国非农业劳动人口的 80%。中小企业在高附加值产品生产方面表现卓越，其产值占全国高附加值产品生产总值的 35%。[①]

中小企业对发展农村经济和平衡社会收入分配来说也有积极意义，此外还为提高工人的技术水平和企业家的管理水平提供了训练平台，在国民经济中，是对大型企业的有效补充。与大型制造业相比，它们更加直接地造益于普通民众。

（2）中小企业的现状

中小企业对巴基斯坦经济和社会发展的贡献有目共睹，但其自身所面临的诸多问题和困难也是显而易见的，这些问题和困难集中体现在基础设施、融资和市场营销等方面。

中小企业融资能力差，缺少经验、先进技术、信息和必要的咨询服务。特别是在融资方面，相较于大型企业，中小企业得到的待遇很差。如中小企业从国家金融机构实际可获得的信贷仅占国家信贷总额的 12%。由于大部分中小企业技术现代化程度不高，管理水平和生产效率低下，无力扩大生产规模，也无法使生产多元化，而不断上涨的原材料价格又迫使其支付高额成本，加之其产品的市场营销能力低，抵御风险能力差，故巴基斯坦中小企业在整体上处境艰难，不少企业不得不遭受失败、倒闭的厄运。

上述困难中，融资困难是中小企业面临的首要问题。由于中小企

---

① Attaullah Shah. Pakistan Economic Survey 2013–2014：Manufacturing & Mining［EB/OL］.［2014–12–11］. http://finance.gov.pk/survey/chapters_13/03_Manufacturing_and_Mining.pdf.

业本身的经营风险较高，故商业银行和贷款公司在向其贷款上限制较多。评估、办理支付和做小额贷款建议书方面的高额管理成本，是阻碍银行资金流向中小企业的另一个因素。即便申请手续齐全，大部分银行也只会满足中小企业的流动资金需求，对用于固定资产投资的中长期贷款申请，一般选择拒绝。

抵押或担保是中小企业获得银行贷款的另一个障碍。新千年以来，联邦政府针对中小企业在融资上的困难做了一些政策调整，如根据巴基斯坦国家银行对中小企业的界定和政策，凡雇工人数不超过 250 人，拥有固定资产在 1 亿卢比以内，营业额不超过 3 亿卢比的制造业企业，在无任何抵押的情况下，有权获得 300 万卢比的贷款。此外，中小企业还可以通过群保进行小额贷款。所谓群保，是指由 25—40 家中小企业组成互利的担保联合体，它们通过共同出资建立相互担保基金，为联合体内单个成员向各银行借贷提供担保。

（3）巴基斯坦中小企业发展署的职能和作用

为解决中小企业的困难，巴基斯坦政府于 1998 年 10 月成立中小企业发展署（The Small and Medium Enterprises Development Authority，缩写 SMEDA），负责扶植中小企业，协助其应对各种挑战。

中小企业发展署不仅是一个向中小企业提供服务的机构，还是政府在中小企业事务上的顾问机构。其职能包括：

（1）制定鼓励中小企业发展的政策，在与中小企业有关的财政和货币事务方面向政府提供建议；

（2）寻找和确认以供求缺口为基础的商机；

（3）建立并维护一个为中小企业服务的关于机构和供货商的数据库；

（4）安排对相关领域的研究；

（5）为中小企业获得融资创造便利条件；

（6）通过举办研讨会、学术会议以及实施培训计划等方式，提升中小企业参与 WTO 事务的能力；

（7）向中小企业提供按行业划分的商务发展服务；

（8）协助中小企业获取其产品或加工服务的国际证书；

（9）协助建立中小企业协会、商会与政府间的联系，为强化中小企业协会、商会的作用提供便利；

（10）利用外来援助计划和项目促进中小企业发展。

此外，中小企业发展署还对可能影响中小企业发展的国际趋势和国家政策以及其他宏观经济因素进行综合分析，以逐步创建一个对中小企业有利的商业环境。同时，发展署还与种植业、渔业、纺织、皮革、运输、石材等行业的大型企业以及国际发展伙伴密切合作，向中小企业提供积极有效的融资、技术、管理和营销服务。

中小企业发展署设董事会，由 12 人组成，其中有 6 人来自政府部门，分别为工业部部长、工业部秘书、商务部部长、商务部秘书、财政部秘书和中小企业发展署首席执行官，另外 6 名成员为私营企业代表。发展署在四省省会和全国 21 个地区的商业中心设有办公室，形成了一个层次分明的网络。在政府指导下，中小企业发展署实施了各种帮扶计划，收效明显。2013 财年，发展署动员投资 40.1 亿卢比，创造工作岗位 15700 个，使 16000 家中小企业实现了经济增长，全国中小企业的产值达到 34.6 亿卢比。2014 年，发展署开始实施于 2013 年 11 月 8 日公布的“实习生入口”（Internship Portal）计划。通过该计划，中小企业可向全国各高校学生提供实习岗位，从而建立与高质量人才的联系，以便向知识型和创新型企业转变。该计划的实施标志着国家对中小企业的发展战略做出了调整。

为了提升中小企业在国际市场的竞争力，发展署制定了中小企业 5 年发展计划（2013－2018 年），并定下了“依靠中小企业发展，创造就业机会并增加国家收入附加值”的目标。该计划主要针对新兴产业领域的中小企业和传统工业领域中对 GDP 和出口创汇贡献较大的中小企业，重点扶植产业链中的核心驱动企业，其手段包括兴建基础设施，进行政策引导，营造良好的创业生态等。

除了组建中小企业发展署，巴基斯坦政府还于 2002 年成立了中小企业银行，专门负责解决中小企业的融资问题。

可以说，建立中小企业发展署和中小企业银行是政府为扶持和促进中小企业发展的一项主动举措。中小企业发展署和中小企业银行的作用将会使中小企业明显受益，并让那些想要创办小企业的人看到光明前景。

（二）矿业

巴基斯坦矿产资源齐全，有色金属矿、黑金属矿、稀有金属矿、非金属矿、石材等应有尽有，然而，巴基斯坦矿业现状却不尽如人意。阻碍矿业发展的主要因素是资金不足和技术缺陷。在巴基斯坦，金属矿的开采仅限于铬铁矿和其他几种常见金属，非金属矿则基本上由一些小型私人公司以原始方法开采，产品附加值小，如石材。巴基斯坦有丰富的花岗石、大理石、石灰石等资源，但由于缺少资金和技术，开采受到限制。石材的开采和加工停留在非工业化生产的粗放水平，既浪费资源，又阻碍发展。

2014 财年，巴基斯坦矿业增长约 4.4%，比上一财年的增长率高出 0.6%。硫黄、铬铁矿、铝土矿、白云石、煤炭、石灰石、原油和岩盐等矿产的开采量均有不同程度的增长。其中，硫黄增长 74.7%，铬铁矿增长 70.8%，铝土矿增长 53.3%，白云石增长 40.7%，煤炭增长 16%，石灰石增长 14.3%，原油增长 11.3%，岩盐增长 10.7%。部分矿产的开采量出现下滑，如重晶石减少 41%，菱镁矿减少 39.6%，铜减少 28.4%，磷酸盐矿减少 9.1%。近 3 个财年主要矿产产量如下表所示：

表 8-18　近 3 个财年巴基斯坦主要矿产产量统计

矿产	2011－2012	2012－2013	2013－2014^P
煤（吨）	3178986	2809071	3257767
天然气（万亿立方英尺）	1558959	1505838	1488987
原油（万桶）	24573	27840	31068
铬铁矿（吨）	179203	136443	233094
菱镁矿（吨）	5444	6705	4049
白云石（吨）	198392	335819	472375
石膏（吨）	1260021	1249967	1208051
石灰石（吨）	35016411	38932472	44517242
岩盐（吨）	2135760	2159939	2390103
硫黄（吨）	25560	20610	35996
重晶石（吨）	48510	118471	69956
铝土矿（吨）	30223	25288	38762
方解石（吨）	170	550	461
皂石（吨）	55515	93214	84610
大理石（吨）	1750578	2360114	2465431
铜（吨）	17931	12285	8794
磷酸盐（吨）	69400	104961	95373

数据来源：Attaullah Shah. Pakistan Economic Survey 2013-2014：Manufacturing & Mining［EB/OL］.［2014-12-11］. http://finance.gov.pk/survey/chapters_14/03_Manufacturing_and_Mining.pdf.

在巴基斯坦的省级行政区中，俾路支省的矿产资源最丰富，金属、非金属矿产合计超过 51 种，其中，29 种矿产得到了开采，如铬铁矿、铜、铁、铅、锌、锰、锑、金等金属矿产，重晶石、萤石、方解石、菱镁矿、煤等非金属矿产，以及大理石、花岗石、缟玛瑙、辉长岩、玄武岩、纯橄榄岩等石材。为了发挥储量优势，俾路支省政府在矿产开采方面做了必要的安排，然而，该省的矿产潜力却远大于其开采能力。阻碍该省矿产开采的主要因素是技术能力不足、基础设施不完善以及治安状况不良。目前需要的是提高相关技术以处理不同类型的矿石，从中提取商业价值高的产品。此举不仅能提供更多的工作岗位，促进当地经济发展，而且还能提升矿产出口量，吸引更多投资。

旁遮普省煤和铁的储量较大。该省政府因地制宜，优先开采煤、铁资源。2013 年 1 月，由澳大利亚斯诺登矿产资源公司负责的盐岭及印度河流域煤炭资源评估研究工作顺利完成。依据巴基斯坦矿石储量联合委员会制定的标准，两地的煤储量合计约 5.97 亿吨。此次评估给旁遮普省带来了商机，各国的电力投资者纷纷对在旁遮普省建设火力发电厂的计划产生了兴趣。在探明储藏位置的情况下，旁遮普省政府开始将注意力集中到整合煤炭资源、确定开发区域、发展半机械化开采、优化煤炭生产、招商引资等事项上来。

旁遮普省的铁矿集中分布于两处，一是吉尼奥德－拉乔亚铁矿，二是卡拉巴格铁矿。吉尼奥德－拉乔亚铁矿储有约 6.1 亿吨高质量铁矿石，其中，吉尼奥德铁矿的储量约 1.1 亿吨，拉乔亚铁矿约 5 亿吨。不过，它们面临的共同问题是相关地质资料不足，开采技术存在缺陷，预估数据可信度不高，因此，很难吸引投资者前来开矿。为此，旁遮普省政府组织力量，从 2014 年 4 月起对该矿区开始进行进一步的地质勘探和样品分析，以期得到可靠的地文数据和资源储量估计值。

卡拉巴格铁矿的矿石储量估计约为 2.92 亿吨，但矿石品位较低。为了充分挖掘该铁矿的经济价值，旁遮普省政府决心在当地建立一家大型钢铁厂，并通过公开招标的方式向世界各地招揽合作伙伴。

信德省的矿产资源主要是煤和石材，集中分布于塔帕卡县。信德省矿山和矿产局是该省负责监管矿产开采活动的政府机关。该机构鼓励在信德省建立合资企业，特别注重与外国投资者合作，共同开发省内的煤炭资源。

2013 年，信德省政府通过了对塔帕卡县花岗岩开采进行可行性研究的计划。该计划耗资约 5000 万卢比，主要目的是研究塔帕卡县花岗岩沉积区的地质情况，并对可开采花岗岩的数量和质量进行分析。

开普省也有丰富的矿产资源，如贵重金属（金、银、铂等）、宝石和铁等。其中，宝石的种类尤为丰富，储量也比较可观，如红宝石、蓝宝石、碧玺、祖母绿、石榴石、青金石等，这些名贵宝石是开普省的宝贵财富。开普省矿产开发局是该省负责矿产开发的政府机构。

2013－2014 年，开普省矿产开发局对白沙瓦、瑙谢拉、马尔丹、亨古、德拉伊斯梅尔汗等地区进行了地球化学勘测。同时，该局还在阿伯塔巴德、明古拉和克拉克三地设立办公室，加强对当地矿产的开发。为了规范开采行为，该局明确了开普省的矿产开采区域，通过公开竞标的方式吸引本国和外国的投资者，发放一定数量的开采许可证，以促使投资者进行更大规模的投资。此外，为了方便开采，该局还出资在科伊斯坦、夏格拉和阿伯塔巴德的矿区内修筑了总长约 30 千米的公路，并划拨 5920 万卢比作为对运矿车辆和矿工救护车辆的专项补贴，以提高工人福利。

（三）建筑业

建筑业是巴基斯坦工业体系的一个重要组成部分，在工业中所占份额为 11.48%，是一个极具发展潜力的工业子部门。巴基斯坦建筑业除了是 GDP 的稳定增长点之外，还是解决失业和贫困问题的重要部门。巴基斯坦建筑业企业雇用了大量来自平民阶层的劳动力，而与其联系紧密的上游行业，如烧砖业、水泥业、采煤业、采石业等，也都是劳动密集型产业，因此，建筑业衰退或增速减缓有可能直接或间接地导致大量人员失业。

1980—1994 年间，巴基斯坦建筑业增加值的年均增长率为 4.4%；1994—2004 年，增速放缓，下降至 2.1%。导致增速减缓的主要原因是在价格不变的条件下，总固定投资的年增速下降。由此可见，建筑业的发展依赖于投资。在巴基斯坦，建筑业的资本形成占全部固定投资的 47%，部门总产值的 58% 来自其他部门的投入，其余的 42% 来自自身的附加值。2010 年洪灾过后，与灾后重建有关的公共发展项目极大地推动了巴基斯坦建筑业的发展。2013—2014 财年，建筑业增加值的增长率为 11.31%，创下了 2008—2009 财年以来的最高纪录。

巴基斯坦建筑业的快速发展不仅得益于灾后各项重建工程计划的有力执行，而且受益于小规模建筑工程中投资额的大幅增加、国家发展计划的顺利实施和各省发展计划的有机协调。另外，外国建筑市场的繁荣也带动了巴基斯坦建筑业的发展。在政府的鼓励下，部分建筑企业引进国外的先进技术和机械设备，借鉴吸收其管理经验，主动提高自身竞争力。

需求量较大的市场和政府的鼓励增强了国内外投资者的信心。2014 年 4 月，巴基斯坦全国共有 467 家新公司注册成立，其中建筑公司达 30 家，占新增企业的 6.42%。[①]

（四）电力、燃气的生产和供应业

电力、燃气的生产和供应业是巴基斯坦工业体系中不可或缺的成分，它直接或间接地左右着国家经济走势。

① 中华人民共和国驻卡拉奇总领事馆经商室. 巴基斯坦注册企业数量增长［EB/OL］.（2014-05-09）［2014-10-08］. http://pk.mofcom.gov.cn/article/jmxw/201405/20140500580574.shtml.

该行业增加值在 GDP 中所占的份额从 1980－1981 财年的 2.4% 增加到 1999－2000 财年的 3.9%。之后，随着国际高油价时代的到来和巴基斯坦各大型气田储量的下降，该行业遭遇了发展过程中的“寒冬”，行业增加值在 GDP 中的份额逐渐下滑，2004－2005 财年下降至 3.2%，2013－2014 财年降至 1.9%。该行业在 2005－2006 财年、2007－2008 财年和 2012－2013 财年分别出现了 26.6%、14.7% 和 16.3% 的负增长。与之相伴的是，全国各地都不同程度地遭遇了电荒或气荒。2014 年冬，巴基斯坦全国的供电缺口在 200 万千瓦左右，供气缺口约 24 亿立方英尺。相关企业对伊斯兰堡、拉合尔、拉瓦尔品第等大城市的供电和供气无法满足居民的基本需求。天然气供应在早上 6 点至下午 4 点、晚上 8 点至 12 点几乎为零，供电则是每供 2 小时就要断电 1 小时。

电力生产是附加值较小的生产活动，换言之，电力增加值的大小基本取决于发电过程中投入的多少。巴基斯坦的发电厂多为使用高炉燃油为燃料的火力发电厂，在国际油价蹿升而政府无法长期提供巨额补贴的情况下，发电的成本变得极大，严重影响了电力的生产和输送。燃气配送与电力生产相比，其附加值更高，但受制于气田储量的下降和运作效率的低下，天然气开采与运输的附加值有所下降，削弱了天然气行业增加值对 GDP 的影响。

为了解决电荒问题，巴基斯坦政府计划将使用高炉燃油作为燃料的发电厂改造为使用煤炭的发电厂。为了解决气荒问题，巴基斯坦政府组织力量进行了新一轮的地质勘测，同时还加大了从国外进口天然气的力度，并计划铺设一条从伊朗经巴基斯坦而后进入印度的油气管线。如果这些措施得到贯彻执行，那么巴基斯坦就有可能摆脱电荒或气荒的窘境。

三、服务业

巴基斯坦服务业潜力巨大，且发展速度较快，已经成为巴基斯坦经济增长的主要驱动力之一，其增加值在 GDP 中所占份额呈上升趋势。1980—1981 财年，服务业增加值在 GDP 中所占份额为 46.6%；2007—2008 财年，上升至 53.0%；[①] 2012—2013 财年，升至 57.7%[②]。

（一）金融业

金融业在动员国内资本、指导投资、促进资金流转方面发挥着重要作用。

巴基斯坦的金融市场开放较早，金融业整体发展水平较高。巴基斯坦的金融机构包括商业银行（国有、私有）、外国银行、非银行金融公司（包括租赁公司、投资银行、贴现公司、住房融资公司、风险资本公司、共同基金等）、发展金融机构（Development Finance Institutions）、证券交易所和保险公司等。截至 2013 年 6 月 30 日，巴基斯坦共有 38 家商业银行和 7 家外国银行，其中，商业银行共下设 10361 个分支机构，吸纳存款 71345 亿卢比，发放贷款 36418 亿卢比，共有资产 160861 亿卢比，外国银行共下设 29 个分支机构。[③]

商业银行和非银行金融公司（不包括租赁公司）由巴基斯坦国家银行监督管理；股票交易所和租赁公司由巴基斯坦证券交易委员会管

① 法斯赫·乌丁，M. 阿克拉姆·斯瓦蒂. 巴基斯坦经济发展历程：需要新的范式［M］. 陈继东，晏世经，等译. 成都：巴蜀书社，2010：86.

② 中华人民共和国驻卡拉奇总领事馆经商室. 2013 财年巴基斯坦服务业占 GDP 比重达 57.7%［EB/OL］.（2013-06-21）［2014-12-12］. http://karachi.mofcom.gov.cn/article/jmxw/201306/20130600171139.shtml.

③ 巴基斯坦国家银行. 巴基斯坦经济指标［EB/OL］.（2014-03）［2014-12-12］. http://www.nbp.com.pk/E-INDICATOR/index.aspx.

理。与商业银行主要满足短期融资需要相比，非银行金融公司侧重于迎合中长期融资需求。巴基斯坦国家银行禁止非银行金融公司从事商业银行活动，如提供贸易业务和发行支票，但允许商业银行提供长期项目贷款。

除了银行和非银行金融公司，股票市场也是巴基斯坦金融系统必不可少的组成部分。巴基斯坦有 3 家证券交易所，分别是卡拉奇证券交易所、拉合尔证券交易所和伊斯兰堡证券交易所。其中，卡拉奇证券交易所是巴基斯坦第一家证券交易所，也是南亚地区最早的证券交易所之一，成立于 1947 年 9 月 18 日。拉合尔证券交易所和伊斯兰堡证券交易所分别成立于 1974 年和 1989 年。在国家所实施的顺应市场、鼓励投资的政策之下，巴基斯坦股票市场一路飘红。卡拉奇证券交易所[①]指数（KSE-100 index，简称卡证指数）由 2012 年 1 月的 11348 点提升到了 2014 年 4 月的 28913 点，增幅约达 155%。卡拉奇证交所的上市资本从 2011 年 12 月底的 10484.4 亿卢比增长至 2014 年 4 月的 11531.8 亿卢比，巴基斯坦股市的总市值相应地从 29610 亿卢比（329 亿美元）增长到了 71160 亿卢比（722 亿美元），增幅达 140%。[②]股票市场的巨大涨幅表明市场参与者对穆盟（谢里夫派）执政情况下，未来几年的宏观经济和上市公司抱有极大信心。此外，外国资本的大量流入、健康的收益增长和商业情绪的改善，也是股市上涨的原因。外国资本的大量流入主要缘于巴基斯坦证交会和卡拉奇证交所放宽了对外国投资者的限制，在不问资金来源的情况下，允许外国投资者进入巴基斯坦股市。

---

① 卡拉奇证券交易所是巴基斯坦的标准证券交易所。

② Absar Hasan Siddique. Pakistan Economic Survey 2013-2014：Capital Markets［EB/OL］.［2014-12-12］. http://finance.gov.pk/survey/chapters_14/05_Money%20and%20Credit.pdf.

表 8–19　卡拉奇证交所概况

名目	2009－2010	2010－2011	2011－2012	2012－2013	2013－2014[P]
上市公司总数	652	639	591	569	559
新上市公司数量	8	1	3	4	4
动员资金（亿卢比）	1118	310	1151	295	375
总上市资本（亿卢比）	9099	9437	10698	11160	11532
总市值（亿卢比）	27745	33165	34925	53364	71160
总分红（亿卢比）	429.591	280.181	381	543.19	484.943
日均分红（亿卢比）	1.725	1.116	1.5	2.21	2.366

注：p 表示统计截止于 2014 年 4 月份。

数据来源：Absar Hasan Siddique. Pakistan Economic Survey 2013–2014: Capital Markets［EB/OL］.［2014–12–12］. http://finance.gov.pk/survey/chapters_14/05_Money%20and%20Credit.pdf.

表 8–20　拉合尔证交所概况

名目	2009－2010	2010－2011	2011－2012	2012－2013	2013－2014[P]
上市公司总数	510	496	459	440	433
新上市公司数量	25	9	2	2	3
动员资金（亿卢比）	675	181	133	77	325
总上市资本（亿卢比）	8426	8882	9894	10422	10961
总市值（亿卢比）	26229	31660	32791	48528	62582
指数	3092.7	3051.1	3707.6	4370.7	5131.1

注：p 表示统计截止于 2014 年 4 月份。

数据来源：Absar Hasan Siddique. Pakistan Economic Survey 2013–2014: Capital Markets［EB/OL］.［2014–12–12］. http://finance.gov.pk/survey/chapters_14/05_Money%20and%20Credit.pdf.

表 8-21 伊斯兰堡证交所概况

名目	2009－2010	2010－2011	2011－2012	2012－2013	2013－2014P
上市公司总数	244	236	218	210	262
新上市公司数量	2	—	—	1	19
动员资金（亿卢比）	767	178	128	81	317
总上市资本（亿卢比）	7157	7270	8305	8711	8909
总市值（亿卢比）	22617	26211	28244	40172	50117
指数	2441.2	2722.8	2871.1	3904.6	4440.0

注：p 表示统计截止于 2014 年 4 月份。

数据来源：Absar Hasan Siddique. Pakistan Economic Survey 2013-2014: Capital Markets［EB/OL］.［2014-12-12］. http://finance.gov.pk/survey/chapters_14/05_Money%20and%20Credit.pdf.

（二）交通运输业

巴基斯坦交通运输业总体比较落后，特别是交通基础设施建设相对滞后，这已成为制约巴基斯坦经济发展的主要因素之一。鉴于此，巴基斯坦政府已开始致力于发展现代化的交通运输部门，并计划在 2025 年建成一个高效的综合运输系统，以促进经济发展。其具体目标是：减少运输成本；建成连接农村地区和城市市场的安全、高效的公路；建成省级高速公路；建成综合道路网和连接区域内主要贸易伙伴的运输走廊。

1. 公路

公路运输是最简单、有效的运输方式，也是巴基斯坦交通运输业的命脉，承担着人员运输总量的 92% 和货物运输总量的 96%，对促进人员和商品流动、整合国家资源、促进经济增长和减少贫困具有重要意义。巴基斯坦公路总里程约 263775 千米，其中，70% 为柏油公路，公路密度为 0.32 千米 / 平方千米，远低于南亚其他国家的水平（印度为 1.0 千米 / 平方千米，孟加拉为 1.7 千米 / 平方千米）。巴基斯坦的公路中，高速公路的合计里程为 2280 千米，占公路总里程的 0.86%；国道的合计里程为 9342 千米，占总里程的 3.54%；其余道路为省道和地方管辖公路。巴基斯坦与周边邻国均有公路连接，并设有陆路口岸。

巴基斯坦公路在各省的分布并不平衡。截至 2014 年 4 月，旁遮普省的公路里程为 107973 千米，约占全国公路总里程的 40.9%；信德省的公路里程为 81493 千米，约占 30.9%；开普省的公路里程为 43035 千米，约占 16.3%；俾路支省的公路里程为 29692 千米，约占 11.3%；吉尔吉特－巴尔蒂斯坦和自由克什米尔的公路里程合计为 1592 千米，只占 0.6%。[①]

巴基斯坦公路运输的另一个问题是路况条件好、运输量大的高速公路、国道、战略公路较少，大部分公路为省道或地方道路，运输能力有限。巴基斯坦目前的高速公路、国道和战略公路合计共 39 条，累计里程 12131 千米。其中，高速公路和国道的合计里程为 11622 千米，不到全国公路总里程的 5%，却承担着全国公路交通运输总量的 80%。

为了改善这一局面，大力发展公路交通运输，巴基斯坦国家公路局投入大量人力、物力，全面升级公路网，重点建设印度河以西的公路。

截至 2014 年 4 月，已经竣工的大型公路建设项目有：奇拉·赛义夫拉至佐布的国道（N－50）、喀喇昆仑公路雷克特至红其拉甫段（335 千米）、木尔坦至穆扎法尔格尔的国道（N－70）、海德拉巴至伯

① Manzoor Ahmed Yusufi. Pakistan Economic Survey 2013–2014: Transport and Communications［EB/OL］.［2014-12-13］. http://finance.gov.pk/survey/chapters_14/13_Transport_and_coms.pdf.

丁的省道、德拉加齐汗至科奇的高速公路（M–1）、拉尔卡纳印度河大桥等。

目前在建的重点项目包括：费萨拉巴德至木尔坦的高速公路（M–4）、苏库尔至贾科巴巴德的国道（N–65）、赛赫万至拉托德罗的国道（N–55）和白沙瓦北部快速路（E–2）等。

2. 铁路

巴基斯坦铁路始建于 1861 年，1947 年独立前，铁路网已粗具规模，然而在独立后，由于体制、资金和管理等原因，铁路建设长期停滞不前。截至 2014 年 4 月，巴基斯坦铁路铺轨里程为 11658 千米，运营里程为 7791 千米，其中复线运营里程 1164 千米，约占铁路运营里程的 15%；电气化运营里程 293 千米，不到铁路运营里程的 3.8%。全国共有 559 个车站，除 33 个站实现电脑联网作业外，其余仍沿用手工操作，效率较低，另外，还有 7 个可承运集装箱货物的大型铁路干港。①

巴基斯坦铁路布局失衡。总体上，铁路布局呈现两个特点：一是铁路以南北向线路为主，三大主干线卡拉奇－白沙瓦线、卡拉奇－拉合尔线、拉合尔－白沙瓦线均为南北走向，而东西向仅有苏库尔－奎塔线及其支线；二是“东密西疏”，东部的旁遮普省和信德省路网密度偏高，铁路运营里程约占全国的四分之三。巴基斯坦与印度、伊朗和阿富汗各有一条铁路相连，但由于政治关系、运输量和年久失修等原因，利用率不高，甚至一度处于停运状态。

巴基斯坦铁路的运输能力欠佳。20 世纪 80 年代以前，巴基斯坦铁路年均客运量超过 1.2 亿人次，年均货运量 1200 万吨，铁路运输

① 中国驻巴基斯坦使馆经商处. 巴基斯坦基础设施概况：铁路［EB/OL］.（2014–06–12）［2014–12–13］. http://pk.mofcom.gov.cn/article/wtojiben/p/201004/20100406892396.shtml.

曾在全国陆路运输中占据重要地位。但之后，由于缺乏养护和升级改造，铁路的运输速度和能力不断下降，加之公路网络迅速发展，为运输提供了更方便、快捷的选择，故铁路的客、货运量逐步下降。另一方面，火车机车和车厢的不足也是限制巴基斯坦铁路运输能力的一个重要原因。截至 2014 年 4 月，巴基斯坦铁路部门有 423 节火车机车、1700 节客车车厢和 16179 节货车车厢。上述问题导致巴基斯坦铁路的客运量、货运量和总收入远不及 20 世纪 70 年代。根据巴基斯坦财政部公布的数据，2012—2013 财年，巴基斯坦铁路运送乘客 4200 万人次，客运里程 173.88 亿千米；运输货物 100 万吨，货运里程 4.19 亿千米，总收入 180.7 亿卢比，各项数据比前一财年略有回升，但仍处于历史低位。[①]

巴基斯坦铁路的基础设施建设亟待加强。铁轨方面，仍有 412 千米路段保留米轨，而政府拟将全国铁路轨道统一为宽轨。铁路网络信号系统方面，绝大多数（6600 多个）信号站仍沿用老式机械通信信号系统，有 39 个信号站采用全继电器互锁信号系统，南部 154 千米复线铁路采用自动闭锁信号系统，还有个别路段采用中央控制信号系统。机车、车厢方面，柴油内燃机车约占机车总数的 94%，电力牵引机车约占 3.5%，其余为蒸汽机车。投入运营的客车、货车车厢多为 20 世纪七八十年代的产品，现已处于“超期服役”状态。

铁路运输作为重要的运输方式，对经济有着重大影响。高效的铁路系统能促进商贸往来、降低运输成本，并促进农村地区发展。巴基斯坦政府对此有着清醒的认识。政府出台的《2030 年远景规划》确立了“使铁路成为国家主要运输形式，令运输系统逐渐盈利”的目标。其内容主要包括：

---

① Manzoor Ahmed Yusufi. Pakistan Economic Survey 2013-2014: Transport and Communications [EB/OL]. [2014-12-13]. http://finance.gov.pk/survey/chapters_14/13_Transport_and_coms.pdf.

(1) 逐步升级现有轨道和信号系统。目前，巴基斯坦铁路部门已启动换轨工程，拟将全国铁路轨道统一为宽轨。巴基斯坦计划向外国政府申请贷款 20.2 亿美元，用于修复旁遮普省坎布尔－罗德兰－沙达拉段轨道，将该路段升级为时速 140－160 千米的高速铁路，建设周期预计 5－6 年（分两段建设）。另筹资 2.1 亿美元，用于升级罗德兰（旁遮普省）－科特里（信德省）段铁路信号系统，建设周期 5 年。

(2) 新建部分路段，增加复线里程。铁路部门计划新建俾路支省佐布－格特拉贾姆段的铁路和开普省白沙瓦－俾路支省格特拉贾姆段的铁路。复线方面，政府计划向外国政府申请优惠贷款，建设旁遮普省沙达拉－拉拉穆萨段的复线铁路，建设资金约 1.2 亿美元，建设周期为 3 年。

(3) 建设连接瓜达尔港的铁路。铁路部门计划建设瓜达尔港－马斯吞的铁路，并连接至国家铁路网，预计建设资金约 13 亿美元，建设周期为 7 年。

(4) 修建和改进连接邻国的铁路。一是建设从中巴边境红其拉甫口岸至海维里昂市的中巴铁路，建设资金约 100 亿美元，建设周期 6 年。二是升级巴基斯坦－伊朗－土耳其的铁路线。该铁路线全长 6566 千米，其中，巴境内段长 1990 千米。2014 年 1 月，巴土两国领导人在会晤时表示，将共同出资 200 亿美元启动全线升级工程。

3. 航空

巴基斯坦航空业起步于独立前。1946 年，东方航空公司在加尔各答成立。1947 年巴基斯坦独立，东方航空有限公司开始为巴基斯坦提供支援服务。不久后，东方航空有限公司将其基地转移到卡拉奇。1955 年 3 月 11 日，东方航空公司被并入政府建议成立的航空公司，即巴基斯坦国际航空公司（پاکستان انٹرنیشنل ایئر لائنز，Pakistan

International Airlines Corporation）。

巴基斯坦国际航空公司（简称巴航）是巴基斯坦最大的航空公司，也是巴基斯坦的国家航空公司，其87%的股份归巴基斯坦政府所有。该航空公司有24趟航班，飞往国内和亚洲、欧洲以及北美27个国家的38个国际机场。巴航的总部设在卡拉奇真纳国际机场，其枢纽包括卡拉奇真纳国际机场和拉合尔阿拉马·伊克巴尔国际机场，次级枢纽包括伊斯兰堡贝娜齐尔·布托国际机场、白沙瓦国际机场、费萨拉巴德国际机场、奎达国际机场、锡亚尔科特国际机场和木尔坦国际机场。

作为巴基斯坦最大的航空公司，巴航为国家航空运输事业发展做出了巨大贡献，取得了辉煌成就，曾被誉为“亚洲最佳航空公司”。然而，21世纪以来，受油价飙升、飞机老旧、欧盟禁飞等事件的影响，巴航蒙受了巨大的经济损失。自2005年起，巴航转盈为亏，2011年，巴航的亏损额高达267.67亿卢比。2013年，巴航共有飞机34架，客运量为67350人次，客运收入为784亿卢比，航班载客率为70%，累计里程为63144千米。为了扭转亏损局面，促进国家航空运输业发展，巴航开始致力于减少运输成本（主要是航空煤油的成本）、完善航空运输网络和提高收益率。

除了巴航，巴基斯坦还有两家私营航空公司，分别是蓝色航空公司和沙欣航空公司。其中，蓝色航空公司的规模仅次于巴航，所占有的市场份额超过20%。

4. 水运

巴基斯坦的内陆水系很不发达。境内最大河流——印度河的水源主要来自季风降水和冰雪融化，且流经沙漠地带，非汛期河水水位很低，加之沿河修建了一些大型水利枢纽工程，不便船行，因此，巴基斯坦的内河水运很不发达，只有印度河下游可通行小型船只。与内河水运相比，巴基斯坦海运情况较好，但难称发达。

巴基斯坦国家航运公司（Pakistan National Shipping Corporation，缩写 PNSC，简称巴航运）是巴基斯坦最大的航运公司，也是该国唯一的国营航运公司，拥有 6 艘散装货轮（bulk carrier）和 3 艘阿芙拉型邮轮（Aframax tanker），总载重量 642207 吨。2013 年 7 月至 2014 年 3 月，巴航运的综合收入为 113.68 亿卢比，税后利润为 13.66 亿卢比，分别比上一财年同期增长了 38.5% 和 13.8%。在全球航运处于低迷状态的情况下，巴航运反而通过良好的经营策略提高了自身的盈利能力。

巴航运为国家运送进口原油。巴基斯坦近 99% 的进口原油由巴航运负责运输。目前，巴航运正积极致力于扩大邮轮规模，提升运送燃料油、高速柴油、喷气燃料、石脑油和汽油的能力。为了满足安全、可靠地运输国家液体战略物资的需求，巴航运计划添购一艘阿芙拉型邮轮。

巴基斯坦共有三大海港，分别是卡拉奇港、卡西姆港和瓜达尔港。卡拉奇港是巴基斯坦第一大海港，由东、西两个码头组成，东码头有 17 个多用途泊位，西码头有 13 个，两大码头各有 2 个集装箱码头和 2 个石油码头。卡西姆港是巴基斯坦的第二大港，每年大约承担国家 40% 的海上贸易量，2013 年 7 月至 2014 年 3 月，该港的货物吞吐量为 1897.1 万吨，同比增长 17.5%。瓜达尔港于 2007 年 3 月 20 日正式投入使用，于 2008 年 3 月投入商业运营。由于未能与巴基斯坦国内的公路和铁路网络形成有效连接，加之港口设施尚不完善，故瓜达尔港的货物吞吐量有限，投入商业运营以来主要用于接纳进口的尿素、小麦和煤炭。2008 年 3 月至 2014 年 3 月，瓜达尔港共接纳进口货物 576.44 万吨。

表 8-22　卡拉奇港和卡西姆港的货物吞吐量统计（单位：万吨）

	2007－2008	2008－2009	2009－2010	2010－2011	2011－2012	2012－2013
卡拉奇港	3719.3	3873.2	4142.0	4143.2	3787.5	3885.0
卡西姆港	2642.4	2503.0	2562.6	2616.8	2402.5	2480.1

数据来源：Manzoor Ahmed Yusufi. Pakistan Economic Survey 2013-2014：Transport and Communications［EB/OL］.［2014-12-13］. http://finance.gov.pk/survey/chapters_14/13_Transport_and_coms.pdf.

（三）旅游业

巴基斯坦旅游业开始于 20 世纪 50 年代。1970 年，巴基斯坦旅游发展公司（Pakistan Tourism Development Corporation）成立，标志着该国旅游业翻开了新的篇章。该公司下设 3 家分公司（旅游有限公司、南方汽车游客旅馆公司、北方汽车游客旅馆公司）和 400 多个分支机构，它们全面负责和规划全国旅游发展事务。在联邦政府专项资金和优惠政策的支持下，旅游发展公司创造了突出业绩，促使旅游业很快发展成为巴基斯坦国民经济中的重要产业，赚取了大量外汇，并推动了落后地区的发展。巴基斯坦的自然景观、历史文化、宗教艺术、考古发现等陆续得到宣传，旅游胜地、观光景点、历史古迹相继得到开发。不少度假村、休闲屋、公共游乐场所得到扩建和增建，旅游业发展所依赖的公路、铁路、航空运输网逐步得到完善，与旅游业相关的住宿餐饮业也获得了较快的发展。

巴基斯坦旅游业的发展与该国有利的自然、历史和人文条件密不可分。

从北部的绵延起伏的喀喇昆仑山到南部广阔的印度河平原，巴基斯坦各地遍布自然奇景。不同自然风景创造了不同旅游方式，徒步、登山、泛舟、雪山狩猎、山地吉普车之旅、沙漠骆驼行、钓鱼、观鸟等旅游项目丰富多彩，吸引着大批游客和冒险爱好者。

数千年历史传承，不同宗教文化相互交织，悠久的历史和古老的文化也给当今的巴基斯坦留下了宝贵的旅游资源。马格里墓地群、拉瓦特古堡、罗赫达斯要塞、乌奇古镇、印度河文明遗址、犍陀罗文化遗址、莫卧儿王朝遗址等历史古迹，是巴基斯坦历史文化爱好者的必去之地。

巴基斯坦的人文环境、风土人情，对来自其他文化背景的外国游人来说也是一种宝贵的旅游资源。它们能给普通游人一种新奇的感觉，给外国学者提供人文研究的直观素材。漫步于城市街头，灌入耳中的南亚英语或乌尔都语、印满乌尔都语文字的广告牌、身着民族服装且五官轮廓鲜明的行人，都在一定程度上满足了外国游客的新鲜感；平时的个人礼拜、周五在清真寺举行的聚礼、宗教节日里的各种习俗令人耳目一新；商场里琳琅满目的工艺品、珠宝、陶器、妇女服饰、室内装饰品等令人目不暇接，尤其是手工编织的地毯、壁毯，质地优良、图案精美绝伦，让人爱不释手。

现实的和历史的、自然的和人文的有利条件给巴基斯坦旅游业创造了良好的发展平台，然而，宣传力度不足、国内安全形势欠佳、服务项目单一、文化传统限制等因素，却阻碍了巴基斯坦旅游业的进一步发展。特别是“9·11”事件以后，巴基斯坦国内安全形势骤然恶化，国民经济的各行业均深受打击，旅游业更是首当其冲。2003年，根据 WTO 的统计，全球旅游收入为每年 7000 亿美元，巴基斯坦的旅游业收入只有 3.5 亿－4 亿美元，而根据巴基斯坦国家银行的统计，旅游年收入甚至不足 1 亿美元。2008 年，根据世界经济论坛公布的全球旅游业竞争力排名报告，巴基斯坦在受评估的 124 个国家中名列第 103 位，安全形势不佳、旅游管理政策滞后、缺乏有效市场推广和品牌战略、旅游形象较差等因素，极大地限制了巴基斯坦旅游业的发展。2014 年，根据世界经济论坛发布的新一期旅游竞争力排名报告，巴基斯坦在 140 个受评国家中排在第 122 位，人身安全仍然是游客赴巴的最大顾虑。根据世界旅游组织公布的数据，2014 年全球旅游业收入估计为 5140 亿美元，其中南亚占 54 亿美元，而巴基斯坦仅占 1.35 亿美元。

第九章　军事和国防

第一节　军队

一、发展简史

巴基斯坦军队起源于殖民时期英印军队中的穆斯林部队。1947年6月30日，印巴分治委员会通过了英印武装部队的分割程序，同时，委员会宣布，从1947年8月15日起，两个自治领正式掌控各自军队。自巴基斯坦独立起，殖民地时期装备陈旧、组织无序的穆斯林部队便告别了过去，开始转变为一支符合国家理想抱负的、训练有素的武装力量。

与新生的巴基斯坦一样，巴基斯坦军队同样面对两大历史“遗产”：一是延续上百年的英国殖民统治；二是从13世纪穆斯林征服次大陆起一直延续至19世纪中叶的穆斯林封建统治。前者在给南亚人民带来无尽苦难的同时，也重塑了次大陆的上层建筑，开启了该地区的现代化之门；后者尽管已经远去，但却给次大陆留下了难以磨灭的伊斯兰印记。

两大历史遗产深刻地影响了巴基斯坦军队的创立和发展。印巴分治之前，英印军队中1/3的士兵和1/8的军官是穆斯林，但完全由穆斯林组成的作战部队只有2支，远少于完全由印度教教徒和完全由锡克教教徒组成的部队。起初，分治协议规定，巴基斯坦分得英印军队人员和资产的 36%，后来减为 1/3。分治前，英印军队所属的 46 个军事训练基地中，只有 9 个在今巴基斯坦和孟加拉国，全部 17 个军械工厂以及大部分军械仓库和工程师营地也都在今印度境内，因此可以说，在军队分割问题上，巴基斯坦有先天劣势。雪上加霜的是，巴基斯坦最终只分得原英印陆军的 6 个装甲团、8 个炮兵团、8 个步兵团、2 所军校和一些培训基地，总人数约 15 万，分得的人员和资产都少于原先规定的数量，而且所得装备要么老旧过时，要么存在质量缺陷。海军和空军的情况亦如此。海军方面，巴基斯坦继承了原英印皇家海军的 4 艘护卫舰，人员数量为 3500 人，仅有 9 名正式军官；空军方面，巴基斯坦分得了原英印皇家空军 2 个战斗机中队的装备，包括 35 架二战期间英产“风暴”式螺旋桨战斗机和一些运输机①，但合格的飞行员只有五六名。总之，相对于国土面积而言，巴基斯坦军队在数量上严重不足，与印度相比，在数量和质量上更是相形见绌。

巴基斯坦军队中的士兵在殖民时期缺乏训练和战斗经验，军官数量少，能力水平一般，特别是专业技术军官，真正合格者凤毛麟角。当时，巴基斯坦军队需要 4000 名军官，但实际上只有 2300 名，高级将领很少，只有 1 名少将、2 名准将和 6 名上校，中级军官队伍的情况同样糟糕。为了填平供需之间的巨大鸿沟，在巴基斯坦国父阿里·真纳的呼吁下，484 名富有经验的英国军官自愿留在巴基斯坦军队中服役。这些英国军官以雇佣人员的身份在军队中供职，帮助军队实现平稳过渡，而巴基斯坦军方则加紧培训本土军官，以逐步取代英国军官。

独立后的前 9 年，即 1947－1956 年，巴基斯坦还是英国的自治

① 杨翠柏，刘成琼．列国志：巴基斯坦［M］．北京：社会科学文献出版社，2004：186.

领，其军队便被称为皇家巴基斯坦军队，首任和次任陆军总司令都是英国人，指挥体系也继承了英印军队的指挥体系。1951 年，阿尤布·汗将军接任陆军总司令，成为第一名担任该职务的巴基斯坦人。独立之初，海军和空军的司令也由英国人担任。海军直到 1953 年才由巴基斯坦人统领，空军在 1958 年前一直由英国军官指挥。

除了人员数量、经验不足，技术、装备落后外，巴基斯坦军队在成立之初还面临着一大挑战，即第一次印巴战争。1947 年 10 月 27 日，印度军队进入克什米尔，次年 5 月，巴基斯坦派正规军进入克什米尔，双方正规军间的战争正式打响。该场战争持续到 1949 年 1 月联合国划定停火线。战争期间，巴基斯坦军队表现出色，赢得了国民的赞赏和支持。不过，巴基斯坦政府也意识到了印巴间军事实力的巨大差距，开始大力发展军事力量，以抵消印度的军事优势。

1956 年 3 月 23 日，巴基斯坦正式建国，真正意义上拥有了自己的军队。建国初期，各军、兵种间的事务由驻卡拉奇的陆军处负责，后来由陆、海、空军联合秘书处负责，但当时海军和空军还未完全独立。后来海军和空军分别成立各自的司令部，三个军种独立发展，执行各自任务。

1. 陆军简史

巴基斯坦陆军与巴基斯坦自治领同步诞生，至今已有 60 多年的历史。60 多年间，巴基斯坦陆军由小到大、由弱到强，历经战火考验，逐渐发展成了一支现代化军队。

陆军是巴基斯坦军队的中流砥柱，然而，在初创时期，其人员和装备严重不足。至 1947 年 8 月，驻扎在拉瓦尔品第的第 7 师是巴基斯坦陆军唯一的师级作战单位，多数分区司令部所配属的旅和营皆员额不满，战斗力低下。截至 1947 年 10 月，守护东、西巴基斯坦长达 5000 多千米边境线的部队只有 10 个不满编的步兵旅和 1 个只配有 13 辆“斯图尔特”坦克的装甲旅，陆军的弹药储备不足 1 个星期。即便如此，巴基斯坦陆军还是于 1948 年 5 月进入克什米尔同印度军队作战。后来，第一位担任陆军司令的巴基斯坦人阿尤布·汗将军回忆说：“历史把国家重任交给了年轻的巴基斯坦陆军，这是陆军永远的骄傲和荣耀，陆军无愧于这一历史地位。”

尽管没有足够的后勤补给，但巴基斯坦陆军还是抵挡住了印度军队的进攻，把战线稳定在了今实际控制线附近，并迫使印度方面于 1948 年 12 月 30 日提出停火，巴基斯坦则接受了停火提议。印巴双方从 1949 年 1 月 1 日起停火，将查谟和克什米尔交由联合国管辖，至此，长达 6 个月的第一次印巴战争宣告结束。

印巴两国对克什米尔的争夺和第一次印巴战争的爆发加速了巴基斯坦陆军的建设步伐。从 1947 年 8 月至 1948 年 12 月，巴基斯坦先后在信德和俾路支两省交界地区组建了第 8 师，在白沙瓦和瓦济里斯坦地区组建了第 9 师（由旅扩编而成），在拉合尔组建了第 10 师和第 12 师，将驻守东巴基斯坦的部队进行整编，设立第 14 师指挥部，但其所属部队最初只有 2 个营，后来扩编为 1 个旅。截至 1948 年底，陆军已组建起了 5 个步兵师，尽管武器装备尚不能做到完全配备，但在短期内建成如此规模的正规部队已实属不易。独立时接收的 12 个炮兵团被整编成 3 个炮兵集团，分别由 3 个独立的司令部指挥，最大限度地确保了机动性。1949 年 1 月，陆军借扩充整编之机，在巴哈瓦尔布尔县组建了第 6 师，1950 年，又组建了第 15 师。1956 年，巴基斯坦对陆军进行了整编，第 6 师被裁撤。至此，巴基斯坦陆军的初创期结束，陆军已然成形，并在战争中积累了一定经验。

在陆军早期的发展进程中，外国援助起了重要作用。早在 1947 年，阿里·真纳就预见到了巴基斯坦在财政和军事方面可能面临的困难，遂请求美国提供经济和军事援助。巧合的是，印度和阿富汗也向美国提出了相同的请求。由于巴基斯坦位于南亚、中亚和西亚的交会处，且临近中国和苏联，因此，在评估了巴基斯坦的地缘战略位置后，美国最终同意了巴基斯坦的请求。于是，双方于 1954 年签订了《共同防御援助协定》，美国开始向巴基斯坦提供经济和军事援助。1954—1965 年间，美国向巴基斯坦提供了价值约 6.5 亿美元的军事援助和价值约 6.19 亿美元的国防援助，另有 5500 万美元以现金或商业采购的形式交付给了巴基斯坦。这些援助极大地提升了巴基斯坦陆军的作战能力：2 个兵团司令部和 5 个步兵师配备了 C3I[①] 指挥系统，陆军就此走上了符合世界趋势的现代化道路；很多高级和初级军官赴美接受培训，军官数量和能力素质均有极大跃升；新式兵营不断出现的同时，旧的兵营也得到了扩建和现代化改造。总体而言，在美国的援助下，巴基斯坦的军队实现了质的飞跃。

1965 年 4 月，印巴之间在库奇兰恩地区爆发了小规模、高烈度的武装冲突，由此揭开了第二次印巴战争的序幕。1965 年 2 月，印度陆军在航空兵的支援下突然占领了库奇兰恩北部。3 月起，印度以进行“箭头”演习的名义向库奇兰恩地区持续增兵，使地区的兵力达到 3 个旅。4 月初，巴基斯坦向库奇兰恩地区派出了第 8 师的两个旅，在对峙中，双方发生了对射，冲突进一步升级。4 月 26 日，巴基斯坦增派了一个坦克连进入库奇兰恩，并发起了“沙漠之鹰”行动，迫使印军后撤 30 千米。由于库奇兰恩地区面积狭小，水网遍布，不适合大规模作战，加之英国首相霍姆出面调停，故印巴双方最终于 7 月 1 日签订停火协议。库奇兰恩冲突加剧了印巴间的领土争端，表明两国重新开始寻求以武力解决领土纠纷，为不久后爆发的第二次印巴战争埋下了伏笔。

1965 年 8 月初，克什米尔游击队和印度军队在印巴停火线附近

① C3I 是英文 command（指挥）、control（控制）、communication（通信）和 intelligence（情报）的首字母拼合形式，代表自动化指挥系统。

发生激烈交火。8 月 14 日，巴基斯坦军队卷入冲突，第二次印巴战争正式爆发。9 月初，印军发动全面进攻，西巴基斯坦从锡亚尔科特至信德东北部的边境地区都遭到了攻击，随后，巴基斯坦陆军在空军的协同下发动反击，攻入了印度的旁遮普邦。双方坦克部队在查温达地区大打出手，造成巨大伤亡，查温达坦克会战是二战以来规模最大的坦克战。在一系列的战役之后，战争陷入僵局，后来印度率先提出停火，最终在联合国的斡旋下，印巴两国于 9 月 23 日正式停火。

第二次印巴战争检验了第一次印巴战争结束以来巴基斯坦陆军的发展成果，同时开启了陆军新的发展阶段。

自 1966 年起，美国便停止了对巴基斯坦的军事援助，而苏联却加大了对印度的军援力度。为此，巴基斯坦不得不转而向德国、意大利和法国等国家采购武器装备，并寻求军事援助。1968 年，苏联向巴基斯坦提供了价值 3000 万美元的军事援助，并同意向其出售 100 辆 T-55 型坦克、数量不定的米 -8 直升机和大量枪炮、车辆。不过，在印度的压力下，苏联于 1969 年终止了对巴基斯坦的军事援助。

1971 年爆发的第三次印巴战争不仅使巴基斯坦失去了东翼，也令巴基斯坦陆军跌入低谷。为了摆脱困境，巴陆军卧薪尝胆，开始了新一轮的建设发展。

1974 年 5 月 18 日，作为强制性外交政策的一部分，印度在距离印巴边境不远的伯克兰地区引爆了一个核装置，这让巴基斯坦感受到了核威胁。1980 年，巴基斯坦正式启动应急计划，即核计划，短短 7 年后，即 1986 年，巴基斯坦便具备了制造核武器的能力，从而大致恢复了与印度间的战略平衡。

1976 年，巴基斯坦对国防战略进行调整，在精简国防部门的同时，还根据自身地缘战略现实和操作环境，对西方战略理论进行了批判性分析和重新评价。很多核心问题，如《古兰经》中的战争观、受法律约束的圣战、审慎平衡地使用武力、禁止无限战争、尊重人权、鼓励谈判、敌人无永久性等，都在此次评价中被着重强调。受此次调整的影响，巴基斯坦陆军走上了精简发展的道路。

1979 年，苏联入侵阿富汗。巴基斯坦作为反对苏联侵略、援助阿富汗的前线国家，战略地位明显上升，因此，美国向巴基斯坦提供了价值 4 亿美元的军事援助。1981 年，考虑到巴基斯坦面临来自苏联和印度的双重威胁，美国又同意向巴基斯坦提供价值 15 亿美元的军事援助。在接下来的 5 年里，巴基斯坦从美国获得了 40 架 F-16 战机、100 辆 M-48 坦克、64 门 155 毫米 M-109 自行榴弹炮、40 门 203 毫米 M-110 自行榴弹炮、75 门牵引式榴弹炮和 1005 套 TOW 反坦克导弹。这些援助极大地提高了巴基斯坦的国防能力，特别是陆军的战斗力。整个 80 年代，巴基斯坦陆军都在向阿富汗的穆斯林游击队提供武器、弹药和情报支援，有力地支持了阿富汗人民的抗苏斗争。

1989 年，遭受巨大人员伤亡和物资损失的苏联已经无力维持对阿富汗的占领，遂开始从阿富汗撤军，巴基斯坦的战略地位顿时下降。1990 年，依据国会通过的《普莱斯勒法案》，美国再次停止了对巴基斯坦的经济和军事援助。1995 年，美国国会又通过了《布朗法案》，授权军方一次性向巴基斯坦交付 1990 年 10 月前所承诺的价值 3.68 亿美元的军事装备。

海湾战争期间，巴基斯坦向沙特派遣了地面部队，以保护其免遭来自伊拉克的攻击。其中，部署在塔布克的 153 防空团拦截了多枚伊拉克飞毛腿导弹，并向部署在该地区的沙特部队提供了 24 小时不间断防空保护。

1998 年 5 月，作为对印度核试验的回应，巴基斯坦也进行了核试验。此举遭到国际社会反对，美、日等国家对巴基斯坦实施了严厉制裁。

1999 年，印巴两国在印控克什米尔的卡吉尔地区爆发冲突，即卡吉尔冲突。卡吉尔冲突是双方之间自 1988 年以来爆发的数次小型冲突中最为严重的一次。1999 年 5 月，巴基斯坦陆军部队和克什米尔武装分子越过印巴实控线，占领了卡吉尔地区。印军发现后，展开军事行动。冲突历时两个多月，共分三个阶段，最终，印陆军部队在空军的支援下夺回了卡吉尔地区。

卡吉尔冲突激化了谢里夫政府与巴军方间的矛盾。1999 年 10 月 12 日，时任参联会主席兼陆军参谋长的穆沙拉夫宣布解散谢里夫政府，解散国会，成立国家安全委员会和内阁，自任军管首席执行官。穆沙拉夫发动的不流血政变导致巴基斯坦遭受了更加严厉的制裁。

2001 年发生的“9・11”事件给了巴基斯坦摆脱国际制裁的机遇。美国发起了针对阿富汗塔利班政权和“基地”组织的反恐战争，巴基斯坦随即宣布断绝与塔利班政权的关系，加入了美国领导的“反恐同盟”，再次成为“前线国家”。在西部边境，巴基斯坦陆军派出约 72000 人的部队，沿巴阿边境线对塔利班和“基地”组织成员进行清剿；在西北部边境，陆军部队率先进驻部落区，防止塔利班分子通过部落区向巴基斯坦渗透。2004 年 5 月，巴陆军部队向藏匿于巴阿边境地区的“基地”组织成员、极端分子和其他亲塔利班武装发动进攻，然而，由于各部队间缺乏协同，故损失极大。2004—2006 年间，陆军部队与部落武装间冲突不断。2006 年，巴基斯坦军方与部落武装进行谈判，商议停火事宜。军方要求部落武装承诺抓捕“基地”组织成员，阻止部落地区出现塔利班化趋势，停止攻击阿富汗和巴基斯坦军队。然而，谈判没有达到目的，反而给了藏匿于部落区的极端组织以喘息之机，使其有时间和资源重组力量。2007 年初，极端分子占领位于伊斯兰堡的红色清真寺，经过长达 6 个月的对峙后，巴基斯坦陆军组织力量对藏匿于该清真寺的极端分子进行了清剿，这就是著名的“红色清真寺事件”。

红色清真寺事件结束后，极端组织巴基斯坦塔利班运动（Tehreek-e-Taliban Pakistan，缩写 TTP），即巴基斯坦塔利班（简称“巴塔”），异军突起。2007 年下半年，该组织发起了一连串武装攻击和自杀式炸弹袭击，巴西北部地区和全国各主要城市都成了其袭击的目标。随后，巴塔势力转移到了斯瓦特河谷地带。2007 年底，巴基斯坦陆军部队发动了对藏匿于斯瓦特河谷的巴塔分子的清剿，然而效果不佳，在遭到新一轮报复性攻击后，巴军方于 2008 年同巴塔组织展开谈判。这一行为遭到西方世界的严厉批评，也给了巴塔积蓄力量的机会。2008—2009 年间，巴塔以斯瓦特河谷为基地，不断发动对周边地区的袭击，这迫使巴基斯坦军方下定决心彻底清剿本国塔利班势力。2009 年 4 月，陆军部队占领并控制了斯瓦特河谷，接下来又发动了对藏匿于瓦济里斯坦地区的巴塔和其他极端组织的清剿。3 万多陆军部队一齐进驻瓦济里斯坦，分三路进攻极端分子，最终，重新控制了该地区。

2013 年，谢里夫第三次上台后，表示愿意与巴塔进行谈判。2014 年 3 月 26 日，联邦政府代表与巴塔代表在伊斯兰堡进行了第一轮谈判，然而，谈判未取得丝毫进展，巴塔只是借此争取时间，在谈判期间甚至还袭击了卡拉奇机场。2014 年 6 月，巴军方发起了打击塔利班和其他武装分子的“利剑行动”。巴基斯坦总理谢里夫表示，在消灭国内所有恐怖分子之前，该行动不会停止。而这一重任，自然落在了巴基斯坦陆军的肩上。

2. 海军简史

1947 年 8 月 14 日，英属印度军队重建委员会宣布将原皇家印度海军划分成了皇家印度海军和皇家巴基斯坦海军两部分。巴基斯坦分得 4 艘护卫舰、4 艘舰队扫雷舰（fleet minesweeper）、8 艘摩托扫雷艇（motor minesweeper）、8 艘海湾防卫汽艇和 3580 名海军官兵。

巴基斯坦海军（当时不是独立军种）就此诞生。由于巴基斯坦在当时还是英国的一个自治领，因此，海军在成立之初被称为皇家巴基斯坦海军，直至 1956 年巴基斯坦正式建国，海军才改用现名，即巴基斯坦海军（Pakistan Navy，缩写 PN）。英国海军少将詹姆斯·威尔弗雷德·杰佛德被任命为首任皇家巴基斯坦海军司令。

1948 年 1 月，总督阿里·真纳检阅了巴基斯坦海军，这是海军建立以来第一次接受检阅。当年 2 月，海军护卫舰首次巡航至东巴基斯坦的吉大港。当年 4 月，海军在马诺拉岛部署了岸防炮阵地，标志着海军岸防部队的正式成立。

1949 年 9 月 30 日，巴基斯坦海军第一艘驱逐舰“蒂普苏丹”号开始服役，不久后，第二艘驱逐舰“塔里克”号加入海军，二者组成了海军第 25 驱逐舰舰队。1952 年 8 月，海军军舰正式列装鱼雷，标志着海军打击能力的跃升。1953 年 1 月，海军少将乔杜里出任皇家巴基斯坦海军司令，成为第一位出任此职的巴基斯坦人。1956 年，巴基斯坦建国，皇家巴基斯坦海军正式更名为巴基斯坦海军，但军种排序却发生变化，从先前的“海军、陆军、空军”变为“陆军、海军、空军”，这体现出了巴基斯坦和英国在军种重要性认识上的差异，其主要原因在于，巴基斯坦面临的最主要威胁来自其陆上的强邻——印度。

1956 年，巴基斯坦利用美国军援计划提供的资金向英国购买了 1 艘巡洋舰和 4 艘驱逐舰。在加入东南亚条约组织和中央条约组织之后，巴基斯坦在 1956－1963 年间，又额外从美国获得了 2 艘驱逐舰、8 艘港湾扫雷艇和 1 艘加油船。

1964 年 6 月，美制“迪亚波罗”号（SS-479）潜艇正式交付巴基斯坦海军，之后更名为“加齐”号，意为“勇士”，成为进入巴海军服役的第一艘潜艇，标志着巴海军具备了水下打击能力。

第二次印巴战争期间，巴基斯坦海军为打破印军的海上封锁，分担本国陆军和空军的作战压力做出了重要贡献。1965 年 9 月 7 日，巴基斯坦海军发起了“德瓦尔卡”战役。为了此次行动，巴海军几乎动用了全部主力战舰。“阿拉姆吉尔”号、“贾汉吉尔”号、“开伯尔”号、“巴布尔”号、“巴德尔”号、“沙贾汗”号和“蒂普苏丹”号等驱逐舰全体出动，袭击了印度古吉拉特邦的德瓦尔卡市，诱使印度海军前来增援，而后“加齐”号潜艇向印度军舰发动突然袭击。德瓦尔卡战役取得了成功，巴基斯坦海军摧毁了德瓦尔卡地区的印军雷达阵地，击伤了数艘印度军舰，在打击印军士气的同时还分散了印度空军的注意力，缓解了巴基斯坦空军和陆军的压力。

1969 年 12 月至 1970 年 9 月间，巴基斯坦从法国先后购买了四艘“达芙妮”级潜艇。1970 年 12 月，依托卡拉奇造船厂建造的阿布多泽海军基地正式投入使用，该基地专门为潜艇提供后勤和技术保障。70 年代末，巴海军又从法国购买了 2 艘“阿戈斯塔”级潜艇。

第三次印巴战争中，潜艇成了巴基斯坦海军的“杀手锏”。印度在战争中所损失的唯一一艘军舰“库卡里”号反潜护卫舰便是被巴基斯坦“汉果”号潜艇击沉的。

1971 年 11 月 22 日，巴基斯坦海军潜艇“汉果”号驶离卡拉奇港，前往孟买外海，接替完成巡逻任务的“茫格洛”号潜艇，后接到命令，在第乌附近海面攻击印军舰船，阻止其进攻卡拉奇港。12 月 7 日，该潜艇在距离印度西海岸第乌港西南大约 60 千米处被印度海军发现。印度西部舰队派遣孟买港第 14 护卫舰中队的“库卡里”号和“基尔潘”号两艘反潜护卫舰前来搜索、作战。然而，“汉果”号是当时世界上最先进的常规潜艇，其传感器和武器系统不仅强于印军潜艇，而且强于印军反潜护卫舰，结果，印度的反潜护卫舰非但没能打击到巴基斯坦潜艇，自己反而遭到了毁灭性打击。“汉果”号发射的鱼雷击中了“库卡里”号的弹药库，引发爆炸，导致其顷刻间沉没，包括舰长马汗德拉·纳特·穆拉在内的 18 名军官和 176 名水兵殒命，只有 67 人获救，“基尔潘”号担心遭遇同样命运，便主动撤出了战斗。“库卡里”号护卫舰成为二战后印度第一艘被潜艇击沉的水面战舰，1971 年 12 月 8 日也被印度人称为印度海军历史上最悲伤的一天。

第三次印巴战争中，巴基斯坦海军共损失了 22 艘舰艇，元气大伤，为了尽快恢复实力，在考虑国家经济条件和政治局势的情况下，巴海军从近海防御的目的出发，较为务实地从各国选购一批新式鱼雷快艇。1972－1980 年间，巴基斯坦一共购买了 12 艘“斯劳特”级巡逻攻击快艇、4 艘“侯赛因”级攻击快艇、4 艘水翼艇和 6 艘美军退役舰艇。此外，巴基斯坦还寻求通过自力更生来发展海军。1973 年 1 月，巴基斯坦造船厂开启了对“汗果”号潜艇的改装工程，“汗果”号因而成为第一艘由巴基斯坦自主改装升级的潜艇。同年，海军司令部从卡拉奇迁往伊斯兰堡。

1975 年 9 月 26 日，迈赫兰基地作为巴基斯坦海军航空兵的作战基地正式投入使用。9 月 28 日，从英国订购的第一批共 7 架“韦斯特兰海王”级直升机正式在巴海军中服役，标志着巴基斯坦海军航空部队的正式诞生。同年 10 月，从法国订购的第一批共 4 架“大西洋”级远程海上巡逻机正式在巴海军中服役。巴海军航空部队从此拥有了固定翼飞机，海空协同能力大为增强。

20 世纪 80 年代，得益于美国大力度的军事援助，巴基斯坦海军发展迅猛：水面舰艇部队规模几乎翻番，驱逐舰从 1980 年的 9 艘增至 1989 年的 16 艘；岸防部队装备了先进的远程反舰导弹，海上侦察能力也得到很大程度提升；潜艇装备了“鱼叉”导弹发射系统，火力全面升级，一跃成为巴基斯坦海军的主力。1982 年，里根政府同意向巴基斯坦提供总值 32 亿美元的军事和经济援助。1988 年，巴基斯坦从美国租用了 8 艘护卫舰，租期 5 年。然而，随着苏联开始从阿富汗撤军，美国也停止了对巴基斯坦的援助。1993－1994 年，巴基斯坦租用的护卫舰在租期满后被如数归还给了美国，巴海军实力严重受损。

为了弥补美国停止军援所带来的损失，巴基斯坦转而寻求同英、法、意等欧洲国家合作。1988 年，巴英两国政府建立联合委员会，共同研究海军舰艇的未来发展趋势。1992 年，巴基斯坦购买了 6 艘从英国皇家海军退役的“亚马逊”级护卫舰。1993－1994 年，巴基斯坦对这些军舰进行了升级改造，以应对未来战争。“阿戈斯塔 90B”级潜艇计划也在 90 年代初开始实施。1999 年，由法国生产的第一艘该级潜艇“哈立德”号正式服役，第二艘“萨德”号于 2003 年服役，第三艘“哈姆扎”号由巴基斯坦独立制造，于 2004 年服役。此外，巴海军还购买了 4 艘意大利生产的小型潜艇。

《布朗法案》在美国国会通过后，美国一次性向巴基斯坦提供了价值 3.68 亿美元的军事装备，其中，海军在 1996 年获得了 3 架 P3-C“猎户座”反潜巡逻机，海军航空部队的巡逻、侦察和反潜能力得到加强。不过，其中一架在 1999 年 10 月 29 日进行日常训练时由于意外事件不幸坠毁。

进入 21 世纪，巴基斯坦海军更加注重与其他国家海军开展军事合作。2004 年 4 月，巴海军首次参与了由美国领导的联合反恐行动——“海上联合行动计划”。2006 年 3 月，巴海军首次指挥多国特遣部队赴巴林执行任务。2006 年 11 月，巴海军首次指挥联合军事演习。

在装备采购方面，巴基斯坦将注意力转向了中国。2009－2010 年，巴基斯坦从中国采购的 3 艘 F-22P“剑”级护卫舰相继服役。2009 年 10 月，巴海军航空部队正式列装了中国生产的 Z9EC 反潜直升机，该直升机可由 F-22P 护卫舰搭载，与舰上的反潜导弹配合，产生立体反潜效果。2011 年 6 月，第 4 艘 F-22P 护卫舰“阿斯雷特”号从卡拉奇造船厂下水，标志着巴基斯坦具备了生产该型护卫舰的能力。2011 年 7 月，巴基斯坦海军建立起第一支无人机中队，该中队主要负责图像采集和空中监视，其服役意味着海军航空部队的侦察能力得到了进一步提升。

2012 年 5 月，巴基斯坦海军战略司令部正式成立。海军参谋长、海军上将阿西夫·桑迪拉出席了司令部落成典礼并讲话，他表示，“巴基斯坦海军战略力量旨在保障完成最低限度的遏制任务，维护地区稳定”。此举表明巴基斯坦开始着手将部分核武器部署到海上，使海军具备战略核打击能力。

3. 空军简史

1933 年，英印政府在德里克附近建立起次大陆的第一个空军基地，即今天巴基斯坦的费萨尔空军基地，标志着（英国）皇家印度空军（Royal Indian Air Force，缩写 RIAF）的正式成立。在第二次世界大战中，皇家印度空军为抵御日本法西斯入侵南亚做出了重要贡献。

1947 年，印巴分治，巴基斯坦空军随即诞生，由于当时巴基斯坦还是英国的一个自治领，故巴基斯坦空军仍被称为皇家巴基斯坦空军，直至 1956 年巴基斯坦正式建国。

在独立后的军事资产划分中，印度出于限制巴基斯坦军事能力的目的，拒绝巴基斯坦按分治协议继承原皇家印度空军的部分飞机、武器和其他装备，后经协调终于让步，但提供给巴基斯坦的多是不实用的老旧武器装备，且数量不足。巴基斯坦空军以从皇家印度空军继承的 16 架“风暴”式战斗机和 2 个不满编的飞行中队为基础，开启了漫长、艰难的发展之路。

巴基斯坦独立仅两个月后，第一次印巴战争便爆发了。年轻的巴基斯坦空军响应号召，积极投身于此次战争，主要承担运输人员和物资的任务。考虑到当时变化莫测的天气、不利于飞行的山地地形和敌机的频繁骚扰，可以说空军所承担的任务是相当艰巨的。即便如此，巴空军还是克服重重困难，在战争中共进行了 437 次空投，运送了 500 多吨的物资，有力地支持了陆军和克什米尔游击队的作战行动。

从 1948 年起，巴基斯坦开始从英国购买战机，如霍克“海怒”战斗轰炸机和“布里斯托尔”战斗机，至 1950 年，巴基斯坦空军共装备了 93 架霍克“海怒”战斗轰炸机和 50－70 架“布里斯托尔”战斗机。这些新战机的列装极大地提升了巴空军的士气和战斗力。

尽管缺乏资金，但巴基斯坦空军还是很快进入了喷气机时代。起初，巴基斯坦计划购买美制 F-94C、F-86 或 F-84 战机及其生产线，但在英国的压力下，转而购买了英国的“超级马林攻击者”喷气式战机。1951 年 8 月，第一批该型战机进入巴空军服役，然而，该型飞机耗损过快，维修成本较高，很难满足巴空军的需求，故巴基斯坦停止了对该型飞机的引进。到 50 年代中期，巴空军主力战机仍由霍克“海怒”战机和“风暴”战机构成。1957 年，在美国的援助计划下，巴空军获得了 100 架美制 F-86“佩刀”战机和一些 T-33 教练机，并建起了两座高功率的 FPS-20 型固定式预警雷达站和一些飞行、地勤培训机构。同年，空军中将艾斯卡尔·汗成为首任巴基斯坦空军司令。

1957－1965 年间，巴基斯坦空军不断以最先进的喷气式战机取代先前的螺旋桨式战机，逐步完成了各飞行中队装备的更新换代。F-86“佩刀”战斗机、F-104“星”战斗机、B-57 轰炸机和 C-130 运输机等美制先进战机纷纷进入巴空军服役，而多年来有计划、有目的的严格训练令空军飞行员和地勤技术人员具备了相当出色的技术能力，这些举措令巴基斯坦空军战斗力突飞猛进，为其在第二次印巴战争中大显身手打下了坚实基础。

1965 年，第二次印巴战争爆发。当时，巴基斯坦空军有 12 架 F-104“星”战斗机、100 架 F-86“佩刀”战斗机和大约 20 架

B-57 轰炸机，而印度空军有 755 架飞机。巴空军虽然在数量上不占优势，但主力战机较为先进，装备有“响尾蛇”空空导弹，而印度空军则没有装备空空导弹。“响尾蛇”导弹能够击中 3000 米外的目标，是巴基斯坦空军的撒手锏。1965 年 9 月 6 日，32 架 F-86 和 8 架 F-104 战机对印度纵深的 5 个机场和 3 个雷达站发动突袭，大获成功，遭到重创的印军急调 200 架战机前来增援。面对印度空军的全面反击，巴基斯坦战机大显神威，击落近 30 架印军战机，击毁 35 架尚未起飞的印军战机，一举夺取了制空权。为此，巴基斯坦总统阿尤布·汗于 9 月 7 日通令嘉奖空军，并将这一天定为巴基斯坦空军节。至战争结束时，不包括被击毁的未起飞的印军战机，巴基斯坦空军共击落印军战机 110 架，击伤 19 架，而巴空军自身只损失了 16 架战机。除了夺取制空权外，巴基斯坦空军还对陆军部队提供近距离空中支援，收到了奇效。在查温达坦克战中，巴空军率先对印军坦克进行了突袭，使印度坦克部队几乎瘫痪，而后又与巴坦克部队紧密配合，击毁近百辆印军坦克，取得决定性胜利。查温达坦克战后，印军停止了进攻，印巴双方沿亚克尔运河形成对峙局面。

巴基斯坦军队之所以能在第二次印巴战争中掌握主动权，其空军功不可没。在战争中，巴基斯坦空军大规模参战，不仅担负了打击印度空军的任务，而且还承担了打击印军主要地面火力的任务，据战后统计，印军损失的坦克中，90% 以上是由巴基斯坦战机击毁的。

第二次印巴战争后，美国对巴基斯坦实施了武器禁运，巴基斯坦空军不得不寻求从其他渠道获取战机。1968 年，巴基斯坦从法国购买了“幻影Ⅲ”战机。

第三次印巴战争爆发前，巴空军有战机 270 架，印军有战机 635 架。战争开始后，印军集中优势兵力进攻东巴基斯坦。空军方面，印军集结了 10 个飞行中队，而巴基斯坦部署在东巴的空军力量，只有驻扎于达卡附近泰兹格恩机场（Tezgaon）的第 14 飞行中队。此次进攻，印军吸取了上一次印巴战争中巴基斯坦的成功经验，对东巴的空军基地进行了突袭，一举击毁了 10 架尚未起飞的 F-86 战机，并击毁跑道，迫使其余 F-86 战机无法起飞。即便如此，驻东巴空军的直升机还是英勇迎敌，在防空火力的配合下，击落印军战机 23 架。之后，巴空军主力部队从西面对印军展开报复性攻击，给印空军造成了较大损失。根据战后的独立研究，巴基斯坦空军在这场战争中共出动战机 2914 架次，损失战机 29 架，其中包括在东巴损失的尚未起飞的 10 架 F-86 战机；印军出动战机 7346 架次，损失战机 59 架。根据巴基斯坦公布的数据，印度空军损失战机 130 架，巴空军损失战机 44 架，双方的损失比为 3 ∶ 1。然而，无论数据如何，巴空军的努力都没能阻止巴基斯坦在此次战争中的失败，更无法阻止东巴基斯坦的独立。①

第三次印巴战争后，巴基斯坦更加深刻地意识到了来自印度的安全威胁，加之印度之前已经进行了核试验，因此，巴基斯坦也开始发展核武器。这一过程中，核设施的安全成了无法回避的问题。考虑到巴基斯坦核设施离边境较近，一旦印度战机前来空袭，巴基斯坦空军很难及时派战机进行拦截，于是，巴空军将报复性攻击印度核设施作为防御手段。为了对印度形成有效震慑，防止其空袭本国核设施，巴基斯坦再次求助于美国，希望从美国获得当时最先进的 F-16 “战隼”战斗机。起初，美国不同意提供 F-16 战机，只愿意提供 F-5E 战机和 F-5G 战机。然而，苏联对阿富汗的入侵导致巴基斯坦的战略地位骤然上升，美国最终同意向巴基斯坦提供 F-16 战机。1983 年，第一批 F-16 战机运抵巴基斯坦。

苏联入侵阿富汗期间，巴基斯坦虽然是抗苏援阿的前线国家，但其始终没有派遣正规军队进入阿富汗战场。巴基斯坦空军与陆军一起

---

① Pakistan Air Force. History of Pakistan Air Force [EB/OL]. [2014-12-15]. http://www.paf.gov.pk/history.html.

负责西部边境的守卫，防范苏联飞机的入侵。战争期间，巴空军共击落 8 架苏制飞机，自身则丝毫无损。

抗苏援阿战争结束后，巴基斯坦的战略地位下降，加之其继续实施核计划，故美国再次对巴基斯坦实施了武器禁运，直到 1994 年才重启了 F-16 战机的交付工作，即便如此，协议规定的 28 架战机也只交付了一半，剩余的 14 架战机在 2005—2008 年间才交付给了巴基斯坦。在受到制裁的情况下，为了保证空军的发展，巴基斯坦一方面向欧盟和俄罗斯求购新式战机，另一方面，加快了航空武器装备自主研发的进程，此外，还通过给老旧战机加装自动化激光瞄准器、雷达警报接收器等装置对其进行升级。

1998 年，巴基斯坦由于进行核试验而遭到了美国和一些欧洲国家的严厉制裁，同时，巴空军深感其主力战机老旧，无法适应新形势，故积极寻求与中国合作，共同研制一种低档配置且较为先进的战斗机，于是 JF-17“雷电”战机合作开发项目应运而生。计划中的 JF-17“雷电”战机是一款轻型、多用途、全天候战机，可以在超远距离攻击敌方战机、舰船和地面目标。2007 年 2 月，首批“雷电”战机运抵卡姆拉（巴基斯坦航空工业公司所在地），经组装后于 3 月 2 日完成首飞。

反恐战争爆发后，巴基斯坦重新成为“前线国家”，有感于巴基斯坦在反恐战争中的重要作用，美国和一些欧洲国家，如法国和德国等，纷纷解除了对巴基斯坦的武器禁运。巴基斯坦空军因而受益匪浅，获得了一批新式战机、雷达和陆基防空武器，此外，巴基斯坦国会于 2006 年通过了《武装部队发展计划 2019》，为空军的现代化提供了政策指导。

随着反恐战争的深入，巴基斯坦从支援驻阿美军的“后勤基地”变成了“反恐主战场”，其空军的职能随之拓展。在打击巴基斯坦塔利班（简称“巴塔”）的过程中，由于陆军航空兵缺少武装直升机，故巴空军被赋予了实施空中打击、配合地面部队清剿的任务。在这之前，空军的训练和装备建设均是围绕常规战争而设计的，突然间承担反恐任务对空军而言有一定困难。在这种情况下，巴基斯坦空军对症下药，一方面加强对飞行员的培训，使其具备执行“定点清除”任务的能力；另一方面，大力引入新设备，着重提高战机的情报沟通、监视和侦察能力，如：C-130 运输机被改装成了可全天候执行情报获取与传递、监视和侦察任务的多用途飞机；F-16 战机加装了美制高分辨率红外传感器；战机普遍配备激光制导炸弹。

除了恐怖主义，巴基斯坦还一直面临着来自强邻印度的威胁，因此，承担国土防空任务的巴基斯坦空军需要时刻保持高度警惕。由于在规模上，巴基斯坦空军难以与印度空军抗衡，故巴基斯坦空军十分重视战机的升级换代。2008 年，布什政府宣布从“反恐计划”的资金中支出 2.3 亿美元，用于升级巴空军老化的 F-16A/B 型战机。2010 年，从美国购买的最后一批 F-16C/D 型战机运抵巴基斯坦，这使巴空军拥有的该型战机增至 18 架。

如今，新一代战机的理念主要基于便捷的通信、可靠的电子设备和强大的计算机软件及数据库。巴基斯坦航空业紧跟时代发展和科技进步，积极与其他国家合作，着力为空军打造新型战机。

从国家的军事目标出发，巴基斯坦空军领导层明确了未来空军的发展战略：巴基斯坦空军将继承追求卓越的传统，更加注重人员的选拔与培训，提高后勤保障效率，建立行之有效的资源管理体系，使人员和装备能充分满足未来战争的要求。

二、军种概况

巴基斯坦武装力量由正规军、准军事部队和预备役部队组成，总兵力 138.25 万人，其中，正规军 58.7 万人，分陆、海、空三大军种，各军种下设若干兵种；预备役部队 51.3 万人，其中，陆军 50 万人，海军 0.5 万人，空军 0.8 万人；准军事部队 28.25 万人，其中，国民警卫队、军校学生军、圣战者武装力量（Mujahid Force）和女子卫队合计 18.5 万人，边防部队 7 万人，巴基斯坦游骑兵（Pakistan Rangers）2.5 万人，海岸警卫队 0.25 万人。

1. 陆军

陆军是巴基斯坦正规部队的最大组成部分，主要承担保卫领土完整，维护国家安全的任务。巴基斯坦陆军分为步兵、装甲兵、炮兵、防空兵、陆军航空兵和工程兵等 6 个兵种。巴基斯坦自独立起一直高度重视对陆军的建设，这是由巴基斯坦与陆上邻国（主要是印度）之间尖锐的矛盾所决定的。同时，巴基斯坦军政领导人将陆军作为政权支柱的意向也强化了这一政策。该政策的长期实施使巴基斯坦呈现出陆军一家独大的局面（陆军人数占巴基斯坦正规军人员编制总额的 89.5%）。

巴基斯坦陆军总部设在拉瓦尔品第，陆军参谋长是陆军最高指挥官，由一名陆军上将担任，统领全国陆军部队。陆军总部下辖 6 个司令部，分别是旁遮普攻击军团司令部、旁遮普防御军团司令部、信德司令部、克什米尔司令部、西部司令部和战略司令部，每个司令部均由一名陆军中将统领，直接对陆军总部负责。除战略司令部外，每个司令部都下辖若干个军团，军团下辖 2－3 个师和 3－5 个独立旅 / 大队。从作战单位编制角度看，师下设旅，旅以下依次设营、连、排和班。团是巴基斯坦陆军的一级行政组织而不是作战单位，一般由几个营或营级单位联合组成，不过在作战时，各营将回归原建制。

军团是巴基斯坦陆军的战役兵团。巴基斯坦陆军共有 13 个军级单位，其中 9 个是军团，按组成力量和承担任务的不同，军团可分为 3 种类型，即攻击军团、防御军团和混合军团。这些军团分属除战略司令部外的其他 5 个司令部，共下辖 21 个师（18 个步兵师，2

个装甲师，1 个炮兵师）和 41 个独立旅 / 大队，其具体情况如下：

第 1 军团，隶属于旁遮普攻击军团司令部，军部驻曼格拉，下辖 3 个师，即第 6 装甲师、第 17 步兵师、第 37 步兵师，和 5 个独立旅 / 大队，即第 11 独立装甲旅、独立炮兵旅、独立步兵旅、独立工程大队、独立信号大队。

第 2 军团，隶属于旁遮普攻击军团司令部，军部驻木尔坦，下辖 3 个师，即第 1 装甲师、第 14 步兵师、第 40 步兵师，和 5 个独立旅 / 大队，即独立装甲旅、独立炮兵旅、独立步兵旅、独立工程大队、独立信号大队。

第 4 军团，隶属于旁遮普防御军团司令部，军部驻拉合尔，下辖 2 个师，即第 10 步兵师、第 11 步兵师，和 5 个独立旅 / 大队，即第 3 独立装甲旅、第 212 独立步兵旅、独立炮兵旅、独立工程大队、独立信号大队。

第 5 军团，隶属于信德司令部，军部驻卡拉奇，下辖 3 个师，即第 16 步兵师、第 18 步兵师、第 25 机械化师，和 5 个独立旅 / 大队，即第 2 独立装甲旅、第 31 独立步兵旅、独立炮兵旅、独立工程大队、独立信号大队。

第 10 军团，隶属于克什米尔司令部，军部驻拉瓦尔品第，下辖 3 个师，即第 12 步兵师、第 19 步兵师、第 23 步兵师，和 5 个独立旅 / 大队，即第 8 独立装甲旅、第 111 独立步兵旅、独立炮兵旅、独立工程大队、独立信号大队。

第 11 军团，隶属于西部司令部，军部驻白沙瓦，下辖 2 个师，即第 7 步兵师、第 9 步兵师，和 3 个独立旅 / 大队，即独立炮兵旅、独立工程大队、独立信号大队。

第 12 军团，隶属于西部司令部，军部驻奎达，下辖 2 个师，即第 33 步兵师、第 41 步兵师，和 3 个独立旅 / 大队，即独立装甲旅、独立工程大队、独立信号大队。

第 30 军团，隶属于旁遮普防御军团司令部，军部驻古吉兰瓦拉，下设 2 个师，即第 8 步兵师、第 15 步兵师，和 5 个独立旅 / 大队，即第 2 独立装甲旅、独立步兵旅、独立炮兵旅、独立工程大队、独立信号大队。

第 31 军团，隶属于旁遮普防御军团司令部，军部驻巴哈瓦尔布尔，下辖 2 个师，即第 26 机械化师、第 35 步兵师，和 5 个独立旅 / 大队，即第 13 独立装甲旅、第 101 独立步兵旅、独立炮兵旅、独立工程大队、独立信号大队。

巴基斯坦陆军的战略司令部驻拉瓦尔品第，由陆军战略力量司令部和陆军防空兵司令部两个军级单位组成。其中，陆军战略力量司令部掌管巴基斯坦的核武器，下辖第 21 师和第 22 师；陆军防空兵司令部下辖第 3 防空兵师和第 4 防空兵师。陆军航空兵主要承担给予地面部队空中支援的任务，战时会应战场需要，与空军配合，进行对地攻击或支援。另外，巴基斯坦陆军还设有北部地区武装力量司令部。该司令部驻扎于吉尔吉特，与军团平级，隶属于克什米尔司令部，主要负责吉尔吉特－巴尔蒂斯坦地区的防务，下辖 5 个旅，分别是第 61 步兵旅、第 62 步兵旅、第 80 步兵旅、第 150 步兵旅和第 323 步兵旅。

师是陆军基本的战术兵团。巴基斯坦陆军共有 29 个师，包括 20 个步兵师、2 个装甲师、2 个机械化师、2 个防空兵师、2 个战略导弹师和 1 个炮兵师，每个师都下辖若干旅。

步兵师是巴基斯坦陆军的主要战术兵团。它包括陆军各兵种的部队和后勤人员（陆军航空兵除外），可以参加军团发起的战役，也可以独立作战。通常，一个步兵师下辖 3 个步兵旅、1 个坦克团、4 个炮兵团、5 个独立营（分别负责侦察和支援、工程和通信、供应和运输、维修、医务）和 1 个后勤保障分队。每个师由 1 名军衔为少将的师长统领，人员编制总数为 15000 人。每个步兵师装备有 44 辆中型坦克、144门各型火炮（加农炮、榴弹炮和迫击炮等）、1800辆汽车，以及自动步枪、机枪、轻型反坦克导弹和其他武器。

装甲师是装甲部队的主要战术兵团。每个装甲师都下辖2个装甲旅、1个侦察坦克团、4个炮兵团、1个自行高炮团、3个摩托化步兵营和5个独立营（分别负责工程、通信、维修、供应和运输、医务）。装甲师装备有200多辆坦克、约250辆装甲输送车、约70门野战炮、50多门迫击炮、30多门高射炮和若干反坦克导弹。

一个独立步兵旅通常由3个步兵营、1个坦克大队、若干独立连（工兵连、通信连、供应和运输连、野外维修连）和后勤保障分队组成，人员编制约4000人。一个装甲独立旅由3个坦克团、1个自行火炮团、3个营（摩托化步兵营、维修营和供应运输营）、1个工兵连、1个通信连和1个野战医疗队组成，人员编制约4500人。

除了常规部队，巴基斯坦陆军还有一支特种部队，即巴基斯坦陆军特种部队（简称“巴陆特”）。该部队是一支独立的突击性部队，一般执行侦察、破坏和其他特殊任务，其作用类似于美国陆军特种部队（绿色贝雷帽）和英国陆军特种部队。该部队的基本单位是特种任务独立旅，它通常由3个空降兵营和1个潜水连组成，人员的主要装备是轻武器和各种专用器材。特种任务独立旅没有制式运输工具，作战时，一般乘陆军航空部队的直升机、空军的运输机、海军的水面舰艇或潜艇潜入敌后，执行侦察、破坏任务。

2. 海军

巴基斯坦有1068千米的海岸线和近11.54万平方海里的海洋专属经济区，全国97%的对外贸易在卡拉奇、卡西姆和瓜达尔三大港口进行，因此，海洋安全对巴基斯坦的国家利益而言至关重要。巴基斯坦海军（Pakistan Navy，缩写PN）作为守卫海疆，应对海上突发事件，保护国家海上经济利益和军事利益的主要力量，一直积极寻求发展，目前，已成为在亚洲享有盛誉的一支军队。

巴基斯坦海军分为水面舰艇部队、潜艇部队、海军航空兵和海军陆战队等 4 个兵种。现役海军官兵（水兵、潜艇兵和海军航空兵）约 25000 人，另外还有约 2500 名海岸警卫队队员和大概 2000 名隶属于海上安全局的准军事人员，预备役海军约有 5000 人。[①] 此外，巴基斯坦还有一支海军特种部队（SSG［N］）。

水面舰艇部队是巴基斯坦海军的主要力量，可承担多样化任务，如水面作战、反潜作战、防空作战、保护海上交通线、搜索、救援和军事外交等。巴基斯坦海军的水面舰艇部队由 6 支舰队组成，分别是第 9 工程中队、第 25 驱逐舰中队、第 18 驱逐舰中队、第 10 巡逻艇中队、快艇中队和第 21 辅助救援中队。需要注意的是，虽然巴基斯坦将第 25 和第 18 中队称为驱逐舰中队，但实际上这两支舰队的所属军舰均为护卫舰。第 25 驱逐舰中队下辖 6 艘英制“亚马逊”级护卫舰，分别是“塔里克”号、“巴布尔”号、“开伯尔”号、“巴德尔”号、“蒂普苏丹”号和“沙贾汗”号；第 18 驱逐舰中队下辖 4 艘 F-22P “刀剑”级护卫舰和 1 艘美制“佩里”级护卫舰，4 艘“刀剑”级护卫舰分别被命名为“佐勒菲卡尔”号、“沙姆谢尔”号、“赛伊夫”号和“阿斯雷特”号，“佩里”级护卫舰则被命名为“阿拉姆吉尔”号。除了 11 艘护卫舰之外，水面舰艇部队还有 3 艘扫雷舰、12 艘导弹快艇、8 艘辅助舰船、1 艘训练舰、12 艘气垫船和 17 艘海岸巡逻艇。

潜艇部队成立于 1964 年，是海军极为倚重的作战力量，在第二、三次印巴战争中立下了赫赫战功。潜艇部队的主要任务是实施特种作战、精确打击、情报搜集、监视和领海控制，此外，还承担保护海上航线的任务。21 世纪以来，海军逐步对潜艇部队的装备进

① 哈特穆特·曼塞克．巴基斯坦海军［J］．各国海军，2007（4）：43.

行了更新和升级，如今，所有潜艇都装配有反舰导弹，如“阿戈斯塔 90B”级潜艇装备了先进的“飞鱼”反舰导弹；较为老旧的“阿戈斯塔 70”级潜艇则装备了“鱼叉”反舰导弹。“阿戈斯塔 90B”级潜艇配有闭式循环蒸汽涡轮机系统。该系统属于“空气独立推进”系统（Air Independent Propulsion，缩写 AIP），即自主式能源系统，能使该型常规动力潜艇长时间在水下执行任务而不用浮上海面获取空气，增强了其隐蔽性。目前，巴基斯坦海军总共有分属 3 个型号的 8 艘潜艇。

表 9-1　巴基斯坦潜艇

型号	产地	数量	服役起始年	动力
“阿戈斯塔 90B”级 “哈立德”号 “萨阿德”号 “哈姆扎”号	法国 / 巴基斯坦	3	1999 2003 2008	蒸汽涡轮机（AIP）
“阿戈斯塔 70”级 “哈什马特”号 “胡尔马特”号	法国	2	1979 1980	柴电
“科斯莫斯”级 X–Crafts	意大利 / 巴基斯坦	3	1985	柴电

巴基斯坦海军航空兵成立于 1975 年。在近 40 年的发展过程中，海军航空兵始终紧跟技术前沿，从一支羽翼未丰的队伍逐渐成长为一个成熟的、专业性强的兵种。目前，海军航空兵装备有 6 架英制“韦斯特兰海王”级反潜直升机、7 架 P3C“猎户座”反潜侦察机、4 架“霍克 850”电子战飞机、7 架“弗克 F–27”侦察机、12 架 Z–9EC 反潜直升机、超过 32 架“幻影 5”对舰攻击机和数量不详的无人机。巴基斯坦海军航空兵下辖 6 个飞行中队，分别是第 111 反潜中队、第 222 反潜中队、第 333 反潜中队、第 27 反潜中队、第 28 P3C 海上攻击中队和第 29 反潜中队。以迈赫兰海军基地为大本

营，海军航空兵在巴基斯坦领海执行多样化任务，从空中有效地支援了水面舰艇部队和潜艇部队。

巴基斯坦海军陆战队初建于 1971 年，但由于发展过慢，在 1974 年便被解散了。巴基斯坦海军第一次重组之后，受美国海军陆战队的影响，重建巴基斯坦海军陆战队被提上了议程。最终，在 1990 年 4 月 14 日，巴基斯坦重新组建了海军陆战队。经过 20 多年的发展，巴基斯坦海军陆战队已成为一支下辖三个团的旅级作战部队，总人数约 6000 人，其总部设在卡西姆海军基地。海军陆战队主要承担登陆作战、保护重要目标和海军要员的任务，此外，还负责保卫靠近印巴边境的沿海滩涂地区。

巴基斯坦海军特种部队（Special Service Group［Navy］，简称“巴海特”）成立于 1966 年。其实，在该部队成立的前一年，巴基斯坦海军就已经建立了水下爆破小队和破袭小队，二者均参加了第二次印巴战争。战争结束后，巴基斯坦海军感到有必要建立一支特殊部队，专门用于偷袭敌海上舰艇、海岸基础设施和敌军指挥部，于是，巴基斯坦海军就以水下爆破小队为母体，在英国海军特种部队的协助下组建了具有连队规模的特种部队，又称“蛙人部队”。巴海特成立后不久，美国海豹突击队就对其进行了指导、训练。1971 年，年轻的巴海特作为巴基斯坦海军陆战队的组成部分参加了战斗，但表现不尽如人意。战争结束后，为了提高战斗力，巴基斯坦海军特种部队除了与英国海军特种部队和美国海豹突击队进行联合训练之外，还积极与其他国家的特种部队进行交流学习，如土耳其海军 SAS 和 SAT 部队。通过与多国特种部队频繁的交流与学习，巴海特已经具备了极强的作战能力，可执行多样化任务，包括乘坐潜艇秘密潜入指定区域、检查可疑船只、城市巷战、沙漠战以及保护要人等。反恐战争爆发后，巴海特还承担了海上反恐和打击海盗的任务，其职能进一步拓展。巴基斯坦海军特种部队的人员编制属于海军的机密，根据现有资料推测，其人数大概为 1000 人。[①]

根据巴基斯坦宪法，总统是海军总司令，海军参谋长（通常是一名四星海军上将）在总理认可的情况下由总统任命，负责统领、指挥海军各部队。

在海军的领导指挥体系中，海军参谋长级别最高，其下设一副职。海军参谋长通过驻伊斯兰堡的海军总部领导海军。海军总部下设 7 个参谋部和 7 个战地司令部。7 个参谋部分别负责军事行动、物资、补给、工程、训练与评估、人事和规划，每个参谋部均由一名代理参谋长负责；7 个战场司令部分别是卡拉奇司令部、巴基斯坦舰队司令部、后勤司令部、海岸司令部、海上训练司令部、北方司令部和中旁遮普司令部，每个司令部均由 1 名司令官负责。

3. 空军

巴基斯坦空军是巴基斯坦武装力量的空中分支，由航空兵、地空导弹部队和地勤部队组成，主要承担国土防空任务，此外，还负责向陆军和海军提供支援。巴基斯坦空军的现役人员约有 6.5 万人，其中飞行员约 3000 人，各型飞机共约 700 架，其中战机约 450 架。

空军参谋长是空军的最高指挥官，一名副参谋长协助其领导、指挥空军部队。空军总部是空军的最高指挥机关，设在拉瓦尔品第附近的查克拉拉基地。总部设有 6 个参谋分部，分管作战、工程、行政、训练、人事和后勤，每个分部由 1 名代理参谋长负责。除了以上人员，总部内的要员还有监察长、JF-17“雷电”项目总监、空军战略司令局局长、C4I[②] 局局长和情报局局长。这些领导人与各自分管的

① 左明非．神秘外衣下的巴基斯坦海军特种部队［J］．轻兵器，2010（1 下）：38－39.

② C4I 是英文单词 Command、Control、Communication、Computer 和 Intelligence 的首字母缩写形式，即指集指挥、控制、通信、计算机和情报于一体的自动化指挥系统。

部门一起构成了巴基斯坦空军的最高领导指挥机构。

巴基斯坦空军总部下辖 5 个司令部，它们分别是北方司令部（驻白沙瓦）、中央司令部（驻拉合尔）、南方司令部（驻卡拉奇）、防空司令部（驻拉瓦尔品第）和战略司令部（驻伊斯兰堡）。巴基斯坦空军在全国范围内共有 18 个基地，分别是穆沙夫基地（萨戈达）、马斯罗尔基地（卡拉奇）、拉菲奎伊基地（舒尔古特）、白沙瓦基地（白沙瓦）、萨姆戈里基地（奎达）、米扬瓦利基地（米扬瓦利）、明哈斯基地（卡姆拉）、查克拉拉基地（拉瓦尔品第）、费萨尔基地（卡拉奇）、里萨尔布尔基地（里萨尔布尔）、沙赫巴兹基地（贾科巴巴德）、卡拉奇基地（卡拉奇）、马里尔基地（卡拉奇）、科哈特基地（科哈特）、拉合尔基地（拉合尔）、萨科萨尔基地（萨科萨尔）、下托帕基地（穆里）、卡拉巴格基地（那提亚格里）。

巴基斯坦空军共有 30 个一线飞行中队，其中包括 6 个攻击战斗机中队、13 个战斗机中队、3 个运输机中队、1 个侦察机中队、1 个预警机中队和 6 个直升机中队。此外，还有 4 个教练机中队和 7 个地空导弹连。

巴基斯坦空军约有战机 450 架，其中攻击战斗机（强击机）包括 104 架“幻影”III/V 和 49 架 A-5M，即强 -5；战斗机（歼击机）包括 40 架 F-16、83 架 F-7P、66 架 F-7PG 和 54 架 JF-17；反潜巡逻机包括 3 架“大西洋”和 3 架 P-3C“猎户座”；运输机包括 12 架 C-130、1 架 L100、2 架波音 707、2 架波音 737 和 7 架其他型号飞机；武装侦察机包括 12 架“幻影”3RP；救援直升机包括 6 架 SA-319；运输直升机包括 12 架 SA-316、4 架 SA-321 和 12 架 SA-315B。此外，巴基斯坦空军还有 160 架教练机。

巴基斯坦的 4 种战斗机中，最先进的当属美制 F-16“隼”式战斗机[①]。1983—1987 年间，在美国的军援计划下，巴基斯坦空军获得了 40 架 F-16A/B 型战机。1990 年，美国国会通过了《普莱斯勒法案》，开始对巴基斯坦实施武器禁运，先前承诺的 28 架 F-16A/B 战机并没有交付给巴基斯坦，直至 1995 年《布朗法案》通过后，美国才将未交付的 F-16A/B 型战机一次性交付给了巴基斯坦。之后数年间，巴基斯坦空军的 F-16A/B 战机无法及时更新设备，战斗力受到限制。阿富汗战争开始后，为了得到巴基斯坦的支持，美国国会于 2006 年批准向巴基斯坦出售 F-16C/D 型战斗机，同年，巴基斯坦从美国订购了 18 架 F-16C/D 型战斗机，2010 年又增订了 14 架。2010 年 6 月 29 日，首批 3 架 F-16C/D 战机运抵沙赫巴兹空军基地。目前，巴基斯坦空军装备有 63 架 F-16A/B 战机和 18 架 F-16C/D 战机，其中 F-16A/B 型战机已接受了中期寿命升级，升级完成后的 F-16A/B 战机具有接近 F-16C/D Block 50[②] 战机的能力。

JF-17“雷电”（中国称之为 FC-1“枭龙”）是巴基斯坦与中国合作生产的轻型多用途战机。巴基斯坦空军和航空工业机构全面参与了这一现代化战机的研发过程，并担负了 50% 的机身生产任务。2004 年 6 月 15 日，中巴两国政府签订了 JF-17 在巴基斯坦合作生产合同和技术改造生产线合同，巴基斯坦正式得到了 JF-17 的生产授权。2006 年 3 月，巴基斯坦空军宣布订购 150 架 JF-17。2007 年 1 月，首批 JF-17 正式交付给空军。目前，巴基斯坦是 JF-17 唯一的部署国，其空军装备有 54 架该型战机。

---

① 2007 年进入巴空军服役的中巴合作生产的 JF-17“雷电”战机先进于巴空军早先装备的 F-16A/B 型战机，但落后于 2010 年进入巴空军服役的 F-16C/D 型战机。

② Block 50 即第 50 批次，而巴基斯坦购买的 F-16C/D 是第 52 批次的产品。

第二节　国防

一、国防政策和军事战略

（一）国防政策

巴基斯坦国防政策的基本内容包括：维护国家独立、主权和领土完整；适当增加军费，努力建设一支与巴基斯坦的安全环境相适应的武装力量，重点提高武器装备现代化水平；反对印度称霸南亚，争取同南亚其他国家加强军事合作，共同抗衡印度；主张建立“南亚无核区”，同印度签订互不侵犯条约；在武器来源方面，贯彻多方引进、合作生产与自主生产相结合的方针，发展国防工业，提高自力更生能力；加强正规军建设的同时，积极发展准军事部队，保持充足的预备役兵源。①

核政策是巴基斯坦国防政策的重要一环，总体而言，巴基斯坦在发展核武器问题上采取“与印度同步调”的政策，宣称“印度不弃核，巴基斯坦也不会弃核”，谋求以核技术威慑印度。巴基斯坦核政策的演变大致分为两个阶段。第一阶段从 1972 年至 1997 年，此阶段巴基斯坦的核政策可归纳为“保留核武器的选择权”。1972 年 1 月，巴基斯坦政府做出了将核计划从民用转为军用的决定。在印度以歧视性为由拒签《不扩散核武器条约》后，巴基斯坦也拒绝签署该条约，保留了核武器的选择权。第二阶段从 1998 年至今，此阶段的政策可归纳为“保持最低限度的核威慑”。1998 年 5 月，印度进行了核试验，为应对印度的核威胁，巴基斯坦分别于 5 月 28 日和 30 日在俾路支省的查盖地区进行了两轮共 6 组核试验。此后，巴基斯坦逐

① 刘敬东．巴基斯坦、孟加拉国的国防与军队建设［J］．外国军事学术，2007(5)：58.

步将其核能力转化为核武器并部署。1999 年 11 月，巴基斯坦外长全面阐述了国家的核政策，他说："最低核威慑能力仍然是巴基斯坦核战略的指导原则，为保证核威慑力的抗打击性和可信性，巴基斯坦将不得不维持和提高其核能力。"[①] 为了抗衡印度的常规军力优势，巴基斯坦宣称在必要时将首先使用核武器。

尽管巴基斯坦将"以核制核"作为保护国家安全的重要手段，但并没有放弃建立无核区的努力。事实上，巴基斯坦一直主张建立南亚无核区。1972 年 9 月，巴基斯坦在第 16 届原子能会议上首次提出建立南亚无核区的想法；自 20 世纪 80 年代起，巴基斯坦就呼吁巴印两国共同放弃发展核武器；在 1988 年的联合国大会上，巴基斯坦提出愿意与印度一起加入《不扩散核武器条约》；2003 年，巴基斯坦总统穆沙拉夫表示，如果克什米尔争端得以解决，南亚能实现和平与安全，巴印双方就可共同实现无核化。

（二）军事战略

冷战初期，为了平衡印度的军事优势，巴基斯坦选择了结盟战略，参加了由美国主导的东南亚条约组织（SEATO）和中央条约组织（CENTO），得到了大量来自美国的经济和军事援助。冷战结束后，巴基斯坦对军事战略做了相应调整，将 20 世纪 80 年代形成的"东抗印度、西堵苏联"的战略调整为"集中力量对付印度"的战略。巴基斯坦将本国兵力的 80% 部署在东部边境，将 20% 的兵力部署在西部边境。在作战指导思想上，巴基斯坦考虑到本国国土狭长、纵深较浅的特点，强调"先发制人"和"速战速决"，避免久拖不决的消耗战；在武装力量建设上，巴基斯坦实行稳步扩军的方针，同时，力争实现武器装备现代化，要求在兵力数量上与印度保持大致均势，在

① 夏立平. 巴基斯坦核政策与巴印核战略比较研究［J］. 当代亚太，2008（3）：66－67.

武器装备上更胜一筹。[①]

二、国家安全体制

内阁国防安全委员会是巴基斯坦国家安全事务方面的最高决策机关，负责确定国家安全目标。该委员会成立于 20 世纪 70 年代，是时任总理的阿里·布托在借鉴印度国家安全机构模式的基础上建立起来的。该委员会的主席由总理兼任，成员包括国防、外交、财政、内政等部的部长，一般情况下，三军参谋长和国防部秘书长列席该委员会的会议。

在职能上与内阁国防安全委员会相照应的是国防委员会。该委员会根据内阁国防安全委员会确定的目标制定军事政策，同时，还负责在防务机构的作用、规模和预算，生产和购买武器装备等方面，向内阁国防安全委员会提供建议。国防委员会的主席由国防部长兼任，成员包括财政部部长及秘书、外交部部长及秘书、国防国务部长、国防秘书和三军参谋长等。有时，其他部长和政府高官受邀参加国防委员会会议。

国防部是贯彻执行内阁国防安全委员会决议的最高军事行政领导机构。其宗旨是“使武装力量有能力保卫巴基斯坦的主权和领土完整，通过军事手段和其他国防能力保护国家利益和资产”。其职能包括：制定、协调和执行国防政策以及与国防相关的其他政策；通过国防预算提供和控制国防需求；管理武装部队；促进和规范民航活动，使其符合当代国际标准；在有需要的情况下，协助民政部门维护公共秩序，打击内部威胁，对抗自然灾害，处理突发事件；通过参与联合国维和行动和其他合法国际行动，为世界和平与发展做出贡献。国防部领导人均由文官担任，国防部部长为该部门首脑，国防国务部长和

① 赵伯乐．南亚概论［M］．昆明：云南大学出版社，2007：69.

国防秘书协助其领导整个部门。国防秘书负责主持日常工作，同时，他也是国防部防务局的领导人。国防部下设防务局、生产局和国防情报局。防务局是国防部的行政管理和秘书部门，下设三个秘书处，第一秘书处负责陆军事务，第二秘书处负责空军事务、国防预算和三军协同，第三秘书处负责海军事务和国内事务。三个秘书处分别由一名增设秘书（additional secretary）统领，且这三名增设秘书依次由陆军、空军和海军少将担任。

巴基斯坦在独立后的一段时间内，沿用了英印军队的总司令制，陆、海、空三大军种各设一名总司令。1971 年布托政府上台后，对国防体制进行了改革，以参谋长制取代了总司令制，三军各设一名参谋长。1976 年 2 月，为加强武装部队的协调工作，巴基斯坦成立了参谋长联席会议（简称“参联会”）。参联会在行政上受国防部领导，在军事指挥上由总统直辖，主要负责拟订三军联合战略计划，统筹和指挥军事行动，研究武装力量的兵力与编成，此外还要向内阁国防安全委员会提供咨询，其成员包括三军参谋长和国防部秘书，设一名主席，由三军参谋长轮流担任，任期为 3 年。参谋长联席会议实际上是巴基斯坦军队的最高指挥和协调机构。和平时期，该机构权力有限，但当战争来临时，该机构负责向国家首脑报告军情，提出军事建议并指挥军事行动。

巴基斯坦的武装力量由正规军、准军事部队和预备役部队组成，正规军分为陆、海、空三个军种。巴基斯坦宪法规定，总统为武装部队统帅，总统通过国防部和参谋长联席会议领导和指挥全军。

三、兵役和军衔制度

巴基斯坦宪法规定：巴基斯坦各个地区的人民都可以加入巴基斯坦武装力量。巴基斯坦实行单一的志愿兵役制，适龄民众在自愿的情况下接受招募，参军入伍。陆、海、空三军的兵员招募工作由各军种司令部中的军务部门负责，具体工作由设在各地区的招募站实施。新兵招募的年龄为：陆军17—21岁，海军15—20岁，空军16—28岁。

在巴基斯坦军队中，士兵的称谓比较特殊。陆军士兵分为列兵、非委任军官和低级委任军官。虽然非委任军官和低级委任军官的称谓中都有“军官”字样，但他们其实是士兵而非军官。非委任军官分为上士和下士两级，低级委任军官分为1、2、3级，其中1级的级别最高。海军和空军只有非委任军官而不设低级委任军官。列兵分短期服役和正规服役两种：短期服役期为4年，正规服役期为15年，另加5年预备役。列兵短期服役满4年后，如果本人愿意，可以转入正规服役。非委任军官从列兵中选拔，最高服役期为24年。低级委任军官从非委任军官中选拔，最高服役期为32年或年满50岁时的实际服役时间。低级委任军官主要担任部队的初级指挥员，直接负责士兵的日常训练与管理，以及小分队的作战指挥。极少数工作成绩优异或立有战功的低级委任军官可晋升为正规军官。士兵在服役期满之前，要从部队回到原训练中心，办理退伍手续，并接受3—4周的就业培训。退伍士兵每月可享受一定数额的退休津贴。

巴基斯坦军官主要从17岁到22岁的高中毕业生中招考。考生被录取后进入初等军事院校受训两年，毕业后分配到部队服役并被正式任命为军官。此外，军队每年都从地方大学招募少量毕业生，经军事院校培训后分配到部队从事技术和后勤管理工作。军官的晋升有着严格的制度，要综合考虑工作业绩、胜任新职务的能力、资历、年龄、职位空缺等因素。军官的军衔分为3等11级，其中，将军有4级：上将、中将、少将、准将；校官有3级：上校、中校、少校；尉官有4级：上尉、中尉、少尉、准尉。各级军官的服役年限与最高役龄都有明确规定。一般情况下，少校及以下军衔的军官服役年限为23年，最高役龄为48岁；中校服役年限为25年，最高役龄为

50岁；上校服役年限为27年，最高役龄为53岁；少将服役年限为30年，最高役龄为55岁；中将服役年限为32年，最高役龄为57岁；上将服役年限为35年，最高役龄为59岁。

巴基斯坦军人拥有较高的政治地位和丰厚的薪资待遇。军官在服役期间，不仅可以领取很高的基本工资，而且还能获得许多特殊补贴和生活津贴，退休后还能领取养老金。

四、国防预算和国防工业

（一）国防预算

长期以来，巴基斯坦一直保持着高额的国防开支，国防预算在政府总开支中所占的比例一般保持在25%左右。

巴基斯坦的国防预算与巴印关系、巴基斯坦国内政治形势和军队作用之间有很大关系。当印巴关系紧张或巴基斯坦政局出现动荡，需要军队维护国家安全时，军费开支就会上升，国防预算亦随之上涨。1999年5月，卡尔吉尔冲突爆发，印巴两国在印控克什米尔的卡尔吉尔地区大打出手，当年10月，时任巴基斯坦陆军参谋长的穆沙拉夫发动政变，建立军人政府，而在1999—2002这三个财年间，巴基斯坦的国防预算分别为14.3亿美元、33亿美元和26亿美元，冲突和政变发生过后的2000—2001财年的预算最高。自2009年起，巴基斯坦政府军开始对联邦直辖部落区的巴基斯坦塔利班势力展开清剿，军队的重要性得到了进一步彰显，国防预算也随之提升。2011—2012财年，巴基斯坦的国防预算为49.5亿美元；2012—2013财年，国防预算升至54.5亿美元，同比增长10%；接下来的2013—2014财年，国防预算高达63亿美元，同比增长15.6%，而这次国防预算的增长是在国家预算赤字高达8.8%，经济疲软，通胀加剧，外汇储备减少和供电短缺空前的情况下出现的。由此可见，巴基斯坦对国防和军队极为重视，但也从另一个方面印证出巴基斯坦的地缘政治环境、历史恩怨和现实威胁等因素给国家经济带来了沉重的负担。

（二）国防工业

巴基斯坦国防工业起步晚、基础差，发展过程中遇到的困难也是空前的，但在一代代从事国防工业的人员的努力下，巴基斯坦的国防工业取得了从无到有、从有到精的巨大进步。

由于英印政府在统治期间所建的军工厂基本上都在印度境内，故巴基斯坦在独立之初几乎没有军事工业。20 世纪 50 年代初，巴基斯坦接受了英国的军援，军事装备和指挥大都由英国人掌控。1953 年，在英国皇家兵工厂顾问牛顿·布思的指导下，巴基斯坦军械厂成立，当时，该厂只能生产一些轻武器和弹药，产量也十分有限。到 20 世纪 60 年代末，巴基斯坦才实现了轻武器与弹药的自给自足。其间，武器禁运的深刻教训、财政的捉襟见肘以及各种政治因素的制约，都促使巴基斯坦选择了“满足基本需要，追求自力更生”的发展之路。经过数十年的发展，巴基斯坦已经建立起比较完备的国防工业体系，具体情况如下：

1. 地面武器工业

巴基斯坦地面武器工业已经由原来只能进行检修和组装，发展到可以利用许可证生产别国武器并自行设计制造武器。

位于瓦赫的巴基斯坦军械厂（POF）已经发展成一个拥有 14 家分厂和 6 家子公司的大型工业复合体，其雇员超过 3 万。20 世纪 80 年代以来，该厂为巴基斯坦三军生产了 70 多种主要产品和军用部件，进入新世纪后，该厂开始利用现代化的尖端制造技术生产武器装备，如使用机器人、电脑数控机械、微型处理控制程序和自动化工艺等等。该厂的主要产品包括：G3 突击步枪、MG1A3 通用机枪、

MP-5A2 半冲锋枪、12.7 毫米重机枪及弹药，还有各种炸药、迫击炮弹药、防空火炮、坦克、反坦克武器、炸弹、手榴弹、地雷、烟火弹、信号装置等。[①] 该军械厂按照北约和其他国际承认的标准进行生产，且结合多方面技术，在工艺和产品质量上精益求精。

塔克西拉重型工业公司是巴基斯坦主要的坦克和装甲车生产厂商，同时也生产民用产品，其军、民产品比例为 3∶7。该企业拥有超过 7000 名雇员，自 1971 年起，便在外国技术的支持下从事 T 型坦克的改造和翻新工程。起初，该公司只能修理和改装中国 59 式坦克，1981 年后，便具备了生产该型坦克绝大部分零部件和一些装甲车辆零部件的能力。从 1990 年起，该公司与美国 FMC 公司合作，获得了生产 M113A2 装甲人员输送车的许可，1998 年，开始成规模地生产多类坦克和装甲车。该公司的产品包括 T-69 改进型坦克、T-85 坦克、“哈里德”主战坦克、各型装甲人员输送车和装甲救援车等。截至 2003 年，该公司翻新坦克 1500 余辆，改进坦克发动机超过 3200 台，改造装甲人员输送车超过 220 辆。此外，该公司还能生产大马力发动机和附加装甲，并且可为坦克加装巴基斯坦生产的激光瞄准具、热成像观测仪、火控系统和自动火力支援系统等技术装备。在其他国家的援助下，巴基斯坦还成立了火炮厂，具备生产 105/155 毫米火炮和坦克炮炮管的能力，此外，还能生产 7000 多种地面武器零部件，并可对各种地面武器装备进行装配和维修。

经过多年发展，巴基斯坦的地面武器工业已经具备了一定规模，从业人员总计 5 万余人，包括 2600 多名管理人员和科技人员，每年的军品产值总计约 5 亿美元。巴基斯坦武器工业既服务于巴基斯坦武装力量，又能满足友好国家的需求。如今，巴基斯坦的地面兵器工业正以适度规模进入出口领域，且已经在国际市场上获得了良好的声

① 李恩，杨成，夏莹．巴基斯坦国防工业探析［J］．国际展望，2003（2）：32.

誉，其武器产品不仅出口至发展中国家，甚至还远销欧美。

2. 航空及航天工业

独立后，巴基斯坦并没有建立、发展航空工业，其空军的主要装备完全依赖进口。第二次印巴战争期间，美国对巴基斯坦实行了武器禁运，停止了对其战机零部件的供应，严重影响了巴基斯坦空军的作战能力。巴基斯坦政府因而认识到，要发展空军，加强国防，就必须建立起自己的航空工业。然而，直到 1975 年，巴基斯坦政府才正式决定，在卡姆拉建立“幻影”和歼 -6 战机的组装、修理及零部件生产企业。1978 年 5 月，“幻影”战机组装修理厂在卡姆拉正式投入运营，巴基斯坦航空工业就此诞生。为实现轻型战斗机、运输机和直升机的国产化，巴基斯坦在瑞典的帮助下，于 20 世纪 70 年代中期开始筹建飞机制造厂。从 1976 年起，巴基斯坦开始从瑞典引进 MFI-17 飞机的部件，并自行组装，同时引进了生产线，为之后的发展奠定了基础。20 世纪 80 年代初，巴基斯坦开始加强飞机的国产化程度，逐步减少了零部件的进口。1983 年 9 月，第一架国产飞机从卡姆拉机场起飞，实现了巴基斯坦航空工业的一次飞跃。之后，卡姆拉航空工业中心得到了进一步发展，不仅能给美制 F-16 战机提供维护保养服务，而且能生产先进的航电设备和武器系统。①

如今，航空工业在巴基斯坦国防工业体系中占有重要位置，卡姆拉航空工业中心已粗具规模，以巴基斯坦航空联合体（PAC）为代表的航空企业蓬勃发展，但就总体而言，巴基斯坦航空工业的水平仍然较低。目前，该国航空工业以军用飞机的维修业务为主，尚不具备独立设计、研发飞机的能力。为了改变现状，巴基斯坦寻求与中国合作。1994 年，中巴两国正式发起联合研制新一代轻型多用途战机的项目，巴基斯坦将该型战机称为“雷电”。作为该项目的实际出资方

① 李恩，杨成，夏莹．巴基斯坦国防工业探析［J］．国际展望，2003（2）：33.

和参与者，巴基斯坦航空联合体全程参与了飞机的设计、发展、生产和试飞工作，并担负了 50% 的机身生产任务。2004 年，巴基斯坦正式获得了“雷电”的生产授权。在接下来的数年间，巴基斯坦独立生产“雷电”战机，并对其做了一定改进。如今，“雷电”战机以其优良的性能和连续作战能力赢得了国际市场的认可。

在航天工业方面，巴基斯坦根据本国的国情和国力以及未来需要，把重点放在了民用航天上，尤其重视对卫星通信和遥感技术的研究。巴基斯坦已建立起覆盖全国的商业通信及其他标准通信业务，为粮食种植、土地利用、海岸区域观测、气象预报和地质研究等方面提供了大量的技术支持。

在军用航天方面，巴基斯坦正在逐步实现装备的国产化。国产的“沙帕”探空火箭能将 50 千克的有效载荷物送入 500 千米的高空。自行研制的“哈特夫”系列导弹类型齐全，性能优越，其中，“哈特夫 -1”短程地地弹道导弹可携带 500 千克的常规弹头，射程 80 千米，于 1992 年服役；“哈特夫 -2”短程地地弹道导弹可以携带核弹头，射程 200 千米，于 2007 年成功试射；“哈特夫 -6”远程地地弹道导弹可携带核弹头，射程 2000—3000 千米，于 2007 年成功试射；“哈特夫 -7”巡航导弹射程 600 千米，可携带常规弹头或核弹头，具备“地形匹配”和“数字场景匹配关联区域”能力，飞行高度低，突防能力强，打击精度高，于 2011 年成功试射；“哈特夫 -8”空射巡航导弹可携带核弹头或常规弹头，射程 350 千米，装有卫星定位系统和红外成像寻的器，不仅可打击敌人的加固机堡、指挥中心，还能攻击海上目标，可集成在空军的法制“幻影 -3EA”战斗机上，也可由 JF-17“雷电”战斗机挂载和发射。另外，在卫星方面，巴基斯坦以低成本的近地轨道通信卫星和遥感试验卫星为开端，逐步发展自己的通信卫星系统，并积极参加航天遥感技术开发，同时，接收美国“诺阿”卫星、陆地卫星和法国“斯波特”卫星传回的数据。

3. 核工业

由于能源贫乏，故巴基斯坦十分重视核能开发，从 20 世纪 50 年代中期起，就对核能的开发、利用进行了研究。20 世纪 60 年代至 70 年代初，在美国、英国和加拿大等国家的帮助下，巴基斯坦于 70 年代初建起了一个研究堆、一座重水堆核电站和一座铀水冶炼厂，而后又建立了一个核科学和核技术研究所、一个铀矿物研究所、两个核农业与生物研究所和四个核应用医疗中心，从而奠定了巴基斯坦核工业的基础。

20 世纪 70－80 年代，巴基斯坦核工业发展迅速。1979 年，巴基斯坦开始建造一座实验室规模的后处理装置，并计划在恰希玛建造一座具有后处理能力的核能研究联合企业，其生产能力约为 300 千克铀 / 天；1980 年，政府投产运行了一座燃料元件制造厂；1982 年，在德拉加齐汗建造了一座铀水冶炼工厂；1984 年，卡塔胡离心浓缩厂投入运营，正式开始生产低浓缩铀。在这之后，巴基斯坦建立起自主核燃料循环系统，实现了核燃料自给的目标，构建了一套完整的核工业体系。

核工业的建立和发展推动了巴基斯坦研究核武器的进程。在印度于 1974 年 5 月进行核试验之后，巴基斯坦为与印度相抗衡，也着手实施发展核武器的计划。巴基斯坦研制核武器走的是铀路线。于 1984 年成立的卡塔胡离心浓缩厂拥有 3000 台离心机，每年能生产 55－95 千克的高浓缩铀，此外，还能生产武器级的铀芯。1986 年，巴基斯坦已拥有武器级铀；1989 年 9 月，政府宣布停止生产武器级铀；1990 年又恢复了武器级铀的生产。在印度于 1998 年进行核试验后，巴基斯坦于同年 5 月 28 日和 30 日共进行了 6 组核试验。

西方国家一般认为，到 1991 年，巴基斯坦已经生产了 130－220 千克的武器级铀，大约可制造 10 枚核弹头；至 2005 年，巴基斯坦已拥有 60 枚核弹头；按照 3000 台离心机的生产规模计算，至 2014 年，巴基斯坦已拥有 90－110 枚核弹头。尽管巴基斯坦尚未掌握氢弹制造技术，但其所走的铀路线具有易扩大生产规模的优点，在短时间内，巴基斯坦的武器级铀生产能力就能扩大一倍。

如今，拥有核武器的巴基斯坦正积极寻求核打击力量的扩展和多样化。“哈特夫 -3”型弹道导弹于 2004 年正式服役，该型导弹能将 500 千克的核弹头射出 290 千米远，并可在公路上机动发射；“沙欣 -1”型（即“哈特夫 -4”型）弹道导弹于 2003 年开始服役，射程 600－800 千米，可携带核弹头，有效载荷为 750－1000 千克；“高里 -1”型（即“哈特夫 -5”型）弹道导弹于 2003 年 1 月开始服役，担负核发射任务，射程 1200 千米，有效载荷 700－1000 千克；2005 年 3 月，“沙欣 -2”型（即“哈特夫 -6”型）弹道导弹试射成功，该导弹可在道路上机动发射，射程 2000－3000 千米；2007 年 3 月，巴基斯坦成功试射了可携带核弹头的“巴布尔”型（即“哈特夫 -7”型）巡航导弹，该导弹可从 F-16 战机和“幻影”战机等空中平台以及 182 级攻击潜艇和“塔里克”级护卫舰等海上平台发射。[①] 巴基斯坦就此具备了立体化核打击能力。

① 夏立平．巴基斯坦核政策与巴印核战略比较研究［J］．当代亚太，2008（3）：69.

第十章　对外关系

独立以来，巴基斯坦总的外交战略可概括为“在联盟思想下寻求平衡”。独立之初，巴基斯坦奉行不结盟政策（1947－1953 年）；后来，在冷战背景下走向结盟（1954－1961 年）；经过近十年的反思与调整（1962－1971 年），又回归不结盟（1972－1979 年）；苏联对阿富汗的入侵使巴基斯坦再次与美国结盟（1980－1989 年）；然而，在《日内瓦和平协议》签署后，巴美同盟关系因巴基斯坦核问题而出现实质性破裂（1990－2000 年）；“9·11”事件后，美国发起了反恐战争，并建立起反恐联盟，巴基斯坦是该联盟的一分子（2001 年至今）。

巴基斯坦和印度在力量对比上的结构性失衡和两国立国理念的对立，使巴基斯坦自独立起就面临着来自印度的强大威胁。在这种情况下，巴基斯坦唯有在外交上推行联盟战略、借助域外大国，才能维持南亚地区力量平衡、保证国家安全。不过，结盟造成的不良影响与其带来的好处同样明显。联盟是寻求国家安全的重要途径，但联盟形成之后，国家在获益于联盟的同时也将面临联盟内外的双重压力。联盟国家既面对着被盟友抛弃的危险，又受到相关结盟协定的束缚而影响与其他国家的关系，同时，联盟行为也会内在地使联盟国家陷入整个联盟的安全困境。历史实践证明，联盟战略对巴基斯坦而言是损益参半的。它并没有真正给巴基斯坦带来安全，反而影响了巴基斯坦经济的良性发展和综合国力的提高，更阻碍了巴基斯坦与一些大国（如苏联、中国）和伊斯兰国家之间关系的发展。鉴于此，巴基斯坦在推行联盟战略的过程中，逐渐注重在大国间保持平衡，同时，加强对外交往的多元性，在制定外交政策时，力求在安全需要与经济持续发展间保持平衡。

第一节　外交政策的历史沿革

自独立以来，巴基斯坦外交政策的发展大致经历了 6 个阶段：

（1）独立初期奉行不结盟外交政策（1947—1953 年）；

（2）与西方国家结盟（1954—1961 年）；

（3）重新评估结盟利弊，奉行双边主义和独立外交政策（1962—1971 年）；

（4）奉行多层面、不结盟外交政策（1972—1979 年）；

（5）与美国结盟，援助阿富汗，抗击苏联侵略（1980—1992 年）；

（6）冷战结束后，总体上奉行不结盟外交政策，但在反恐上与美国结盟（1992 年至今）。

1948 年，巴基斯坦国父阿里·真纳在一次广播谈话中说："我们对世界各国施以友好、善意的外交政策，对任何国家和民族都没有侵略意图。我们奉行国家和国际事务中的诚实和公平原则，愿为世界和平和共同繁荣贡献自己最大的力量。巴基斯坦从物质和精神上永远支持世界上被压迫的人民，坚决维护《联合国宪章》的原则。"① 阿里·真纳的讲话概括了独立之初巴基斯坦外交政策的基本原则和目标，为后来巴基斯坦的外交政策奠定了基础。

① Ministry of Foreign Affairs. Guiding Principles of Pakistan's Foreign Policy [EB/OL]. [2014-09-12]. http://www.mofa.gov.pk/content.php?pageID=guidingpri.

国父真纳对国家外交政策的概括，是根据巴基斯坦所处的地理位置和当时的国内外形势做出的。1947－1971 年间，巴基斯坦由两部分组成：西巴位于南亚西北部，东邻印度，西连伊朗，南临阿拉伯海，北与中国和阿富汗接壤；东巴，即今孟加拉国，是一块三面被印度包围的飞地，与西巴之间被印度国土隔开，东、西巴相距 1600 多千米。西巴在地缘上靠近西亚和中亚，东巴则靠近东南亚，因此，可以说巴基斯坦是一个地理视野超越南亚的南亚国家，其战略位置十分重要。然而，与特殊地缘位置相伴而生的是不利的安全环境。当时，冷战已拉开帷幕，美苏两个超级大国在全球范围展开争夺，西巴所处的位置使其成为争夺的焦点之一，同时，印度因克什米尔归属问题与巴基斯坦交恶，阿富汗则与西巴之间存在领土纠纷和民族跨境问题，此外，巴基斯坦国内的民族、难民、语言等问题对其国内安全提出了挑战。要广泛争取国际援助来建设国家，应对安全问题，巴基斯坦就需要贯彻多元外交方针，美苏之间的尖锐对立也迫使巴基斯坦采取不结盟政策，以避免因偏向一方而招致另一方的敌视。①

杜鲁门执政期间，巴基斯坦与美国展开了关于军事结盟问题的磋商，这标志着巴基斯坦的对外政策开始转向结盟。之所以改变外交政策，是因为巴基斯坦的安全环境出现了恶化：与其存在领土争端的印度和阿富汗有联盟趋势，巴基斯坦面临腹背受敌的危险；巴基斯坦武器装备落后，军事力量薄弱；糟糕的经济状况令国家缺乏资金购置外国武器装备，薄弱的工业基础又不可能为军队提供足够的国产装备。在这种情况下，巴基斯坦政府和军方认为，本国与印度之间的实力对比过于悬殊，国家安全得不到保障，于是，巴基斯坦自 1951 年起，开始积极寻求外部支持。由于印度有效地阻止了英联邦国家对巴基斯坦提供支持，而苏印关系又非比寻常，因此，巴基斯坦只能将希望寄

① 兰江. 试析 1947－1972 年巴基斯坦的外交政策 [J]. 绵阳师范学院学报，2010，29 (4)：80.

托于美国，试图通过结盟，获取美国的军事援助，增强对抗印度的能力，改变对己不利的安全形势。此外，20 世纪 50 年代初的巴基斯坦经济形势糟糕，先前奉行的重工轻农政策和频繁的天灾导致了 1952 年全国性的饥荒，而失误的进口政策又几乎耗尽了国家的外汇储备，致使经济陷入恶性循环。为了解决国内经济问题，巴基斯坦积极寻求与美国结盟，以获得美国的经济援助。与此同时，美国希望将中东、南亚和东南亚连为一体，建立一条战略防务带，以进一步遏制苏联，而巴基斯坦得天独厚的地理位置使其被美国视作建立反共军事包围圈的重要一环，因此，巴基斯坦的结盟请求得到了美国的积极回应。

1953 年，艾森豪威尔政府决定向巴基斯坦提供军事援助，从而将其纳入其军事联盟体系；当年 11 月，巴美双方签署《巴美双边防务协定》；1954 年 5 月 19 日，巴美两国签订了《共同防御援助协定》，这标志着巴结盟时期的开始；1954 年 9 月 8 日，巴基斯坦加入东南亚条约组织；1955 年 9 月 23 日，巴基斯坦加入巴格达条约组织（后更名为中央条约组织）；1959 年 3 月 5 日，巴美两国签订了《双边（军事）合作协定》，美国承诺向巴基斯坦提供“非常规性”武器并援建导弹发射基地。[①] 就这样，巴基斯坦成了美国“在亚洲最亲密的盟友”。

然而，事实证明，与美国结盟并不能保证巴基斯坦的安全。美国与巴基斯坦结盟只是出于自身战略的需要，是拉拢印度失败后的一种权宜之计，其主要目的是在亚洲遏制共产主义，包围社会主义中国，而非帮助巴基斯坦应对来自印度的威胁。事实上，美国对巴基斯坦的军事援助从 1958 年起就开始大幅度下降，到 1961 年时几乎完全停止；另一方面，美国将印度作为抗衡中国的重要国家，开始大幅增

① 兰江．试析 1947—1972 年巴基斯坦的外交政策［J］．绵阳师范学院学报，2010，29（4）：80.

加对印度的经济援助，并宣布重新审查对巴基斯坦的军事援助政策。[①]在1965年的第二次印巴战争中，美国对印巴两国实行武器禁运，由于巴基斯坦的主要武器由美国提供，美国实施武器禁运政策等于断绝了巴基斯坦的武器来源，而印度却可以从苏联获得足够的武器和弹药，这对巴基斯坦来说是相当不利的。在1971年的第三次印巴战争中，与巴基斯坦签订了《双边（军事）合作协定》的美国只是在口头上谴责了印度的侵略行为，而并未给巴基斯坦提供实质性的援助，导致巴基斯坦被肢解。另一方面，巴基斯坦在经济方面过分依靠外援和贷款，导致外债负担过重，使国家陷入借新债还旧债的恶性循环，严重影响了综合国力的提高。此外，巴美结盟令巴基斯坦与中国和苏联的关系产生倒退，同时，损害了巴基斯坦与伊斯兰世界的关系，以埃及为首的阿拉伯国家纷纷批评巴基斯坦与美国结盟的外交政策，并停止向其提供资源。结盟政策带来的负面影响使巴基斯坦逐渐认识到了改善同中国、苏联和伊斯兰国家之间关系的重要性。从阿里·布托执政时期开始，巴基斯坦在美、苏、中三国间采取了“平衡”策略，同时，调整了对伊斯兰国家的政策，注重改善同海湾国家间的关系，以求从这些国家获得资源和经济援助。

20世纪70年代以来，尽管巴基斯坦两次与美国结盟，但历届政府在处理对外关系时，总体上奉行了新的不结盟政策。在此过程中，巴基斯坦积极改善与苏联/俄罗斯的关系，不断加深与中国的友谊，大力发展与各伊斯兰国家的关系，缓和与印度的矛盾，加入了不结盟运动，努力恢复自身在第三世界中的形象，加入了南亚区域合作联盟，积极推动南亚国家间的经济合作和文化交流。

进入新世纪以来，巴基斯坦的外交政策主要服务于“通过国际合作寻求和平与稳定”这一国家基本目标；致力于维护和促进国际关系

① 付敏. 试论巴基斯坦推行新不结盟政策的原因［J］. 西南民族大学学报（人文社科版），2004（5）：424.

上的公认准则，如尊重国家主权和领土完整，不干涉其他国家的内政，互不侵犯，和平解决争端等；特别强调利用经济手段抓住全球化进程中的机遇，迎接全球化挑战，同时，还要表现出巴基斯坦温和稳健而又充满活力的国家形象。因此，巴基斯坦努力与世界各国发展友好关系。

巴基斯坦宪法为其对外关系的发展提供了指南。宪法第 40 条规定：基于伊斯兰的统一性，巴基斯坦要努力维护和加强同伊斯兰国家间的兄弟关系；支持亚洲、非洲和拉丁美洲人民的共同利益；促进世界和平与安全；促进各国间的亲善、友好关系，鼓励通过和平手段解决国际争端。①

根据巴基斯坦国父阿里·真纳和宪法提出的外交原则，在充分考虑人民意愿的情况下，巴基斯坦政府对国家的外交目标做了如下总结：

（1）促使巴基斯坦成为一个活跃的、进步的、温和的、民主的伊斯兰国家。

（2）同世界所有国家发展友好关系，特别是主要大国和邻国。

（3）维护国家安全和地缘政治利益，包括对克什米尔的领土主权。

（4）巩固同国际社会的经贸合作。

（5）保护巴基斯坦海外侨民的利益。

（6）优化国家资源在区域和国际合作上的利用。

在此基础上，巴基斯坦政府综合考虑新时期、新形势和国家实际，制定了多项外交政策。这些外交政策总体呈现出以下要点：（1）符合国民意愿，保持独立自主；（2）强调国家统一，保护领土完整；（3）加强与联合国等国际组织的合作；（4）发展同邻国的友好关系；

① Ministry of Foreign Affairs. Guiding Principles of Pakistan's Foreign Policy［EB/OL］.［2014-09-12］. http://www.mofa.gov.pk/content.php?pageID=guidingpri.

(5) 反对恐怖主义，反对侵略；(6) 强化同第三世界国家的联系；(7) 维护对克什米尔的主权。

通过执行具体的外交政策，巴基斯坦扩大了国际交往，加强了同主要大国和邻国的联系，在地区和国际合作中充分发挥作用，提高了自身的国际地位和影响力，取得了丰硕的外交成果。

第二节　与世界主要国家的关系

一、与美国关系

半个多世纪以来，巴美关系的主旋律就是联盟的建立与破裂。自独立以来，巴基斯坦利用自身独特的地缘政治优势三次与美国结盟。这三次同盟关系分别是：1954－1965 年间的巴美同盟；1979－1989 年苏联入侵阿富汗期间的巴美结成的“援阿抗苏同盟”；2001 年至今巴美间结成的“反恐同盟”。然而，巴美各自的战略目的不同，加之国力上相差悬殊，导致二者间的同盟关系并不稳固。作为强势一方，美国曾因自身战略关注的转移而于 20 世纪 60 年代抛弃了盟友——巴基斯坦；作为弱势一方，巴基斯坦曾因自身战略地位的下降而在 70 和 90 年代饱受美国冷落，甚至还由于发展核武器和军人干政等原因受到过美国的制裁。由此可见，巴美之间是为实现各自战略目的而彼此利用的关系，巴基斯坦作为弱势一方，在双边关系的亲疏远近上没有选择权，只能被动接受。

巴美关系始于 20 世纪 40 年代末。1947 年 8 月 14 日，巴基斯坦正式独立。次日，在国父阿里·真纳宣誓就任巴基斯坦自治领总督后，美国是第一个正式承认巴基斯坦的国家，也是唯一一个派出外交使节参加真纳的就任典礼并表达祝贺的国家。美国总统杜鲁门在给真纳的贺电中说：“在这个标志巴基斯坦诞生的伟大日子里，我相信两国将建立起坚固的友谊。”此外，杜鲁门还表示：“美国欢迎巴基斯坦独立，相信巴基斯坦能对世界和平产生积极影响。”美国的上述举动传达出友好讯息，令新生的巴基斯坦相信：巴美之间将建立起亲密友好的关系。

20 世纪 50 年代，冷战的阴云已遍布亚欧大陆，南亚因其重要的战略位置而成为美苏争夺最激烈的地区之一。印度作为南亚地区最大的国家，对美苏而言具有重要的战略意义，因此，苏印关系的迅速升温令美国不安，更让与印度交恶的巴基斯坦深感忧虑。为了平衡印度的优势，巴基斯坦决心寻求与苏联对抗的西方大国的支持。在印度有效阻止了英国向巴基斯坦提供援助的情况下，美国成了巴基斯坦唯一的选择。几乎与此同时，本欲拉拢印度的美国对印度坚持不结盟政策的态度倍感失望，因而选择将巴基斯坦纳入遏制苏联的战略体系。于是，在国家利益的驱使下，巴美两国于 1954 年 5 月签署《共同防御援助协定》；同年 9 月，巴基斯坦加入了由美国主导的东南亚条约组织；次年 9 月，巴基斯坦又加入了由美国实际控制的巴格达条约组织（后更名为中央条约组织）；1959 年 3 月，巴美签署《双边（军事）合作协定》，该协定规定：如果巴基斯坦遭受侵略，美国将采取适当行动，包括使用部队，以便在巴基斯坦政府提出请求的情况下提供支援。通过以上两个多边组织和两个双边协定，巴基斯坦正式与美国建立起军事同盟关系，并因此获得了美国提供的大量援助。整个 50 年代，美国对巴基斯坦的经济援助总额达 9.6 亿美元，占巴基斯坦所获外援的 80%。1954－1956 年，美国向巴基斯坦提供了合计约 6.72 亿美元的物资和技术服务贷款，以及将近 7 亿美元的军事援助。在巴基斯坦的第二个五年计划期间（1960－1965 年），美国提供的经济援助占巴基斯坦受援总额的 55%，占该国预算的 35%。作为回报，巴基斯坦在重大的国际事务中紧跟美国步调，并提供白沙瓦基地给美军使用，以方便其监视苏联军事设施，搜集相关情报。

然而，即便处于结盟状态，巴美之间同样存在着不和谐。自1958年起，美国就大幅降低了对巴的军事援助力度，至1961年时，几乎完全停止。与之相对的是，1959年中印边界冲突后，美国视印度为抗衡中国的重要国家，因而大幅提升了对印度的经济援助。事实上，美国一直没有放弃拉拢印度。50年代中期，在与巴基斯坦结盟的同时，美国也向印度提供了大量的经济援助；1957年，印度遭遇外汇危机，美国立即增强了经援力度。美国对印度这一中立国家的援助力度甚至一度超过了对盟友巴基斯坦的援助力度。在政治方面，当苏联领导人于1955年公开声明支持印度在克什米尔问题上的立场时，美国却保持沉默。

20世纪50年代末至60年代初，国际形势发生重大变化，美苏两国在世界范围内既争夺又合作。中苏关系恶化后，美苏两国在对待中国的问题上采取了相似的政策，即孤立和打击中国。在南亚地区，美国大力支持印度同中国展开制度竞争，希望借帮助印度成为亚洲领袖来削弱中国社会主义制度的影响力和感召力。1961年，美国国会批准《和平安全法案》，授权总统向美国的友好国家（即使该国没有和美国签订同盟条约）提供军事援助。1962年中印边界战争爆发后，美国加强了对印度的拉拢，向其提供了大规模军事援助。巴基斯坦原本希望借中印战争之机让美国向印度施加压力，以解决克什米尔问题，但美国反而要求巴基斯坦保证不在中印战争期间进攻印度。巴基斯坦对美国的亲印政策感到失望，认为美国增强印度军事力量的做法对巴基斯坦的国家安全构成了巨大威胁，阿尤布·汗总统多次公开发表谈话，反对美国实行亲印政策。1962年，他在就美国向印度提供武器一事发表讲话时说："印度并不需要大量重型武器来防范中国，美国向印度提供军事援助的背后有针对巴基斯坦的阴谋。印度和中国都不希望两国间爆发大战，因此，向印度提供大量军事援助的决定是美国单方面做出的，而且是不公正的。印度将会凭借这些军援为针对巴基斯坦的战争做好准备。”巴美关系的恶化由此可见一斑。

1965 年第二次印巴战争期间，美国对印巴两国实行了武器禁运。由于巴基斯坦的主要武器基本来自美国，而印度的大部分武器则来自苏联，且在战争期间仍能源源不断地从苏联获取武器，因此，美国的武器禁运政策对印度而言犹如隔靴搔痒，但对巴基斯坦来说却如同致命一击。美国的这一举动导致第一次巴美同盟名存实亡。1968 年，巴基斯坦宣布将于 1969 年 7 月关闭白沙瓦空军基地，不再将其提供给美军使用，并表示巴基斯坦不会再签署类似的使用协议。在 1971 年的第三次印巴战争中，美国也没有遵守美巴间的任何协定，没有向巴基斯坦提供实质性帮助，任由印度肢解了巴基斯坦。

东巴独立后，阿里·布托成为巴基斯坦总统和总理。他强调修复同美国的关系，并为此付出了巨大努力。在他的努力下，陷入低谷的巴美关系迎来转机。1973 年，布托总理访美，旨在恢复两国的友好关系。从结果上看，布托的美国之行达到了目的。其间，美国总统尼克松承诺，将坚决支持巴基斯坦的独立和领土完整，并将此作为美国外交政策的一大支柱。尼克松还赞扬了布托在 1973 年宪法的基础上建立代议制政府的行为，并高度评价了他恢复经济的举措。布托则对美国在巴基斯坦遭遇特大洪灾时慷慨解囊的行为表达了感谢。布托访美后，美国同意恢复对巴的经济和军事援助，并承诺提供 7700 万美元的附加援助，同时，免除了巴基斯坦先前因建设东巴而欠下的债务，此外，还将巴基斯坦的还债期限后延了十年。1974 年，美国国务卿亨利·基辛格访问巴基斯坦。其间，他重申美国立场时说：“为了建立世界和平，作为进步力量的美国希望看见一个稳定、繁荣的巴基斯坦，支持巴基斯坦的主权独立和领土完整，而这也是美国外交政策的一大原则。”

1974 年，印度在其拉贾斯坦邦的博克兰沙漠地区进行了核试验，就此成为核俱乐部的一员。巴基斯坦深感自身安全受到威胁，遂决心发展核武器以制衡印度，保卫国家主权。1975 年，布托总理再次访美。其间，他向美国政府表示，由于印度获得了核装置，巴基斯坦的独立和统一受到了严重威胁。美国对此表示了同情，进而解除了对巴基斯坦长达十年的武器禁运，不过，美国坚决反对巴基斯坦发展核事业。1976 年 3 月，巴基斯坦同法国签署了核后处理厂的购买合同。美国随即向法国施压，要求法国不得向巴基斯坦提供核工厂。在美国的压力下，法国终止了该合同。1979 年初，美国国会通过了《塞明顿法案》和《格伦法案》。二者的核心意思是：如果接受美国援助的国家拥有铀浓缩设备或掌握了核后处理技术，那么美国将停止对其的一切援助。不过，二者也规定：如果总统认为停止对某国的援助有损于美国的国防利益，那么他可以给予该受援国豁免权。1979 年 4 月，卡特总统依据上述两法案，宣布停止对巴基斯坦的一切援助。修复不久的巴美关系因而再蒙阴影。

然而，国际局势的突变使巴美关系有了转机。1979 年 12 月，苏联公然入侵阿富汗。巴基斯坦认为这是一个超级大国对一个主权独立的、奉行不结盟政策的伊斯兰国家的粗暴侵略，要求苏联从阿富汗撤军，并支持阿富汗游击队的抵抗运动。此举与美国的战略利益高度契合，巴基斯坦顿时成为援阿抗苏的“前线国家”，战略地位骤升，美国的对巴政策亦随之转变。巴美关系迅速走出低谷，转为贯穿整个 80 年代的、密切的政治、经济和安全联系。1980 年，卡特政府通过了总值 4 亿美元的对巴经济、军事援助一揽子计划。不过，齐亚·哈克总统以数额太少为由拒绝接受，他认为反对苏联的扩张主义意义重大，巴基斯坦在其中扮演了重要的角色，理应获得更多支持和帮助。于是，在里根总统执政后，美国政府批准了总值 32 亿美元的对巴援助一揽子计划。在此计划下，巴基斯坦获得了 40 架先进的

F-16 战机[①] 和众多先进的武器及雷达系统。里根总统还给予了巴基斯坦对《格伦法案》和《塞明顿法案》的豁免权。

巴美关系的转暖增强了美国在巴基斯坦的存在和对巴基斯坦的影响：巴基斯坦同意美国在巴建立电子基地；巴基斯坦三军情报局（ISI）与美国中央情报局（CIA）在给阿富汗抵抗组织运送武器、提供军事训练和财政支持上互相配合。[②] 双方在援阿抗苏问题上结成了同盟。

尽管巴美在阿富汗问题上合作密切，但双方在巴基斯坦核计划上依旧有分歧。为了让巴基斯坦保持在阿富汗战争中的立场，美国低调处理了这一问题，默许了巴基斯坦在核领域的快速进步。此举引发了印度的不满。1985 年，印度总理拉吉夫·甘地在访美时再次表达了打击巴基斯坦核设施的想法。美国坚决反对印度的提议，但也向印度承诺，将全力阻止巴基斯坦发展核武器。可见，在核问题上，巴美之间存在根本性矛盾，这也为后来两国关系的倒退埋下了伏笔。

1985 年，美国国会通过了《普莱斯勒法案》，声称除非美国总统能够证明巴基斯坦没有进行核武器研发，否则美国将对巴基斯坦进行全面的经济和军援制裁。1990 年 10 月 6 日，《普莱斯勒法案》生效，此时，尚有 12 架巴基斯坦订购的 F-16 战机未移交给巴基斯坦。1994 年，时任巴基斯坦总统的莱加里以私人身份访问美国。其间，他重申了巴基斯坦在核问题上的立场，即核武器事关巴基斯坦国家安全，巴基斯坦政府与国民意见一致，均要求发展核武器。此外，莱加里总统还对《普莱斯勒法案》表达了不满，认为该法案对防止核武器扩散有负面影响。他说："我们已经支付了购买 F-16 战机的费用，

① 在交付给巴方 28 架后，美国停止了 F-16 战机的交付，直到 1994 年才重启该工作。

② 阿德南·沙瓦克·汉. 巴基斯坦在国际变化中的外交政策［J］. 向元钧，译. 南亚研究季刊，2007（1）：31.

但美方至今尚未交付，这是不公平的。”在巴基斯坦的强烈要求下，美国国会于当年通过了《布朗法案》，同意将包括 F-16 战机在内的尚未交付的武器一次性交付给巴基斯坦。

1998 年 5 月，印度和巴基斯坦相继进行了核试验，引发了国际社会的强烈谴责。包括美国在内的西方国家纷纷向巴基斯坦施压，要求巴基斯坦签署《全面禁止核试验条约》(*Comprehensive Test Ban Treaty*)。然而，巴基斯坦明确表示，如果印度不签署该条约，那么巴基斯坦亦不会签署。巴基斯坦因此遭到了国际制裁。1999 年，穆沙拉夫发动军事政变，在全国实行军事管制，此举引发了新一轮国际制裁。以美国为首的西方国家认为，军人政权逆民主化潮流，影响了巴基斯坦的民主化进程，所以要采取制裁措施，以迫使穆沙拉夫还政于民。[①] 美国的态度不仅使巴基斯坦的经济陷入困难，更使其在外交上进一步陷入被动与孤立。一时间，巴基斯坦同国际社会特别是西方国家的交往骤减，有的国家甚至暂时中断了同巴基斯坦的外交往来。正当巴美关系濒临破裂时，突然爆发的“9·11”事件给巴美关系带来了转机。阿富汗，这个二十多年前挽救巴美关系的国家再次扮演了类似的角色。

2001 年，美国发动阿富汗战争。因地理位置，巴基斯坦对美国而言再次变得十分重要，其态度对美的军事行动有直接影响。所以，在穆沙拉夫总统宣布断绝与塔利班的关系而支持美国后，美国随即宣布取消对巴基斯坦的制裁。巴美两国结成“反恐同盟”，巴基斯坦的国际地位因而大幅提升，其他西方国家对巴基斯坦的态度亦随之改变。2002 年初，穆沙拉夫总统相继访问英、法、美三国，因核试验和军事政变而陷入困境的巴基斯坦外交迎来了春天。

巴美之间的反恐联盟实质上更契合准联盟的内涵。两国围绕反恐

---

① 唐孟生，张嘉妹．九一一事件给巴基斯坦造成的机遇与挑战 [J]．南亚研究，2002 (1)：27.

进行了多种形式的军事合作，取得了一定成效。巴基斯坦对美国的支持主要体现在提供情报和后勤补给上，同时，也直接参与军事行动。阿富汗战争开始后不久，巴基斯坦就在巴阿边境地区部署了约 1.5 万人的部队，配合美军围剿“基地”组织的行动。此后，巴基斯坦又多次增派兵力，搜剿“基地”组织成员。2003 年 3 月，巴基斯坦三军情报局与美国中央情报局开展联合行动，一举抓获了“9·11”事件的主要策划者、“基地”组织三号人物——哈立德。两国还组建了反恐与执法联合工作小组以及防务协商小组，建立起协商机制，使反恐合作走向机制化。

巴基斯坦对美军反恐行动的支持还包括打击国内宗教极端组织。2002 年 1 月，穆沙拉夫向国民发表演讲，称“必须抑制极端主义、黩武、暴力和原教旨主义”，表示将对伊斯兰极端组织采取严厉行动。2002—2003 年，巴基斯坦政府取缔了多个伊斯兰极端组织，如“穆罕默德军”、“虔诚军”、“加法尔教法执行运动”等，逮捕了约 1500 名极端分子，同时，整顿国内宗教学校，清理、驱逐涉嫌进行恐怖活动的外籍员工和学生。①

巴基斯坦政府的态度和举措得到了美国的赞赏。2004 年 3 月，美国国务卿鲍威尔称巴基斯坦为“主要的非北约盟友”。美国对巴基斯坦的回报性支持主要体现在提供资金、技术、武器装备和军事培训项目，以及与巴基斯坦开展防务合作等方面。2002—2008 年，美国对巴基斯坦的援助总额接近 120 亿美元，其中经济援助 31 亿美元，安全援助 88.7 亿美元；2005 年 3 月，美国向巴基斯坦交付了第一批 F-16C/D 型战机。巴美关系间的裂缝被“反恐同盟”修复的事实得到了充分体现。

尽管巴美两国在反恐问题上通力合作，但随着阿富汗战争的深

① 刘红良. 崩而不溃的非传统联盟：美巴准联盟关系分析 [J]. 南亚研究，2012 (4)：86—87.

入，因联合反恐而被遮蔽或暂时回避的其他领域的问题逐渐显现。小布什重提民主化对巴基斯坦的重要性。他强调，一个倾听民意且能对民意做出回应的伊斯兰国家对整个伊斯兰世界具有重要意义。2008年10月，美国国务卿赖斯在华盛顿与到访的印度外长慕克吉签署了《美印民用核能合作协议》。此举彻底打破了印度于1998年进行核试验后在核领域长期遭受国际孤立的局面，标志着印度作为有核国家的地位得到了美国的承认，而与印度情况相似的巴基斯坦却没有得到相似的待遇，这充分体现出美国在核问题上采取了双重标准。巴美间在核问题上的分歧再次凸显。

在反恐方面，以2007年为转折点，巴美间出现了纷争。阿富汗战争初期，巴基斯坦向美国提供了如开放领空、使用军事基地、提供后勤保障等多种支持，这些举措并未损害巴基斯坦的主权，因而在国内遭遇的抵制不甚激烈。后来，阿富汗塔利班及“基地”组织残余分子分散逃窜，多数藏匿于巴阿边境地区，美军的清剿行动遂逐渐向巴基斯坦的西北边境省（开普省）和联邦直辖部落区转移。2007年，美军无人机在巴阿边境地区的行动造成了数百名巴基斯坦平民伤亡，引起了巴基斯坦国内民众的愤慨，一时间，全国各地都爆发了针对美国的示威游行。另一方面，美国对巴基斯坦政府的反恐力度和多样化立场表示不满，认为巴基斯坦未尽全力打击恐怖主义，而是有选择性地打击恐怖组织，在事关克什米尔的问题上，并没有对恐怖分子实施严厉打击。此外，美国坚决反对穆沙拉夫政府对部落武装组织采取和谈政策[①]，认为和谈是对武装分子的纵容，会给予其喘息机会，对阿富汗的美军造成威胁。鉴于穆沙拉夫政府难以在反恐上有更大作为，美国转而寻找更符合自身需要的政治力量。于是，贝·布托回国、弹劾穆沙拉夫、政权更迭等一系列政治事件便接踵而至。美国企图以推

① 2005年2月和2006年9月，穆沙拉夫政府因形势所迫，先后与南、北瓦济里斯坦的部落武装组织签订了停火协议。

动巴基斯坦民主化进程为手段，促进反恐事业的发展。

2008－2010 年，巴美两国继续在反恐上合作。2009 年 3 月，奥巴马政府出台了“阿富汗－巴基斯坦新战略”。新战略将巴、阿视为一体，反恐的战略重心因而出现了转移，巴基斯坦的联邦直辖部落地区成为重中之重，巴基斯坦从反恐的“前沿国家”变成了反恐的“主战场”。巴基斯坦响应美国的战略调整，加强了对塔利班，特别是巴基斯坦塔利班势力的清剿，于 2009 年先后发起了“黑雷”和“拯救之路”等军事行动。美国密切关注巴基斯坦的清剿行动，并派遣特种部队对巴基斯坦士兵进行培训，为其提供情报和有关战场、战术的建议。此外，奥巴马还签署了《克里卢格法案》，承诺在未来五年内向巴基斯坦提供价值 75 亿美元的经济和军事援助。巴美关系在新的反恐形势下回暖。

然而，好景不长，2011 年 5 月发生的阿伯塔巴德事件和 11 月发生的沙拉拉哨所袭击事件，直接导致巴美反恐联盟走向实质性破裂。2011 年 5 月 1 日，美国在未告知巴基斯坦的情况下，派海豹突击队突袭了位于阿伯塔巴德的本·拉登藏身所，并将其击毙。巴基斯坦指责美国侵犯其主权，要求美情报人员撤出巴基斯坦，并成立阿伯塔巴德委员会彻查此事。2011 年 11 月 26 日，美军空袭了巴基斯坦边境哨所，导致 24 名巴基斯坦士兵丧生，酿成了巴美之间有关无人机越界打击恐怖分子的最大争端。巴基斯坦随即关闭了穿越本国的北约驻阿部队的后勤补给线；美方则拒不道歉，认为美军的行为属于“自卫”，是“适当的”，奥巴马还宣布冻结即将提供给巴基斯坦的价值 7 亿美元的援助。经过 8 个月的博弈，直到 2012 年 7 月，巴基斯坦才宣布重开进入阿富汗的北约补给线，同时，希拉里代表美国政府向巴基斯坦正式道歉。7 月 31 日，巴美双方就此事件签署谅解备忘录，美国通过联盟支持基金向巴基斯坦提供了 11 亿美元的援助。[①] 上述两个事件成为巴美关系的重大转折，尽管两国关系并未完全破裂，但已很难再找到密切合作的基点，而两国在阿富汗和平谈判问题和“哈卡尼网络”问题上的分歧则加剧了这一趋势。双方反恐利益与目标的差异、反恐政策的分歧、互信的缺失等因素，令“反恐同盟”名存实亡。另一方面，随着“重返亚太”战略的实施，美国减少了对巴基斯坦的关注，而印度则成了美国愈发倚重的对象。同时，巴基斯坦也调整了外交战略：着力经营地区外交，加强与阿富汗、伊朗和土耳其等国家的联系；谋划东向战略，重启与印度的谈判，积极加强与中南半岛国家以及东亚国家合作；热烈讨论并放大“新丝绸之路”战略，积极利用中、美、俄三国间的关系，突出巴基斯坦的地缘重要性。

巴基斯坦调整外交战略的举措大多与美国的利益不符，因此，两国虽仍互有继续互相倚重的诉求和资本，但双方在外交战略上的结构性冲突、在克什米尔和核武器等核心问题上的分歧，以及反恐战争期间双边危机所留下的阴影都使得两国谈而不拢，双边关系修而不复。

巴美关系很难重回历史上的结盟高位，保持低限度的接触将是两国关系的未来趋势。

二、与英国关系

巴基斯坦独立后基本上维持了与英国的传统关系。印巴分治前，英国在现属巴基斯坦地区的投资总额约为 10 亿卢比，从分治起到 1952 年 8 月，投资额增加了 1.23 亿卢比。独立之初，巴基斯坦的工业、农业、交通运输业和金融业基本上都由英国控制，通过帝国特惠制，英国在巴基斯坦的对外贸易中也占有优势。[②] 此外，英国在巴基斯坦还有很强的政治势力。巴基斯坦联邦政府的各重要部门中都有英

① 张超哲. 修而不复的巴美关系 [J]. 南亚研究季刊，2013（2）：26—27.

② 汤广辉. 巴基斯坦外交政策的历史分析 [J]. 南亚研究季刊，1991（1）：22.

籍官员和专家，很多本土高官也都属亲英派，警察、军队和安全组织中的绝大部分官员要么是英籍人士，要么曾长期在英国留学。另外，基于历史渊源，巴基斯坦独立后仍留在了英联邦之内。

1955 年 2 月 24 日，伊拉克和土耳其在巴格达签订《伊拉克和土耳其间互助合作公约》，即《巴格达条约》。英国、巴基斯坦和伊朗分别于同年 4 月、9 月和 10 月在该条约上签字。同年 11 月 21 日，巴格达条约组织正式成立，巴基斯坦和英国均是该组织的成员国。1956 年 3 月 23 日，巴基斯坦颁布第一部宪法，巴基斯坦正式建国。同日，巴议会通过法令，宣布巴基斯坦不仅要与英联邦成员国合作共建世界和平，而且要继续留在英联邦之内。不过，巴基斯坦总理乔杜里·穆罕默德·阿里表示，英联邦没有试图帮助解决巴印两国间的克什米尔问题、水资源问题和移民财产问题。总体而言，独立之初的巴基斯坦与英国间保持着友好关系。

巴英关系因 1956 年的苏伊士运河战争（第二次中东战争）而出现重大转折。1956 年 7 月 26 日，埃及总统纳赛尔宣布将苏伊士运河收归国有。同年 10 月，英国、法国和以色列入侵埃及。埃及是巴基斯坦相当重视的伊斯兰国家，两国于 1951 年签订友好条约，1952 年 11 月签订航空协定，1953 年 7 月签订文化协定。因此，英、法、以三国的侵略行为引起了巴基斯坦民众的强烈不满，巴基斯坦政府顺应民意，向英国提出抗议，并表示："如果英国不放弃侵略埃及的意图，那么巴基斯坦将退出英联邦。"

1958 年，英国首相麦克马兰访问巴基斯坦，两国首脑均表现出修复双边关系的意向。巴基斯坦总理表示巴基斯坦将继续留在英联邦内，英国首相则肯定了巴基斯坦自独立以来的发展成绩，并表示支持中央条约组织与东南亚条约组织合并。

从 1959 年至 1963 年，英国累计向巴基斯坦提供了 5.3 亿卢比的贷款，用于启动"二五"计划、修建铁路、建设电厂、发展工业和投资基金等。

1965 年，库奇兰恩冲突爆发。经过两个月的有限冲突，巴印两国最终在英国的调解下签订了停火协议。当年 9 月，第二次印巴战争爆发，英国并未明确表示对其中一方的支持或反对立场，只是对该场战争，特别是印军越过实际控制线的行为，表达了担忧。

1966 年，巴英之间签订了一项协议。根据协议，英国将向巴基斯坦提供 4000 万英镑的无息贷款，用于修复战争创伤。同年，阿尤布・汗总统访问英国，就克什米尔问题、印度的敌视态度、英国对印军事援助、核扩散等问题与英国首相深入交换了意见。会晤后，两国共同表示要加强双边关系。

1971 年，巴印关系再度紧张，战争一触即发。英国再次出面调解，强调两国要避免战争危险，保持和平，并表示："东、西巴和印度间要通过谈判和平解决问题。"然而，此次调解并没有起到止戈作用。最终，第三次印巴战争爆发，巴基斯坦战败，东巴独立。

孟加拉国成立后，英国和其他英联邦国家立即承认了其合法性，这极大地伤害了巴基斯坦人民的感情，加之巴基斯坦政府认为，英联邦并没有起到应有的作用，于是，巴基斯坦在 1972 年 1 月宣布退出英联邦。不过，阿里・布托总理同时表示，退出英联邦并不意味着巴英关系的破裂，两国间将建立大使级外交关系。

20 世纪 70－80 年代，巴英关系稳步发展，两国高层频繁互访。双方就两国关系发展和阿富汗问题进行了多次磋商，就帮助阿富汗人民抵抗苏联侵略达成一致意见。英国还承诺向巴基斯坦提供援助，以解决阿富汗难民在巴基斯坦的安置问题。

1987 年 4 月，应英国首相撒切尔夫人的邀请，巴基斯坦总理居内久对英国进行了为期一周的国事访问。访问期间，两国领导人就共同关心的问题交换了意见。撒切尔夫人表示，英国全力支持巴基斯坦在阿富汗问题上的立场，居内久总理则就巴基斯坦核问题做出了说明。他说："巴基斯坦将和平利用核能。巴基斯坦是一个发展中国家，无意进行核试爆以及制造核武器。"此外，两国领导人还就巴基斯坦重新加入英联邦事宜进行了讨论。

1989 年，巴基斯坦总理贝·布托应撒切尔夫人的邀请，对英国进行了为期 8 天的国事访问。两位女性首脑在一些重要的地区和国际事务上达成一致意见。撒切尔夫人高度赞赏了巴基斯坦以南盟主席国身份促进南亚国家开展合作的做法。访问期间，两国首脑签署了一份经济援助协议。根据协议，英国将向巴基斯坦提供 2500 万英镑的无偿经济援助，用以提高巴基斯坦的社会福利。此外，英国还向巴基斯坦提供了 5000 万英镑的贷款，此笔贷款专门用于供电领域。1989 年 10 月 1 日，巴基斯坦重返英联邦。

20 世纪 90 年代，巴英关系保持健康发展，两国首脑和政府高官频繁互访。英国继续充当印巴关系调解人的角色，并表示将尽可能促成克什米尔问题的和平解决。然而，在巴基斯坦于 1998 年进行核试验后，英国跟随美国，对巴基斯坦实施了经济制裁，巴英关系就此跌入低谷。

2001 年，阿富汗战争爆发，巴基斯坦与西方各国的关系均因此获得了改善，巴英关系也不例外。英国解除了对巴基斯坦的经济制裁，延长了其还贷期限，并提供了一些经济援助。

2003 年 6 月，穆沙拉夫总统对英国进行了为期 4 天的访问。其间，穆沙拉夫总统与英国首相托尼·布莱尔进行了磋商。穆沙拉夫表示，巴基斯坦反对包括"宗教恐怖主义"在内的所有形式的恐怖主义。他认为，巴基斯坦要着重反对以下三种恐怖主义势力：(1)"基地"组织；(2) 塔利班；(3) 巴基斯坦国内的宗教极端组织及其军事分支。英国首相对此深表赞同，并表示，希望巴基斯坦全力支持北约在阿富汗的军事行动。之后，两国恢复了军事合作关系。

然而，由于反恐战争的进展不如预期，加之巴基斯坦国内局势动荡，于是，在外交上与美国步调一致的英国同样表达了对穆沙拉夫政府的不满。2007 年 11 月，穆沙拉夫宣布巴基斯坦全国进入紧急状态。之后，在英国的主导下，英联邦以逆民主化为由取消了巴基斯坦英联邦成员的资格。次年 5 月，英联邦部长行动小组在伦敦召开会议，认为巴基斯坦政府自 2007 年底以来采取了与英联邦基本价值观和原则相适应的积极措施，遂宣布恢复其英联邦成员的资格，巴英关系因而转暖。不过，好景不长，2010 年 7 月，英国首相卡梅伦在访问印度期间，批评巴基斯坦“输出恐怖主义”，引起巴基斯坦的强烈不满，两国关系骤然紧张。

2011 年 4 月，卡梅伦首次访问巴基斯坦，希望借此修复两国间“牢不可破”的伙伴关系。访问期间，巴英两国在经贸、安全、教育、卫生等领域签署多项协议。双方同意在 2015 年前将双边年贸易额由 19 亿英镑提升至 25 亿英镑。此外，英国还承诺向巴基斯坦提供价值约 6.5 亿英镑的教育援助。

纵观巴英关系的发展史，可以说，两国基于历史渊源和对现实利益的考量，基本保持了友好关系，在某些特殊的时期甚至上升为紧密的伙伴关系。然而，两国关系始终受到美国和印度的外交政策以及巴美、巴印、英美和英印等四组双边关系的影响，呈现出不稳定状态。

三、与苏联/俄罗斯关系

巴基斯坦与苏联及其继承者俄罗斯之间的关系历经浮沉，大致可分为三个阶段。

（一）第一阶段（1947—1950 年）

1947 年以前，苏联是反对印度分裂的。不过，当印巴分治完成，巴基斯坦加入联合国后，苏联迅速改变立场，与巴基斯坦建立起外交关系。苏联认为巴基斯坦具有很大的地缘战略价值。为了拉拢巴基斯坦，苏联领导人斯大林于 1949 年 6 月邀请巴基斯坦总理利亚格特·阿里·汗和其夫人访问莫斯科，同年 11 月，两国互派大使，沙伊布·库雷西成为巴基斯坦驻苏联的首任大使。本来，莫斯科方面建议阿里·汗于 1949 年 8 月访问苏联，但阿里·汗出于意识形态方面的考虑，并没有听从这一建议。在犹豫期间，美国总统杜鲁门向阿里·汗发来访问邀请，阿里·汗欣然答应，并于 1950 年 5 月出访美国。苏联对此十分不满，认为阿里·汗偏向美国，有意怠慢苏联，于是，在其访美归来后，苏联便没有再提邀请之事，并开始对巴基斯坦进行敌对宣传，巴苏关系由此转冷，与此同时，苏印关系急速升温。

（二）第二阶段（1951—1991 年）

苏联选择支持印度迫使巴基斯坦倒向了西方阵营。1951 年，巴基斯坦与日本签订和平条约。同年 9 月 15 日出版的《时代》周刊将巴基斯坦定位为“美国的朋友”并对其大力赞赏。1954 年，巴美签订《共同防御援助协定》，而后巴基斯坦加入东南亚条约组织，次年又加入中央条约组织。自此，巴基斯坦从一个奉行不结盟政策的亚洲国家，变成了美国为遏制苏联而建立的反共军事包围圈的重要一环。巴美间的亲密关系使得苏联与巴基斯坦进一步疏远。苏联此时已清晰地看出了美国在亚洲对其进行战略围堵的意图，故视巴基斯坦为重大威胁。

1955 年 12 月，苏联总理[①]布尔加宁访问印度，其间，他明确表示克什米尔是印度的一部分。1957 年，苏联在联合国安理会上否决了《克什米尔决议》草案，再次表明了对印度立场的支持。1960 年 3 月，苏联最高领导人赫鲁晓夫在访问阿富汗时，公开支持阿富汗政府在“普什图尼斯坦问题”上的立场，实行偏袒阿富汗的外交政策。

---

① 苏联部长会议主席是苏联部长会议的最高负责人，同时是苏联的政府首脑，通称为“苏联总理”。

苏联的做法令巴基斯坦十分不满，两国关系在冷战背景下愈发紧张，而巴美间的同盟关系则是巴苏关系改善道路上的最大障碍。

1959 年 3 月 5 日，美巴签订《双边（军事）合作协定》，巴基斯坦就此成了美国“最亲密的亚洲盟友”。根据协定，美国向巴基斯坦提供了“非常规性”武器并援建了导弹发射基地。作为回报，巴基斯坦提供白沙瓦空军基地给美空军使用。美军利用白沙瓦靠近苏联的地理优势，频繁派出侦察机对苏联进行航空侦察。1960 年，美国 U-2 侦察机进入苏联领空侦察时被苏联的防空导弹击落。苏联领导人赫鲁晓夫指责巴基斯坦向美国提供白沙瓦基地，苏联总理更威胁说：“如果再有类似事件发生，苏联将对白沙瓦基地采取报复性措施。”

20 世纪 60 年代初期，苏联为达到控制整个南亚次大陆和印度洋的战略目的，开始积极向巴基斯坦进行渗透，以便与美国争夺世界霸权。因此，巴苏关系在 1961－1968 年呈现出缓和趋势。

1961 年，两国签署 3000 万美元的贷款协议。根据协议，巴基斯坦将此笔款项用于石油开采，苏联则派出专家为巴基斯坦工作 5 年。1963 年，巴苏两国实现通航，同年，为加强文化交流，两国文化代表团进行了互访。此外，苏联为了改善双边关系，还向巴基斯坦无偿提供了经济和技术援助。1964 年 6 月，两国签署科学技术合作协议，同年 11 月，苏联副外交部长赛格里·拉宾在拉瓦尔品第同阿尤布·汗总统进行了会晤，不久后，苏联外交部长在一次记者招待会上表示：“苏巴关系将越来越紧密。”然而，苏外交部长的话只是一种外交说辞，苏联始终没能与巴基斯坦建立起密切的双边关系。其原因在于苏联从全球战略出发，没有将巴基斯坦视为其在南亚的第一盟友，而是将印度作为本国在南亚的代言人。

苏联调整对巴政策的同时，巴基斯坦也调整了自身的外交政策。从 20 世纪 50 年代末起，美国就减少了对巴的军事援助，与之形成鲜明对比的是，美国增加了对印度的经济援助，巴基斯坦开始怀疑与美国结盟的价值。1960 年的 U-2 侦察机事件，使苏联更加猜忌巴基斯坦，认为巴基斯坦在美国的遏制战略中发挥了重要作用，严重危害了苏联的安全利益，因此，苏联加大了对印度的支持，并在国际上展开了对巴基斯坦的声讨。在这种情况下，巴基斯坦政府认为，与美国结盟只是为了对付印度，遏制共产主义是美国的要求，并非本国的核心利益。此外，自身因 U-2 事件已经得罪了苏联，而与美国结盟的好处却日渐减少，因此，应当修正外交政策，以获得最大的国家利益。于是，巴基斯坦从 1963 年开始调整外交政策，力求在美国与苏联之间谋求相对的平衡。

1965 年 4 月，阿尤布 · 汗总统出访苏联，受到苏联政府极高的礼遇和民众的热烈欢迎。其间，他发表了主旨为加强合作、反对帝国主义侵略、共建和平的讲话，透露出加强与苏联合作的意向。

阿尤布 · 汗的访苏之旅收到了良好效果。苏联明确表示，尽管巴基斯坦加入了东南亚条约组织和中央条约组织，但其并没有任何侵犯苏联的意图。两国于 1965 年 4 月 7 日签订 3 项协议。根据协议，苏联将援助款额从 0.6 亿卢比提高到了 1.2 亿卢比，将贷款额从 1.5 亿卢比提高到了 2.5 亿卢比；苏联派出了科学家、技术专家赴巴基斯坦从事援建工作，帮助其顺利实现“三五”计划；两国文学家、艺术家进行了互访。此外，两国还共同发表声明，支持中国加入联合国。

阿尤布 · 汗的访苏之行还促使苏联在印巴库奇兰恩冲突和第二次印巴战争中保持中立，并全力调解，促成了《塔什干协定》的签订。冲突前后，苏联改变了在克什米尔问题上的一贯立场，认为这一地区的主权归属存在争议，需要印巴双方以谈判方式解决。苏联态度的转变表明，巴基斯坦在苏美间寻求平衡的战略已然奏效，巴苏关系有了极大改善。

20 世纪 70 年代初，随着苏联的军事力量的增强，美苏之间的力量对比发生了变化，苏联因而改变了之前的防御性策略，在亚洲采取“积极进攻”的对外战略。在南亚，苏联的策略主要体现为：减少其他外来大国势力对该区域的影响，以确保苏联对南亚的影响力和苏联东南方向的安全。于是，苏联在 1969 年 6 月提出了建立“亚洲集体安全体系”的设想，但是，巴基斯坦对此明确表示“不感兴趣”。另一方面，由于巴基斯坦在中美建交过程中发挥了关键的作用，苏联认为美、中、巴三国联盟正在形成，而一旦这种联盟形成将急剧改变自 1965 年以来印巴之间形成的战略平衡态势。在此情况下，苏联改变了促进印巴团结的策略，转而全力支持印度。1971 年 8 月，苏联与印度签订了明显带有军事同盟性质的友好条约——《印苏和平友好合作条约》。同年 11 月，印度进攻东巴，第三次印巴战争爆发，苏联对印度的军事援助确保了印度在军事上的胜利，而其保持中立的态度实质上是对印度侵略行径的默许。在第三次印巴战争前后，苏联对印度的偏袒令先前有所改善的巴苏关系又一次恶化。

第三次印巴战争使巴基斯坦意识到与美国结盟无法保证其安全，而来自苏联的巨大压力和中国的友好态度令巴基斯坦开始向不结盟方向靠拢。阿里 · 布托出任总理后，着力改善巴苏关系。1972－1976 年，阿里 · 布托总理三次访苏，使苏联免除了东巴的债务并延长了巴基斯坦的还贷期限。此外，苏联先前承诺的援建卡拉奇钢铁厂的工作也于 1973 年展开。至 1979 年前，巴苏关系呈积极发展态势。不过，随着苏联入侵阿富汗，巴苏关系急转直下。

1979 年，苏联入侵阿富汗，驻军巴阿边境，严重威胁到了巴基斯坦的国家利益，巴苏关系进一步恶化。巴基斯坦拒绝与阿富汗政权举行直接谈判，要求苏联无条件从阿富汗撤军。1980 年 3 月，苏联战斗机公然入侵巴基斯坦领空。为了维护国家安全，巴基斯坦再次与美国结盟，共同支援阿富汗游击队，同时，给来自各国的“圣战者”提供资金、武器和培训，帮助其进入阿富汗从事抗苏活动。其间，巴基斯坦还利用美国提供的 F-16 战机击落了入侵的苏联战机。1987 年以前，巴苏关系十分紧张，甚至一度处于敌对状态，直至戈尔巴乔夫宣布寻求政治解决阿富汗问题，巴苏关系才有所缓和。

（三）第三阶段（1992 年至今）

1991 年，苏联解体，俄罗斯继承了苏联在联合国安理会中常任理事国的地位。巴俄关系由此开始了正常化进程。

1999 年，巴基斯坦总理纳瓦兹·谢里夫访问俄罗斯。俄罗斯总统叶利钦在与谢里夫会谈时说："用未来埋葬过去。"可见，两国领导层都透露出摒弃历史恩怨，发展两国关系的意向。自谢里夫访俄后，巴俄两国改善双边关系的意愿变得越来越明显。不过，尽管两国领导人频繁互访，但两国关系却没有取得太多实质性的进展，巴俄关系正常化的步伐十分缓慢。在这一过程中，穆沙拉夫总统访俄是一件具有里程碑意义的事件。

2003 年，巴基斯坦总统穆沙拉夫在访问俄罗斯时表示："克什米尔问题对南亚安全构成了威胁，印度推卸责任，并不想真正解决问题，为此，俄罗斯应该发挥作用，促使这一问题得到圆满解决。"俄罗斯总统普京表示，俄罗斯希望巴基斯坦加入由中国主导的上海合作组织，共同解决恐怖主义问题。访问期间，有超过 300 家俄罗斯公司表达了赴巴投资的意向，俄罗斯政府则希望提升两国间的贸易水平。2002 年，巴俄双边贸易总额约 1 亿美元。

在俄罗斯的促使下，巴基斯坦成了上合组织的观察国，巴基斯坦则投桃报李，促使俄罗斯在 2005 年 6 月成了伊斯兰会议组织的观察国。除了政治和外交联系之外，巴俄两国还在经贸领域加强了交往。两国利用各自优势，着力发展双边纺织品和能源产品贸易，双边贸易总量因而稳步上升。2005 年，巴基斯坦政府与俄罗斯天然气股份有限公司签订合作谅解备忘录，巴俄能源合作展现出良好前景。此外，两国还在反恐领域加强了合作，共同打击跨国恐怖主义和宗教极端主义。同时，随着印度开始购买美制武器，俄制武器在印度的市场份额开始下降，俄罗斯需要开拓新的市场，而巴基斯坦国防现代化的要求为俄罗斯提供了良好的契机，两国在军事方面的合作潜力巨大、前景光明。

总的来说，巴俄两国在打击恐怖主义和宗教极端主义，维护南亚、阿富汗和中亚地区和平与稳定方面有着共同的利益，在经贸方面互有倚重，在能源开采与运输方面开展了合作，在军事合作方面有发展潜力和良好前景；而且巴基斯坦愈发意识到，俄印友好关系并不是巴俄关系向前发展的阻碍。因此，可以肯定的是，如果不出现重大变故，巴俄关系的未来将一片光明。

四、与法国关系

长期以来，巴基斯坦都保持着同法国的友好关系。巴法关系的第一个高潮出现在 20 世纪 60 年代。1962 年和 1966 年，巴基斯坦总统阿尤布·汗两次访问法国，与法国总统戴高乐进行了长时间的会谈，取得了良好效果。60 年代，巴法贸易关系发展良好，法国帮助巴基斯坦实施了几项工业计划。在克什米尔问题上，巴基斯坦获得了法国的支持。

1970 年，巴法两国签署武器装备采购协议。根据协议，法国将“幻影”战机的零部件出售给了巴基斯坦，并帮助其组装。此外，法国还向塔贝拉水坝工程提供了约 4000 万美元的援助。1971 年东巴独立后，巴基斯坦在政治、经济和外交等方面面临诸多困难，此时，法国雪中送炭，不仅提供给巴基斯坦 1.2 亿法郎的贷款，而且免除了先前东巴的所有债务。

1975 年，阿里·布托总理访问法国，与法国总统就双边事务展开对话。之后，两国发表共同声明，强调双方将在技术、文化和经济等方面加强合作。布托还利用此次访法之行，同法政府签订了一份核后处理厂的购买协议。此举遭到了美国的强烈反对，后来，在美国的巨大压力下，齐亚·哈克总统宣布暂停执行该协议。由此可见，法国与美国在巴核问题上的立场并不一致，法国支持巴基斯坦发展民用核事业。

1979 年，巴基斯坦科技代表团在前总统乔杜里的带领下访问法国。他们此行的任务从未被披露，但却在访问期间与法方签署了一份援助协议。根据协议，巴基斯坦将从法国获得 23 架“幻影Ⅲ”战机和超过 3.3 亿法郎的贷款。

法国为巴基斯坦的经济建设做出了很多贡献。截至 1982 年，法国对巴基斯坦不同工程项目的援助总额达到了 5.2 亿美元，其中包括了对塔贝拉水坝和恰希玛水电站的资金援助。

1989 年，贝·布托总理应法国总统密特朗的邀请，赴法参加了纪念法国大革命 200 周年的活动。其间，两国就双边经济合作和建立共同贸易委员会达成协议。根据协议，两国将大力发展双边贸易，在旅游业和通信业上加强交流，此外，法国还将增加在巴的投资。

进入 90 年代，巴法关系更加紧密。两国在贸易、金融、科技、军事等领域深入合作。此外，为了改善在法国的巴基斯坦工人的生活条件，法国专门为其修建了居所，建立了社区，给予超过 1 万名巴基斯坦工人合法居住权，并给予另外 8000 名巴基斯坦人法国国籍。

尽管在巴基斯坦进行核试验后，法国与其他一些西方国家一起对巴基斯坦实施了制裁，但在“9·11”事件后，法国又与美国、英国等西方国家一道解除了对巴基斯坦的制裁，并向其提供了大笔资金援助。此外，法国还与巴基斯坦签订协议，共同在海洋开采石油。

巴法间有着传统的友好关系，法国长期向巴基斯坦提供各种援助，十分重视与巴基斯坦的合作，而这些合作产生了共赢效果，因此，巴法关系在未来仍将保持健康稳定的状态。

五、与印度关系

在南亚区域政治中，巴印关系是直接决定南亚安全环境的因素。然而不幸的是，巴印两国间不仅建国理念水火不容，而且外交战略严重冲突。冷战时期，两极格局为巴印实施各自的外交战略提供了某种条件或便利，但也直接导致了两国间的移民问题、克什米尔问题、印度河水资源分割问题和包括核竞赛在内的军备竞赛问题，造成巴印间的疑惧步步攀升，南亚局势持续紧张。冷战后的 20 年间，尽管两国都进行了战略调整，但双方的核心利益仍旧对立，战略冲突依然如故，安全疑惧有增无减，克什米尔地区的武装冲突仍不时发生，巴印之间紧张对峙的局面基本没有改变。尽管近几年，双边关系有所缓和，但至今双方仍未建立起友好合作关系。究其原因，在于巴印两国对巴基斯坦建国理念的基础，即“两个民族”理论有着不同的认识。

印巴分治前，包括尼赫鲁在内的国大党领导人不同意印度次大陆存在印度教教徒和穆斯林两个民族的说法。他们认为尽管印度教教徒与穆斯林在宗教信仰和生活习惯上有所区别，但数百年来一直生活在一起，经过长期的融合，已经形成了一个统一的民族。另外，以尼赫鲁为代表的国大党领导人希望以“大印度联邦”的形式全盘继承英国留下的“遗产”，认为穆盟所主张的“伊斯兰国”根本就不是一个国家而是“一种宗教上的联系”，在印度联邦内建立一个伊斯兰国家的观念“在政治上，是荒谬的；在经济上是不可思议的”。① 相反，巴基斯坦国父阿里·真纳认为，印度教和伊斯兰教属于建立在相互冲突的思想和概念上的两种不同宗教，其各方面都是不同的。1940 年 3 月，真纳在穆盟拉合尔年会上发表的主席致词中，特别强调了印度教教徒

① 宋德星. 印巴国家理念的对立与外交战略冲突 [J]. 世界经济与政治论坛，2011（3）：34.

和穆斯林的不同："从严格的意义上来讲，它们并不是宗教，而事实上是完全不同的社会秩序，认为印度教教徒和穆斯林能永远在一个共同的国家中发展那是梦想……印度教教徒和穆斯林属于两种不同的宗教哲学、社会习俗、文学……把两个这样的民族束缚在一个单一的国家中，一个占少数，另一个占大多数，一定会导致日益增长的不满和为治理这样一个国家所可能建成的任何机构的最后毁灭。"[①] 由此可见，国大党和穆盟在"建立独立的伊斯兰国家"这一问题上有着根本性的矛盾。然而，迫于印穆之间的激烈冲突和印度迫切希望独立的形势，国大党不得不接受了印巴分治的事实。不过，不少国大党上层始终认为，巴基斯坦的独立是错误的。尼赫鲁曾宣称："巴基斯坦是一个具有不可能实现的神权概念的中世纪国家。它不应该成立，而且要不是英国人支持真纳的愚见，这件事决不会发生……总有一天，合并必然会到来。"因此，在双方分治后，印度便想尽一切办法，利用任何可能的机会来削弱巴基斯坦，而巴基斯坦为了保证自身的生存和发展，与印度针锋相对，两国间一连串的矛盾与冲突就此爆发，且一直主导着两国关系的走向。

分治前后，首先摆在巴印两国面前的，就是移民问题。分治在巴印两国均引发了前所未有的暴力。1947 年 8 月至 10 月，两国共有约 50 万人死于宗教仇杀，另有 1400 万人被迫离开家园，穿越边境线，到对面的国家寻求庇护，其中，巴基斯坦接纳了约 170 万移民。大规模的宗教驱逐和仇杀在两国移民心中埋下了仇恨的种子，在两国人民心中亦留下了挥之不去的阴影，成为两国关系正常化的第一个障碍。

接踵而至的克什米尔问题则成了两国关系持续紧张的症结。克什米尔既是巴印建国理念对立的直接反映，也是两国在南亚地区战略矛

① 汪长明."两个民族"理论与印巴分治［J］. 延边大学学报（社会科学版），2011，44（4）：35.

盾的集中体现。按照《蒙巴顿方案》，英属印度各省、地区按多数居民的宗教信仰归属印度或巴基斯坦，各土邦则由它们自行决定加入印度或巴基斯坦或保持与英国的现有关系。克什米尔的居民大多数是穆斯林，倾向于加入巴基斯坦，但统治者却是印度教教徒，在压力之下选择加入印度。对印度而言，如果克什米尔归巴基斯坦，那就意味着印度承认了“两个民族”理论，也就否定了印度的“世俗主义”建国原则，即与尼赫鲁等政治精英所倡导的“各宗教和平相处”和“宗教因素不介入政治”的原则相悖，与尼赫鲁所坚持的以“大印度联邦”形式全盘继承英国殖民遗产，实现大国目标的政治意愿相背。因此，从尼赫鲁政府开始，历届印度政府都把克什米尔归附印度视为一种政治手段，企图在印度联邦内一个穆斯林占多数的地区建立起世俗的“邦”，以此向“两个民族”理论提出挑战，证明按宗教划分两个民族的理论是不成立的。[①] 另一方面，在印度看来，克什米尔事关印度的安全利益，一旦它控制了克什米尔，就切断了巴基斯坦与中国的陆上联系，从而排除了外部大国势力涉足南亚的可能性。对于巴基斯坦而言，“两个民族”理论是其立国基础，故一定要力争使穆斯林人口占多数的克什米尔归属自己，否则将动摇其赖以生存的立国根基。此外，对于缺乏战略纵深的巴基斯坦来说，克什米尔是抵御印度的一道天然屏障，而且流经巴基斯坦的 3 条主要河流均发源于克什米尔，出于维护水资源安全的考虑，巴基斯坦也不会放弃对克什米尔的主权要求。由于克什米尔直接关系到巴印两国的领土主权、立国理念、宗教信仰和安全战略等根本性问题，故双方都对克什米尔志在必得，由此便引发了两国间的两次战争和一次大规模武装冲突。

1947 年 10 月 27 日，第一次印巴战争爆发。1947 年 12 月底印度将克什米尔问题提交给联合国。1948 年 1 月，联合国通过决议，

① 亢升．印巴克什米尔问题的政治文化解读［J］．学术探索，2007（2）：81.

成立联合国印巴委员会；8 月，该委员会通过了“关于停火、非军事化和公民投票三阶段解决克什米尔纠纷”的决议。1949 年 1 月，联合国印巴委员会又通过了《关于在克什米尔举行公民投票的原则规定》。巴印双方都表示接受，并正式停火，划定了停火线。巴基斯坦控制了克什米尔大约 2/5 的土地和 1/4 的人口，其余为印度控制。1953 年，巴印两国总理达成协议，声明应通过公民投票解决克什米尔归属问题。

然而，印度后来改变了立场，先是于 1954 年 5 月，宣布在克什米尔实施印度宪法，后又于 1956 年宣布拒绝履行联合国相关决议。当年 11 月，印控克什米尔地区的制宪议会通过宪法，确认该地区自 1947 年起已加入印度，是印度的克什米尔邦。对此，巴基斯坦表示坚决反对。

1965 年 9 月 6 日，第二次印巴战争爆发，两国再次为克什米尔的归属问题大打出手。同年 9 月 23 日，联合国安理会通过决议，促使双方停火。后来，在苏联的斡旋下，两国领导人于 1966 年 1 月签署《塔什干协定》，双方同意撤军，并承诺不再使用武力解决克什米尔问题。不过，印度削弱巴基斯坦的战略意图并没有改变。

1971 年，印度利用东、西巴矛盾升级所造成的政治危机，在苏联的支持下发动了第三次印巴战争。此次战争由东巴问题而起，但也波及了克什米尔地区，最终，印度取得胜利，巴基斯坦被肢解。1971 年 12 月，巴基斯坦宣布断绝与印度的外交关系。次年 7 月，两国总理签署《西姆拉协定》，同意恢复外交关系。此后，双方在克什米尔实控线附近冲突不断，锡亚琴冰川成为两国争夺的焦点。

从 1981 年开始，巴印双方分别派出巡逻队抵达锡亚琴冰川地区进行侦察和适应性训练，同时到欧洲国家采购高海拔作战的专用设备，为部队长期驻守进行物质准备。1983 年，印度军队偷偷开进了锡亚琴冰川地区，并在此设立据点。翌年，印军发动了“梅夫道”战役，抢占了具有战略意义的两个山口，基本控制了该地区。在此次战役中，双方各有 2 个师参战，约有 1 万名士兵死亡。1984—2003 年间，两国军队数次在锡亚琴冰川地区交火，直到 2003 年 11 月才实现停火。

20 世纪 80 年代末，出于对地区形势变化的考虑和各自国内局势的需要，巴印关系一度出现缓和迹象。1988 年 12 月，巴印双方签署《互不攻击对方核设施协定》。1989 年 7 月，印度总理拉吉夫·甘地访问巴基斯坦，这是 30 年来印度总理第一次访巴。然而，1989 年 12 月，印度政府更迭，印控克什米尔局势趋于紧张，当地穆斯林要求自决和独立的呼声日渐高涨，穆斯林民众与当地印度军警间的冲突不断，造成严重伤亡。这引起了巴基斯坦民众，特别是巴控克什米尔穆斯林的激烈反应，为此，两国相互驱逐了外交人员，并在实控线地区数次交火。1992 年，在印度北方邦阿约提亚发生的“巴布里清真寺事件”，引发了印度国内新一轮的印穆冲突，而这一宗教冲突对巴基斯坦国内已被点燃的民族情绪来说无疑是火上浇油，巴印关系因而更加紧张。

1999 年 2 月，巴印两国通过“巴士外交”，重启了外交关系，并签署了旨在改善双边关系的《拉合尔宣言》，但同年 5 月，双方便在克什米尔的卡尔吉尔地区再次兵戎相见。印军指责大批穆斯林武装分子越过实控线，占领了卡尔吉尔至德拉斯一带的高地，并认为巴军方参与了此次行动。对此，巴基斯坦予以了否认，声明此举完全是穆斯林“自由战士”所为，印度随即发起军事行动。行动分为三个阶段，耗时两个月，最后，在空军的支援下，印度陆军夺回了被占领的所有高地。此次冲突造成印度 530 多人阵亡，1 人被俘，巴基斯坦方面的伤亡情况不详。

除克什米尔问题外，巴印两国在印度河水资源问题、民族分裂问题和核问题上均有矛盾。在印度河水资源划分问题上，巴印两国经过数次谈判，终于在 1961 年签署《印度河分水协议》。根据协议，杰赫勒姆河、奇纳布河和印度河干流等西部三条河流的水资源归巴基斯坦，总计 1665 亿立方米；拉维河、萨特莱杰河和比亚斯河等东部三条河流的水资源归印度，总计 407 亿立方米。然而，多年来，两国间围绕印度河上的大坝和其他截流工程的争端不断。巴基斯坦指责印度在位于印控克什米尔地区的西部三河的上游兴建水电项目，导致进入巴基斯坦的河水流量减少。印度表示理解巴基斯坦的关切，但并未采取实质性改进措施。在民族分裂问题上，巴基斯坦指责印度培训叛乱分子，在信德省制造动乱，另外，还对印度在普什图尼斯坦问题上支持阿富汗立场的举动表示不满；印度则指责巴基斯坦插手旁遮普邦的锡克人独立运动。在核问题上，巴印两国不顾国际劝阻和经济制裁，坚持发展核武器。1998 年 5 月，印度首先进行了核试验，巴基斯坦紧随其后也进行核试验。两国的核竞赛令南亚局势更加紧张。

进入 21 世纪以来，尽管印度已经放弃了削弱乃至吞并巴基斯坦的战略图谋，但数十年来的对立和历史遗留问题还是令两国相互猜疑，双边关系依然跌宕起伏，时紧时缓。2001 年 7 月，巴基斯坦总统穆沙拉夫应邀访问印度，与印度总理瓦杰帕伊举行会谈。这次会谈标志着两国打破了外交僵局，巴印关系有了转机。然而，在“9 · 11”事件后，跨境恐怖主义问题成了两国间新的导火索。

2001 年 12 月 13 日，印度议会大厦遭恐怖袭击。印度认为总部设在巴基斯坦的“拉什卡”穆斯林武装组织策划并实施了此次袭击，要求巴基斯坦立即关闭“拉什卡”总部，并在军事和外交上对巴基斯坦施以高压。巴基斯坦政府在谴责恐怖袭击的同时，明确表示反对印度采取任何“仓促行动”。2002 年上半年，巴印双方在边境地区陈兵百万，第四次印巴战争有一触即发之势。之后，在美国和其他西方国家的压力下，穆沙拉夫总统做出了打击跨境恐怖分子的承诺，巴印关系才趋于缓和。2003 年 5 月，在国际社会的斡旋下，两国同意恢复大使级外交关系和交通往来。2004 年 1 月，在第 12 届南亚区域合作联盟峰会期间，巴基斯坦总理贾迈利与印总理瓦杰帕伊举行了会谈，双方同意从 2 月起正式启动旨在解决两国所有分歧的全面对话。之后，巴印两国利用“板球外交”进一步缓和了双边关系。2005 年 4 月，穆沙拉夫总统接受邀请，赴印观看了两国间的板球赛，并借机与印度总理辛格举行了会晤。此外，巴印领导人还在一些国际或地区性会议上举行过多次会晤。

至 2008 年上半年，巴印先后进行了 5 轮全面对话，在建立信任措施、解决历史遗留问题、发展经贸合作、促进人员交流等多个方面进行了讨论，达成不少共识。另外，两国在交通、反恐、打击毒品和走私等多个领域也进行了对话与合作。

然而，两国持续 4 年之久的和平进程却被孟买连环恐怖袭击案打断。2008 年 11 月，孟买发生恐怖袭击，造成数百人伤亡。印度认为是来自巴基斯坦的恐怖分子策划并实施了此次袭击，两国关系再度紧张，双方互不接触，后在国际社会的斡旋下，两国间的紧张气氛才有所缓解。2010 年 4 月 29 日，巴印两国总理在不丹首都廷布短暂会晤，决定恢复因孟买恐怖袭击而中断的双边对话。2011 年 2 月初，印度政府提议双方开启外交秘书级对话，巴基斯坦对此表示欢迎。2 月 25 日，两国外交秘书级会谈在新德里举行，这是自 2008 年孟买恐怖袭击以来两国首次举行官方会谈。两国就此正式恢复了关系正常化谈判。之后，两国领导人又利用“板球外交”和南亚多边合作机制进行了多次会晤，两国内政和外交部长也进行了互访。最终，两国同意互相给予贸易最惠国地位，并在签证和边界通关方面提供便利。

2012 年 4 月 8 日，巴基斯坦总统扎尔达里以私人身份对印度进行了短暂访问，这是 2005 年穆沙拉夫总统访印后，巴基斯坦总统首次访印。其间，扎尔达里总统与印度总理辛格举行了会谈，双方在会谈后表示，愿以务实的方式解决长期以来横亘在两国间的问题，期待两国关系实现正常化。这是巴印关系正常化道路上具有积极意义的一步。

六、与伊斯兰国家关系

巴基斯坦自独立起，其国家领导人就将伊斯兰作为强化国家身份和维护国家安全的工具。以国父阿里·真纳为首的第一代领导人们为维护巴基斯坦的安全和统一，将伊斯兰与抵抗印度威胁并列为国家的意识形态基础，以此抵制国内种族民族主义浪潮以及防止印度利用种族分歧瓦解并灭亡巴基斯坦的可能。[①] 在这之后，巴基斯坦历届政府都或多或少地利用伊斯兰战略来维护国家的安全、身份和利益。可以说，伊斯兰是巴基斯坦的战略选择之一。这种战略选择在外交上的体现就是，巴基斯坦对发展同伊斯兰国家的关系给予了高度重视。

共同的宗教信仰是伊斯兰国家彼此亲近的重要纽带。巴基斯坦正是高举伊斯兰旗帜，以宗教和经济合作为手段，提高了本国在伊斯兰国家中的地位，改善和发展了同伊斯兰国家的关系。

（一）与伊朗关系

巴基斯坦与伊朗是邻国，文化上的联系源远流长。发展与伊朗的友好关系是巴基斯坦西向政策的重要组成部分，在巴基斯坦独立以来的 60 多年中，巴伊两国在政治、经济、文化和国家安全等领域进行了全方位合作。这种合作关系对两国安全环境的改善、地区的和平与稳定，以及彼此经济的发展都产生了积极影响。

巴基斯坦独立后，伊朗是第一个承认巴基斯坦的伊斯兰国家，两国迅速建立起外交关系。巴基斯坦在独立之初面临诸多困难，这一时期，伊朗慷慨解囊，不仅提供援助以解决来自印度的穆斯林移民的

① 沈宏．巴基斯坦的战略选择：伊斯兰、联盟与进攻性防御［J］．南亚研究，2011（1）：67.

安置问题，而且免费提供了一定量的石油，帮助巴基斯坦稳定经济。1950 年，巴伊两国签订《友好条约》和《民用航空协定》，开始了贸易往来。当年 3 月，伊朗国王访问巴基斯坦，成为访问巴基斯坦的第一位外国领袖，不久后，巴基斯坦总理对伊朗进行了回访。1956 年，巴伊签订《语言与文化协定》，同年，两国成立边界委员会，共同勘测边界，并于 1959 年签署《边界划分协定》。根据此协定，巴基斯坦将英国在殖民时期从伊朗攫取的约 932.4 平方千米的土地归还给了伊朗。伊朗支持巴基斯坦加入联合国的请求及其在克什米尔问题上的立场，巴基斯坦则全力支持伊朗把英国人控制的石油公司收归国有。另外，两国在巴格达条约组织及之后的中央条约组织中紧密配合，共同维护伊斯兰国家的利益。在其他重大国际问题上，两国也互相支持，如：在 1956 年的苏伊士运河危机中，两国共同谴责以色列、英国和法国入侵埃及的行为；在 1967 年的中东战争中，两国均支持阿拉伯国家。

在 1965 年的印巴战争中，伊朗在外交和物质上给予了巴基斯坦极大的帮助。伊朗政府首先将印度的行为称为侵略，而后向巴基斯坦提供了大批军事物资。更值得一提的是，伊朗在美国对巴施行武器禁运的情况下，向巴空军提供了 8 架 F-86 战机，这些战机在战争中发挥了巨大作用。在 1971 年的第三次印巴战争中，伊朗再次站在了巴基斯坦一边。此外，伊朗还通过调解，缓和了巴基斯坦同阿富汗的关系。1963 年，在伊朗的努力下，巴基斯坦同阿富汗恢复了中断两年之久的外交关系。在伊朗的积极活动下，阿富汗放弃了对巴基斯坦境内普什图人分离运动的支持。

20 世纪 70 年代，巴伊两国的经济联系更为突出，双边贸易额增长迅速。1971－1972 财年，巴伊间的贸易总额为 8450 万卢比，1973－1974 财年猛增到 5.506 亿卢比，1976－1977 财年更是增加到了 9.097 亿卢比。值得一提的是，在 1973 年以后，巴基斯坦一直处于双边贸易顺差地位，这对于刚失去东巴市场的巴基斯坦经济来说，是重要的激励因素。此外，伊朗还向巴基斯坦提供了大量财政援助，帮助巴基斯坦抵消国际油价上涨所产生的负面影响。1974 年和 1976 年，伊朗分别向巴基斯坦提供 5.8 亿美元和 1.5 亿美元的贷款，另外，伊朗还资助了巴基斯坦的几个工业和技术项目。[①]

1979 年，伊朗国内爆发伊斯兰革命，巴伊关系一度更加紧密，因为几乎与此同时，巴基斯坦也加快了国内的伊斯兰化进程。相同的目的，即建立伊斯兰社会和伊斯兰政府，使得两国民众间的感情更加紧密。不过，巴基斯坦在伊斯兰化运动中受瓦哈比派影响较深，引发了国内什叶派和逊尼派穆斯林间的冲突，以什叶派穆斯林为主的伊朗对此十分不满，加之巴基斯坦与沙特和美国建立了密切的政治和经济联系，因此，巴伊之间出现了一定程度的隔阂。

尽管存在分歧，但巴伊两国在 20 世纪 80 年代依旧保持了密切关系。哈克政府把“团结伊斯兰国家”作为巴外交战略的一大支柱。两国共同支持阿富汗游击队和伊斯兰“圣战者”的抗苏斗争。两国关系在 1982 年有了较大突破：当年 4 月，伊朗外长访问巴基斯坦；9 月，巴基斯坦财政部长访问伊朗，两国借此机会达成了建立部长级地区合作组织的协议。1984 年 1 月，齐亚·哈克总统派代表团说服伊朗参加了第四次伊斯兰国家首脑会议，对伊朗改善与阿拉伯国家的关系有一定积极作用。此外，在结束两伊战争方面，巴基斯坦也发挥了关键的作用。1986 年初，伊朗总统哈梅内伊访问巴基斯坦，两国借此成立了经济、农业、工业和文化合作委员会。1989 年，巴基斯坦总统伊沙克·汗参加了伊朗宗教领袖霍梅尼的葬礼。同年，巴、伊、土三国签署了关于共同安全、反毒品、反走私和航空运输的协定。之后，巴伊还签订了双边合作谅解备忘录，成立了共同的边境巡逻队。

① 杨翠柏. 巴基斯坦与伊朗关系［J］. 南亚研究季刊，1998（3）：45.

冷战结束后，巴伊两国继续加强合作。1990－1991 年，双方政府和军队的高层往来频繁，使两国关系更加紧密。两国还达成协议，在巴基斯坦的卡西姆港建立日炼油 12 万桶的炼油厂。不过，随着经济因素在国际交往中的影响力越来越大，巴伊关系受到了挑战。20 世纪 90 年代中期，伊朗对本国的南亚政策做出了较大调整。伊朗认为，印度是一个技术大国和能源消费大国，伊朗与印度有着广阔的经济合作前景，于是，伊朗加强了与印度的政治和经济联系。伊印关系的升温令巴基斯坦不悦。另外，巴伊两国还在阿富汗内战问题上存在分歧，伊朗支持阿富汗什叶派，而巴基斯坦则支持塔利班。1996 年 10 月 23 日，伊朗外长韦拉亚提明确表示，伊朗只承认拉巴尼政权，塔利班属反政府叛乱组织。1998 年 9 月，阿富汗塔利班组织杀害了驻阿的伊朗外交官，激化了伊朗政府与塔利班政权间的矛盾。巴基斯坦不得不做出妥协，表示不支持塔利班的非法行为。

在巴基斯坦核问题上，尽管伊朗谴责了巴基斯坦的核试验行为，但也表示，伊斯兰世界有了对以色列强权行为做出回应的能力。在巴基斯坦接受国际制裁时，伊朗没有抛弃巴基斯坦，而是尽可能地提供了帮助。

21 世纪以来，巴伊关系迎来了新发展。2003 年 10 月，巴基斯坦总理贾迈利对伊朗进行了为期 3 天的国事访问，受到伊方的热烈欢迎和盛情款待。其间，双方就军事合作、免关税、文化交流和打击走私等方面进行了讨论。在伊朗核问题上，巴基斯坦在多个场合明确表示尊重伊朗和平利用核能的愿望，反对使用制裁和武力解决伊朗核问题。此外，两国在天然气、电力、贸易、通信等领域展开了合作。2010 年 6 月，巴伊两国签署了总额达 75 亿美元的天然气管道协议。该协议有效期为 25 年，可续约 5 年。根据该协议，伊朗将从 2014 年起向巴基斯坦出口天然气。为了缓解巴基斯坦的电荒，巴伊两国于

2012 年达成新的电力出口协议，伊朗将向巴基斯坦出口 1000 兆瓦的电力，相关工程建设预计在 2017 年前完成。

回顾巴伊两国近 70 年的外交史，可以说，两国保持了典范式的友好关系。两国在政治、经济、军事、外交和安全事务上相互支持，尽到了友邻应尽的责任。尽管两国间有过分歧和摩擦，但双方从区域连接的重要性和经济合作的广阔前景出发，均视对方为可靠的朋友和伙伴。随着两国经济关联性的提升，两国间的友好关系必将得到进一步加强。

（二）与土耳其关系

巴基斯坦同土耳其长期保持着友好关系。1951 年，巴土两国签订了第一个双边协议，为两国间的长期友好与合作打下了基础；1952 年 1 月 19 日，两国签订《友好合作条约》；1954 年，两国又签订了一项友好合作协议，巴土关系愈发紧密。

1962 年，中印边境冲突爆发。起初，土耳其决定向印度提供军事援助，然而，巴基斯坦担心印度获得援助后会对自身产生威胁，因而请求土耳其放弃援助计划。土耳其从巴土友谊的角度出发，接受了巴基斯坦的请求，没有向印度提供援助。

在第二次和第三次印巴战争中，土耳其在道义上支持巴基斯坦，并向其提供了大量的经济和军事援助，在加强巴基斯坦军事力量方面做出了突出贡献。在克什米尔问题上，土耳其一贯支持巴基斯坦的立场，每当克什米尔局势紧张，土耳其就会向巴基斯坦提供帮助。

巴土两国在经济上的关系也十分紧密。1964 年 7 月，巴土两国签订协议，成立“区域合作发展组织”，之后，伊朗加入该组织。在该组织框架下，三国加强了相互间贸易、文化、工业和教育等领域的合作。20 世纪 70 年代，区域合作发展组织的作用进一步凸显。1976 年，该组织首脑会议提出取消关税壁垒，促进地区贸易，各成员国均同意采取措施，在未来 10 年内建立起区域合作发展组织的自由贸易区。后来，该组织因伊朗的退出而中断。1984 年 12 月，巴、土、伊三国代表在德黑兰举行会晤，就恢复和发展区域合作发展组织进行了讨论。次年 1 月，三国决定将“区域合作发展组织”更名为“经济合作组织”，恢复了三国间的经济合作。随着巴基斯坦和伊朗的国内局势逐步稳定，三国又签订协议，成立“区域经济委员会”。该委员会决定通过连接土耳其到巴基斯坦的陆路交通，缩短三国间的往来里程，从而建立起陆、海、空三位一体的立体交通网。此外，巴基斯坦和土耳其还在通信领域加强了合作。

除了在区域合作发展组织和后来的经济合作组织的框架下发展三边关系外，巴土两国还注重发展双边关系。1975 年，巴土两国建立部级共同委员会，专门负责两国经贸合作。1977 年 3 月，该委员会的职责拓展为促进两国农业、工业、贸易和技术领域的合作。1984 年，巴土两国签订了《经济技术合作协议》。1986 年，为了消除两国间的贸易不平衡和进一步促进各自的经济发展，两国又签署了一份合作协议。

20 世纪 80 年代初，塞浦路斯岛上的希腊移民与穆斯林之间爆发冲突，在希腊政府的影响下，塞浦路斯表现出了并入希腊的倾向。随后，土耳其派军队进入该岛，在其帮助下，岛上的土耳其穆斯林移民于 1983 年 11 月 15 日宣布，建立土耳其民主北塞浦路斯共和国，土耳其政府随即承认了该国。这就是著名的塞浦路斯问题。在该问题上，巴基斯坦支持土耳其的立场，并要求安理会不要通过任何制裁塞浦路斯的决议。

进入 90 年代，巴土关系进一步发展。1999 年，土耳其遭遇强地震灾害，造成数千人死亡，数十万人受伤或流离失所。巴基斯坦第一时间向土耳其提供了大量药品和救灾物资，随后，巴基斯坦总理谢里夫访问土耳其，其间又向土耳其提供了大笔资金援助。

巴土两国在军事和文化上的合作在这一时期也得到了加强。两国军队间建立起联教联训制度；两国的艺术家、文学家和记者团体经常互访，加深了民间的文化交流。另外，两国为了促进彼此旅游业的发展，专门为来自对方国家的游客提供简化签证手续、降低邮费标准等优惠服务。

21 世纪以来，巴土两国全面加强了双边合作。2013 年 9 月，巴基斯坦总理谢里夫访问土耳其，其间与土耳其总理进行了会谈。之后，两国领导人共同表示，巴土两国将在贸易、能源、基建、安全、教育、文化和科学技术等领域加强合作，并将共同致力于维护地区和平。谢里夫还表示，希望与土方合作，实施有效的反恐战略。同年 12 月，巴基斯坦与土耳其签署备忘录，双方决定尽快完成特惠贸易协定（PTA）的谈判，以扩大双边贸易规模并促使投资便利化。巴基斯坦表示，鼓励土耳其私营部门在巴基斯坦石油、煤炭、风电、水电和基础建设等关键领域进行投资。

总之，随着巴土两国合作领域的拓展和经济依存度的提升，巴土关系势必将跃升至一个新的高度。

（三）与阿富汗关系

除了伊朗和土耳其，巴基斯坦与其他主要伊斯兰国家也保持着密切的关系，如沙特阿拉伯、印度尼西亚、伊拉克和埃及等，然而，巴基斯坦与阿富汗的关系却错综复杂、跌宕起伏。

巴阿两国地理相邻、民族相融、宗教相同，本应成为友好相处的邻邦，然而，由于历史原因及大国势力在这一地区的渗透，导致巴阿关系不睦。其中，“普什图尼斯坦”问题在历史上是巴阿关系发展的最大障碍。

“普什图尼斯坦”问题是英帝国“分而治之”政策的贻害。历史上，普什图尼斯坦地区一直属阿富汗普什图部落领有。1893 年 11

月，英国人武力胁迫阿富汗政府代表与英印政府的外务大臣莫提米尔·杜兰签订《印阿新界草案协定》，重新划定了阿富汗与英属印度的边界，这条新的边界线史称“杜兰线”。杜兰线将很大一部分普什图部落领土划入了英属印度的西北省，即今巴基斯坦的开普省，普什图族从此成为跨境民族。然而，阿富汗从未正式承认杜兰线。英阿边界划定后，该地区一直存在着由红衫党领袖加法尔·汗兄弟领导的“普什图尼斯坦”运动，这一运动得到了阿富汗政府的支持。1944年，阿富汗政府致函英印当局，对杜兰线以东普什图人的命运表示了严重关切，但英印政府未予理睬。与此同时，印巴分治已是大势所趋，西北省的普什图人遂提出了独立建国的要求，阿富汗政府立即给予了支持。[①]

随着印巴分治，在“普什图尼斯坦”问题上的英阿矛盾遂转为巴阿矛盾。1949 年 9 月，巴基斯坦境内的普什图人宣布建立独立国家——普什图尼斯坦，阿富汗随即表示全力支持在巴普什图人的独立运动，巴基斯坦则出兵镇压。巴阿关系因而迅速恶化，边境冲突和宣传战不断升级。1950 年，巴基斯坦关闭了边境检查站，对阿富汗实行禁运，巴阿两国召回了派驻对方的大使。1952 年，巴基斯坦主动寻求与阿富汗恢复正常关系，两国重新互派了大使。然而，好景不长，1955 年，巴基斯坦政府宣布将包括普什图部落区在内的西巴各省合并为一个省，这再度引发关于“普什图尼斯坦”的斗争。阿巴两国的民众先后冲击了对方的大使馆，两国遂再度断交。巴基斯坦在美国的支持下对阿富汗发出最后通牒，并再度对其实行禁运。阿富汗则宣布了总动员令，并与苏联签署了《货物过境协定》。1955 年 9 月 30 日，在土耳其、伊朗和伊拉克的调停之下，巴阿两国才恢复了外交关系。

① 胡仕胜. 巴基斯坦与阿富汗关系轨迹［J］. 国际资料信息，2002（3）：12.

1955 年的巴阿冲突使得阿富汗与苏联关系急速升温。苏联不但在安全和经济领域给予了阿富汗大量援助，而且公开表态支持阿富汗在“普什图尼斯坦”问题上的立场。同期，美苏两国对中亚和南亚交会地区的争夺日渐加剧。为了防止阿富汗过分亲苏，美国积极协调巴阿关系。1958 年 5 月，在美国的作用下，巴阿两国举行了有关过境运输问题的谈判，结果，双方签订了《航空协议》及《贸易和过境协定》，规定了阿富汗进出口货物在巴基斯坦的过境办法，巴阿经贸关系由此逐步恢复正常。然而，在 1961 年 8 月，巴阿两国再度因“普什图尼斯坦”问题爆发冲突，巴基斯坦关闭了驻阿领事馆，阿富汗则于 9 月断绝了与巴基斯坦的外交关系，此后，巴基斯坦关闭两国边境达 2 年之久。1963 年，在伊朗国王的斡旋下，巴阿两国在德黑兰举行谈判，双方搁置了“普什图尼斯坦”问题，很快达成了关于恢复外交关系和开放边境及过境贸易的协议，并一致同意停止宣传战和边境冲突。此后 10 年，巴阿关系没有遭遇重大挫折。在之后的两次印巴战争中，阿富汗严守中立，这使得巴基斯坦充分认识到了巴阿关系稳定的重要性。1970 年，巴基斯坦颁布新宪法，宣布解散西巴省，并赋予各省自治地位，同时成立高度自治的联邦直辖部落区，给予普什图人高度自治权。新宪法得到了巴基斯坦普什图人的支持，谋求独立的呼声渐渐转为了谋求真正自治。

巴阿关系的改善令苏联不满。于是，在苏联的干预和支持下，阿富汗的达乌德政权和塔拉基政权都重提了“普什图尼斯坦”问题，导致 20 世纪 70 年代中后期的巴阿关系急转直下。1974 年，阿富汗设立“普什图尼斯坦电台”，并在报纸上公开指责巴基斯坦，两国关系骤然紧张，边界冲突再起。1978 年，以塔拉基为首的阿富汗领导人公开支持巴基斯坦普什图人的自决要求，使巴阿关系再度倒退。

苏联对阿富汗的入侵在一定程度上掩盖了巴阿两国在“普什图尼斯坦”问题上的矛盾，也为巴基斯坦采取积极干预阿富汗的政策，改善两国关系提供了难得的契机。苏联入侵阿富汗期间，巴基斯坦拒不承认在苏联支持下成立的阿富汗喀布尔政权，拒绝与其谈判。1980年1月底，巴基斯坦主持召开了伊斯兰国家外长紧急会议，与会各方一致谴责苏联的入侵行为，要求其撤军，此外，该会议还决定中止阿富汗的“伊斯兰会议组织”成员国资格。整个80年代，阿富汗政府军与巴基斯坦军队间冲突不断，阿空军（包括苏军飞机）借轰炸巴阿边境抵抗组织据点之机，上千次侵犯巴基斯坦领空，多次造成巴平民伤亡。与此同时，巴基斯坦与阿富汗的抵抗力量关系密切。巴基斯坦三军情报局在阿富汗的抗苏战场一直扮演着重要角色，它不仅为阿富汗游击队提供了大量武器装备和资金，而且提供了游击战术指导，此外，它还负责培训来自其他国家的“圣战者”，并将其送入阿富汗战场。1982－1992年间，共有约3500名来自中东、北非和中亚等地的“圣战者”从巴基斯坦奔赴阿富汗战场，这些人后来被称为“阿拉伯阿富汗人”，本·拉登就是其中之一。

苏联撤军后，阿富汗随即陷入大规模内战。然而，一个纷乱的阿富汗并不符合巴基斯坦的利益，于是，巴基斯坦开始为建设一个稳定而友好的阿富汗政权奔走斡旋。1992年6月，拉巴尼成为阿富汗总统，巴基斯坦政府很快对其予以承认，两国政府就此恢复了中断13年的关系。1993年，阿富汗内战又起，受巴基斯坦支持的希克马蒂亚尔的武装先后与杜斯塔姆和拉巴尼的部队发生激战。当年3月，巴基斯坦邀请阿富汗各派到伊斯兰堡谈判，并促成各派签署了《伊斯兰堡和平协定》，拉巴尼同意与希克马蒂亚尔分享权力，内战暂时平息。这一年，巴阿关系迅速发展，阿富汗政府高官频繁访问巴基斯坦，巴基斯坦则向阿富汗提供了大量人道主义援助。

然而，希克马蒂亚尔并没有为阿富汗带来和平，于是，巴基斯坦政府转而支持阿富汗塔利班组织。在巴基斯坦的支持下，阿富汗塔利班势力迅速膨胀，占领了喀布尔，建立起政权，至2000年9月，已控制了阿富汗约 95% 的国土。

“9·11”事件发生后，在美国的巨大压力下，巴基斯坦改变了对塔利班的扶植政策，转而全力支持以美军为首的国际部队对塔利班进行围剿。随着塔利班政权被推翻，阿富汗进入了重建阶段，巴基斯坦把握时机，全面参与了阿富汗的政治和经济重建。

阿富汗临时政府成立后，巴基斯坦立即对其予以承认，不仅恢复了驻阿使馆的工作，而且向阿富汗提供了 1 亿美元的援助，之后又陆续向阿富汗提供资金支持。两国领导人也加强了往来，巴基斯坦总统和总理多次访问了阿富汗，阿富汗总统卡尔扎伊则先后于 2004 年 9 月、2005 年 3 月、10 月和 2006 年 2 月访问了巴基斯坦。

随着阿富汗政治重建的完成及国内和解的深入，巴阿两国开始在各个领域加强合作。2012 年 12 月，阿富汗外长拉苏尔拜访了巴基斯坦总理阿什拉夫，并同巴外长哈尔进行了会谈，双方同意继续加强在安全、过境贸易、投资、基建、能源和人员交流上的合作。双方还对两国间 25 亿美元的贸易额表示了满意，并决定采取措施进一步发展双边贸易，争取在 2015 年使双边贸易额达到 50 亿美元。2013 年 11 月底，应阿富汗总统卡尔扎伊的邀请，巴基斯坦总理谢里夫对阿富汗进行了首次正式访问，其间，双方举行了会谈。谢里夫表示，基于相互尊重主权和领土完整的原则，巴基斯坦期望与阿富汗政府发展睦邻友好的外交关系，巴基斯坦将继续促进阿富汗的和平进程。谢里夫还承诺，将加强对阿富汗重建和社会经济发展的援助力度。此外，两国领导人还同意加快推进包括中亚－南亚输变电项目和土库曼斯坦－阿富汗－巴基斯坦－印度天然气管道项目在内的多个跨地区项目。

从现阶段来看，阿富汗的政治和解与经济发展皆需要巴基斯坦发挥重要作用，阿富汗对巴基斯坦的依赖性渐强，而巴基斯坦也乐于见到一个和平稳定的阿富汗。因此，巴基斯坦必将更加深入地参与到阿富汗的重建与和解工作中，巴阿关系正向着密切、友好的方向发展。

第三节　中巴友好关系

中国与巴基斯坦山水相连，唇齿相依。巴基斯坦是最早承认我国的国家之一，也是最早承认我国的伊斯兰国家。1951 年 5 月 21 日，中巴两国正式建立外交关系。60 多年来，两国坚持在和平共处五项原则的基础上发展睦邻友好和互利合作关系，进展顺利。正如巴基斯坦人民所表述的那样，“中巴关系比喀喇昆仑山更高，比阿拉伯海更深，比蜂蜜更甜”，“两国是真正的好邻居、好朋友、好伙伴、好兄弟”。60 多年来，国际局势风云变幻，国家关系错综复杂。众多国家中既有为了相互利用而短暂结盟者，也有因利益相悖而反目成仇者，更有因长期彼此敌视而针锋相对者，然而，无论其他双边或多边关系如何变化，中巴关系却长期保持稳定，其中的经验值得总结。中巴两国历史文化不同，宗教信仰各异，政治制度和意识形态大相径庭，但是，两国关系却历久弥新，其中原因值得探索。纵观中巴关系的发展历程，我们可以得出结论：中巴关系之所以成为国家间关系的典范，关键在于两国从全球化角度出发，以维护对方国家核心利益为基础，在重大问题上相互理解、相互支持，在频繁的高层互访和各领域、各层次的交往中，互相尊重、平等相待、与时俱进、互利共赢。对此，双边关系 60 多年的发展史是最佳印证。

一、中巴关系回顾

从总体来看，中巴关系没有波澜起伏，只有质与量的直线上升。即便受冷战氛围的影响，巴基斯坦对新中国的外交政策有些摇摆不定，但在实际行动上，巴基斯坦和中国也并没有处于敌对状态。中巴建交 60 多年来，可以以每十年为一个阶段，每一阶段都有标志性事件将两国关系不断向前推进，特别是密集的高层互访，不断地揭开了中巴关系的新篇章。[①]

中巴建交初期，由于两国分属不同阵营，故彼此交往较少，关系比较冷淡。1955 年万隆会议期间，周恩来总理与巴基斯坦总理穆·阿里举行了两次友好会谈，双方一致认为应加强两国在各个领域的交流与合作。两国总理的会晤对增进中巴之间的了解发挥了重要作用。万隆会议后，两国高层往来逐渐增多。1956 年 10 月，巴基斯坦总理苏拉瓦底应邀正式访华。12 月，周恩来总理对巴基斯坦进行了回访。一年内两国总理的成功互访极大地推动了两国友好合作关系和两国人民友谊的发展。

1957—1969 年是中巴关系史上十分重要的阶段，这期间两国关系发生了历史性转折，巴基斯坦从对华敌视国家逐渐转变为对华友好国家，揭开了中巴关系的新篇章。

1957—1960 年，巴基斯坦在关于恢复中国在联合国合法地位和台湾、西藏等问题上追随西方，两国政治关系不佳。1961 年，巴基斯坦在改善中巴关系上迈出了重要一步，在联大会议表决恢复中国在联合国合法权利的提案时投了赞成票。1962 年，两国通过友好谈判就中巴边界位置和走向达成原则协议。1963 年 3 月，两国签订《关于中国新疆和由巴基斯坦实际控制其防务的各个地区相接壤的边界的协定》。1964 年 2 月，周恩来总理应邀访问巴基斯坦。同年 12 月，巴基斯坦总统阿尤布·汗访华。1965—1971 年，巴基斯坦在历届联大会议上都作为提案国，支持恢复中国在联合国的合法权利。

20 世纪 70 年代的中巴关系稳定发展，两国政府和人民间的友好合作不断加深。1970 年 11 月，巴基斯坦总统叶海亚·汗应邀访华。阿里·布托上台后，先后于 1972 年、1974 年和 1976 年三次访

---

① 孙红旗．中巴建交六十年：双边关系回顾与基本经验总结［C］// 孙红旗．巴基斯坦研究：第一辑．北京：中国社会科学出版社，2012：5.

华。齐亚·哈克总统执政后于1977年12月访华。1974年11月，北京－卡拉奇－巴黎的航线正式开通。

20世纪80年代，中巴两国领导人互访频繁，两国友好合作关系得到了巩固和发展。齐亚·哈克总统先后于1980年5月和10月两次访华。居内久总理和贝·布托总理在任期内均对中国进行了国事访问。中国方面，李先念主席和李鹏总理先后于1984年3月和1989年11月访问了巴基斯坦。1982年8月，中巴两国签署了关于开放红其拉甫山口的议定书。

进入90年代，世界形势发生巨变，但经受了时间考验的中巴友好合作关系却未受国际风云变幻的影响，稳步向前发展。

1990年9月，巴基斯坦总统伊沙克·汗访华，并作为主宾参加了第11届亚运会开幕式。之后，两国高层领导人频繁互访。1996年12月，江泽民主席应邀对巴基斯坦进行了国事访问。此次访问是中巴关系发展史上的一件大事，两国领导人共同决定，建立面向21世纪的中巴全面合作伙伴关系。访问期间，江泽民主席还发表了题为“世代睦邻友好，共创美好未来”的重要演讲，首次全面阐述了中国的南亚政策。

21世纪以来，中巴全面合作伙伴关系进一步深入发展。双方高层接触频繁，政治互信不断增强。

2001年是中巴建交50周年，两国在当年举行了一系列丰富多彩的庆祝活动。2001年5月，朱镕基总理应邀访问巴基斯坦；12月，穆沙拉夫总统对中国进行了国事访问。2001年12月和2002年2月，江泽民主席先后两次与穆沙拉夫总统通电话，双方就“9·11”事件后的国际形势交换了意见。2002年3月，吴邦国副总理率中国政府代表团访问巴基斯坦，并出席了中巴合作建设的瓜达尔港口项目开工仪式。2003年11月，穆沙拉夫总统在出席了博鳌亚洲论坛第二届年会后对中国进行了国事访问。其间，两国元首签署了《关于中巴双边合作发展方向的联合宣言》。

2005 年 4 月，温家宝总理访问巴基斯坦。其间，两国总理签署了《中巴睦邻友好合作条约》，宣布两国将发展更加紧密的战略合作伙伴关系。中巴关系由此上升到了一个新的平台。同年 10 月 8 日，巴基斯坦北部地区发生强烈地震，造成重大人员伤亡和财产损失。中国政府迅速派出救援队和医疗队并立即提供了 2050 万美元的物资和现汇援助，此后，又宣布向巴基斯坦提供 3 亿美元的优惠出口买方信贷用于其灾区重建。

2006 年 2 月，穆沙拉夫总统再次对华进行了国事访问。同年 11 月，胡锦涛主席正式访问巴基斯坦，这是中国国家主席在 21 世纪首次访问巴基斯坦，也是中巴关系史上的又一座里程碑。

2008 年 8 月，巴基斯坦总理吉拉尼来华出席了北京奥运会开幕式。同年 10 月，巴基斯坦总统扎尔达里正式访华，其间，与胡锦涛主席进行了会谈，之后，两国发表了联合声明。2011 年是中巴建交 60 周年，也是“中巴友好年”。当年 8 月底，扎尔达里总统赴中国新疆维吾尔自治区首府乌鲁木齐出席首届中国－亚欧博览会。2013 年 5 月，李克强总理对巴基斯坦进行了正式访问。其间，双方共同发表了《中巴关于深化两国全面战略合作的联合声明》。

过去的一个甲子见证了中国和巴基斯坦从泛泛之交变得亲密无间，因此，我们有理由相信，在下一个甲子中，中巴两国必然能在全天候友谊的基础上建立全方位合作，扩大互利共赢。

二、中巴政治关系

中巴政治层面的高端互动是一步步提升中巴关系的重要步骤。通过频密的高层互访，中国与巴基斯坦之间建立起“全天候”、“全方位”的战略合作伙伴关系。这种关系便是中巴政治关系的总体概况。

前巴基斯坦驻华大使马苏德·汗于 2011 年 3 月 3 日在复旦大学

就中巴关系发表演讲时说："在带着满意之情回顾过去 59 年来两国关系的演进时，双方都强调了以下四点：1）深化中巴全天候战略伙伴关系至关重要；2）中巴关系已超越了双边关系的范畴，获得了更为广泛的地区和国际影响；3）巴中之间的友谊与合作符合两国的根本利益，有助于促进本地区内外的和平、稳定与发展；4）双方将加强战略协调，推进务实合作，携手应对挑战，实现共同发展。"①

中巴全天候、全方位战略合作伙伴关系，反映了过去的经历、现实的状况和未来的需要。

20 世纪 50 年代末至 60 年代初，中巴两国领导人引导两国关系走向了理解和团结。1963 年，中巴两国签署了边界协议，这充分显示出两个邻邦之间的互相信任，是两国关系中具有重大意义的里程碑。在这之后，两国在重大国际问题上相互协调、保持一致，在涉及对方核心利益的问题上，互相支持、无私帮助。

中国的核心利益有三项：制度安全、国家统一和经济发展。巴基斯坦在中国的这些核心利益问题上采取了支持或不挑战的立场，即在中国的制度问题上不予挑战；对中国的国家主权和领土完整一贯予以支持；在经济上与中国开展了积极合作。巴基斯坦一贯奉行一个中国政策，支持中国的和平统一大业，在涉台、涉疆、涉藏、人权、打击"三股势力"等问题上，坚持原则立场，仗义执言，主动维护了中国的国家利益和国际形象。此外，巴基斯坦在中国重返联合国、中美恢复邦交、中国拓展与伊斯兰国家关系方面发挥了独特的推动作用，特别是在中美恢复邦交的过程中，巴基斯坦作为"秘密渠道"，协助实现了中美的战略缓和与对话，为中国改善安全环境、提升国际地位做出了历史性贡献。

巴基斯坦的核心利益在于主权独立和领土完整。中国始终支持巴

---

① Masood Khan. Pakistan-China Relations［C］// 杜幼康. 国家间关系的典范：中巴建交后两国关系的回顾与展望. 北京：时事出版社，2012：185－186.

基斯坦为维护主权独立和领土完整所做的努力。在1965年的第二次印巴战争中，中国通过谴责印度侵略行为、宣布三个“坚决”政策、向印度发出最后通牒、在中印边境采取军事行动和向巴基斯坦提供军事援助等方式，无私地给予了巴基斯坦以外交和军事支持。在1971年的第三次印巴战争中，中国在政治和外交上支持巴基斯坦，并克服自身困难，在军事上给予了一定援助。此外，中国支持巴基斯坦为促进地区和平与稳定发挥重要作用，高度赞赏巴基斯坦在国际反恐斗争中所做的重要贡献，并一再呼吁国际社会充分认识巴基斯坦在国际反恐中付出的沉重代价。

中巴两国长期以来彼此信任、互利互让，为建立全天候、全方位战略合作伙伴关系奠定了坚实基础。早在1996年，两国就确定了建立面向21世纪的全面合作伙伴关系。2005年，双方签署《中巴睦邻友好合作条约》，宣布发展更加紧密的战略合作伙伴关系，进一步明确了两国关系的定位。[①]2011年12月，中国和巴基斯坦决定建立领导人年度会晤机制和外长定期对话机制，以及时就双边、地区和国际重要问题交换看法，增强在地区和国际组织中的相互配合与合作。这令中巴战略合作伙伴关系的内涵超出了双边关系的范畴，拓展至地区和国际层面。2013年5月，中巴两国共同发表了《中巴关于深化两国全面战略合作的联合声明》。该声明将中巴战略合作伙伴关系提升至了一个新的高度，为两国关系的未来指明了方向。可以预见，两国政府和人民将共同努力，进一步弘扬传统友谊，继续扩展务实合作的广度和深度，不断巩固和提升中巴战略合作伙伴关系，使之进入一个新的历史发展阶段。

---

① 杜幼康．中巴战略合作伙伴关系：相互认知、特点及发展前景［C］// 杜幼康．国家间关系的典范：中巴建交后两国关系的回顾与展望．北京：时事出版社，2012：33.

三、中巴经贸关系

政治是经济的集中体现，随着中巴政治关系的不断巩固，中巴间的经贸往来也越来越密切。

从 20 世纪 50 年代初起，两国就建立起贸易关系，开始了贸易往来。1963 年 1 月，两国签订了第一个贸易协定，相互给予对方最惠国待遇。从此，中巴两国正式成为贸易合作伙伴。这一时期，巴基斯坦出口到中国的主要商品是棉花、黄麻及其制品，中国还是当时巴基斯坦棉花的最大购买国；中国出口到巴基斯坦的主要产品有钢铁、煤炭和机械等。1963 年 8 月，中巴两国政府签订了航空运输协定，根据协定，两国于 1964 年 4 月开辟了上海经广州、达卡到卡拉奇的航线。1965 年 4 月，中巴签订海运协议，允许对方轮船在本国任何港口停泊。1967 年，中巴启动了边境贸易。20 世纪 70 年代，巴基斯坦向中国出口的主要商品是皮革、皮革制品、布匹、棉花产品、干果和草本植物；中国向巴基斯坦出口的主要商品是丝绸、纺织品、五金器具和农用工具。1978 年，中国援建的喀喇昆仑公路全程通车，创造了世界公路建设史上的奇迹。此外，中国援建的卡拉奇核电厂、拉尔卡纳制糖厂、哈桑・阿卜达尔纺织厂等项目在这一时期也已竣工。

改革开放后，中国同巴基斯坦开展了一系列经济合作。1982 年 8 月，中巴两国签署了关于开放红其拉甫山口的议定书。1982 年 10 月，两国成立了中巴经济、贸易和科技合作联合委员会（部长级）。在该委员会于 1983 年 4 月举行的第一次会议上，中巴双方同意设立贸易、工业和共同投资、科技三个小组委员会。双方还签订了三项有关经济、贸易和科技的议定书。1989 年 2 月，中巴两国签订了《关于互相鼓励和保护投资协定》。一系列协定的签署为两国企业到对方境内进行贸易和投资打下了良好的基础。不过，这一时期中巴经济合作的范围相对狭窄，总计规模较小。[①]

冷战结束后，随着中国经济实力的提高，经济作为外交手段的作用日益凸显。在中国对巴基斯坦的经济外交中，经济合作愈发重要，成为主要方式。1992 年底，中巴签订核电站合作合同。根据合同，中国向巴基斯坦出口了 30 万千瓦的核电站设备。2001 年 5 月，在中巴建交 50 周年之际，中巴双方签订了涉及经济技术、旅游、山达克铜矿、向巴基斯坦提供火车机车和客车车厢、建设输油管道以及通信公司合作等 6 个经济合作协定和 1 个备忘录。2003 年 11 月，中巴签署《优惠贸易安排》(FTA)。[②]2006 年 11 月，中巴完成了自由贸易区谈判，签署了《中国－巴基斯坦自由贸易协定》。2009 年 2 月，双方又签署了《中国－巴基斯坦自由贸易区服务贸易协定》。上述协定的签署和实施为两国企业在对方国内提供了更广阔的活动空间，促进了两国经济和双边贸易的发展。

据统计，中巴双边贸易总额在 1998 年为 9.13 亿美元，到 2006 年增加至 52.47 亿美元。《中国－巴基斯坦自由贸易协定》签署后，双边贸易额迅猛增长，中国已成为巴基斯坦第一大贸易伙伴。2013 年，中巴双边贸易总额为 142.19 亿美元，同比增长 14.51%。其中，中国对巴出口 110.19 亿美元，增长 18.79%；巴基斯坦对华出口 32 亿美元，增长 1.9%。在承包工程方面，2013 年，中国企业在巴基斯坦新签合同额达 54.56 亿美元，同比增长 132.4%，营业额 37.01 亿美元，同比增长 33.2%。截至 2013 年 12 月底，中国企业累计在巴基斯坦签订承包工程合同额达 307.19 亿美元，营业额 236.70 亿

① 崔健康. 建交以来中国对巴基斯坦的经济外交［C］// 杜幼康. 国家间关系的典范：中巴建交后两国关系的回顾与展望. 北京：时事出版社，2012：84.

② 崔健康. 建交以来中国对巴基斯坦的经济外交［C］// 杜幼康. 国家间关系的典范：中巴建交后两国关系的回顾与展望. 北京：时事出版社，2012：84.

美元，中国在巴基斯坦各类劳务人员 5824 人。在投资方面，中国对巴基斯坦非金融领域的直接投资金额超过 1.2 亿美元，同比增长 99.9%，截至 2013 年 12 月底的存量为 22.32 亿美元。同期，巴基斯坦对华直接投资项目达 31 个，实际投资额为 1805 万美元，同比增长 886.34%。截至 2013 年 12 月底，巴基斯坦累计对华直接投资项目为 378 个，金额为 8697 万美元。[①]

在金融领域，中国和巴基斯坦也开展了一系列合作，如：设立中巴联合投资公司；进行货币互换，开展银行合作；在电力和油气行业提供工程项目融资等。总体来看，中巴金融合作虽然起步晚，但很快就取得了一定积极成果，且发展态势良好。

尽管中巴经贸关系发展迅速，但相较于两国的经济规模和两国间的政治关系而言，仍显得不相称，且存在一些问题，如：贸易结构不平衡，巴基斯坦对华贸易累计逆差超过双边贸易累计额的 50%；双方投资规模和经济实力不相称，两国企业重点关注的领域不尽相同；民间沟通与交流不足，影响经贸往来的效率。

针对以上问题，中巴两国政府从两国经济的发展潜力和互补性出发，以建设中巴经济走廊为核心，带动双方在走廊沿线开展重大项目、基础设施、能源资源、农业水利、信息通信等多个领域的合作，建立更多工业园区和自贸区，为双边经济合作开创更广阔的天地。

---

① 中国驻巴基斯坦经济商务参赞处. 2013 年中巴双边经贸合作简况［EB/OL］.（2014-06-10）［2014-12-20］. http://pk.mofcom.gov.cn/article/zxhz/hzjj/201406/20140600618801.shtml.

参考文献

一、中文文献

［1］阿德兰·沙瓦·克汉. 巴基斯坦在国际变化中的外交政策［J］. 南亚研究季刊，2007（1）.

［2］陈安刚，高东升，夏润国. 巴基斯坦海军：印度洋上的一支重要力量［J］. 环球军事，2005（24）.

［3］陈继东. 转型中的巴基斯坦经济：经济困境与结构矛盾分析［J］. 四川大学学报（哲学社会科学版），2009（4）.

［4］陈继东. 中巴友好关系新进展［J］. 南亚研究季刊，2013（2）.

［5］邓海艳，陈小雪，周梅芳，胡瑞法. 巴基斯坦经济的波动发展及其原因［J］. 国际经贸，2013（9）.

［6］杜幼康. 国家间关系的典范：中巴建交后两国关系的回顾与展望［C］. 北京：时事出版社，2012.

［7］付敏. 试论巴基斯坦推行新不结盟政策的原因［J］. 西南民族大学学报（人文社会科学版），2004（5）.

［8］傅小强. 巴基斯坦民族宗教概况［J］. 国际资料信息，2003（2）.

［9］法斯赫·乌丁，M. 阿克拉姆·斯瓦蒂. 巴基斯坦经济发展

历程：需要新的范式［M］．陈继东，晏世经，等译．成都：巴蜀书社，2010．

［10］何杰．普什图人的婚俗文化［J］．世界文化，2011（9）．

［11］李德昌．巴基斯坦的政治发展［J］．南亚研究季刊，1985（2）．

［12］李德昌．巴基斯坦的政治发展：续一［J］．南亚研究季刊，1985（3）．

［13］李德昌．巴基斯坦的政治发展：续二［J］．南亚研究季刊，1985（4）．

［14］李福泉，黄民兴．巴基斯坦伊斯兰宗教学校的发展状况、社会根源与影响［J］．南亚研究，2009（2）．

［15］李云霞，汪继福．印度政治制度的特点及对中国的启示［J］．河北学刊，2007（3）．

［16］刘曙雄，等．南亚伊斯兰现代化进程［M］．北京：北京大学出版社，2013．

［17］陆迪民．论巴基斯坦外交中的联盟战略：以与美国反恐联盟为例［J］．南亚研究季刊，2007（4）．

［18］陆水林．世界列国国情习俗丛书：巴基斯坦［M］．重庆：重庆出版社，2004．

［19］M．阿什拉夫．巴基斯坦教育体系简况［J］．南亚研究季刊，1995（2）．

［20］满在江，谢妍，艾佳．巴基斯坦的语言与民族关系探析［J］．徐州师范大学学报（哲学社会科学版），2011（3）．

［21］梅良勇，顾琳．当代巴基斯坦伊斯兰教问题研究［J］．徐州师范大学学报（哲学社会科学版），2012（3）．

［22］米尔·胡达巴赫希·比贾拉尼·默里．俾路支人的风俗习惯［J］．民族译丛，1989（3）．

[23] 钱锟，刘美霞. 星月弯刀：巴基斯坦空军军力评估 [J]. 国际展望，2006 (16).

[24] 邱宝庭. 巴基斯坦陆军 [J]. 现代兵器，1991 (1).

[25] 孙红旗. 巴基斯坦研究：第一辑 [C]. 北京：中国社会科学出版社，2012.

[26] 宋国明. 巴基斯坦金属矿产资源及开发现状 [J]. 中国金属通报，2009 (19).

[27] 汤广辉. 巴基斯坦外交政策的历史分析 [J]. 南亚研究季刊，1991 (1).

[28] 汤广辉. 巴基斯坦外交政策的历史分析：续 [J]. 南亚研究季刊，1991 (2).

[29] 唐孟生. 巴基斯坦与印度政治制度比较 [J]. 南亚研究，2001 (2).

[30] 唐孟生，孔菊兰. 巴基斯坦文化与社会 [M]. 北京：民族出版社，2006.

[31] 王世达. 巴基斯坦宗教政党崛起及其原因 [J]. 国际研究参考，2013 (7).

[32] 汪前军. 论巴基斯坦报刊业的历史演进及其特征 [J]. 国际新闻界，2012 (3).

[33] 吴良士. 巴基斯坦伊斯兰共和国矿产资源及其地质特征[J]. 矿床地质，2014 (2).

[34] 吴灵芝. 旁遮普人：巴基斯坦人口最多的民族 [N]. 中国民族报，2001-10-14 (005).

[35] 吴永年. 巴基斯坦军人政权与民主政治 [J]. 世界经济与政治，2007 (11).

[36] 夏立平. 巴基斯坦核政策与巴印核战略比较研究 [J]. 当代亚太，2008 (3).

[37] 肖军. 悄悄崛起的巴基斯坦航空工业 [J]. 世界知识，1990 (20).

[38] 谢琼. 巴基斯坦人口状况的特点 [J]. 南亚研究季刊，2004 (1).

[39] 薛克翘，赵长庆. 简明南亚中亚百科全书 [M]. 北京：中国社会科学出版社，2004.

[40] 杨翠柏，刘成琼. 列国志：巴基斯坦 [M]. 北京：社会科学文献出版社，2003.

[41] 杨翠柏，李德昌. 当代巴基斯坦 [M]. 成都：四川人民出版社，1999.

[42] 杨士龙，赵青. 叩开巴基斯坦神秘之门 [M]. 北京：世界知识出版社，2003.

[43] 伊夫提哈尔·H. 马里克. 巴基斯坦史 [M]. 张文涛，译. 北京：中国大百科全书出版社，2010.

[44] 于卫青. 普什图人与普什图尼斯坦问题 [J]. 世界民族，2011 (6).

[45] 左明非. 神秘外衣下的巴基斯坦海军特种部队 [J]. 轻兵器，2010 (2).

[46] 张华琴，刘成琼. 巴基斯坦政治文化发展探析 [J]. 南亚研究季刊，2008 (2).

[47] 张来仪. 巴基斯坦的政治伊斯兰透析 [J]. 南亚研究季刊，2008 (2).

[48] 张玉兰. 巴基斯坦的宗教问题 [J]. 当代亚太，1998 (8).

[49] 郑瑞祥. 简论中巴全面合作伙伴关系 [J]. 国际问题研究，2001 (5).

[50] 庄万友. 围绕制宪与修宪的较量：兼论巴基斯坦宗教与政治的关系 [J]. 南亚研究季刊，2009 (3).

二、外文文献

［1］阿德哈尔·纳迪姆. پاکستان کے سیاسی حقائق［M］. 拉合尔：消息卫士出版社，2006.

［2］阿西克·侯赛因·巴达勒维. ہماری قومی جدوجہد［M］. 拉合尔：里程碑出版社，2008.

［3］拉希德·艾克达尔·纳德维. شمالی پاکستان［M］. 拉合尔：里程碑出版社，2002.

［4］利亚兹·艾哈迈德·谢赫. پاکستان : فوج اور ملاؤں کے درمیان［M］. 拉合尔：合作出版社，1999.

［5］穆罕默德·阿里·吉拉厄. پاکستان : تاریخ،جمہوریت،سیاست،آئین［M］. 拉合尔：里程碑出版社，2004.

［6］穆罕默德·阿西夫·马利克. پاکستان کی خارجہ پالیسی［M］. 拉合尔：博学同盟出版社，2008.

［7］穆罕默德·恩瓦尔. جغرافیہ پاکستان［M］. 拉合尔：白玫瑰出版社，2009.

［8］穆罕默德·萨迪克. پاکستان سماج［M］. 卡拉奇：睿智出版社，2008.

［9］佩尔韦兹·穆沙拉夫. سب سے پہلے پاکستان［M］. 拉合尔：胜利之物出版有限公司，2006.

［10］沙希德·侯赛因·拉扎齐. پاکستانی مسلمانوں کے رسوم و رواج［M］. 拉合尔：里程碑出版社，2010.

［11］Absar Hasan Siddique. Pakistan Economic Survey 2012–2013: Trade and Payments［R］. Ministry of Finance of Pakistan，2013.

［12］Attaullah Shah. Pakistan Economic Survey 2012–2013: Manufacturing & Mining［R］. Ministry of Finance of Pakistan，2013.

[13] ASER-Pakistan. Annual Status of Education Report 2013[R]. South Asian Forum for Education, 2014.

[14] Ashok Kapur. Pakistan in Crisis [M]. London: Taylor & Francis Library, 2006.

[15] Asian Development Bank. Asian Development Outlook 2014: Fiscal Policy for Inclusive Growth[R]. Mandaluyong: Asian Development Bank, 2014.

[16] Faqir Hussain. The Judicial System of Pakistan [R]. Supreme Court of Pakistan, 2011.

[17] Fazle Karim Khan. Pakistan Geography Economy & People [M]. Oxford: Oxford University Press, 2006.

[18] Huma Naz Sethi. The Environment of Pakistan [M]. London: Peak Publishing, 2007.

[19] Jesus Felipe and Joseph Lim. An Analysis of Pakistan's Macroeconomic Situation and Prospects [R]. Mandaluyong: Asian Development Bank, 2008.

[20] Imtiaz Ahmad. Pakistan Economic Survey 2012-2013: Growth and Investment [R]. Ministry of Finance of Pakistan, 2013.

[21] Lawrence Ziring. Pakistan: At the Crosscurrent of History [M]. Oxford: Oneworld Publications, 2003.

[22] Ministry of Education and Training of Pakistan. Country Report of Pakistan Regarding: Accelerating Millennium Development Goals 2013-15 [R]. Ministry of Education and Training of Pakistan, 2013.

[23] Muhammad Shoaib. Pakistan Economic Survey 2012-2013: Energy [R]. Ministry of Finance of Pakistan, 2013.

[24] Nargis Mazhar. Pakistan Economic Survey 2012-2013: Population, Labor Force and Employment [R]. Ministry of Finance of

Pakistan，2013.

［25］Omer Farooq. Pakistan Economic Survey 2012-2013: Agriculture［R］. Ministry of Finance of Pakistan，2013.

［26］Zaila Husnain. Pakistan Economic Survey 2012-2013: Education［R］. Ministry of Finance of Pakistan，2013.

三、主要参考网站

（一）中国网站

［1］江苏师范大学中国—巴基斯坦教育文化研究中心. http://202.195.64.103/s/414/t/1943/main.htm

［2］四川大学巴基斯坦研究中心. http://karachi.mofcom.gov.cn

［3］中国南亚网. http://www.sasnet.cn

［4］中国社科院亚太与全球战略研究院. http://niis.cass.cn/news/748290.htm

［5］中华人民共和国驻巴基斯坦伊斯兰共和国大使馆. http://pk.chineseembassy.org/chn

［6］中华人民共和国驻巴基斯坦伊斯兰共和国大使馆经济商务参赞处. http://pk.mofcom.gov.cn

［7］中华人民共和国驻卡拉奇领事馆经济商务室. http://karachi.mofcom.gov.cn

（二）外国网站

［1］巴基斯坦联邦政府. http://www.pakistan.gov.pk/gop/index.php?q=aHR0cDovLzE5Mi4xNjguNzAuMTM2L2dvcC8%3D

［2］巴基斯坦财政部. http://finance.gov.pk/index.html

［3］巴基斯坦国家银行. http://www.nbp.com.pk

［4］巴基斯坦海军．http://www.paknavy.gov.pk

［5］巴基斯坦教育和职业培训部．http://www.moent.gov.pk/gop/index.php?q=aHR0cDovLzE5Mi4xNjguNzAuMTM2L21vcHR0bS8%3D

［6］巴基斯坦空军．https://www.pakistanarmy.gov.pk

［7］巴基斯坦陆军．https://www.pakistanarmy.gov.pk

［8］巴基斯坦旅游发展公司．http://www.tourism.gov.pk/explore_pakistan.html

［9］巴基斯坦石油和自然资源部．http://www.mpnr.gov.pk/gop/index.php?q=aHR0cDovLzE5Mi4xNjguNzAuMTM2L21wbnIv

［10］巴基斯坦体育局．http://www.sports.gov.pk

［11］巴基斯坦统计局．http://www.pbs.gov.pk

［12］巴基斯坦文化部．http://www.pakistanculture.org/index1.php

［13］巴基斯坦宗教事务部．http://www.mra.gov.pk

［14］俾路支省政府．http://www.balochistan.gov.pk

［15］吉尔吉特—巴尔蒂斯坦政府．http://www.khyberpakhtunkhwa.gov.pk

［16］开伯尔—普什图省政府．http://www.khyberpakhtunkhwa.gov.pk

［17］联邦直辖部落区政府．http://www.fata.gov.pk

［18］旁遮普省政府．http://www.punjab.gov.pk

［19］信德省政府．http://www.sindh.gov.pk

［20］自由克什米尔政府．http://ajk.gov.pk

后　记

巴基斯坦是南亚地区的第二大国家，地处南亚次大陆西北部，东连印度，西接伊朗，南临阿拉伯海，北隔阿富汗“瓦罕走廊”与中亚的塔吉克斯坦相望，西北与阿富汗交界，东北毗邻中国，是连接南亚、中亚和西亚的重要国家。中国一直高度重视发展与巴基斯坦的关系。中巴建交以来，双方坚持在和平共处五项原则的基础上发展睦邻友好和互利合作关系，取得了丰硕的成果，建立起深厚的友谊。2013年5月，两国一致同意，全面深化中巴战略合作伙伴关系。在中巴关系迎来新纪元之际，编者谨呈以此书，旨在为希望了解巴基斯坦的读者提供较为客观、全面的知识。

本书由解放军外国语学院亚非语系策划编写，是《“一带一路”国情文化丛书》中的一种。在编写过程中，编者坚持把握全局、分类详细、贴近现实、突出重点的原则，收集并整理了大量乌尔都语、英语、汉语等语言的涉巴资料，以严谨的治学态度择善而用，力争为广大读者提供全面、翔实、准确、时新的巴基斯坦国情与社会文化资料。

在编写过程中，编者得到了解放军外国语学院亚非语系主任、博士生导师钟智翔教授的热情指导和无私帮助，同时，获得了解放军外国语学院亚非语系乌尔都语教研室孙卫国教授、李俊璇讲师和胡勇讲师的大力支持。由于编者水平有限，书中难免有不足之处，恳请使用本书的广大读者批评指正。

编　者

2016 年 5 月于解放军外国语学院